HANIMLAR İÇİN
DİN REHBERİ

&

TEMEL İSLAMÎ BİLGİLER

EL-MURŞİD-UL NİSA

MURAT UKRAY

Hanımlar için Din rehberi

HANIMLAR İÇİN DİN REHBERİ

TEMEL İSLAMÎ BİLGİLER

Yazarı (Author): Murat UKRAY (Turkish Writer)
Sayfa Düzeni ve Grafik Tasarım: E-Kitap Projesi
Yayıncı (Publisher): http://www.ekitaprojesi.com
Baskı ve Cilt (Print): POD (Bookvault) Inc.
Sertifika No: 45502
İstanbul – Ağustos, 2012

        ISBN: 978-625-8196-70-2
        eISBN: 978-605-9654-27-2

İletişim ve İsteme Adresi:
E-Posta (e-mail): muratukray@hotmail.com
İnternet Adresi (web): www.kiyametgercekligi.com

> © Bu eserin basım ve yayın hakları yazarın kendisine aittir. Fikir ve Sanat Eserleri Yasası gereğince, izinsiz kısmen ya da tamamen çoğaltılıp yayınlanamaz. Kaynak gösterilerek kısa alıntı yapılabilir.

قىيامەت گەرچەكليغي كُلِّيَاتِى

Kıyamet Gerçekliği Külliyatından

HANIMLAR İÇİN DİN REHBERİ

&

TEMEL İSLAMÎ BİLGİLER

EL-MURŞİD-UL NİSA

©Copyright By: Murat Ukray

~ 2012 ~

Hanımlar için Din rehberi

Yine, her zamankinden çok Dünya hanımları içerisinde Hz. Meryem (RA), Haticet-ül Kübra (ra) ve Fatımat-üz Zehra (ra)'dan sonra en yüksek insan bildiğim Beni yetiştiren kıymetli Babaannemin ve bu çalışmada bana manevî destek veren, kıymetli üstadım Hz. Aliyyü-l Murtaza ve O'nun kıymetli hanımı Fatımatü-z Zehra ve Sevgili Peygamberimizin kıymetli Hanımı Haticet-ül Kübra'nın

Sonsuz anısına...

YAZAR HAKKINDA

Murat UKRAY,

17 Ağustos 1976 tarihinde İstanbul'da doğdu. İlk, orta ve lise öğrenimini İstanbul'da tamamladı. Daha sonra Yıldız Teknik Üniversitesi Elektronik Mühendisliği bölümünde ve aynı üniversitenin fen bilimleri enstitüsünde yüksek lisans öğrenimi gördü. 2000'li yılların başından bu yana, çeşitli yerli ve yabancı kaynaklardan araştırmalar yaparak imanî ve bilimsel konularda çeşitli makaleler ve grafik tasarımları (aralarında Hz. Mevlana, Üstad Bedîüzzaman Saidî Nursî'ye v.b. ait çizimlerin de bulunduğu) eserleri hazırladı. Çocuklar için *"Galaxy"* isimli bir oyun tasarladı. Yazarın, kaotik zaman serileri ve yapay sinir ağlarıyla borsa da tahmin sistemleri üzerine uluslararası düzeyde yayınlanmış bir makalesi ve yayınlanmış iki kitabı vardır. Bunlardan ilki: Kıyamet Gerçekliği, Kur'ân'daki İncil'deki ve diğer bazı ilmî kaynaklardaki kıyametin büyük alâmetlerini içinde bulunduğumuz zamana yönelik açıklamaya ve aydınlatmaya yönelik bir çalışmadır. Kitaba, ayrıca günümüz Türkçe'sini Osmanlı Alfabesine kodlayan bir de Osmanlıca Alfabe konulmuştur. Kitap, bu konuyla ilgili Kur'an âyetleri ve hadislere yönelik batınî bir tefsirdir. İkincisi ise: 5 Boyutlu Rölativite ve Birleşik Alan Teorisi, Plâton'dan günümüze kadar devam eden süreç içerisinde yapılan fizik yasalarını birleştirme çabasına yönelik bir çalışma olup, Kur'ân'ın bazı semavî müteşâbih ayetlerinin tefsirine yönelik, bugüne kadar çeşitli bilim adamları tarafından yapılmış matematiksel ve fiziksel çalışmaları da içerecek şekilde, gözlemleyebildiğimiz maddî evreni matematiksel olarak

açıklamaya çalışan zahirî bir tefsirdir. Kitapta, evrenin yapısını ve karadelikleri açıklayan hikmet (fizik) yasaları çeşitli teoremlerle anlatılmakta olup, yüksek bir matematik bilgisi gerektirmektedir. Her iki çalışmanın da amacı iman-ı tahkikînin batınî ve zahirî kutuplarına yöneliktir.

2011 yılında, "İnternette e-kitap yayıncılığı ilkeleri" ve "5-Boyutlu Relativite & Birleşik Alan Kuramı & Quantum Mekaniği"nin birleştirilmesi üzerine iki makale yayımladı. Bu makaleleri büyük ses getirdi ve çoğu kişi web yayıncılığına yöneldi. İkinci makalesindeki fikirlerini, temel Fizik yasalarını en küçük ölçeklerde birleştirmeye çalışan ve halen üzerinde çalışılan "Birleşik Alan Teorisi" isimli eserini 2007 yılında yazmaya başladı. 2000'li yıllardan bu yana, çeşitli yerli ve yabancı kaynaklardan araştırmalar yaparak, Akademik, Web yayıncılığı ve Bilimsel konularda çeşitli Makaleler, Projeler yürütmüş olup, yine çoğu dini araştırmalar olmak üzere, çeşitli Grafik Tasarımları ile Kitap kapakları hazırladı. Bu yüzden, yurtdışında profesyonel yayıncılık için kendine editoryal ve grafik sanatları olarak iki yönlü geliştirerek kuvvetli bir alt yapı hazırladı. Aralarında, 2006 yılında kaleme aldığı ilk eseri "KIYAMET GERÇEKLİĞİ" ve 2007 yılında kaleme aldığı "5-BOYUTLU RELATİVİTE & BİRLEŞİK ALAN TEORİSİ", 2008 yılında kaleme aldığı "İSEVİLİK İŞARETLERİ" ile diğer eserleri olan "YARATILIŞ GERÇEKLİĞİ" (2009), ve yine Mevlanayla ilgili "MESNEVİYYE-İ UHREVİYYE" (2010) (AŞK-I MESNEVİ) ve "ZAMANIN SAHİPLERİ" (2011) isimli otobiyografik roman olmak üzere yayımlanmış toplam 14 türkce kitabı ile çoğu FİZİK ve METAFİZİK konularında olmak üzere, ingilizce olarak yayınlanmış toplam 5 kitap olmak üzere tamamı 19 yayımlanmış eseri vardır..

Yazar, daha sonraki zamanda tüm kitaplarının ismine genel olarak, her biri KIYAMET'i isbat ve ilan etmek üzere odaklandığından "KIYAMET GERÇEKLİĞİ KÜLLİYATI" ismini vermiş, ve 2010 yılından beri zaman zaman gittiği AMERİKA'daki aynı isimde kurmuş olduğu (www.kiyametgercekligi.com) web sitesi üzerinden kitaplarını sadece dijital elektronik ortamda, hem düzenli olarak yılda yazmış veya yayınlamış olduğu diğer eserleri de yayın hayatına E-KİTAP ve POD (Print on Demand -talebe göre yayıncılık-) sistemine göre yayın hayatına geçirerek okurlarına sunmayı ilke olarak edinirken; diğer yandan da, projenin SOSYAL yönü olan doğayı korumak amaçlı başlattığı "E-KİTAP PROJESİ" isimli yayıncılık sistemiyle KİTABINI KLASİK SİSTEMLE YAYINLAYAMAYAN "AMATÖR YAZARLAR" için, elektronik ortamda kitap yayıncılığı ile kitaplarını bu sistemle yayınlatmak isteyen PROFESYONEL yayıncılar ve yazarlar için de hemen hemen her çeşit kitabın (MAKALE, AKADEMİK DERS KİTABI, ŞİİR, ROMAN, HİKAYE, DENEME, GÜNLÜK TASLAK) elektronik ortamda yayıncılığının önünü açan e-YAYINCILIĞA başlamıştır..

Yazar, halen çalışmalarına İstanbul'da devam etmektedir.

Yazarın yayınlanmış diğer Kitapları:

1- **Kıyamet Gerçekliği** *(Kurgu Roman) (2006)*
2- **Birleşik Alan Teorisi** *(Teori – Fizik & Matematik) (2007)*
3- **İsevilik İşaretleri** *(Araştırma) (2008)*
4- **Yaratılış Gerçekliği- 2 Cilt** *(Biyokimya Atlası)(2009)*
5- **Aşk-ı Mesnevi** *(Kurgu Roman) (2010)*
6- **Zamanın Sahipleri** *(Deneme) (2011)*
7- **Hanımlar Rehberi** *(İlmihal) (2012)*
8- **Eskilerin Masalları** *(Araştırma) (2013)*
9- **Ruyet-ul Gayb (Haberci Rüyalar)** *(Deneme) (2014)*
10- **Sonsuzluğun Sonsuzluğu (114 Kod)** *(Teori & Deneme) (2015)*
11- **Kanon (Kutsal Kitapların Yeni Bir Yorumu)** *(Teori & Araştırma) (2016)*
12- **Küçük Elisa (Zaman Yolcusu)** *(Çocuk Kitabı) (2017)*
13- **Tanrı'nın Işıkları (Çölde Başlayan Hikaye)** *(Bilim-Kurgu Roman) (2018)*
14- **Son Kehanet- 2 Cilt** *(Bilim-Kurgu Roman) (2019)*

http://www.ekitaprojesi.com
http://kiyametgercekligi.com

 مراد أخراي

İçindekiler

ÖNSÖZ -- 9
GİRİŞ -- 12
BİRİNCİ BÖLÜM: --- 16
  TEMEL DİNÎ BİLGİLER -- 16
  İLK DİNÎ BİLGİLER -- 16
  DİN NE DEMEKTİR? --- 23
  ALLAH DİNDE KOLAYLIK İSTER, ZORLUK İSTEMEZ:
  ÖYLEYSE ŞERİAT ZORLUĞU DEĞİL, KOLAYLIĞI SEÇER ---------------- 29
  ALLAH'IN İRADESİ SONSUZDUR: ÖYLEYSE ŞERİATI (KANUNLARI)
  DA SONSUZ (KIYAMETE KADAR) GEÇERLİDİR ------------------------ 31
  ALLAH'IN KAİNATTAKİ TECELLİSİ TEK ÇEŞİT DEĞİL,
  SONSUZ BİR ÇEŞİTLİLİK VAR! ----------------------------------- 40
  DOĞRU YOL'UN DOĞRU YOLCU'LARI (NİSA SURESİ 105-112) ---------- 52
  ALLAH'IN HZ. İSA İLE ANTLAŞMASI [MAİDE SURESİ 116–120] ------- 58
  İSLAMİ BİLGİLERE GİRİŞ --------------------------------------- 67
  32 FARZ -- 67
  İMANIN ŞARTLARI -- 69
    TEVHİD KELİMESİ -- 80
  İMAN VE İTİKAD BİLGİLERİ ------------------------------------- 86
  İSLAM'IN ŞARTLARI -- 94
  İSLÂMIN TEMEL ŞARTLARI --------------------------------------- 101
  Namaz - Farz, Vâcib, Sünnet, Müstehab, Mubâh,
  Harâm, Mekrûh, Müfsid Ayırımı -------------------------------- 103
  NAMAZ -- 108

İKİNCİ BÖLÜM --- 139
  HZ. PEYGAMBERİN HAYATI --------------------------------------- 139
  I- HZ. MUHAMMED (A.S)'IN ÇOCUKLUK DÖNEMİ --------------------- 144
  II- HZ. MUHAMMED (A.S.)'IN GENÇLİK DÖNEMİ -------------------- 153
  HZ. MUHAMMED (A.S.)'IN PEYGAMBERLİK DEVRİ (610-632) ---------- 162
İTHAF & TAKRİZ --- 355
NOTLAR: -- 375

ÖNSÖZ

Sevgili hanım kardeş! Bu eser, önceki izlediğimiz araştırma *yönü kuvvetli olan eser metodolojisinin tersine*, öncelikle islamın temel bilgilerini ve öğretilerini özet olarak vermeyi amaçlamaktadır. Bir insan, anne karnından kainata ilk gözlerini açtığı anda günahsız ve temiz bir fıtrat üzere doğmuştur. Fakat aynen bir nehirdeki kabarcıkların ve kaynaktan yeni çıkan bir suyun kaynağından uzaklaştıkça kirlenmesi ve o şeffaf kabarcıklara değişik renklerin müdahalesi ile o ilk saflık ve temizlik nasıl bozuluyorsa, işte insane da aynı şekilde rabbini gerekli şekilde tanıyıp ibadet etmediği takdirde günah kirleri ve isyanlar ile o saflığını ve temizliğini bozacaktır. Çünkü insanın yaratılışı islam fıtratı üzerinedir ve eğer Allah'ın emir ve yasaklarından uzaklaşırsak, işte o zaman biz de benzer şekilde o kabarcıklar ve su misali aslımızdan kopup gideriz ve günah deryaları içerisine gark oluruz. Düşünün bir kez! Allah size şu dünya misafirhanesine müslüman olarak tertemiz, günahsız, pırlanta gibi berrak, pırıl pırıl, ve adeta cennet çiçeklerinden bir çiçek misali dünyaya indirmiş olup ve öyle dahi yaratmıştır.

Sevgili peygamberimiz (S.A.V.) Hz. Muhammed (Aleyhisselam) «**Her doğan çocuk, İslam fıtratı (yaratılışı) üzerine tertemiz, günahsız, tam bir müslüman olarak doğar**» buyurmuştur.

İşte, kardeş! Yeni doğan bir çocuk nasıl ki, hiç kimseye kötülük düşünemezse, gerçek müslüman ahlaklı kimseler de, dünyada hiç bir kimseye kötülük yapmayı düşünemez. İşte bu yüzden, İslamın da yeni doğmuş bir çocuk gibi pırıl pırıl, tertemiz olduğu ve her asırda Allah tarafından yenilenmekte olduğu semavî suhuflarıyla, gelen uyarı, ikaz ve işaretleriyle her asırda yenilendiği gibi, zamanımız için de geçerli olup, islamın temel esasları zamanımız için de değişmeden uygulanagelmekte ve hiç bozulmadan KIYAMET'e kadar devam edeceği *–az kalan bir mü'min cemaat tarafından da yürütülmüş olsa–* dahi bundan sonra da zamanın değişmesiyle bozulmayacağı ve KIYAMET'E kadar devam edeceği hadislerde bildirilmektedir.

SEVGİLİ kardeş! Senin dünya ve ahiret saadetini temin edecek olan zamanın getirdiği yenilikler ve eğlenceler ile hodfuruşluklar, adet, gelenek ve görenekler veya halkın çoğunluğuna uyarak zamanını boş şeylerle geçirmen değildir. Sana esas kazancı ve ahiret sermayesini kazandıracak olan malzemen ve sırt çantandaki kurtarıcı ilaç alet ve edevatların ile kurtuluş reçeten burada, bu kitapta kısaca bahsettiğimiz islamın temel öğretileri ve iman esasları ile onların mühim birer kulluk sonuçları olan uygulanmaları hükmündeki ibadetlerindir. O yüzden, bu temel kitabı sevecek ve zevkle okuyacaksın. Bu yüzden, bu eserde insanın temel islamî ihtiyaçları göz önünde tutularak, hem dünyada ve hem de ahirette kurtuluşa vesile olacak ve genelde herkesin bilmesi gereken temel dinî bilgiler özet bilgiler halinde sistematik olarak anlatılacaktır. Çünkü, genelde her çeşit dinî eser yazılmasına rağmen, geniş bir kitleye hitabeden ve genel konulara basite indirgeyerek anlatan temel bir dinî eserin hazırlanması gençlerin ve bilhassa hanımların öğreneceği temel bilgilerin edinilmesi için çaba sarfedilmesi zamanımızda elzemdir. Gerçi bu çeşit piyasada satılan pek çok eser de mevcuttur fakat bu kez de ibadetlerin ve konunun mahrem yerlerine girilerek hanımların gizli öğrenmesi gereken bilgiler açıktan açığa verildiği ve pek uygun olmadığı için (gusül, namaz ve abdestte hanımların özel halleri gibi vs.) gibi mevzu ve konularla dolu olduğu için, kitabımız boyunca bundan kaçınılmış olup, bu temel bilgiler en küçük çocukların dahi sıkılmadan okuyabileceği bir tarzda ele alınmıştır. Onun için Kıyamet Gerçekliği Külliyatı'nın bu minik ve değerli kitabı, bu konuda sırf bir hizmet ve rıza-i ilahiyye olsun diye müellif tarafından kaleme alındı ve bu noktada eserin başarısı ve hidayet ancak Allah (C.C.) tarafından olduğu göz önüne alınarak, saadet ancak ve ancak yine onun tarafından olduğu ve Allah'ın yardımıyla eserlerimizi ortaya çıkmaları bu meyanda vazgeçilmez ve üzerini geçemeden vurguladığımız önemli bir meseledir..

"Cennet Annelerin ayakları altındadır."
Hadis-i Şerif

Şüphe yok ki kadınlar erkeklerin dengi, benzeri ve eşidir.
Hadis-i Şerif

Kadın beş vakit namazını kılar, yılda bir ay orucunu tutar, ırzını muhafaza eder ve kocasına itaat ederse cennet kapılarının dilediğinden girsin.
Hz. Muhammed (S.A.V.)

"Evi için en faydalı kadın, geçimi en kolay ve masrafı en az olanıdır."
Hazreti Aişe (R.A.)

"Şüphesiz ki, ben insanları ve cinleri ancak bana ibadet etsinler diye yarattım.."

Kur'an-ı Hakîm (Zâriyât sûresi, 56. Âyet)

GİRİŞ

EY HANIM KARDEŞ! Benden birkaç nasihat istedin. Şimdi, gelecek olan kısımlarda KUR'ÂN-I HAKÎM'in 19 âyetinden istifade ettiğim İSLÂMIN TEMEL DİNÎ bilgileri (NAMAZ, ORUÇ, İMAN ESASLARI, ZEKAT ve kısaca İSLÂM TARİHİ) ile ilgili merak ettiğin meselelerini AVÂM (HALK) lisanıyla HULASÂ (ÖZET) bilgiler halinde İKİ BÖLÜM halinde ifade edeceğim.

Kim isterse istifade edebilir..

[21-22] "EY İNSANLAR! Sizi ve sizden öncekileri yaratan Rabbinize kulluk ediniz. Umulur ki, böylece korunmuş (Allah'ın azabından kendinizi kurtarmış) olursunuz."

{Bakara suresi, 21, 22. âyetler}

[55] "Sen öğüt verip-hatırlat; çünkü gerçekten öğütle-hatırlatma, mü'minlere yarar sağlar."

[56] "Ben cinleri ve insanları, ancak bana KULLUK (İBADET) etsinler diye yarattım."

{Zâriyât suresi, 55, 56. âyetler}

⁶"Ey inananlar! Kendinizi ve ailenizi, yakıtı insanlar ve taşlar olan ateşten koruyun. Onun başında, acımasız, güçlü, Allah'ın kendilerine buyurduğuna karşı gelmeyen ve emredildiklerini yapan melekler vardır."

⁷"Ey kâfirler! Bugün özür dilemeyin! Siz ancak işlediklerinizin cezasını çekeceksiniz, (denilir)."

{Tahrim suresi, 6. âyet}

²²"Bana ne olmuş ki, beni yaratana ibadet etmeyecekmişim! Halbuki, hepiniz O'na döndürüleceksiniz."

{Yâsin suresi, 22. âyet}

¹⁵"Bizim âyetlerimize ancak o kimseler inanırlar ki, bunlarla kendilerine öğüt verildiğinde, büyüklük taslamadan secdeye kapanırlar ve Rablerini hamd ile tesbih ederler."

{Secde suresi, 15. âyet}

³"Allah Gökleri ve yeri belli bir amaç için yaratmış, size biçim vermiş ve biçiminizi güzelleştirmiştir. Dönüş O'nadır."

{Tegabün suresi, 3. âyet}

⁶¹"Ve siz gaflet içinde oyalanmaktasınız!"
⁶²"Haydi Allah'a secde edip O'na kulluk edin!"

{Necm suresi, 61, 62. âyetler}

³¹"Mümin kadınlara söyle: Gözlerini (harama bakmaktan) korusunlar; namus ve iffetlerini esirgesinler. Görünen

kısımları müstesna olmak üzere, zinetlerini teşhir etmesinler. Baş örtülerini, yakalarının üzerine (kadar) örtsünler. Kocaları, babaları, kocalarının babaları, kendi oğulları, kocalarının oğulları, erkek kardeşleri, erkek kardeşlerinin oğulları, kız kardeşlerinin oğulları, kendi kadınları (mümin kadınlar), ellerinin altında bulunanlar (köleleri), erkeklerden, ailenin kadınına şehvet duymayan hizmetçi vb. tâbi kimseler, yahut henüz kadınların gizli kadınlık hususiyetlerinin farkında olmayan çocuklardan başkasına zinetlerini göstermesinler. Gizlemekte oldukları zinetleri anlaşılsın diye ayaklarını yere vurmasınlar (Dikkatleri üzerine çekecek tarzda yürümesinler). Ey müminler! Hep birden Allah'a tevbe ediniz ki kurtuluşa eresiniz."

{Nur suresi, 31. âyet}

[56]" Namazı kılın; zekâtı verin; Peygamber'e itaat edin ki merhamet göresiniz."

{Nur suresi, 56. âyet}

[60]"Evlenme beklentisi olmayan yaşlı kadınların, alımlı yerlerini açıp saçmamak koşuluyla dış elbiselerini bırakmalarında bir sakınca yoktur. İffetli davranmaları kendileri için daha iyidir. ALLAH İşitendir, Bilendir."

{Nur suresi, 60. âyet}

[33]"Evlerinizde vakarınızla oturun! Önceki cahiliyyet devri çıkışı gibi süslenip çıkmayın, NAMAZ kılın, ZEKAT verin, Allah'a ve peygamberine itaat edin! Ey Ehl-i Beyt (peygamberin ev halkı), Allah yalnızca sizden kiri uzaklaştırıp tertemiz pampak etmek istiyor."

{Ahzab suresi, 33. âyet}

⁵⁹"EY RASÛL! HANIMLARINA, KIZLARINA ve müminlerin KADINLARINA (bir ihtiyaç için dışarı çıktıkları zaman) dış örtülerini üstlerine almalarını söyle. Onların tanınması ve incitilmemesi için en elverişli olan budur. Allah bağışlayandır, esirgeyendir."

⁶⁰"Andolsun, iki yüzlüler, kalplerinde hastalık bulunanlar (fuhuş düşüncesi taşıyanlar), şehirde kötü haber yayanlar (bu hallerinden) vazgeçmezlerse, seni onlara musallat ederiz (onlarla savaşmanı ve onları şehirden sürüp çıkarmanı sana emrederiz); sonra orada, senin yanında ancak az bir zaman kalabilirler."

⁶¹"Hepsi de lânetlenmiş olarak nerede ele geçirilirlerse, yakalanır ve mutlaka öldürülürler."

⁶²"Allah'ın önceden geçenler hakkındaki kanunu budur. Allah'ın KANUNUNDA (ŞERİATINDA) asla bir değişiklik bulamazsın."

⁶³"İnsanlar sana KIYAMETİN zamanını soruyorlar. De ki: Onun bilgisi Allah katındadır. Ne bilirsin, belki de zamanı yakındır.."

{Ahzab suresi, 59-63. âyetler}

BİRİNCİ BÖLÜM:

TEMEL DİNÎ BİLGİLER

İLK DİNÎ BİLGİLER

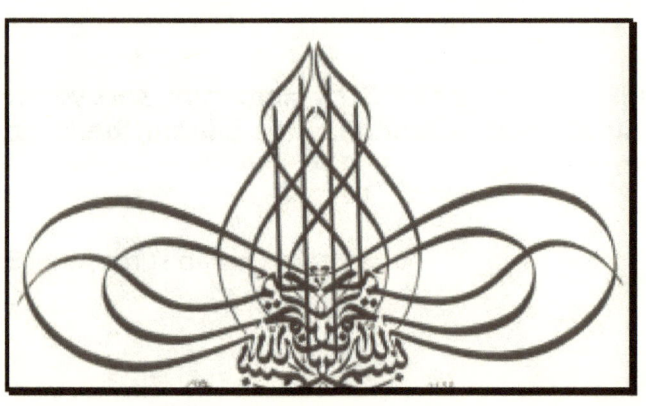

Ey hanım kardeş! Bu eser boyunca, SORULU-CEVAPLI bir metodoloji ile konuşma şeklinde kitabımızı kaleme alacağız. İlk sorumuzla birlikte, kainatın esas amacının da kulluk, yani ibadet etmek ve Allah'ı bu sayede tanımak olarak başlayacağımız bu yolculuğumuz boyunca hem iç dünyamızdaki hakikati keşfederek ve hem de varlık âleminin nihayetinde yaratılış amacını çözerek aklımızdaki islâmın temel meselelerini genel olarak öğreneceğiz.

İlk sualimiz ve merak edilen en önemli hususun: SEN KİMSİN? KAİNATA NEDEN GELDİN? Olduğunu göz önüne alarak bizi doğduğumuz günden beri kuşatan bu en önemli sualin cevabını eserimiz boyunca kulluk ekseninde tartışarak ve İSLÂM TARİHİ ile KUR'ÂN'dan çözümler getirerek ilerleyeceğiz. Niçin mi? bu şekilde başlayacağız. Çünkü, eserimizin önsözünde de başta değindiğimiz gibi, insane şu kainata tıpkı kaynağından yeni doğan temiz bir su gibi, hatta ta ruhlara "Elestu birabbikum (ben sizin RAB'biniz değil miyim? Sorusuna muhatap olduğu KALÛ BELÂ (Evet, şüphesiz ki RAB'bimizsin) ve cevabını vermeye mükellef olduğundan beridir biz aslında şu sualin cevabını aramaktayız ve öyle ki, ta RUH dünyevî aleme ilk geldiğinde de yine şu ÜÇ dehşetli sualle karşı karşıyadır. İşte, onlardan:

Birincisi: NEREDEN GELDİM?

İkincisi: BEN KİMİM VE GELİŞ AMACIM NEDİR?

Üçüncüsü ise: NEREYE GİDECEĞİM VE SONUM NE OLACAK?

İşte, biz de eserimizin başında şu üç dehşetli suali ilim ve hikmet dünyası cevaplandıramadığı sürece, herşeyin, kainatın, insanın ve hulasa tüm varlık evreninin yaratılışının ve hikmetinin boşa gideceği düşüncesiyle hareket edeceğiz ve şu suallerin cevaplarını kitabımız boyunca uygulamaları ile vermeye çalışacağız.

Aslında, ilk sorumuza şöyle başlayabiliriz: «Sen kimsin?» Sen de cevap olarak «Müslümanım!» diyeceksin. Niçin mi? Çünkü, bütün çocuklar ilk dünyaya geldiklerinde müslüman olarak doğuyorlar. Peki, sonra ne değişiyor da insan imandan uzaklaşıyor? Öyleyse, bütün insanlar müslüman olarak doğduğuna göre, soru bu şekilde değil de şu şekilde olmalıdır: «Sen nesin?» Öyleyse gelin şimdi bu çeşit sual-cevap şeklindeki aklımızdaki sorularımızın cevaplarını bulmaya ve farklı bir şekilde cevaplandırmaya ve tabi bu sırada da RAB'bimizi tanımaya ve YARATILIŞ amacımızı tanımaya başlamaya:

Evvela kitabımıza şu ON İKİ sualin cevabını vermekle başlayalım:

1- **SORU**: Seni kim yarattı?

CEVAP: Tüm diğer varlıklar ve 18 bin alem ile birlikte Kainatla birlikte beni de Allahu Teala ve tekaddes hazretleri yarattı!

2- **SORU**: Sen nesin, kimsin?

CEVAP: Kalu Bela'dan beridir, Müslümanım elhamdülillah!

3- **SORU**: Elhamdülillah ne demektir?

CEVAP: Hamd yalnız ve yalnızca Allaha mahsustur başka varlıkların ona muhtaç olduğu ve onun ise hiçbir şeye muhtaç olmadığı anlamına gelir.

4- SORU: Müslümanlık ne demektir?

CEVAP: Müslümanlık demek, en son indirilen son kitabı Kur'an olan ve Hz. Muhammed'e bildirilen ilahi mesajların toplamını içeren en modern semavi din ve aynı zamanda Allah katında tek geçerli olan din demektir. Müslümanlık demek, Allah'ın var ve bir olduğuna inanmak, Kur'an-ı Kerim'i ve Muhammed Aleyhisselam'ı tasdik edip bildirdiklerini dil ile ve kalben tasdik ettikten sonra, bu bildirilen mesaja inanıp iman etmektir.

5- SORU: Ne zamandan beri Müslümansın?

CEVAP: «Kalu Bela»dan beri müslümanım.

6- SORU: Kimin kulusun?

CEVAP: Yalnız ve sadece Allah'ın kuluyum.

7- SORU: Peygamberin kimdir?

CEVAP: Hazreti Muhammed Aleyhisselam'dır.

8- SORU: Babasının ve Annesinin adı nedir?

CEVAP: Babası Abdullah, Annesinin ismi Amine'dir.

9- SORU: Peygamberimiz hangi senede doğmuştur?

CEVAP: Miladi 571 yılında Mekke'de doğmuştur. 611 yılında 40 yaşında iken peygamberlik gelmiş olup, 622 yılında 51 yaşında iken Mekke'den Medine'ye hicret etmiş ve islamiyetin yayılması için ömrünün sonuna kadar burada ikamet etmiştir.

10- SORU: Nerede ve kaç yaşında vefat etmiştir? Çocuklarının ve hanımlarının isimleri nelerdir? En yakınları kimler olmuştur?

CEVAP: Medine şehrinde, 63 yaşlarında vefat etmiştir. Hz. Peygamber 54 yaşına kadar 25 yaşında iken evlendiği Hz. Hatice ile evli kalmış olup, ondan sonra çeşitli sebeplerden dolayı evlilikler yapmış ve bunlardan 4 kızı ve 3 oğlu olmuştur. Bu evliliklerini, daha çok islamiyeti yaymak ve kadınlarla ilgili genişçe yer tutan ahkam-ı şeriyyeyi (sabit şeriat hükümleri) yaymak ve öğretmek için yapmıştır. İlk eşi Hz. Hatice ve Son eşi Hz. Aişe validemiz olup Hz. Aişenin tek evladı olan Hz. Fatıma'nın dışındaki evlatları bir hikmete binaen küçük yaşlarda vefat etmişler ve Hz. Peygamberin nesli (Ehl-i Beyt, Ev Halkı) Hz. Fatıma yoluyla devam etmiştir. Kızlarının isimleri: Zeynep, Rukiyye, Ümmü Gülsüm ve Fatıma'dır. Oğullarının isimleri: Kasım, Abdullah ve İbrahim'dir. Bununla birlikte, islamiyeti

Kabul etmede ve yaymada ilk yardımcıları ve dostları: Hz. Hatice, Hz. Ali, Hz. Ebubekir, Hz. Ömer ve Hz. Osman (RA) olmuştur.

11- SORU: İslamın ana kitabı nedir? Kaç sayfa kaç cüz ve ayettir.

CEVAP: Kur'an-ı Kerim'dir. 600 sayfa, 30 cüz (bölüm), 114 sure ve 6666 ayetten oluşmuştur.

12- SORU: Kur'an nasıl bir kitaptır, nasıl indirilmiştir?

CEVAP: Kur'an Allah'ın cebrail (AS) vasıtasıyla indirmiş olduğu son semavi kitaptır. Kendinden önceki tüm semavi suhufları ve kitapları (Davut'a verilen Zebur, Musa'ya verilen Tevrat, İsa'ya verilen İncil'i de tasdik eden ve içindeki yanlışları düzeltmek için indirilen) içerisinde toplayan ve hepsinin özeti olan en mükkemel semavi dinin kitabı olup, Kıyamete kadar Allah tarafından özel olarak korunacağı ve bozulmadan kalacağı bildirilmiş olan insanlığa gönderilen son semavi mesajdır. Kur'an, Peygamberimiz Hz. Muhammed'e (as), Cebrail isimli büyük melek tarafından getirilmiştir. Allah ile peygamberleri arasındaki bu iletişime "vahiy" diyoruz. Peygamberimiz bazen rüyada, bazen de Cebrail (as) olmadan aracısız olarak Allah'tan Kur'an ayetlerini almıştır. İlk ayetler 611 yılında, bunlar Alak suresinin 19 ayeti olup, Peygamberimiz Mekke'deyken Hira mağarasında inmiştir. Bazı bölümleri Mekke'de, bazı bölümleri Medine'de olmak üzere toplam 23 senede (tam olarak 22 sene ve 22 ay) tamamlanmıştır. Son ayet 632 yılında inmiş ve Kur'an'ın ilahi mesajı tamamlanmıştır.

Temel İslâmî bilgiler

Bismillah, her hayrın başı olduğu gibi biz dahi şimdi gireceğimiz önemli temel dini meseleri anlatmaya dahi yine besmeleyle başlarız.

Bil ki, ey hanım kardeş! Şu mübaret kelime ve islam nişanı her hayrın başı olduğu gibi, şeytanı hayırlı işlere müdahalesinden uzaklaştıran da mühim bir silahtır, bir emniyet kemeridir. İşte, başta dediğimiz gibi her müslümanın bilmesi gereken şu mühim kelime, kur'an-ı hakim'in bir nevi anahtarı ve fihristesi olduğu gibi, hem yine Kur'an-ın ayrı ayrı surelerinin başlarında 114 defa geçmesi şu mühim meselenin başına bakmaktadır.

İşte bu yüzden, bir müslümanın her hayırlı işe başlarken «Bismillah» demesi, bütün kudret ve kuvvetin menbaı olan bir güce kendi kuvvetini istinad etmekle, sırtını ona dayamakla ağır bir yükü sırtından indirdiği gibi, bu istinadla Allah'ın yardımı dilemesi, istemesi demektir. Bu ise, bir müslümanın TEVHİD (Allah'ın bir olmasına dalalettir) akidesini ve kainat üstündeki pek çok sayfalara vurmuş olduğu mührü ve damgasını isbat ve ilan etmekle onu hakiki manasıyla tanımak, akidesini ve inancını ameli hayatınla her işe başlayışında, bütün yardımın Allah'tan geldiğini Kabul etmek demek olan, kuvvet ve kudret sahibinin ancak ve ancak Allah olduğuna inanmak ve tasdik etmek olduğu gibi, diliyle de bunu tasdik etmesi ve bu hakikati (gerçeği) kalbine yerleştirmiş olmasının bir delili ve göstergesi olduğunu ifade etmesi, açıklaması ve sözüyle bildirmesi demektir.

İşte, bu şekilde hareket eden bir müslüman, «Besmele» çekmekle bütün varlığın Allah'a bağlı olduğunu idrak etmek demek olan kavramak şuuru içinde yaşadığını ve hayattar olduğunu varlık alemine ilan ediyor demektir ki, bundan daha büyük bir mutluluk ve islamiyetle şereflenmek demek olan şu nişanı almakla daha büyük bir saadet olamaz. Zira, bütün hayırlı işlerinde ancak Allah'tan yardım bekliyor ve bütün muvaffakiyetin (başarının) Allah'ın inayeti (yardımı) ve iradesi (istemesi) ile olacağına inandığı için huzur ve mutluluk içinde hayatiyetini devam ettiriyor. Her amelinde (işinde) Allah'ın hudutsuz (sınırsız, sonsuz) muhabbetini (sevgisini), herkesin gayreti karşılığında da yine Allah'ın kat kat mükafatlar vereceğini ve yine nihayetsiz bir kerem ve rahmetin kendisini kuşatmış olduğunun farkına varır, onu içinde de hisseder ve bu şekilde Allah'a bir yol bularak seyr-ü sulûk ederek, bu hakikati kainata da ilan ediyor. Demektir ki, bu büyük bir bahtiyarlıktır.

İşte, ey kardeş! Şu islam nişanı olan «Bismillah» demenin ne büyük bir mana ve ehemmiyet ifade ettiğini şuradan anladın. Ve yine anladın ki, her müslümanın şu mübaret kelimenin manasını bilmesi lazım gelir. Peki, hakikatte böyle mi? İşte, şu mübarek kelimeyi okuyan, şeytanın işlerini karıştırmasından ve şerrinden emin olur. Şeytan ona daha zarar veremez, kötülüğe çekemez, fenalık yapmaz ve yaptıramaz. Hakiki manasıyla okuyan her sıkıntıya, belaya, musibete karşı koyar, elhamdülillah, sübhanallah der Allah'a tevekkül eder.

İşte, sen de bu yüzden her işine besmele ile başla, kuvvetini ona istinad et. Besmele ile devam et ve besmele ile bitir.

Vesselam..

DİN NE DEMEKTİR?

Ey kardeş! Allah katında hakiki manada din İSLAM demektir. Öyleyse, önceki gönderilen dinler de islamiyet olup, sonradan bozuldukça isim değiştirerek başka başka isimler alsa da hepsinin temelde özü saf din demek olan İSLAMİYET'dir. Öyleyse, din Allah'ın insanlar için belirlemiş olduğu sosyolojik ve toplumsal düzenleyici ve genel geçerli evrensel KANUNLAR BÜTÜNÜ'dür. İşte, bu kanunları Allah koyduğuna gore hakiki manada dinlerin kaynağı ve göndericisi de yine Allah olmaktadır, insanlar veya başka unsurlar değil. Bu kanunların geliş yöntemi ise, Cebail isimli tebliğ edici meleğin Peygamber'e vahyetmesi esasına dayanır ki, şu anlamda dinin esas ilmi kaynağı ve objektif karar mekanizmasının ve çekirdeğinin vahiy bilgileri olduğu anlaşılır. Oysa, vahiy dışında da örneğin ilham, rüya keşif gibi pek çok subjektif ilim ve bilgi elde etme yöntemleri olsa da, salt ve en gerçekçi bilgi kaynağının gölgesiz ve saf bilgi taşıyan VAHİY bilgileri olduğu anlaşılır. İşte, bu silsile yoluyla, din objektif tanımlama anlamında; vahiy bilgilerinin önce vahiy meleklerine bildirilmesi ve vahiy meleklerin bu bilgileri peygambere aktarması ve öğretmesi ve nihayetinde peygamberin de ümmeti olan insanlara bu dini tebliğ etmesi, yayması ve bu kurallar bütününü öğretmesi anlamına gelmektedir.

Dolayısıyla, bu silsile böylece insanlık tarihi boyunca takip edildiğinde, ilk dinin ilk insane olan Hz. ADEM'le başlamış olduğu ve Hz. İBRAHİM'le devam ettiği ve Hz. MUHAMMED'le sona erdiği sonucuna ulaşırız ki, bu anlamda DİN TARİHİ İNSANLIK TARİHİ demektir. İnsanlığın tarihi gerçi 5000 sene önceye kadar Hz. İbrahim dönemine kadar yazının icadı ile başlamış sanılsa da, ibtidâi ve bir derece ilkel devam eden Hz. İbrahim'den önce de tarih, insanlık tarihine yani dinler tarihine tam olarak hükmedemiyor ve bununla birlikte dinlerin varlığının ta o eski zamanlardan önce de devam ettiği şu noktadan anlaşılıyor. İşte, şu noktada diyebiliriz ki, ne zaman ilk insan dünyada var olmuştur, işte din de o zaman dünyada başlamış demektir.

İşte, Allah tarafından bildirilen bu kanunlar insanlık tarihinde o şekilde cereyan etmiştir ki, bunlardan tarihini akışını etkileyen olaylar meydana gelmiştir. Bununla birlikte hak din, mensupları ve kurumları tarih içerisinde pek çok zalim hükümdar tarafından zulme uğratılmış olsa da, kur'an-ı hakim'de tüm bu zalim imparatorlukların ve düzenlerin hak din karşısındaki nihâi mağlubiyeti ve medeniyetlerin çöküşü detaylı olarak anlatılmıştır ve inanan mü'minlerin bu olaylardan ve tarih içerisinden bir ders çıkartarak hakiki imana dönmeleri istenmiştir. İşte, bu kurallar manzumesi içerisinde, hakiki manada din insanlara iyi ahlaklı olmayı, iyilik yapmayı inananların birbirlerini sevmelerini temel öğreti olarak benimsetirken, genel olarak hakkı, batılı, iyiyi kötüyü, helalı haramı, dünyayı ahireti, geçmişi ve geleceği öğretirken; sadece bunlarla kalmaz, diğer yandan da insanlara zarar verecek olan kötü ahlaktan, hırsızlıktan, fuhuştan, adam öldürmekten, gıybetten ve hakeza tüm kötü ahlaklardan da men eden kurallar bütününü de va'az eder, bunların kurallarını da bildirir. İşte, tüm bunların hepsi de toplumda huzur ve barış içerisinde yaşamanın kurallarını da belirlemiş olur ve bu sosyolojik ve kültürel ahlak yapısı müessesesinin temelini de böylelikle atmış olur. Böylece, diyebiliriz ki, İslam dini müessesesini Allah kurmuştur ve insan nasıl ki, bir müessesenin içerisine girdiği zaman, oradaki bazı işleri faydalı veya zararlı olur diye yaparsa veya yapmazsa; aynen öyle de, islam müessesesinin içerisine giren mü'min şahıs da oranın tüzüğü hükmündeki kanunları hükmündeki ŞERİAT kurallarına göre hareket etmek ve duvarlarındaki uyarı, ikaz ve işaretleri hükmünde olan emir ve yasaklarına uymakla mükelleftir.

İşte, bu yüzdendir ki, Kur'an-ı Hakim'de şöyle buyurulur:

Temel İslâmî bilgiler

بِسْمِ اللهِ الرَّحْمٰنِ الرَّحِيمِ

اَلَّذِينَ يَقُولُونَ رَبَّنَا اِنَّنَا اٰمَنَّا فَاغْفِرْ لَنَا ذُنُوبَنَا وَقِنَا عَذَابَ النَّارِ ﴿16﴾ اَلصَّابِرِينَ وَالصَّادِقِينَ وَالْقَانِتِينَ وَالْمُنْفِقِينَ وَالْمُسْتَغْفِرِينَ بِالْاَسْحَارِ ﴿17﴾ شَهِدَ اللهُ اَنَّهُ لَٓا اِلٰهَ اِلَّا هُوَ وَالْمَلٰٓئِكَةُ وَاُولُوا الْعِلْمِ قَٓائِمًا بِالْقِسْطِ لَٓا اِلٰهَ اِلَّا هُوَ الْعَزِيزُ الْحَكِيمُ ﴿18﴾ اِنَّ الدِّينَ عِنْدَ اللهِ الْاِسْلَامُ وَمَا اخْتَلَفَ الَّذِينَ اُوتُوا الْكِتَابَ اِلَّا مِنْ بَعْدِ مَا جَٓاءَهُمُ الْعِلْمُ بَغْيًا بَيْنَهُمْ وَمَنْ يَكْفُرْ بِاٰيَاتِ اللهِ فَاِنَّ اللهَ سَرِيعُ الْحِسَابِ ﴿19﴾ فَاِنْ حَٓاجُّوكَ فَقُلْ اَسْلَمْتُ وَجْهِيَ لِلهِ وَمَنِ اتَّبَعَنِ وَقُلْ لِلَّذِينَ اُوتُوا الْكِتَابَ وَالْاُمِّيّٖنَ ءَاَسْلَمْتُمْ فَاِنْ اَسْلَمُوا فَقَدِ اهْتَدَوْا وَاِنْ تَوَلَّوْا فَاِنَّمَا عَلَيْكَ الْبَلَاغُ وَاللهُ بَصِيرٌ بِالْعِبَادِ ﴿20﴾ اِنَّ الَّذِينَ يَكْفُرُونَ بِاٰيَاتِ اللهِ وَيَقْتُلُونَ النَّبِيّٖنَ بِغَيْرِ حَقٍّ وَيَقْتُلُونَ الَّذِينَ يَاْمُرُونَ بِالْقِسْطِ مِنَ النَّاسِ فَبَشِّرْهُمْ بِعَذَابٍ اَلِيمٍ ﴿21﴾ اُولٰٓئِكَ الَّذِينَ حَبِطَتْ اَعْمَالُهُمْ فِي الدُّنْيَا وَالْاٰخِرَةِ وَمَا لَهُمْ مِنْ نَاصِرِينَ ﴿22﴾

16- Onlar: 'Rabbimiz şüphesiz biz iman ettik, artık bizim günahlarımızı bağışla ve bizi ateşin azabından koru' diyenler;

17. Sabreden, dürüst olan, huzurda boyun büken, hayra harcayan ve seher vaktinde Allah'tan bağış dileyenler (içindir).

18. Allah, adaleti ayakta tutarak (delilleriyle) şu hususu açıklamıştır ki, kendisinden başka ilâh yoktur. Melekler ve ilim sahipleri de (bunu ikrar etmişlerdir. Evet) mutlak güç ve hikmet sahibi Allah'tan başka ilâh yoktur.

19. Allah nezdinde hak din İslâm'dır. Kitap verilenler, kendilerine ilim geldikten sonradır ki, aralarındaki kıskançlık yüzünden ayrılığa düştüler. Allah'ın âyetlerini inkâr edenler bilmelidirler ki Allah'ın hesabı çok çabuktur.

20. Eğer seninle tartışmaya girerlerse de ki: "Bana uyanlarla birlikte ben kendimi Allah'a teslim ettim." Ehl-i kitaba ve ümmîlere de: "Siz de Allah'a teslim oldunuz mu?" de. Eğer teslim oldularsa doğru yolu buldular demektir. Yok eğer yüz çevirdilerse sana düşen, yalnızca duyurmaktır. Allah kullarını çok iyi görmektedir.

21. Allah'ın âyetlerini inkâr edenler, haksız yere peygamberlerin canlarına kıyanlar ve adaleti emreden insanları öldürenler (yok mu), onlara acı bir azabı haber ver!

22. İşte bunlar dünyada da ahirette de çabaları boşa giden kimselerdir. Onların hiçbir yardımcısı da yoktur..

Temel İslâmî bilgiler

وَقَالُوا كُونُوا هُودًا أَوْ نَصَارَى تَهْتَدُوا قُلْ بَلْ مِلَّةَ إِبْرَاهِيمَ حَنِيفًا وَمَا كَانَ مِنَ الْمُشْرِكِينَ ﴿135﴾ قُولُوا آمَنَّا بِاللَّهِ وَمَا أُنْزِلَ إِلَيْنَا وَمَا أُنْزِلَ إِلَى إِبْرَاهِيمَ وَإِسْمَاعِيلَ وَإِسْحَاقَ وَيَعْقُوبَ وَالْأَسْبَاطِ وَمَا أُوتِيَ مُوسَى وَعِيسَى وَمَا أُوتِيَ النَّبِيُّونَ مِنْ رَبِّهِمْ لَا نُفَرِّقُ بَيْنَ أَحَدٍ مِنْهُمْ وَنَحْنُ لَهُ مُسْلِمُونَ ﴿136﴾ فَإِنْ آمَنُوا بِمِثْلِ مَا آمَنْتُمْ بِهِ فَقَدِ اهْتَدَوْا وَإِنْ تَوَلَّوْا فَإِنَّمَا هُمْ فِي شِقَاقٍ فَسَيَكْفِيكَهُمُ اللَّهُ وَهُوَ السَّمِيعُ الْعَلِيمُ ﴿137﴾ صِبْغَةَ اللَّهِ وَمَنْ أَحْسَنُ مِنَ اللَّهِ صِبْغَةً وَنَحْنُ لَهُ عَابِدُونَ ﴿138﴾ قُلْ أَتُحَاجُّونَنَا فِي اللَّهِ وَهُوَ رَبُّنَا وَرَبُّكُمْ وَلَنَا أَعْمَالُنَا وَلَكُمْ أَعْمَالُكُمْ وَنَحْنُ لَهُ مُخْلِصُونَ ﴿139﴾ أَمْ تَقُولُونَ إِنَّ إِبْرَاهِيمَ وَإِسْمَاعِيلَ وَإِسْحَاقَ وَيَعْقُوبَ وَالْأَسْبَاطَ كَانُوا هُودًا أَوْ نَصَارَى قُلْ ءَأَنْتُمْ أَعْلَمُ أَمِ اللَّهُ وَمَنْ أَظْلَمُ مِمَّنْ كَتَمَ شَهَادَةً عِنْدَهُ مِنَ اللَّهِ وَمَا اللَّهُ بِغَافِلٍ عَمَّا تَعْمَلُونَ ﴿140﴾ تِلْكَ أُمَّةٌ قَدْ خَلَتْ لَهَا مَا كَسَبَتْ وَلَكُمْ مَا كَسَبْتُمْ وَلَا تُسْأَلُونَ عَمَّا كَانُوا يَعْمَلُونَ ﴿141﴾

135. (Yahudiler) "Yahudi olun" ve (Hıristiyanlar da) "Hıristiyan olun ki doğru yolu bulasınız" dediler. De ki: "Hayır, hakka yönelen İbrahim'in dinine uyarız. O, Allah'a ortak koşanlardan değildi."

136. Deyin ki: "Biz Allah'a, bize indirilene (Kur'an'a), İbrahim, İsmail, İshak, Yakub ve Yakuboğullarına indirilene, Mûsâ ve İsa'ya verilen (Tevrat ve İncil) ile bütün diğer peygamberlere Rab'lerinden verilene iman ettik. Onlardan hiçbirini diğerinden ayırt etmeyiz ve biz ona teslim olmuş kimseleriz."

137. Eğer onlar böyle sizin iman ettiğiniz gibi iman ederlerse, gerçekten doğru yolu bulmuş olurlar; yüz çevirirlerse onlar elbette derin bir ayrılığa düşmüş olurlar. Allah, onlara karşı seni koruyacaktır. O, hakkıyla işitendir, hakkıyla bilendir.

138. "Biz, Allah'ın boyasıyla boyanmışızdır. Boyası Allah'ınkinden daha güzel olan kimdir? Biz ona ibadet edenleriz" (deyin).

139. Onlara de ki: "Allah hakkında mı bizimle tartışıp duruyorsunuz? Hâlbuki O, bizim de Rabbimiz, sizin de Rabbinizdir. Bizim işlediklerimiz bize, sizin işledikleriniz size aittir. Biz O'na gönülden bağlanmış kimseleriz."

140. Yoksa siz, "İbrahim de, İsmail de, İshak da, Yakub ile Yakuboğulları da yahudi, ya da hıristiyan idiler" mi diyorsunuz? De ki: "Sizler mi daha iyi bilirsiniz, yoksa Allah mı?" Allah tarafından kendisine ulaşan bir gerçeği gizleyen kimseden daha zalim kimdir? Allah, yaptıklarınızdan habersiz değildir.

141. Onlar gelip geçmiş bir ümmettir. Onların kazandıkları kendilerinin, sizin kazandıklarınız sizindir. Siz onların yaptıklarından sorumlu tutulacak değilsiniz.

ALLAH DİNDE KOLAYLIK İSTER, ZORLUK İSTEMEZ: ÖYLEYSE ŞERİAT ZORLUĞU DEĞİL, KOLAYLIĞI SEÇER

İşte ey kardeş, dinin hakikatte ne olduğunu anlattıktan sonra şimdi de hakikatte Allah'ın irade etmiş olduğu dindeki bizden istenen asıl sorumlulukların gerçekte ne kadar kolay olduğuna bir bakalım. İşte şu meselenin tılsımını açan şu ayet-i kerime;

"Rabbi yessir velâ tuassir Rabbi temmim bi'l-hayr"
"Rabbim! kolaylaştır zorlaştırma, Rabbim! hayırla sonuçlandır"

Hakikatte dinde bir zorlama ve zorluk olmadığını, bilakis islamın her insan için standart bir hayat düzeni ve kolaylık belirlediğini açıkça ilan ve isbat etmektedir.

İşte, her müslümanda hayatında bunu bir düstur edinmeli, başladığı her işinde Allah'ın yardımını dilemeli ve daima başarıya ulaşmak için namaz ve dua ile yardım istemeye devam etmelidir. Çünkü, biz kur'anın ilahi mesajının tamamından anlıyoruz ki: Allah inananlar için zorluk değil, kolaylık dilemektedir ve insan için dilediği anda istediklerini bu koşullar altında vereceğini va'ad etmektedir. Aslında bu düşünce ile bu bu dua çok anlamlı, özlü ve düşündürücü olmaktadır. Çünkü, bir düşünün Allah bizi yarattı ve dünyayı gönderdikten sonra, yaratılışı anlamamızı kendisini tanımamızı ve gereğince ibadet etmemizi ilahi mesajlarında emretti. Peki, bunun için bize sunduğu ilahi alternatifi, kolaylık yolları nedir? İşte, onlar da az önce bahsettiğimiz duadaki sırda ortaya çıkmaktadır ki, demek ki istenen şey aslında bizim için bir zorluk ve zorlama değil, bilakis kendi rahatımız ve ahiretteki geleceğimiz ve garantimiz için koruma altına alınan, dolayısıyla bu anlamda ŞERİAT, büyük bir kolaylık içeren kanunlar sistemi ve bütünüdür denilebilir. Şöyle bir düşünürsek: Bu kısacık duada, BÜTÜN BİR PARÇASINDA TOPLANARAK kulluk vazifeleri kolayca basite indirgeniyor ve anlıyoruz ki tüm bu ibadetlerde Allah bizim için kolaylık diliyor, ve tabi bunu okuyan Allah'tan ne istiyor, ne verilmesi gerekiyor ve karşılığında ahirette Allah'ın yardımına RAHİM ismiyle olduğu gibi, dünyada dahi RAHMAN ismini tecellisine nasıl KOLAYCA mazhar oluyor, anlamamız zor değil.

Evet, bir kere yeni bir işe başlayan bir müslüman, şu kısacık cümlelerde Allah'ın kuvvet ve kudretini anlıyor ve kainat üzerinde olduğu gibi, insan üzerinde de büyük bir yetkinliğe sahip olduğunu anlayarak işinde muvaffak olabilmesi, işlerinin yolunda gitmesi için ancak Allah'ın yardımına ihtiyaç duyduğuna kanaat getiriyor ve bunu bilip inandığını ortaya koyarak «**Ey tüm kainatın sahibi olan RAB! Şu yeni başladığım işi kolaylaştır, zorlaştırma. Bu işimi yaparken karşıma zorluk, güçlük çıkarma, işlerimde aksilik olmasın, işlerim rast gitsin, amin!**» diye kuvvet ve kudret sahibi olan Allah'a sığınıyor.

Ayrıca, işe başladım da kolaylıkla bitireyim de kurtulayım! Demiyor da, «**"Ey RAB, senin mülkünde ve ülkendeyim, sen dilediğini yapansın. İşimin sonunu hayırlı getir, işlerimi hayır ile tamamla, iyi bir netice ve sonuçla sona erdirerek bitir.."**» diyerek işlerinin sonunda iyi bir sonla sonuçlanmasını yine o kuvvet ve kudret sahibi olan Allah'tan istiyor, ona sığınıyor, başkalarından istemiyor. Çünkü anladı ki, onlar o istedikleri şeyler ve yardım diledikleri onu ve istediklerini duymuyor, anlamıyor, getiremiyor, kuvvetsiz ve acizler.

Öyleyse sen de ey kardeş! **"Allah namına ver, Allah namına işle, Allah namına al, Allah namına işine başla ve Allah namına hayırla neticelendir."**

Vesselam..

ALLAH'IN İRADESİ SONSUZDUR: ÖYLEYSE ŞERİATI (KANUNLARI) DA SONSUZ (KIYAMETE KADAR) GEÇERLİDİR

Değerli kardeş! Allah'ın nuru, rahmeti, bereketi okumuş olduğumuz âyât-ı beyyinât hürmetine üzerimizden hiç eksik olmasın. Yolunuz daima açık olsun. Fitneden, şeytanın ve nefsin görünen görünmeyen her türlü belalarından sizleri mahfuz eylesin.

Hepsi O'ndan. Hepsi O'nun inayeti. Ve kainattaki herşey onun iradesi ile yaratılır. Biz de öyle.. Almamız, vermemiz, görmemiz, duymamız, anlamamız, amel etmemiz, başarmamız hepsi Allah'tan. Hata etmemiz, yanılmamız yine Allah'tan, O'nun takdiri ile. Ama gözümüzü iyi kullanamayışımızdan, bize verdiklerini yerli yerinde kullanamayışımızdan Allah'ın takdiri vaki olmuştur.

هٰذِهِ مِنْ عِنْدِكَ قُلْ كُلٌّ مِنْ عِنْدِ اللّٰهِ فَمَالِ هٰؤُلَاءِ الْقَوْمِ لَا يَكَادُونَ

(Nisa/78) Bizim için hayır, bizim için şer vardır. İzafilik kullar içindir. Yüce Allah için izafilik söz konusu değildir. O Vacip Teala Hazretleri'dir. O'nun yokluğu yoktur. O'na yok demek yoktur. O daima vardır. Varlığı vaciptir, kendindendir. Başkaları O'nun mahlûkudur. O'ndan beslenir. Besleklere muhtaç olur mu Allah? Dolayısıyla O;

"وَمَنْ كَفَرَ فَإِنَّ اللّٰهَ غَنِيٌّ عَنِ الْعَالَمِينَ"dir. (Al-i İmran/97) Bilakis tüm yaratılmışlar O'nun inayetine muhtaçtır. Hayır, şer bizim içindir. İzafi olan bir varlığa izafe edilen bir şey de izafidir. Onun için bazen benim lehime olan bir şey, senin aleyhine olabilir. Bazen bana iyi gelen bir ilaç seni öldürür. Benim derdim başka, seninki başka. İlaç da izafidir. Bu nedenle Yüce Allah herkese iki türlü tecellide bulunur. Birisi; rahmet-i amme hasebiyledir, umumidir. Yüce Allah Rezzak, Rahman, Yuhyi ve Yümit'tir. O tüm varlıklara "Halik" ismi ile tecelli eder ve yaratır.

"إِذَا أَرَادَ شَيْئًا أَنْ يَقُولَ لَهُ كُنْ فَيَكُونُ"(Yasin/82) iza erade "halke şeyin, vücûda şeyin, vukûa şeyin" demektir. "أَنْ يَقُولَ لَهُ كُنْ فَيَكُونُ" (Yasin/82) Ol der ve oluverir. Dolayısıyla O'nun "ol" dediği varlık mevcut olur, mükevven olur, mahluk olur, merzuk olur. "Haleka sümme razeka." Rızıkla yaratma yan yanadır. Rızık varsa yaratma da vardır. Rızık olmadan varlığın zuhuru mümkün değildir. Rızık olmadan hiçbir şey olmaz. Hücreye hücre, çiçeğe çiçek diyemezsin rızık olmadıkça. Yaratmanın hemen akabinde rızık gelir. O halde mahlûk olan aynı zamanda merzuktur, ilim sıfatı tecelli etmiştir. O varlığın belleğinde Allah'ın malumu olduğuna dair bir kaşe vardır. Allah'ın ilmi dairesindedir. Bir ilim, bir bilgi mutlaka usul ile öğretilir. Usulsüz aktarma yapamazsın. Usulsüz aktarma yaparsan öğretiyorum diye kafa karıştırırsın. Usulsüz maksada vasıl olma diye bir şey yoktur. Bunu yüce yaratıcı evvela kendisi her şeyi belirli bir kader programı dahilinde belirlemiştir. O'nun usulüne "**sünnetullah**" veya "**şeriat**" denir. Yüce Allah bunu zerreden küreye belirlemiştir. O dilemedikçe bunu kimse bozamaz. O dilemedikçe kafanızdaki kıl bile oynamaz. Çünkü Yüce Allah dalından düşen bir yaprağı bile kendi iznine bağlamıştır. Sen de bir ağaç gibisin. "Çıkar şu ağzındaki baklayı" deriz ya. Bakla yediriyorsun konuştuklarınla. Tabi herkesin yemeği iyi gelmez. Senin ağzından dökülen de yaprak gibidir. Olgunlaşmış veya ham meyve gibidir. Nice kaviller öldürür adamı. Kafanı bozar, itikadın bozulur ve gittikçe yamuklaşırsın, piyasada dolu bu adamlar. Atıyor boyuna (sürekli atıyor). Ne dediğini kendisi de bilmiyor oysa ki..

Şimdi şu ayete bakalım ne diyor: "مَا يَلْفِظُ مِن قَوْلٍ إِلَّا لَدَيْهِ رَقِيبٌ عَتِيدٌ" (Kaf/18) Lafız, atmak demektir. Ağzından çıkarıyor boyuna. O halde ağızdan çıkanlar bazen öldürür, bazen ondurur. Bu da Allah'ın izniyledir. Ağacın yaprağı nasıl irade olmadan düşmezse, senin ağzından kelam da çıkmaz. "O halde ben sorumlu değil miyim?" Allah sana akıl verdi, düşünsün diye. "Bin düşün, bir söyle" ataların böyle demiş. Ağızdan çıkan bir söz, yaydan fırlayan oka benzer. Öyleyse dönüşü olmayan bir yola girmişsin. Söz söylemek yol almak demektir. Yüce Allah'ın yarattığı mahlûklarla diyaloğu iki açıdan gerçekleşir. Biri, umumi. Allah her varlığa kendisinden daha yakındır. Tabiri caizse "وَالسَّمَاوَاتُ مَطْوِيَّاتٌ بِيَمِينِهِ" (Zümer/67) Hepsi avucunun içindedir tabiri caizse.

يَوْمَ نَطْوِي السَّمَاءَ كَطَيِّ السِّجِلِّ لِلْكُتُبِ كَمَا بَدَأْنَا أَوَّلَ خَلْقٍ نُعِيدُهُ وَعْدًا عَلَيْنَا إِنَّا كُنَّا فَاعِلِينَ

"Yazılı kâğıt tomarlarının dürülmesi gibi göğü düreceğimiz günü düşün. Başlangıçta ilk yaratmayı nasıl yaptıysak, -üzerimize aldığımız bir vaad olarak- onu yine yapacağız. Biz bunu muhakkak yapacağız. (Enbiya/104) "وَعْدًا عَلَيْنَا" Kendi kendime söz veriyorum, başka kime söz versin? "إِنَّا كُنَّا فَاعِلِينَ" Biz kesinlikle yaparız. Bu dünya imtihan dünyası. Tecrübe etmeden kimseye güven olmaz. Yüce Allah genel yönü ile varlıklarla sürekli temas halindedir, alışveriş halindedir ve tecrübe halindedir. Tabi kimi? Elbette bizleri! Rabbu'l Alemin ile olan umumi ilişki bu. Kafir de, mü'min de, peygamber de, böcekler, çiçekler, arş kürsü, hepsi içindedir bunun. Bu olmadan zaten olamazsın. Umumiyet hasebiyle var olmayana, hususilik mümkün değildir. Önce âmm, sonra hâss. Önce umumiyet hasebiyle var olacaksın, sonra seçileceksin. Rızık vermediği mahlûk olmaz. Varlıklar "muhyi" ismi ile hayattar, ilim sıfatı ile bilgi sahibi olurlar. Velhasıl kaderin gereği neyse o kapasite ölçüsünde Yüce Allah'tan tahsisi vardır. Bir kere vücut sırrına erişti mi artık o yaşamayı hak etmiştir. Anasının karnında öldü. Ölsün, o ileride yaşamaya devam edecek. Tabi ruh meal cesed bir varlık ise. Hayat iki türlüdür. "Hayat-ı arizi". Bir de "hayat-ı sultani" vardır. O nasıl nutfe oldu, sperm oldu. Onun sperm olması bir yaratma hadisesidir. İnsan tohumudur o. Onun geleceği bellidir. Demek ki, Allah'ın umumi rahmetinden tüm yaratılmış olan varlıklar genel yapısı ile istifade eder. Bu Yüce Allah'ın varlıklara olan ayırımsız, müşterek rahmetidir. Bunda bir tahsis söz konusu değildir. Rahman ismi şerifine bağlamışlardır bu rahmeti. Âlimler rahman ismi şerifi, dünyaya açılım oluşturur, Rahim ismi de ahirete açılım oluşturur demişlerdir. "ya rahmane'd dünya ve ya rahime'l ahirah" diye seslenmişlerdir.

Allah'ın rahmetinin erişmediği bir varlık vücut bulamaz. Mutlaka Allah'ın açılımı "Rahman" ve "Rahim" kanalıyladır. Bizim anahtarımız budur Allah'ın kulları. Onun için besmelesiz hangi iş ortaya konulursa o ebterdir. "Bismillah her hayrın başıdır" diyor Allâme Bediuzzaman. Her işine onunla başlamalısın. İşte kazancın formülü budur. Fatiha-i Şerife ne demek? Fatiha açmak demek. Dükkânını, kitabını, ağzını, elini açıyorsun, her şey açılacak. KIYAMET günü amel defterleri de. Açılmak için geldik biz bu dünyaya. Gizlenmeye gelmedik, açılmaya geldik. Kimi meni, dînî olur; kimi meni denî olur. Deni olur, alçalır. Dini olur, yükselir. Buna bir de sünnet eklenirse medenî olursun. Medine'nin م (mim)ini ekledin mi!... Allah, medeni müslümanlardan eylesin bizi. Mekkeli olarak bırakmasın sizi. Mekke'de rahmaniyet, Medine'de hem rahmaniyet, hem rahimiyet vardır. Medine rahimiyetin şehridir. Mekke'ye girerken de Muhammed (as)'ın ismi ile gireceksin. Muhammed (as) fetheyledi orayı. Rahmet Peygamberi. "ene nebiyyür rahmeh"

(Enbiya/107) وَمَا أَرْسَلْنَاكَ إِلَّا رَحْمَةً لِّلْعَالَمِينَ

Eğer gelmeseydi mutsuz olarak kalacaktı Mekke. Rahim'in imdadını Mekke'ye yetiştirdi Muhammed (as). Onun için tavaf ederken de O'nu önünde bilerek yürüyeceksin. Kabe'ye O'nun gözüyle bakacaksın. O'nsuz olanlar donsuz kalırlar. Çırılçıplak Kabe'yi tavaf etmek müşrik âdetidir. Yüce Allah onları yaratırken taş kafalı yaratmadı. Ama onlar putlara özendiler. Kafalarını onlara vurdular. Kalp taşlaşırsa beyin haydi haydi taşlaşır. Böbreklerinde de taş olmuyor mu?...

ثُمَّ قَسَتْ قُلُوبُكُمْ مِنْ بَعْدِ ذَٰلِكَ فَهِيَ كَالْحِجَارَةِ أَوْ أَشَدُّ قَسْوَةً وَاِنَّ مِنَ الْحِجَارَةِ
(Bakara/74)

Allah'ın umumi rahmeti içinde yaşayan varlıklar arasında namuslusu da var, namussuzu da. Zıtların hepsi bu isme bağlıdır. Mahlûk musun öyleyse gel, tahsisatını al. Umum içinde yer alanın sadece yaratılmış olma açısından bir değeri vardır. Kimin mahlûkusun? Allah'ın. Müşriklere "مَّنْ خَلَقَ السَّمَاوَاتِ وَالْأَرْضَ" ("Gökleri ve yeri kim yarattı?") (Lokman/25) diye sorulduğunda, Allah diyorlardı. Küfrün, şirkin felsefesi, mantığı yoktur. O insanı uçuruma götüren bir yoldur. Küfrün arkası boşluktur. Önüne yemler konulmuştur. O bir tuzaktır. Kâfirin hayalinin bir rüya kadar değeri yoktur. Küfür, edgasü ahlâm cinsindendir. Putun ne mantığı olur? Bizce onlar "لَا يَعْقِلُونَ"dir.(Ankebut/63) Beyinsiz, süfeha diyor Allah. Beynini kullanmaktan aciz varlık. Duyularında tutsaklık var beynini kullanamıyor. Onlar tutsaktırlar. Onlar iblis tarafından esir alınmış varlıklardır. Onların gözleri vardır, görmez. Kulakları vardır duymaz. Onlar hakka yanaşamama açısından sığır sürüsüne benzer. Daha sonra o da çok bunlara, hayvanlara haksızlık olur. Onun için Yüce Allah idrab ile "بَلْ هُمْ أَضَلَّ" (A'raf/179) diyerek cehenneme fırlatmıştır onları.

وَلَقَدْ ذَرَأْنَا لِجَهَنَّمَ كَثِيرًا مِّنَ الْجِنِّ وَالإِنسِ لَهُمْ قُلُوبٌ لاَّ يَفْقَهُونَ بِهَا وَلَهُمْ أَعْيُنٌ لاَّ يُبْصِرُونَ بِهَا وَلَهُمْ آذَانٌ لاَّ يَسْمَعُونَ بِهَا أُوْلَئِكَ كَالأَنْعَامِ بَلْ هُمْ أَضَلُّ أُوْلَئِكَ هُمُ الْغَافِلُونَ (A'raf/179)

Bununla birlikte, umumi bir rahmet, heryeri sarmıştır. Allah'ın rahmetinin erişmediği bir nokta olamaz. Eğer "şey" olduysa, rahmetin eseri erişmiştir. Var mı, var! Öyleyse Allah'ın rahmeti de var. Varım, öyleyse Allah'ın rahmetine medarım. Varım o halde rahmettarım. Ama varlık için verilmiş olan bu rahmet kişinin kârı değildir. Bunda amel, kesb, alın teri yoktur. Bu bedava bir rahmettir. Çerçöp de bu rahmetin eseridir, toprak da, iğrendiğin varlıklar da bu rahmetin eseridir. Şeytan şu anda ne ile yaşıyor zannediyorsunuz? Bu rahmet ile yaşıyor. "Rahmetim gazabımın önüne geçmiştir" diyor Yüce Allah. Eğer bu yasayı ben böyle belirlemeseydim yeryüzünde taş taş üstünde kalmazdı. Bu usulü varlıkları sahneye getirmeden belirlemiş Yüce Allah. İlk usul vaz' eden Allah'tır. Yüce Allah'ın dini, usulden ibarettir. Din demek usul, kanun, kaide demektir. Kavânin-i şeriyye, şeriat yasaları. Kim koymuş bunu? Allah koymuş.

"ةً وَمِنْهَاجاً لِكُلٍّ جَعَلْنَا مِنكُمْ شِرْعَ"

(Maide/48)

Her toplum için biz bir şeriat vazettik. Bu sünnetullaha bağlı olarak gerçekleşir. Yüce Allah'ın buraya gönderdiği kanunlar, ana kitaba ters değildir. Sünnetullahın bir adı da fıtrattır.

Kavimlere verilen, peygamber kanalıyla gelen şeraitler, anayasaya (ümmül kitaba, fıtrata) ters değildir. Anayı ana yapan, babadır. Baba yoksa, ana olmaz. Adem baba vardı önce, sonra Havva anamız yaratıldı.

Bir müctehid anayasanın ana prensiplerini ne kadar özümserse yaklaşımı o derece isabet kaydeder. Der ki Abdülvehhab Şarani Hazretleri Ebu Hanefi'nin büyüklüğünü anlatmak için; Hanefi mezhebinde ne kadar veli gelirse gelsin, hepsinin üstünde İmam-ı Azam Ebu Hanife Hazretleri vardır. Şafii mezhebinde ne kadar veli gelirse gelsin, hepsinin üstünde İmam-ı Şafii Hazretleri vardır. Fakat MEHDİ ve İSA bundan hariçtir. Diğerleri de böyledir. Yani o imamlar böyle derinliğe sahip insanlar. Kalp ile dil arası; arş ile ferş arası gibi olmalı. O zaman ağızdan çıkanın bir anlamı olur.

Mezhep, içtihatla olur. İçtihadın şeriatta yeri vardır. "EN BÜYÜK İÇTİHAD İSE, AYRIŞMAYI DEĞİL; BİRLEŞMEYİ, YANİ TÜM MEZHEBLERİN BİRLİĞİNİ VE BİRLEŞMESİNİ" öngörür. İşte bu ise, ahir zamanın en gerçekçi ve sırat-ı müstakim yolunun temel taşını ve çatısının direğini oluşturacaktır. Onlara tazim şeriata tazimdir. Dolayısıyla Nursuz olan bir fikrin geleceği olmaz. İlk yasaları, usulü, yaratılış kanunlarını vaz' eden Âlemlerin Rabbi Allah'tır. Levh-i mahfuz, âlemlerin ana yasasıdır. Ümmü'l kitap demek, "el kitabullezi fihi kavaninullahi azze ve celle" demektir. Bu âlemlere rahmet oluşturan Allah'ın mülküdür. Tüm varlıklara hayat vermiştir. Ama imtihan konusunda hiçbir özelliğe sahip değildir bu saydıklarım. Bunlar herkeste var. Umumi rahmette kulun bir emeği yoktur. Allah vergisidir. Onun için ikinci bir şık vardır. O önemlidir.

Ona Yüce Allah'ın hassası deriz. Hassa, özel. Bu özellik, yakınlıktan kaynaklanıyor. "يَخْتَصُّ بِرَحْمَتِهِ مَنْ يَشَاءُ" (Al-i İmran/74) rahmetini dilediği kulları için hususileştirir. O zaman da bambaşka olur. Biz bu rahmetin hassasına talip olacağız. Türkler Müslüman olunca, Abbasiler döneminde Türklerden oluşan bir hassa ordusu var. Onun içinde Araplar yok. Hatta Araplarla evlenmesini yasaklamış adamlar. Türklerin yapısı bozulmasın diye. Bunun için de Samarra denilen bir şehir kurulmuş. Özel bir şehir. Bu hassa kurmak şeriata uygun mu peki? "يَخْتَصُّ بِرَحْمَتِهِ مَنْ يَشَاءُ" (Al-i İmran/74) Allah bunu yapıyorsa, uygundur. Özel varsa, güzel vardır. Özel yoksa güzelden söz etmenin bir anlamı yoktur. Amma, Yüce Allah'ın has kullarının arasına girmek gerekir.

İman, tahsisin ana şartıdır. Özel kul olabilmek için özel bir iksire ihtiyaç vardır. Farklı olabilmek için farklı bir yapıya sahip olman gerekir. Bu yapı fiziki değildir. Yüce Allah ona fiziğinin ötesinde bir yapı verdi. İnsan genel hatlarıyla iki yönlüdür, ikiyüzlüdür. Biri, nüfus cüzdanında yazan fiziki şartları hasebiyle. Bu amme hasebiyle böyledir. Bir de bunun ötesinde ruhani yapın var. Ruh yapısına ruhanilik denir. İşte senin farkın imanla başlar. İman anahtarıyla kimlik vadisi açılır. "وَمَنْ دَخَلَهُ كَانَ آمِنًا" (Al-i İmran 96) oraya nasıl gireceksin. La ilahe illallah Muhammedün rasulullah... Bu, iman kimliğidir. Kâbe, mümin olanların girebileceği, has rahmete erişmiş olanların gireceği yerdir. Mekke ve Medine. Birini Allah kendine tahsis etmiş. Bu ikisi çembere alınmıştır. Orada mikat sahaları vardır. Oraya ancak la ilahe illallah Muhammedun rasulullah diyenler girebilir.

Has kullardan olmak lazım. Has alem, Cennet-i Âla. Peki ya Cehennem? Öyle mi? O da kafirlere ve inatçı mütemerridlere, süfyani ve deccalilere has bir mekan toplanma merkezi olacaktır kıyamette. Elbette, hakiki (GERÇEK) Müslüman giremez ona. Cehennem müminlere memnûdur. Cenneti ala ise kâfirlere yasaktır, memnudur. Cennete girebilmenin şartı, Allah'ın has kulu olmaktır. Tüm müminler, genel olan insanlar içinden seçilmişlerdir. Daha doğrusu Allah herkese çekirdek halinde bir iman kabiliyeti verdi. Mümin olmak insanlara has bir sıfattır, meleklere değil.

Has kullardan olun ey Allah'ın kulları! Has kul olmanın giriş vizesi "la ilahe illallah, Muhammedun rasulullah" demektir. İçerden, dilinin ucuyla değil. Can-u gönülden. Allah'tan başka Tanrı yoktur, Muhammed(as) O'nun kulu ve elçisidir. Bunu söylediğiniz an içerdeki iman çekirdeği bir anda patlar. Bing bang âlemlerin oluşumu. İman odağı ile başlar, âlemler senin içinde tecelli eder. "وَأَشْرَقَتِ الْأَرْضُ بِنُورِ رَبِّهَا..." (Zümer/69) İnsanın iman tecellisi ile Müslüman oluşu bayram günüdür. Asya'da atalarımız Müslüman oluşlarını her sene kutluyorlarmış. Biz niye unuttuk acaba? Bu hem dinidir, hem millidir. Elbette kutlanması gerek. Hayat bulmuşsun, cennete namzet olmuşsun bunu kutlamayıp da neyi kutlayacaksın? Beden, arzdır. Âlemlere nispeten bizim bedenimizin pozisyonu yerküreye benzer. Senin dörtte üçün sudur. Onlar deryaya benzer. Senin içinde hava da doludur. En görkemli yerin ciğerlerindir.

Toprak, hava, su, ateş. Bu sayede varsın sen. Etin, kemiğin toprağı temsil eder. Ruh âlemin, semayı temsil eder. Kalbinde imanın açılımı "وَأَشْرَقَتِ الْأَرْضُ بِنُورِ رَبِّهَا" İşte o zaman sana gün doğdu. Yoksa o güneş doğmadan karanlıksın. Bütün kâfirler karanlık içinde yaşarlar. Has rahmet olmadan sakın ölmeyin. Rahmetin hassaya dönüşmeden sakın ölme.

"وَلاَ تَمُوتُنَّ إِلاَّ وَأَنتُم مُّسْلِمُونَ" (Al-İImran/102) Umumilikten çıkın. Nasıl çıkacaksın. "... يُخْرِجُهُم مِّنَ الظُّلُمَاتِ إِلَى النُّورِ ..") Bakara/257) Allah, iman etme yönünde gelişimde bulunanların velisidir. Çünkü iman bir sigortadır, emniyettir. Bunlar ihraç olunmuş müminlerdir. Yüce Allah'ın ihracatıdır bu. Ticaretin en güzelini o yapar. "إِنَّ اللّهَ اشْتَرَى مِنَ الْمُؤْمِنِينَ أَنفُسَهُمْ وَأَمْوَالَهُم بِأَنَّ لَهُمُ الجَنَّةَ" (Tevbe/111) "...تِجَارَةً لَّن تَبُورَ" (Fatır/29) Bunlar Aziz kitabımızda hep mesturdur ve bu gerçekte karlı bir alışveriştir.

Has kul olmanın başlangıcı budur, gerisi Müslümanlığın icaplarıdır. İşte bu insanlara ehl-i Kuran denir. Bu Kuran'la için dışın dolursa, gözünde olan manzaralar Kuran olursa, velhasıl, canına kanına varıncaya kadar hepsi Kuran'sa o zaman has kullardan oldun demektir. "Ehlül Kur'âni, ehlüllâhi ve hâssatühü" Ehli Kuran olmak lazım. Mümin olabilmenin vasıflardan biri de kendin için istediğini, mümin kardeşin için de istemendir. İstemiyorsan iman kalbini okşamamıştır.

Biz basiret ehliyiz. Basralılara dayanır bizim geçmişimiz. Peygamber de Yemeni gösterdi. İman, Yemenlidir. Yemen, kelime manası olarak ise Kureyşî Arapça kökenden türetilmiş olup "yümün"den, bereketten gelir. Allah'ın üzerinizdeki nimetini hatırlayın. Yüce Rabbim böyle söylüyor, ben de size hatırlatıyorum. Mümin olmak, has rahmetin eri olmaktır. Sizler has rahmet diyarına giriş yapmışsınız. Bu yolda yürüyün. Sınırda durmayın. Has rahmete erişenlerin de boyutları vardır. Bohça gibidir o, kat kattır. Allah'ın üzerinizde olan nimetini hatırlayın. Yani bunu hatırlayarak mutluluk duyun demektir. Sen de müslümanlığının mutluluğunu hissedeceksin. İlk misâkı hatırlayacaksın. İlk başta da demiştik hani:

"أَلَسْتَ بِرَبِّكُمْ قَالُواْ بَلَى" (A'raf/172)

Bela, imtihan demektir. Allah bizi imtihan için yarattı. İbaha sahasında sıkıntı yok, ötesi israf. Sözü sizden aldı Allah. Ve onu sizin özünüze yerleştirdi. Kimisi verdiği bu ahitte durur. Bir kısmı da ahdi bozar. Peygamberler hatırlatmak için gelirler. Peygamber de, Kuran da müzekkirdir. O vakit siz "سَمِعْنَا وَأَطَعْنَا" (Maide/7) demiştiniz. "وَاتَّقُواْ اللَّهَ" Allah'tan korkun bu verdiğiniz ahdi yerine getirin. Duyduk dediniz, uyun. Sakın "عَصَيْنَا" (Nisa/46) demeyin. Ama insanların çoğu duymuyoruz ve uymuyoruz dediler. Hatta "سَمِعْنَا وَعَصَيْنَا" (semi'ne ve asayna) dediler. "وَفِي آذَانِنَا وَقْرٌ" (Fussilet/5) dediler. Duydular ama duymamazlıktan geldiler. Duymanın gerçek anlamı sesi algılamak değil, algıladığı sesin gereğini yapmaktır. Bu olmadı mı "o sanki duymamış gibidir". Bunun için "semaa kabulin" der müfessir. Yani onlar "kabul duyması" ile duymazlar. Uymak yoksa duymanın hiçbir anlamı yoktur. Oysa Müminler, duyduk, uyduk derler.

Çünkü Allah göğüslerin derinliklerinde olanları bilir. "إِنَّ اللَّهَ عَلِيمٌ بِذَاتِ الصُّدُورِ" (Maide/7) Duymadığınız halde duyduk, uymadığınız halde uyduk derseniz bunu pahalıya ödersiniz. Siz Allah'ın ayetleri ile alay mı ediyorsunuz? "وَلِهِ كُنتُمْ تَسْتَهْزِئُونَ قُلْ أَبِاللَّهِ وَآيَاتِهِ وَرَسُولِهِ" (Tevbe/65) Allah'ı, Peygamberi alaya almak çok büyük suçlardır. Bu dünyada alaya alanlar ahirette zebaniler tarafından alaya alınacaklardır. "el-cezâü min cins'il amel" Bu dünya bir gölgedir, ahiretin gölgesidir. Sizin boyunuz, posunuz da öyle. Oraya vardınız mı dev gibi olacaksınız. Peygamber; kafirin azı dişi Uhud dağı gibi olacak diyor. Oranın derdi de keyfi de ona göredir.

"وَاتَّقُوا اللَّهَ إِنَّ اللَّهَ عَلِيمٌ بِذَاتِ الصُّدُورِ"

(Maide/7)
Allah'tan korkun! Çünkü Allah kalplerin içinde gizlediklerinizi bilir.

"رَبَّنَا لاَ تُؤَاخِذْنَا إِن نَّسِينَا أَوْ أَخْطَأْنَا ..."

DEMEK Kİ: ALLAH'IN KAİNATTAKİ TECELLİSİ TEK ÇEŞİT DEĞİL, SONSUZ BİR ÇEŞİTLİLİK VAR!

Bil ki ey aziz! Gözün akı ve karası olduğu gibi dünyanın da gecesi ve gündüzü var. Bunlardan biri kendi öz benliğimizde diğeri de çevremizi kuşatan alemde görülen celal ve cemal tecellilerinden sadece ikisi. İnsan ömrü ne cemalin ne de celalin tecellileriyle geçip durmaz, bu iki ayrı tecelli ömrünüzün her safhasında iç içedirler; bazen sırayla, bazen birlikte icraat gösterirler. Ömür yolculuğumuz bunlardan ayrı düşünülemez. Bunun böylece bilinmesi insan için bir rahatlık, bir huzur kaynağı olur. Hayatı hep tozpembe görmek isteyenler aradıklarını çoğu kez bulamayınca önce karamsarlığa sonra ümitsizliği düşerler. Ümidin kaybolduğu yerde ise hayat acılaşmaya başlar ve ruhî sıkıntılar insanı her gün biraz daha hırpalar. Askere kaydolan bir genç, orada zamanının çoğunu talimle geçireceğini ara sıra da dinleneceğini yahut oyun oynayacağını peşinen kabul etti mi ruh dünyası buna göre şekillenir; sıkıntılara karşı kendini hazırladığı için de onları kolaylıkla aşar. Bir talim ve imtihan meydanı olan bu dünyaya da bu gözle bakanlar saadeti yakalarlar. Havanın hep sakin olmayacağını bilir, fırtına olunca fazla şaşırmazlar. Bedenin hep sıhhat üzere kalmayacağını çok iyi bildiklerinden hastalıklara karşı daha sabırlı olurlar. Gençliğin bir gün yerini ihtiyarlığa bırakacağını önceden kabul ettiklerinden ağaran saçları onları hüzne düşürmez. Bu dünyada celal ve cemal tecellileri içi içedir. Üstad'ın o güzel tespitiyle "celalin gözüne cemal, cemal gözünde celal" tecellileri vardır. İşte, celalin gözündeki cemali seyredebilenler, hayatlarını huzur içinde geçirirler. Mesela, ölüm bir celal tecellisidir, fakat kabrin cennet bahçelerinden bir bahçe olduğunu bilenler bu celalin gözündeki cemali seyredebilirler. Bir hadis-i kutsîde "Rahmetim gazabımı geçti." buyrulur. Buna göre, ilk bakışta bir celal, bir kahır tecellisi gibi görünen üzücü olayların, bilemediğimiz nice rahmet yönleri de vardır. Ve bu rahmet o gazaptan daha ileri seviyededir. Hastalanan bir insanda Müzill yani "zillete düşürücü" ismi tecelli eder. Ama hastalığına sabrettiği takdirde günahları erir, derecesi artar, dünya sevgisi kalbinden silinmeye başlar, bütün bunlar o kul için ahirette "izzetli" bir ömür sürmenin sermayesi olurlar. O ebedi saadetin yanında bu fani hastalığın verdiği elemler çok küçük kalırlar ve rahmet gazabı geçmiş olur.

Fırtınalı bir denize kıyıdan yahut yüksek bir tepeden bakanlar harika bir manzara seyrederler. Burada, celalin gözünde cemal tecelli etmiştir. Şu var ki, bunu ancak dalgalara kapılmayan, olayları kenardan seyretmesini bilenler başarırlar. Dalgaların sürüklediği kişi bu zevkten mahrum kalır, o ancak celal tecellileri karşısında korku, dehşet, ümitsizlik karışımı bir ruh halinin altına ezilir. Mülkü sahibine teslim etmeyi başaranlar, kendi varlıklarını da bir emanet bilirler. O emaneti korumaya çok ihtimam gösterirler. Kendi iradeleri dışında başlarına gelen olayları değerlendirirken de, bir kenara çekilir, denizi uzaktan seyreden adam gibi, olaylardan faydalanmaya bakarlar. Bir bitkinin geceden ve gündüzden ayrı faydalar sağlaması misali, onlar da hem kahır hem de lütuf tecellilerinden, ruhları ve kalpleri namına, büyük kârlar elde etmesini bilirler.

"Veyahutta bu meseleyi şöyle tasvir et kendi zihninde ey hanım kardeş! Fırtınalı bir günde çölde yolunu kaybeden iki kişi yolları gittikçe karanlıklaşan ve ikiye ayrılan bir sahrada bir mağaraya sığındılar. Bu sırada, dehşetli bir fırtınaya yakalanan ve tozu dumana katan bir karanlık gecede bir istimdat bir nur aradılar. Bu yolda, her ikisinin de kalpleri birbirinden apayrı düşüncede olduğu için şu birinci yolu tercih eden fakat yoldaki fırtınanın tehlikelerini göze alan temiz kalpli arkadaş şu sahranın elbette bir yöneticisi ve daimi yolcularını koruyan bir himmettarı ve sultanı vardır diye birinci yola suluk etti, yola koyuldu. Bununla birlikte, yolda kendisine yeterli derecede lazım olan alet ve edevatını yanına alıp geriye kalan tüm eşyasını o mağarada bıraktı, selametle yola koyuldu. Bunun üzerine, mağarada karanlıkta kalan diğer arkadaşı ise, sahip olduğu eşyalarına bir zarar gelir veya kaybederim endişesiyle, tüm malını ve alabildiği kadar eşyasını sırtına alıp, daha güvenli zannettiği, halbuki en dehşetli bela ve musibetlerin kendisini beklediği ikinci yola saptı. Kalbi kötü niyetli ve dünya malına tamah eden birisi olduğu için, ilk baştaki arkadaşı gibi yapmadı, "Tüm malımı sırtıma alacağım, ta ki onu koruyayım, zayi olmasın!" diye ahmakça ve divanece bir niyetle kendi kendisini taşıyamayacak bir yükü sırtına aldı. Git gide yol devam ettikçe ve fırtına şiddetini arttırdıkça, birinci yola suluk eden salih arkadaşı yükü hafif olduğu için nihayetinde gideceği yere ulaştı ve o geniş sahrada helak olmaktan kurtuldu. İkincisi ise, bir miktar yol gittikten sonra, yolda bazı ışıltılar ve parlamalar gördüyse de yolun üzerinde gördükleri hep serap ve aldatmaca olduğu için sonunda susuzluktan bitkin düşüp, karanlıklar içerisinde fırtınada helak oldu, o ağır yükün altında, kendisini boğan gürültü toz bulutu altında yorgun düşerek ve bitkinlik ve yorgunluktan, susuzluktan yolda helak olup gitti, nihayetinden hedefine ulaşamadan malı ile birlikte ölüp gitti, ÇÜNKÜ İLK BAŞTA O SAHRANIN KUMANDANININ KANUNNAMELERİ'ne itaat etmemiş ve kendi arzu ve hevesiyle yola çıkmıştı.! "

İşte şu kısa hikayeyi dinleyen en hanım kardeş! Şu dünya hayatı da senin gibi hadsiz tehlikelere çokça maruz birisi için, şu çöl ve sahra misalidir. Yükün haddinden ağır ve vazifelerin pek çoktur. İşte, sen İslam şeriatının sana emrettiği, kapanmak, namazı dosdoğru kılmak ve evinin hanımı olarak önce Allah'a, sonra da annene, babana ve eşine sadık bir kul olmak gibi İslam şeairinin emrettiği o hafif yükleri sırtına ve başına alıp yüklemezsen, senin zayıf olan ve daima korunmaya ve iffetini toplum içerisinde korumaya muhtaç bulunduğun namus ve itidal-i islamiyeye ait vazifelerinin gereklerini yerine getirmezsen, şu dünya çölünde helak olup gideceksin. Ahirete yönelik hedef ittihaz etmen gereken o baki meyveleri de kaybedeceksin. İşte, şu sırdan dolayı sen şu ağır zannettiğin, fakat hakikatte senin için en hafif yük olan eşyanı sırtına almazsan elbette dünyevi ve uhrevi çok tokat yiyeceksin, ve sabit zannettiğin, hakikatte geçici ve daim kararsız, mahvolucu o dünya saadetin dahi mahvolacak. Hatta yaşlılığında, bunu daha iyi hissedip pişman olacaksın. Fakat, şu birinci yoldaki Salih arkadaş gibi o hafif yükü sırtına alıp, dünyanın şimdiki birbirinden değişik binlerce adet, örf ve gelenek bahanesiyle sana yutturulmaya çalışılan dünyevi zevklerini ve geçici heveslerini bir kenara bıraksan, namaza ve islamiyete sarılsan elbette ileride çok daha rahat edeceksin, belki dünyada rahat etmesen bile, kabirde ve baki alemde o sıkıntıların tahammülünün, o tohumların semerelerini mükafatını göreceksin. İşte, şu meselede kendini kaybetmiş ve nefsine uymuş olan binlerce genç hanım kardeş şu dünya bataklığında, kumarhane masalarında, içki ve eğlence alemlerinde, fuhuş ve zina bataklıklarında veyahutta evinin saadetini sağlamaktan çok dünyevi zevklerinin hırs, bitmek bilmeyen alışveriş, arzu-istek ve ihtiraslarının peşinde koşmakla hergün belki yüz defa o manevi tokatları yemektedir ve öyle de devam edecektir. Çünkü, İslam şeriatı sadece toplumun cüz'i bir kısmının tamiri için inmemiştir, umumi olarak insanlığın iki dünyadaki saadetini temin eden yasaları da içerisinde bulundurur. İşte, bu sebepledir ki, devletler istedikleri kadar yasa veya kanun çıkarsalar da, Kur'an-ı Hakim'in indirmiş olduğu fıtri kanunları uygulanmadıkça, şu meselede medeniyet ne kadar ilerlerse ilerlesin, daima geride ve vahşi kalarak şu dünya sahrasında helak olup gidecektir, belki o kanunnameler içerisinde uygulamakta güçlük çekerek ve belki birbirlerini yiyerek aklını kaybedecektir. Çünkü, aslında ilk başta da demiştik: ŞERİAT-I İSLAMİYE O FIRTINALI HADSİZ GENİŞLİKTEKİ SAHRADAKİ SIĞINILACAK YEGANE MAĞARA GİBİDİR. -Vesselam.

İşte ey o sahrada hakikati arayan kardeş! Bir insanın hayatındaki en önemli karar, kendisi için neyin ve **nelerin önemli olduğuna** karar vermek, bunları belirlemektir. Hayatındaki değerlerin, kişilerin, olayların, önem derecelerini bilen bir kimse hayatta en önemli problemlerden birisini çözmüş olur, böylece hayatı boyunca takip edeceği temel çizgileri çizmiş ve bir istikamete girmiş olur. **Özgürlük, kendini sınırlayabilme sanatıdır.** Yani *sınırlarını belirleyebilme böylece yolunu bulma sanatıdır.* Disiplinin temeli kendi sınırlarını belirleyebilmektir. Disiplinli yaşam doğru ve sağlıklı düşünebilmenin temel yardımcılarından birisidir. Buradaki disiplin dışarıdan gelen değil, içeriden gelen bir disiplin olmalıdır.

Askeri disiplinden ziyade özden gelen, kişinin zamanla kazandığı bir alışkanlıktır. Askeri disiplinin amacı kişinin kendi öz disiplinini oluşturmasına yardımcı olmaktır, ancak maalesef bu bilinç olmadığı için bu türden hareketler istenen neticeyi vermiyor.

Bir kişi hayatında önce büyük şeyleri hallederse küçük şeyler için zaman ve yer kazanmış olur. Öğretmenin çocuklarla olan hikayesini bilirsiniz. Çocuklara kumlar, çakıllar ve daha büyük taşları veren hoca bunu bir bardağa yerleştirmelerini ister. Çocuklar kumları koyar, üstüne çakılları koyar ancak büyük taşlara yer kalmaz. Hoca ise önce büyük taşları yerleştirir, sonra çakılları koyar ve kalan boşluklara da yavaş yavaş kumları döker. Böylece bardağa hepsi sığar ve bardak tam dolar.

İşte, bu noktada hayatımızı ve zamanımızı bir bardağa benzetirsek, bizim için önemli olan şeylere de büyük taşlar diyebiliriz. Hayatımızdaki büyük taşları, yani önemli olan kişileri, olayları, fikirleri, eylemleri belirler isek hayata büyük avantajla başlarız.

Müslümanların en büyük şansı ve hayata bir sıfır önde başlamalarının sebebi, en büyük taşlarının yerli yerinde belli olmasından kaynaklanır. Bir Müslüman için Allah'a kulluk en önemli konu ve fikir iken, **Namaz** bunun en temel direğidir. Bir kişi bu büyük taşı hayatının her alanına doğru zamanda yerleştirdiği zaman işte o bardağın her noktasını doldurabilecek bir alan kazanır. **Bir başlangıç noktası** elde eder.

Yine **namaz** kılan birisi namaz için **zaman** yok diyemez. Neden? Çünkü eğer namaz hayatının en önemli olayı ise, zaten o hayatını doldurması gereken en önemli taştır, temel büyük direktir. Onu hayat bardağına yerleştirdiği zaman diğer meselelere ancak o zaman yer açabilir. Zaten namaz kendisi için önemsiz küçük bir çakıl parçası veya kum tanesi ise zaten bu kişinin mayası ve niyeti ortaya çıkmış olur. Namazı kum tanesi olarak belirleyip hayatına yerleştirmeye çalışırsa, tabiî ki hayatının diğer alanlarında belirlediği kendisinin önemli zannettiği olaylar, kişiler, fikirler, sevdalar, büyük köşe taşları zannedildiği ve sayıldığı için kişinin bardağına sığmaz.

İşte, namazı hayatına doğru yerleştiren bir mümin, zamanında doğru yerlere dağıtan bir mümin, **hayatının başlangıç** noktasını bulmuş olur. Çünkü hayatını tanzim eden bir istikamet sahibi olur, *istikamet sahibi* olanın işleri kolaylaşır, her şeye zaman bulur. Gereksiz işleri haddinden büyük görmez. Onlar için zaman sıkıntısı çekmez. Niye, çünkü sınırlarını bildiği için, önemli gördüğü meselelerin boyutunu bilir, bunlara ne kadar zaman ayıracağını bilir. Zaman ayıramayacağı, küçük çakıl taşı gördüğü, kum tanesi gördüğü işleri zamanının içine almaz.

Namaz insanı böyle disipline eder, gereksiz işlerden ve zaman kaybından korur. Bu noktada bu işler benim için önemli diyen kişi, yani gereksiz işleri büyük gören kişi zaten onları büyük taş gördüğü için kolay kolay namaza yer de bulamayacaktır. Burada kişi namaza vaktim yok diyor ise şayet neye önem verdiğine, hayatının değerler hiyarerşisine bakmalı. Ailesine mi, mala mı mülke mi, paraya mı, şana mı, şöhrete mi, heveslerine, tv seyretmeye, internette vakit öldürmeye mi? En çok değeri veriyor onu bir an önce anlamalı.

Bir mümin her şeyden önce **kendini bilmek** zorundadır. Çünkü rabbimiz kuran-ı hakimde şöyle buyurur: **"kendini bilen rabbini bilir"**. *Benim hayatımın önemli değerleri nedir* dürüstçe karar vermeli. Bir insan olarak inanmayan bir şahısta yine hayatında önemli olmayan ne var ise belirlerse hayatta başarılı olur. Kafir olduğu, inanmadığı halde hayatta başarı olabilen bir kısım insanların karar verebilme ve hayatlarında önemli şeyleri derecelendirme noktasında başarıları oldukları söylenebilir. Bu kişilerin bir kısmının tutku ile hayatlarında en önemli bir taş olarak belirledikleri olguya, nesneye sarıldıkları ve ondan önemli bir şey görmediklerine sıkça rastlanır, bu sayede emeklerinin karşılığını alırlar.

Bir müminin hayatının en önemli parçası ise ibadeti, kulluğu, iyiliğidir. Bunun için en temel direk namazdır. Namazı hayatımıza doğru yere yerleştirirsek hayat yolumuz belli olur. Başlangıç noktasını bilen hayatta karanlıklardan kurtulur bir yolu olur. Bu yüzden yüce Allah Kur'an-ı Hakim'inde, içerisinde bulunduğumuz bu durumu en iyi açıklayacak şekilde, şöyle buyurmuştur:

Bakara Suresi 16 – 21'inci ayetlerde:

16. İşte onlar, hidayete karşılık sapıklığı satın almış kimselerdir. Bu yüzden alışverişleri onlara kâr getirmemiş ve (sonuçta) doğru yolu bulamamışlardır.

17. Onların durumu, (geceleyin) ateş yakan kimsenin durumuna benzer: Ateş tam çevresini aydınlattığı sırada Allah ışıklarını yok ediverir de onları göremez bir şekilde karanlıklar içinde bırakıverir.

18. Onlar, sağırdırlar, dilsizdirler, kördürler. Artık (hakka, gerçeğe) dönmezler.

19. Veyahut onların durumu, gökten yoğun karanlıklar içinde gök gürültüsü ve şimşekle sağanak halinde boşanan yağmura

tutulmuş kimselerin durumu gibidir. Ölüm korkusuyla, yıldırım seslerinden parmaklarını kulaklarına tıkarlar. Oysa Allah, kâfirleri çepeçevre kuşatmıştır.

20. Şimşek neredeyse gözlerini alıverecek. Önlerini her aydınlatışında ışığında yürürler. Karanlık çökünce dikilip kalırlar. Allah dileseydi, elbette onların işitme ve görme duyularını giderirdi. Şüphesiz Allah her şeye hakkıyla gücü yetendir.

21. Ey insanlar! Sizi ve sizden öncekileri yaratan Rabbinize ibadet edin ki, Allah'a karşı gelmekten sakınasınız.

İşte, Allah doğrusunu bilir ancak burada söylenenleri yukarıdaki basitçe tasvir ettiğimiz çöl hikayesine uyarlayarak yorumlarsak; Sahrada yolunu kaybetmiş sapık kişinin özellikleri anlatılmaktadır açıkça aslında. Yaptıkları iş bir netice vermiyor, zira yolu yok sapıtmış. Verdiği kararlar, hareketleri, ilerleyişi hayatlarındaki bir takım anlık ışık patlamaları ile olmaktadır. Fırtınalı bir havada kararlar vermekte ilerlemekteler, felaketin ışığından medet ummaktalar. Zira başka türlü yollarını bulmaları da mümkün değil. Allah onları bu iş için süre tanıyor gözlerini kulaklarını almıyor. Onlar bakıyor, duyuyor ama görmüyor ve gerçekte ise anlamıyor. Zira akılları yok, yanlış yoldalar. Anlık kararların ışığındalar, bir yol üzere değiller. Böyle anlık karar verip gittikleri için yanlış yollarda bocalıyorlar. Fırtınadan medet umuyorlar. Daha önce kendilerini aydınlatan yol gösteren şeyler ise geçici olduğu için, Allah tarafından verildiği için onlar bir anda söndüğü zaman ise yollarını kaybediyorlar.

Yukarıdaki ayetler, Batılıların ve bir kısım insanımızın sapık olanlarının karar verme süreçlerinin temel yapısını gösteriyor. İnandıkları kiliseler, kitaplar, Nietzsche, Marx, Komünizm, August Comte, Sartre gibi yanan ateşler fakat aslında sönük birer fener ışığı hükmünde olan tutundukları dallar ve fikirler yanlışlanınca, yararsız kalınca, bir anda sönüyor ve karanlığın ortasında kala kalıyorlar. Ya da fırtınalı bir denizde gidiyorlar. Sağa sola saldırıp fırtınalar oluşturmadan, sapık hareketler yapmadan, cinayetler işlemeden adım atamıyor yerlerinde çakılı kalıyorlar. Fırtınada borsayla, ekonomik saldırganlıkla bir kaos oluşmadan, şimşekler çakmadan karar veremiyorlar, zira karanlıklar içindeler.

Bu kişilerin fikirlerini şüpheci bir şekilde, yeri geldi inceleyebiliriz. Bunların fikirlerinin hayatımızdaki yerinin birer çakıl parçası, kum tanesi olduğunu unutmadan incelemeliyiz. Bazen doğru yol zıddı ile bilinir. Ancak okurken ve düşünürken, önce büyük taşları yerli yerine oturtmayı unutmayalım. Önceliklerimizi bilelim.

Bu karanlıklardan çıkışın tek çıkış yolu ve çözümlemenin ise Yüce Allah, Kur'an-ı Hakim'de kendisine ibadetle olacağını gösteriyor.

Yukarıdaki anlatılanlardan özetle doğru karar becerileri için hemen bir önem cetveli oluşturuyoruz. Kendimize soruyoruz, hayatımda benim için önemli olan nedir? Mümin isek şayet hayatımızın temel taşı olan ibadetleri ve en önemlisi olan namazı zamanın temel noktalarına yerleştiriyoruz. Böylece bir başlangıç noktamız ve istikametimiz oluyor. Hayatımız anlamlanıyor ve diğer işler için boşluklar kalıyor. Yolumuz ve sınırlarımız belli oluyor. Unutmayın Özgürlük, kendinin sınırlarını çizebilmektir. Bu sınırı ise, şüphesiz Allah, ve onun külli iradesi ile kuralları belirleyecektir.

İşte, bu yüzden Allah Kur'an-ı hakim'de bu kez şöyle buyurur:

سَبِيلًا ﴿29﴾ وَمَا تَشَاؤُنَ اِلَّا اَنْ يَشَاءَ اللّٰهُ اِنَّ اللّٰهَ كَانَ عَلِيمًا حَكِيمًا ﴿30﴾

يُدْخِلُ مَنْ يَشَاءُ فِي رَحْمَتِهِ وَالظَّالِمِينَ اَعَدَّ لَهُمْ عَذَابًا اَلِيمًا ﴿31﴾

30 – (YOL) Ama Allah dilemedikçe, siz (Öyle bir yol ki, O YOLDA) dileyemezsiniz. Çünkü her şeyi bilen, tam hüküm ve hikmet sahibi olan, Allah'tır (O yolun sahibi). Her şeyi bildiği gibi, rahmet ve hidâyete lâyık olanları da pek iyi bilir.

31– O, dilediği kimseyi rahmetine (DOĞRU YOL'UNA) sokar. Zalimlere ise elem dolu bir azap (EĞRİ VE KARANLIKLI BİR YOL) hazırlamıştır.

{İnsân Sûresi (76), 30-31}

Nur Külliyatı'ndan benim çokça sevdiğim ve okuduğum Dokuzuncu Sözde çok güzel izah edildiği gibi, celal, cemal ve kemal tecellileri karşında insanların kalpleri, farklı cevaplar verirler. Celale karşı tespih, cemale karşı hamd, kemale karşı tekbir görevini yerine getiren kişi bu zikirlerin her birinden ayrı feyizler alır. İşte, ey kardeş! Namaz dışındaki hayatımız da bu üç ayrı tecelli ile adeta kaynaşmaktadır. Namazın manasını çok iyi anlayan büyük insanlar, karşılarına çıkan celal tecellileri karşısında kendi noksanlıklarını, acizliklerini, kifayetsizliklerini tam manasıyla idrak ederek Allah'ı noksan sıfatlardan tenzih eder ve "sübhanallah" derler. Bu bahtiyar insanlar için her musibet bir tespih vesilesidir. Çok şümullü olan zikir kavramını, sadece hamd ve şükür olarak anlayan ve bunun sonucu olarak da daima nimet, rahat ve saadet bekleyenler bunları bulamayınca rahatsız olurlar ve zamanla şükür görevlerini de aksatmaya başlarlar. Sabah namazına kalkan insan bulunduğu beldenin aydınlığa kavuşmasında bir cemal tecellisi seyreder. Karanlığın gözünde parlayan bu ışık, gözün karasından çıkan göz nurunun bir küçük misali gibidir. Akşamın gelmesiyle, bir celal tecellisi görülür. Karanlık semada parlayan yıldızlar "celalin gözündeki cemal" tecellileridirler. Öte yandan, insan sabahın gelişinde celal ve cemal tecellilerini birlikte de seyredebilir. Şöyle ki, ışığın gelmesi büyük bir nimet ve azim bir cemal tecellisidir. Ancak, bu nimete kavuşulması için koca dünyanın dönmesi gerekiyor. Bir şehrin zelzele ile yerinden oynamasını dehşetle seyreden insanlar, nedense, koca dünyanın bu muazzam hareketini pek düşünmezler. Halbuki, dünyanın dönmesinde "celalin", sabahın gelmesinde ise "cemalin" tecelli ettiğini düşünseler, celalin gözündeki cemal tecellisini rahatlıkla seyredebilirler.

Peygamber Efendimiz (asm), Hz. Ali vasıtasıyla bize ilettiği mesajında cevşen-i kebir namındaki münacatında, her iki tür tecellilere de yer verir ve bunları şefaatçi yaparak Rabbine dua ve niyazda bulunur. Bulardan bir kaçını hatırlayalım: Ya Rabbel cenneti ven- nar!: Ey cennetin ve narın Rabbi! Birincide cemal ikincide celal tecellisi söz konusudur. Nardan korkulur, ama o celal tecellisinden sakınmak insanı cemal tecellisine götürür. Öte yandan iman ve İslam düşmanlarının nar ile azap görmeleri de ayrı bir güzelliktir. Bunda da celalin gözünde bir cemal tecellisi okunur. Ya Rabbes siğari ve kibar!: Ey en küçüklerin ve en büyüklerin Rabbi! Çiçeğin terbiyesinde cemal, yıldızın terbiyesinde celal hakimdir. Ya Rabbel hububi ve esmar!: Ey hububatın ve meyvelerin Rabbi! Hububatın taneleri gibi ağacın meyveleri de bir ilahi terbiyeden geçmişlerdir. İnce sapların başında sallanan başaklarla, o muhteşem ağaçların dallarından asılan meyveler birlikte düşünüldüğünde cemal ve celal tecellileri beraberce seyredilir. Ya Rabbel i'lani ve israr!: Ey aşikâr ve gizli olan her şeyin Rabbi! Bu münacatta, yeryüzünde gözle görülen terbiye tecellileriyle, yer altında, deniz içinde ve rahimlerde icra edilen terbiyeler birlikte nazara sunulmuştur. Aşikar olanlarda cemal, gizlilerde celal daha hakimdir.

Cevşen bu manada okunduğunda böyle yüzlerce cemal ve celal tecellileri görülecektir. Konumuza ışık tutacak bir ayet-i kerime: "Biliniz ki kalpler ancak Allah'ın zikriyle mutmain olur." Ra'd, 28 Zikir hatırlamak, anmak demektir. Mutmain olmak ise "tatmin olmak, huzur bulmak, ikna olmak, rahata kavuşmak" gibi manalara gelir. Allah isminin bütün esmayı ihtiva ettiği ve bütün İlahi sıfatlara delalet ettiği düşünülürse, kalplerin sadece cemal tecellileriyle değil, celal ve kemal tecellileriyle de tatmin olup huzur bulacağı daha iyi anlaşılır. Ayette, Allah ismi yerine Rahman ismi geçseydi, konu sadece cemal tecellileri yönüyle ele alınır ve hüzünlü kalplerin, çaresizlik içinde kıvranan ve bir çıkış kapısı bulamayan akılların ancak o Rahman'ın rahmeti ve keremini hatırlamakla sükuna kavuşacakları söylenebilirdi. Halbuki, ayette geçen Allah ismi, kalplerin her türlü tecelliye ihtiyaç duyduğunu ders veriyor. Nitekim, Risale-i Nur'da kalp için "Esma-i İlahiyenin bütün nurlarına ihtiyacı vardır." ifadesi geçer. Bilindiği gibi Fatiha Suresi "alemlerin Rabbi olan Allah'a hamd" ile başlar. Hakeza şu yazmış olduğumuz Kıyamet Gerçekliği Külliyatı'nda da hakeza öyle. Fakat, biz kelimelerimize ilk başta yine o "B" ile, B'nin ilk noktasından çıkarak, bu uzun yoldaki hakikati (GERÇEĞİ) arayışımızda "BASİT" kelimesiyle başlamıştık. Fakat yol ilerledikçe, basit zannedilenin aslında hiç de basit olmadığını; bilakis Kainatın ilk anındaki en karmaşık ve en hülasa olan "BİDAYET"e, ta ilk "BAŞLANGIÇ"a ve aynı zamanda "BİTİŞ"e, "SON"a, "KIYAMET"e kestirme bir yol açtığını görmüştük ve aslında bu iki yol başlangıçta BİTİŞİK'ti. Her neyse.. Alemlerde sadece cemalî isimler değil celalî isimler de tecelli ettiğine göre, bir mümin bütün bu tecelliler için Rabbine hamd etme durumundadır. İnsan, kendi nefsiyle mücadele ederken celalî isimlerden feyiz alır; onun kötü arzularına karşı kuvvetli, celalli ve şiddetli olur. Ayrıca, düşmanlarının zulüm ve inkârlarına karşı da yine bu isimleri düşünerek teselli bulur. "Zalimler için yaşasın cehennem!" cümlesi, kalbin Kahhar isminin tecellilerine de muhtaç olduğunu ders vermektedir.

Kalp böyle yaratılmışken, ona yaratılışının aksi bir yön vermek, hayatın sadece oyun ve eğlence yüzünü göstermek insanlığa şefkat değildir. Doymak bilmez nefislerin olabildiğine çatıştığı, vahşi ruhların görülmedik zulümler sergilediği, nefsin ve şeytanın insanı durmadan kötülüklere sevk ettiği bu dünya meydanında, boş hayallerle oyalanmayı bir tarafa bırakıp gerçekçi olmak ve insanlara hayatı çok yönlü olarak tanıtmak onlara yapılacak en büyük yardımdır.

Niyazi-i Mısrî' dünya hayatında cemal ve celal tecellilerinin birlikteliğini bir şiirinde çok güzel terennüm eder. O uzun şiirden birkaç beyit takdim edeyim: "Tecelli eyler ol daim, cemal-ü gâh celalinden Birinin hasılı cennet, birinden nar olur peyda Cemali zahir olsa tiz, celali yakalar anı Bakarsın bir gül açılsa yanında har olur, peyda Bu sırdandır ki bir kâmil zuhur etse bu alemde Kimi ikrar eder anı, kimi inkâr olur peyda." Ve şiirin en can alıcı beyti: "Veli ârif celâl içre, cemâlini görür daim Bu haristanın içinde ana gülzâr olur peyda." Son mısrada, bu meşakkatli ve sıkıntılı dünya hayatı bir "dikenler yurdu"na benzetilmiş, ama o dikenlere değil de onların korudukları güllere bakmasını bilenler için manzaranın tam tersine olacağı ifade edilmiş. Dünyanın bu ikili tecellilerle dolup taşan manzarası değişmeyeceğine göre, biz kendi bakış açımızı düzenlemek mecburiyetindeyiz. İnsan sevgisini bir ideoloji olarak benimseyen kişiler, Üstad Bediüzzaman'ın "Güzel gören güzel düşünür, güzel düşünen hayatından lezzet alır." vecizesini başuçlarında daima asılı bulundurmalı ve bu fanî dünyanın geçici misafirlerine, şu inişli-çıkışlı dünya hayatını sevdirebilmek için onlara "celalin gözündeki cemali seyretmeyi" öğretmelidirler. Bu başarılamazsa bütün söylenenler hayalde kalırlar, uygulama alanı olmayan teorik bilgilerden ileri gidemezler; bu ise insanlığa hiç mi hiç bir şey kazandırmaz..

DOĞRU YOL'UN DOĞRU YOLCU'LARI (NİSA SURESİ 105-112)

Ey kendini arayan hanım kardeş! Gerçi meseler çok ve oldukça derindir. Şu yolu kat etmek dahi her biri ÜÇ basamak olan ve herbiri ONDOKUZ adet merdivenle çıkılabilen bir hakikate açılan bir kapıdır. Şimdi gel! O hakikate beraber çıkalım:

BİRİNCİ BASAMAK: Biz, Kur'an'ın gösterdiği **yol** içerisinde yol arıyoruz. Yol çok, önüne gelen bir yol ihdas etmiş. Herkes bir yol gösteriyor. Yol, yolcudan daha çok olmuş maşallah. Biz bir tek yola talibiz, yollara değil. O yol da, Yüce Allah'ın Kitabında yer alan **sırat-ı müstakim**dir. Sırat-ı müstakim, istikametli yol demektir. Yüce Allah bu ifade ile bırakmamış beyanını, hemen arkasından açıklamada bulunmuş.

"اهدِنَا الصِّرَاطَ الْمُسْتَقِيمَ" Bizi doğru yola ilet (Fatiha/6). Yüce Allah'ın huzuruna giren bir kişi, mutlaka bu istekte bulunmalıdır. Eğer kasten terk ederse (Fatiha'yı) büyük günah işlemiş olur. Bir insan vacibi terk ederek Allah'a yaklaşamaz. Çünkü onda kerahet vardır. Kerahette pis koku vardır. "Fatihasız namaz olmaz" **"La salate illa bi fatihat-il kitab"** buyurdu Hz. Peygamber. "Dua" anlamına alırsak "salat"ı; o yolun en önemli bir basamağıdır ki, Fatiha okumadan dua olmaz anlamına gelir. Yeminle söylüyorum

Fatiha'dan daha güzel bir dua yoktur. Kur'an'ın Fatiha'sı her şeyin Fatiha'sıdır. Çünkü Kur'an'da âlemler mevcuttur. Fatiha Suresi de âlemlerin Rabbine hamd ile başlar. Fatihasız kılınan namaz ebter olur, bereketsiz olur. Fatiha'nın bir ismi de "suretü't-dua"dır.(Dua Suresi) En garantili duadır.

"Dosdoğru yola bizi sevk et." Eğer bu ayet burada kalsaydı; herkes derdi ki: "Ben en doğru yoldayım, benim yolum en doğru yol." Ehl-i Sünnetin dışındaki 72 fırka bizim yolumuz en doğru yol der. Ama Yüce Allah bu ayeti burada bırakmadı devamını getirdi.

İKİNCİ BASAMAK:

"لطُّرُقُ إِلَى اللهِ بِعَدَدِ أَنْفَاسِ الْخَلاَئِقِاً"

Allah'a giden yollar mahlukatın nefesleri sayısıncadır, denmiştir. Hz. Peygamber de "Ashabım yıldızlar gibidir" buyurdu. Ama onların rehberi bir tekti. Onlar asla uyduruk yol ihdas etmezler, bid'atten şiddetle sakınırlardı. Bütün yıldızların bir tek güneşi olduğu gibi, ashabın güneşi de Muhammed (as) idi.

Bu Kur'an, Muhammed(as)'ın sıratından söz eder. Onun öğretmenliği de şaheserdir. Peygamber, Allah'ın öğretmenliği öğrettiği insandır. Gerçek muallim Allah'tır, gerisi mecazidir. Mecazın da türleri vardır. En güzel mecaz, hakikata en yakın olanlardır. Mecaz, hakikata ulaştıran köprüdür. **"el mecâzü kantaratül hakika"** Mecazların en üstünü peygamberlerdir. Onların da en üstünü Muhammed (as)'dır.

Yolumuz Kur'an'ın gösterdiği yoldur. Çulumuz (giysimiz) Sünnet-i Nebeviyye'dir. Biz, yolsuzlardan ve çulsuzlardan değiliz. Bu yoldaki **binit**imiz ise, nefsimizdir."**nefsüke matıyyetüke**" İlk aranı ıslah edeceğin, merhamet edeceğin, nimetlendireceğin nefsindir. Her şeyden evveldir, elzemdir. "رَبِّ اغْفِرْ لِي" **"Rabbim beni bağışla"** dersin. Sen adam olmazsan başkasına adamlık öğretemezsin. Yola giderken **azığa** da ihtiyacımız var. O da takvadır. "وَتَزَوَّدُواْ فَإِنَّ خَيْرَ الزَّادِ التَّقْوَى" (Bakara/197) Bir de **Sadîk**'a ihtiyacın var. Dostsuz yola çıkarsan başına her türlü kötülük gelebilir.

Mekruh, çirkin demektir. Allah'a çirkin şey sunulur mu? Mekruhun zıddı nedir? Memduhtur. Teşekküre şâyân olan, övülmüş demektir. Yol lazım, giyecek lazım, yiyecek lazım, dost lazım. Mümin-i sadık, yoldaşlığa layıktır. Bu Allah'ın Kitabındaki bize verilen bilgilerdir.

يَا أَيُّهَا الَّذِينَ آمَنُوا اتَّقُوا اللَّهَ وَكُونُوا مَعَ الصَّادِقِينَ Ey iman edenler; Allah'tan korkun ve sadıklarla beraber olun (Tevbe/119) ayetinden almışız biz bunu. Sadıklarla birlikte olun yoksa sadakatin ne olduğunu öğrenemezsiniz.

Safa-i gönül lazım. **Gönüllü** lazım bir de yolda. Gönüllü olmazsan yine kerahet ortaya çıkar, mekruh yine işin içine girer. Yolcuların kimisi kerhencidir. "اِئْتِيَا طَوْعًا أَوْ كَرْهًا قَالَتَا أَتَيْنَا طَائِعِينَ" (Fussilet/11) Bu ayetten anlıyoruz ki; yerin ve göğün kendilerine göre iradeleri vardır. Doğanın tepkisi diyorlar şimdi buna. Böyle olmasaydı niye onları muhayyer bıraksın ki Allah. Tepki gösteren bir varlık evvela hayat sahibidir. Hareket hayatın nişanıdır. Yere ve göğe Allah emretti. İster isteyerek, ister istemeyerek gelin dedi.

Kim Peygambere itaat ederse Allah'a itaat etmiş olur.

"مَنْ يُطِعِ الرَّسُولَ فَقَدْ أَطَاعَ اللَّهَ" (Nisa/80) Kul dediğin Allah'tan aldığını Allah'a vermelidir. "وَهُوَ الَّذِي يَقْبَلُ التَّوْبَةَ عَنْ عِبَادِهِ" (Şura/25) İçinde nedamet olmayan bir dönüş şeytan dönüşüdür. Kalp meydanı, harp meydanıdır. Sürekli çatışmalar devam eder. Yaşam, rahmanilik ile şeytaniliğin kapıştığı bir ortamdır. Gafletin, yanılman, çatlağın olacaktır. Onun için; "اهْدِنَا الصِّرَاطَ الْمُسْتَقِيمَ" (Fatiha/6)'yı çok okuyacaksın.

Namaz, huzura çıkıştır. Namaz birçok kötülükten kopuşun canlı belgesidir. Alamet-i farikadır namaz. Kafir ile mümin olmanın farkı namazdır. Namaza girebilmek birçok nefsani, şeytani bağlardan sıyrılmakla alakalıdır.

İsa (as) bir adamı hırsızlık yaparken görmüştü. Ona niçin hırsızlık yaptığını sorduğunda, o kişi hırsızlık yaptığını reddetti. O zaman İsa (as) dedi ki: Gözümü yalanlıyorum ve seni tasdik ediyorum. Ama biz ise şimdi "Gözüme mi inanayım, sana mı?" diyoruz. Hem yamuk görüyoruz hem de üste çıkmaya çalışıyoruz.

Bir varlık yaratılış formunun dışına çıktı mı, diğer gurupların başına bela olur. Bir hayvanın hayvanlıktan çıkması demek, senin başına bela olması demektir. Formu bozuldu mu korkacaksın.

Dinde zorlama yoktur, din kolaylıktır! dedik ya önceki bir başlığımızda. Bu bombaların nasıl yapıldığını sanıyorsunuz? **İcbar** ile, zorlayarak atomları infilak ettiriyorlar. Din ve diyanet sizin ne yönde hareket edeceğinizi belirlemiştir. Oysa, bilmediğimiz bir şey var bu noktada: **Din insanın programıdır, açılımıdır.** İlahi iradeye uygun bir şekilde sigortalı bir açılımın adıdır. Baskı değildir.

Din, baskıya izin vermez ki; sen onu nasıl baskı olarak göresin? O senin için lütuftur. Sizin zevkiniz ondadır. Allah ve Peygamber, sizi bir şeye çağırıyorsa ona koşarak gidin. Allah'ın mağfiretine koşarak gidilir.

ÜÇÜNCÜ BASAMAK: "وَسَارِعُوا إِلَىٰ مَغْفِرَةٍ مِّن رَّبِّكُمْ"
(Al-i İmran/133) Ama dünya üzerinde yürürken itidal üzere yürüyün. Dünyada ağır ağır gidin. Rahmanın kulları vakarla yürürler. Ama Allah'ın "koşun" dediği şeye, pervasızca giderler. Rahmete atıl, rahmetin dışındakine atılma. Teenni ile hareket et. Teenni, Rahman'dandır. Teenni eden insana Rahmandan medet vardır. Acele ise şeytandandır.

Şeytan yanıcı ve yakıcı bir mahlûktur. Önce yanıcı idi. Âdem'e secde etmeyince lanetlendi ve yakıcı oldu. Cehennem şu durumda kendi kendine yanar. Allah onun senede iki defa teneffüs etmesine izin verdi.[1] Sürekli şarj, pilin ömrünü bitirir. Onun için, mümin de sürekli şarjda olmamalı. İnsanların deşarj olmaya ihtiyacı vardır. Muhyiddin-i Arabi der ki; "Beni bu yazdıklarımdan dolayı kınıyorlar. Ne yapayım, eğer bunları da yazmasam -ki yazdıklarım yazmadıklarımın yanında devede kulaktır- nefsimi itlaf edeceğim, patlayıp gideceğim. Kendimi kurtarmak için bunları yazdım." İşte şu hakikatin zirvesine de şu ONDOKUZ basamakta çıkılabilir:

1. Yanında ihlâslı bir adamın olması yetmez senin de ihlaslı olman gerekir.

1. Hızır, hazıra konmuştur. O yüzden gelir ve konduruverir. Gelir ve "al sana ilim" der, çeker gider. Tedrisat Peygamberlere aittir, talim Peygamberlerdedir. Nebilerin reçeteleri önemlidir, Hızır'ın reçetesi değil.

2. Her mahlûkun yolu başkadır. Onları yollarından alıkoymak, başına bela açmaktır. Onun için **her varlığın düzeyini tespit edip, düzeni korumak insan için bir vecibedir.** Bedel ödemeden bir şey almaya kalkmayın.

3. "Şeriat kim tabi ise, ona bir saray-ı Kibriyadır.

4. "Artık o taşı kim yerinden oynatırsa başına koymak revadır."

5. "Allah'ın dizdiği sistemde bir şeyi kaldırmadan önce bin kere düşüneceksin."

6. Şerlilere toplum izin vermemelidir. Çünkü bedel ödeme, onun şahsı ile sınırlı kalmaz. ".... وَاتَّقُوا فِتْنَةً لاَ تُصِيبَنَّ الَّذِينَ ظَلَمُوا مِنكُمْ خَاصَّةً" (Enfal/25) Toplum, doğa ile oyun oynayanların oyununu bozmalıdır.

7. Yolumuzu sağlama almalıyız. Baştan tedbir almalıyız. İmtihan yoldadır, yolculardır. Şeytan yolcuları hiç sevmez. Olanca gücüyle onlara takılır. Onun için yalnız yola çıkılmaz. Şeytan pazardakilere yolcular kadar musallat olmaz. Yolcular, şeytan eşkıyasının takibine uğrarlar.

8. Yalnız yolculuk yapılmaz. Hele bu ıssız yerlerde olursa daha tehlikelidir. Yalnız yolculukta kerahet vardır. Muhammed (as)'dan **"Ders almadın mı sen? Hicreti nasıl yaptı O?"**

9. Sadıklarla daima beraber olun, yolculuk edin. Kur'an'da birin ikincisi Allah'tır demiyor, ikinin ikincisi diyor da. "إِلاَّ تَنصُرُوهُ فَقَدْ نَصَرَهُ اللهُ إِذْ أَخْرَجَهُ الَّذِينَ كَفَرُوا ثَانِيَ اثْنَيْنِ إِذْ هُمَا فِي الْغَارِ إِذْ يَقُولُ لِصَاحِبِهِ لاَ تَحْزَنْ إِنَّ اللهَ مَعَنَا" Eğer siz ona yardım etmezseniz; doğrusu Allah, ona yardım etmişti. Hani kafirler onu çıkarmışlardı da, o ikinin ikincisiydi. Hani onlar mağarada idiler ve hani o, arkadaşına; üzülme, Allah bizimledir, diyordu. (Tevbe/40)

10. اهدِنَا الصِّرَاطَ المُسْتَقِيمَ صِرَاطَ الَّذِينَ أَنْعَمْتَ عَلَيْهِمْ غَيْرِ المَغْضُوبِ عَلَيْهِمْ وَلاَ الضَّالِّينَ

11. Altı çizili kısım bedeldir. Bedeller tefsir kabilindendir. Öyle kişilerin yolu ki sen onlara ihsanda bulundun. Öfkene maruz kalan ve sapanların yoluna değil. Hocam bu ifadelerde de biraz kapalılık var derseniz. Bu bir girizgah. Bu sure giriş olduğu, girizgah olduğu için kısa tutulmuş. Yoksa namaz çok uzun olurdu. Allah'ın gazab ettikleri, sapanlar, inam ettikleri Kur'an'ın içerisinde değişik yerlerdeki ayetlerde anlatılıyor.

12. وَمَن يُطِعِ اللهَ وَالرَّسُولَ فَأُوْلَئِكَ مَعَ الَّذِينَ أَنْعَمَ اللهُ عَلَيْهِم مِّنَ النَّبِيِّينَ وَالصِّدِّيقِينَ وَالشُّهَدَاءِ وَالصَّالِحِينَ وَحَسُنَ أُولَئِكَ رَفِيقًا

13. "Kim Allah'a ve Peygambere itaat ederse, işte onlar, Allah'ın kendilerine nimet verdiği peygamberlerle, sıddîklarla, şehidlerle ve iyi kimselerle birliktedirler. Bunlar ne güzel arkadaştır." (Nisa S./69)

14. Sıddık, mübalağalı sadık demektir. İçi dışı, her yönüyle sadakat olmuş adam. Sıddıkıyet mertebesi, risalet mertebesinin tahtındadır. Risalet ise velayet tahtının

üzerine kurulmuştur. Rasuller, sıddıkların omuzlarının üzerine basarlar ayaklarını[2]. Sıddık, velilerin sertacıdır. Rasul ile sıddık temas halindedir. Peygamber (as)'dan en çok istifade eden Ebubekir Efendimiz'dir.

15. Şehitlikte önemli olan canını Allah yolunda sakınmamaktır. Makamlar, mertebeler insanın gözüyle, derisiyle ilgili değildir. Şüheda, doğru yolun doğru yolcularıdır. Yolcunun doğru olması yetmez, öyleyse yolun da doğru olması lazım.

16. Büyük günahlardan sakınan müminlere salih denir. Hasenatı %50 ve fazlasını bulmuş kişi salihtir. Ne taraf fazla ise onun hükmü verilir. Öyleyse, iyilikleri kötülüklerine galip gelen kişi iyidir (velev % 1 fazla dahi olsa).

17. **"Üzkürû mevtaküm bi'l hayr"** ölülerinizi hayırla yadediniz. Bir kişinin kılınan cenaze namazından sonra cemaate sorulan **"nasıl bilirsiniz"** sorusuna verilen **"iyi biliriz"** cevabı, o kişinin müslüman olduğu anlamındadır. Senin şu durum karşısında Formülün daima şu olmalı **"İyidir=Müslüman"**dır. Müslüman iyidir, Müslüman olmayan kötüdür. La ilahe illallah'ı söylüyorsa öldükten sonra iyidir diyeceksin. Hüsn-ü zannı bırakmayacaksın. Velev ki, düşmanın dahi olsa.

18. Biz bu Kitabı tuzaklara yakalanmamak için okuyoruz. Oku, oku, öp başına koy, öyle olmaz. Okumaktan mana kişi Hakkı bilmektir. Mesela, bizim ata memleketi olan Kastamonu'da kıymetli validemden konuşmasından biliyorum **"okumak"** kelimesi **"davet etmek, çağrı yapmak!"** anlamında kullanılırdı. Yani, mesela islama davet etmek gibi. Mesela; "*sizi düğüne okumaya geldik*" denilir. Adam seni okudu sen de gitmedin, davete icabet etmedin. Kur'an'daki **"ikra"** kelimesini de bu anlamda tefsir edenler olmuş Türklerden. Seni bu Kitaba okuyan (davet eden) Allah. Gitmezsen halin nice olur..?

19. Ve nihayetinde son söz:

رَبَّنَا لاَ تُؤَاخِذْنَا إِن نَّسِينَا أَوْ أَخْطَأْنَا ...

"Rabbimiz bizim hatalarımızı affet ve Cehennem azabından uzak tut.."

[1] İmam Mâlik in bir rivayetinde (Resülullah'ın şöyle buyurduğu rivayet edilmiştir): "**Cehennem, Rabbine** (Ey Rabbim! Bir kısmım, diğer bir kısmımı yiyor diye) **şikayet etti. Bunun üzerine Rab Teâlâ onun yılda iki kere teneffüs etmesine izin verdi: Kışta bir nefes, yazda bir nefes.** (İşte, hararetten en şiddetli hissedilen ve soğuktan en şiddetli hissedilen şey bu soluklardır)."

Buhârî, Mevâkît 8; Muvatta, Vuküt 27, (1,15)

[2] Nübüvvet, risaletin ibtidası, velayetin müntehasıdır, vesselam..

ALLAH'IN HZ. İSA İLE ANTLAŞMASI
[MAİDE SURESİ 116–120]

Bil ki, Ey Aziz!

Dua ederek başlıyoruz. Dönüyoruz, dolaşıyoruz yeniden dua ediyoruz. Demek ki, şuradan anladık ki, **Hayat, güzel dua yapabilmektir.** Bütün uğraşıların, çabaların sonu güzel bir dua yapabilmek, Allah'ı memnun eden bir duaya erişebilmektir. Son, duadır. **Makbul son ancak bir dua ile gerçekleşir.** Niçin yaratıldık? Allah'a kulluk için yaratıldık. İbadet için yaratıldık. Nedir ibadet?

İbadet, yumurtanın beyazıdır. İşi kolay kılmak için söylüyorum. Yumurtanın bir beyazı, bir de kabuğu vardır. **Kabuk ilimdir, marifettir, Allah'ın emirlerini, yasaklarını bilmektir.** Kimisi "وَمَا خَلَقْتُ الْجِنَّ وَالْإِنسَ إِلَّا لِيَعْبُدُونِ" (Zariyat/56) ayetinin bu yönüne bakarak "Ben cinleri ve insanları ancak beni bilsinler diye yarattım." derler. Bilgi ne içindir? **Bilgi, amel içindir. İbadet ameldir. İbadeti sarmalayan bir kabuk vardır. Kabuk olmadan iç olmaz.** Bazen kabuk olur da yalancı bir iç vardır. Herhangi bir nedenle oluşmamıştır. O, ihlâssız ilmi temsil eder. İhlâssız ilmin içi boştur. Amel etsen de bir işe yaramaz. İhlâs olmadı mı onun içi boştur. **İlim içli oldu mu marifete dönüşür.** İlim içli olursa onun adına "marifet" derler. İlim **"alime"** kökünden gelir. Marifet ise **"arafe"** kökünden gelir. "Arafe", "tanıdı" demek; içiyle ve dışıyla bildi. **Eğer ilim özlü olursa, sözlü olarak kalmazsa bu amele yansır ve amel de ihlâslı olur.** Amel ihlâslı olunca da iç gerçekleşir. O **yumurtanın beyazı, ibâdât-u tâattır.**

Bir de sarısı var. Unuttum sanmayın. Yavaş yavaş iniyoruz. Bizim işimiz tenzildir. Bu Kur'an'ın ismi "tenzildir." Tenzil, indirmek demektir. Cebrail (as), Muhammed (as)'a indirdi bunu. "نَزَلَ بِهِ الرُّوحُ الْأَمِينُ" (Şuara/193) O da ashabının kalbine indirdi. "وَإِذَا قُرِئَ الْقُرْآنُ فَاسْتَمِعُوا لَهُ وَأَنصِتُوا" (Araf /204) Susun, konuşmayın, Peygamber'e aklınızı, kalbinizi açın. "لَعَلَّكُمْ تُرْحَمُونَ" (Araf /204) Bu Kur'an'la ancak Allah'ın rahmetine erişirsiniz.[1] O, kurumuş topraklara can getirdi. Kurumuş gönüllere merhamet suyundan serpti. İşte âlemlere rahmet olmak budur ve bu bize mirastır. Bunu bize emanet etti. Bu Kur'an bize mirastır Allah'ın kulları! Derelerde, tepelerde ne arıyorsunuz? Konya'da filana, İstanbul'da filana gittim. Onlar devşirdiklerini Kur'an'dan devşirdi. Sen niye Kur'an'a gelmiyorsun? **"Dini turizm"** lafı hakikatte kafirin bir uydurmasıdır. **"Siyâhatü ümmeti, el-cihadu fi sebilillah"** "Ümmet-i Muhammed'in seyahati, cihaddan ibarettir." (Ebu Davud, Cihad 6) Senin işin Kitap ile. *"Yaşasın Kur'an"* diyorsun. Ama bilmiyorsun ki, önce O'nu senin yaşaman, yani **Önemli olan senin yaşaman.** Bu zaten yaşıyor. İçini Kur'an-ı Hakim ile doldursana. **Her şeyiyle diridir bu Kur'an.** Sen kendinden haber ver. Allah'ın Kitabıyla dolduruyor musun içini? Buraya bunun için gel. Doldurmak için geliyorum, de.

Yumurtanın sarısı ise duadır. Kabuktan maksat, beyaz. Beyazdan maksat, sarıdır. Dua, sondur. "Dua, ibadetin iliği"[2] buyurdu Peygamber. İlik, kemiğin içinde kanın teşekkül ettirildiği makamdır. Her şeyin var da iliğin yoksa mahvoldun. **İnsanın imanı**

da enerjiye dua ile dönüşür. **Bedendeki ilik mesabesindedir dua, insanın manevi dünyasında.** Dua ile kul Yüce Allah'ın huzuruna erişir. Dua, huzurda güzeldir. Duanın kendi özündeki sır, huzuru gerektirir.

Az önce okuduğumuz yer, İsa (as) Nebi'nin sofrasının adı olan Mâide Suresi'nin son bölümü idi. O zatın Allah ile olan diyalogundan en önemli nokta burası. **Yüce Allah'ın İsa Nebi ile hesaplaşması.** "Ne ağır söz hocam!" Nebiler de sorgulanacak. Onlar sorgu dışında değiller. Diyalog bittikten sonra Allah şöyle buyurur. **İşte o gün...** O gün hesaplaşma günü. Bu bazen dünyada olur. Seçkin kullar için. Firavun, Nemrut da seçkindir. Şeytan ise en seçkindir. Ama şer güçler için tabi.

Gözün harama battı mı o gözde nur kalmaz. Gözün nura batsın, zulmete değil. Gözün nuru gitti mi artık görme yeteneğini kaybeder. Müezzin ikinci defa **eşhedu en la ilahe illallah...** dedi mi, başparmaklarını alıp öpeceksin, **"garrat aynî bike ya rasulallah"** (gözüm senin ile aydınlansın Ya Rasulallah!) diyeceksin. Bu, ezan algısında gösterilmesi gereken tepkilerdir.

Dünyanın ömrü, Allah'ın lutfunun da, kahrının da tecellisine yetmez. "**La ilahe illallah Muhammedun Rasulullah**" sözcüğünün sevabını taşıyamaz bu dünya. "Koca dünya" diyor adam. Sen daha büyüğünü görmediğin için bu dünyayı kocaman olarak görüyorsun. Karınca, su birikintisini derya zanneder. Sana göre ise o basit bir şeydir. Çobanın birisi ağacın gölgesinde yatmış, rüya görüyor. Büyük bir derya görmüş, üzerinde de bir köprü. Geç geç gitmiyor. Bu çoban epeyi terliyor. En sonunda bir hazine buluyor ve uyanıyor. Yanında da arif birisi var imiş, ona anlatıyor gördüklerini. Senin gördüğün rüyadaki derya, şu leğendeki sudur, köprü şu, hazine de şudur diyerek tevil ediyor. **Âlem-i misal, buradaki bir cismin binlerce büyütülmüş şeklidir. Dolayısıyla âlem-i misalde gördüğün şeyler bu dünyada küçücük şeydir.** Misâl, ara âlemdir ve bir nevi akis yapan ayna gibidir: Ay ve Güneş gibi. Her âlemin bir misali var orada.

Rabbimizin, İsa (as) ile hesaplaşmasından söz ediyorduk. Yüce Allah İsa Nebi'yi sorguladı. "هَذَا يَوْمُ" Bugün; günüdür. Neyin günüdür? "اهَذَ يَوْمُ يَنفَعُ الصَّادِقِينَ صِدْقُهُمْ" (Maide/119) "Dürüstlerin dürüstlüklerinin bedelini alacakları gündür." Bu dünyaya imtihana geldin sen, terlemeye geldin. Burası mükâfat dünyası değil. Sen yaptıklarının karşılığını burada alamazsın. Öldükten sonra alacaksın. Dürüstsen korkma. Ama dalavereler çevirdinse kork.

Temel İslâmî bilgiler

Burada polise yakalanmadın diye Hakk'ın polislerine yakalanmayacağını mı zannediyorsun?

İşte, bugün hesap günü, mahşer günü. Demek ki o günde insanoğlu ne kadar pozitif şey yaptıysa, bunların karşılığını Allah fazlından fazlasıyla verecek. Orası yevmü'l-cezadır. İşte bugün böyle bir gündür. "لِيَسْأَلَ الصَّادِقِينَ عَن صِدْقِهِمْ" (Ahzab/8) Bir kere "dürüst oldun mu, olmadın mı" ondan sorulacaksın. İkinci bir sorgulama ise, "niçin doğru söyledin" diye olacaktır. Birinin sövmesini, saymasını diğerine taşımışsın. **Sözün doğru olacak, olaya mutabık olacak ve söylediğin zaman da doğruluk oluşacak.** Eğrileri doğrultacak o sözler. Böyle yerlerde doğru söylemek eğriden de eğridir. Her sözün doğru olacak ve doğru yerde olacak. Islah için olacak. **Her doğru söz, her yerde söylenmez.** Onun da yeri doğru olacak. İşte bütün bunlar ilimdir, irfandır. Bunların yerlerini kitaplar yazmış. Tarikatu'l-Muhammediyye kitabını okuyoruz. İhya-u Ulumu'd-din'in özeti o. 4 cildin 1 cilde inmiş şeklidir. **İmam-ı Birgivi, Anadolu'nun Gazalisi'dir. İmamı Gazali, Ortadoğu'nun Gazalisi'dir.**

Allah'ın rahmetini sindirme olayı, ilimle başlar. Bu Kur'an'ı açar, okursun. Ne anladın? Bunun için hep ilim meclisleri tertip edilmiştir. Tabiin döneminde medreseler camilerin içinde devam etti. **Camilerin esas fonksiyonların birisi de, medrese olmasıdır.** Zaman içerisinde medreseler, camilerin yanına yapılmış. O zamandan bu zamana devam etti bu dersler. Bu bir farz-ı kifayedir. **Tefsir ilmi, hadis ilmi; bunları okumak, anlatmak farz-ı kifayedir.** Biz biliyoruz ki, bunları anlatmazsak kıyamet gününde hesabı var. Kulağın delik olacak. Harama değil, doğruya delik olacak. Allah zaten açmış kulağını, dinlesin, duysun diye. Bunları dinleyeceğiz, daha sonra yaşayacağız.

Bizim yumurtamız irfandır. Yani, duadır. Allah'ın seçkin kullarının duaları vardır. "Dua istiyorum Efendim" dersin. Ebubekir'in Ömer'in duası var. Her sahabenin bir duası var. O Allah ile olan hattıdır. İşte o hattı açınca Rabbiniz onunla özel konuşur. Kitaplarda bunlar yazılıdır. Peygamberimiz Hz. Ebubekir'e öğretti.[3] Allah Rasulü'nün risalet ormanının birinci aslanı söylüyor bunu. O, nasıl nefsini hakir görüyor. İşte seçkinlik böyle olur. Allah'ın seçkin kullarının gelecek ile ilgili başına gelecek bazı şeyler bu dünyada verilir, tacil edilerek. "Tacilu'l-ukuba (kötüler için) ve tacilu'l-mesube (ulular için)" denilir buna.

Zaman, oturma zamanıdır. O günde öyle fitneler gelecek ki oturan ayakta durandan **ayaktakiler yürüyenlerden, yürüyenler**

koşanlardan daha hayırlı olacak. Önemli bir işiniz yoksa dolaşmayın. Bunları Peygamberimiz bir bir haber vermiştir.[4]

Sultan Süleyman Peygamber bir numunedir, padişahların bahane bulmaması için. "Zenginliğim ilim meclislerine engel oldu" diyenlere, İmam-ı Azam Efendimiz örnektir. O zengindi ama zenginliği ilim öğrenmesine, öğretmesine engel olmadı.

İşte burada da böyle bir olay tecelli ediyor. Henüz mizan kurulmadı. İsa Nebiyi bütün benî beşerin karşısında sorguluyor Allah. Bu kablê'l-vuku yansıtma olayıdır. Kalbî olan havass-ı hamse var. Beş duyunun ötesinde beş manevi duyu daha var der İmam-ı Rabbani Hazretleri. Onlar bunları kullanmışlar. Onlar, maddeden tecrit ile soyutlanmışlardır. İnsanın beden ötesindeki öz gücünü maddeye yansıtma olayıdır bu.

İşte bugün Yüce Allah bize böyle bir kesit sunmuş. Olmadan evvel olacağı bize olmuş gibi anlatıyor. **"Kinayetun ani't-tahkik"** der ulema buna. Bunlar gerçekler boyutunda, ilm-i ezelîde oldu. Sufî bakışı ile olan budur. Ezel bezminde olan olayın anlatımıdır. Gerisi tekerrürden ibarettir. Filmde oynayan bir adamın filmi izlemesi gibi. İşin içinde olan ârifler vardır böyle. Ârife tarif gerekmez. İnsan bazen elindekini arar. Cebindekini arattırır Allah, yanındakini arattırır. Yüce Allah'ın böyle işleri vardır. Arayan bulur, yeter ki ara. Arayan bulur amma eninde amma sonunda. Aramamak kötü bir şeydir.

Yüce Rabbimizin insanlara rahmetinden biri de bu dünyada bazı şeyleri canlı canlı göstermesidir. Bu örnekler gelir geçer. Eğer insanlar örnek alma pozisyonunda değilse yanında olsa da görmez. İlla Allah gösterecek. Bu tanıtma olmadan burnunun dibindekini göremezsin. Hayat inceliklerle doludur. Yüce Allah'tan bu yönde de istekte bulunacaksınız. **"Allahumme erinal hakka..."**[5] Nice insanlar gerçeği görürler de farkında değillerdir. Bu durum Kur'an'da çok anlatılır. Sabah akşam yolunuz oradan geçer, ama ayetlerimizi görmezsiniz, der Allah. Allah göstermeyince de, sen görmek istemeyince de görmezsin. Allah zorla güzelliği sever mi? Aşk ile şevk ile olacak bu iş. "لاَ إِكْرَاهَ فِ دين" (Bakara/256) Zorlarsan kendini tatmin edersin, Allah'ı değil. Allah tatmin olursa senin gönlün de tatmin olur. "أَلاَ اللّهِ تَطْمَئِنُّ الْقُلُوبُ بِذِكْرِ" (Ra'd/28) **Allah seviyorsa, sen gönlünde sevgi hissedersin.**

Mâide Suresi'ni tamamladık. Ve En'am Suresi'ne geçiyoruz. Özel sofradan yeryüzü sofrasına geçeceğiz inşallah. Allah'ın bizlere sunmuş olduğu hayvanatın ve diğerlerinin anlatıldığı bir sure.

Temel İslâmî bilgiler

İsa'nın sofrası görsel bir sofra idi. Yahudi milleti manevi şeylerden hoşlanmaz. Hatırlayın Musa Peygamber'e Allah'ın rahmeti ile kudret helvası, bıldırcın eti geliyordu. Bir gün, biz bunları yemekten bıktık, bize sarımsak, soğan, mercimek lazım dediler.

فَبِظُلْمٍ مِنَ الَّذِينَ هَادُوا حَرَّمْنَا عَلَيْهِمْ طَيِّبَاتٍ أُحِلَّتْ لَهُمْ وَبِصَدِّهِمْ عَنْ سَبِيلِ اللَّهِ كَثِيرًا ﴿١٦٠﴾

(Nisa/160) "Yahudilerin yolsuzlukları sebebiyle helal olan nice şeyleri biz onlara haram kıldık." İnsanoğlu eğer dikkat etmez, yamukluk eder, şükür görevini yapmazsa zamanla Allah insanlara verdiği nimetleri alacaktır. Nimetin alınması iki türlüdür.

1- O nimeti kaldırır ve yok eder.
2- 2- Devam eder görünür ama içi boştur. (nikmet) Veya içine başka bir şey koymuştur. Sen, oyun oynarsın Allah'ın dürüst kullarına karşı. O da hayru'l- makirin ismini devreye sokar, altında kalıverirsin. Seni düşürmüştür ama sana kendini ters gösterir, kendini yukarda zannedersin. Bu Allah'ın zalimlere olan tuzağıdır. Bu yönde Yüce Allah'a hayru'l-makirin denir. Korkmayın, Allahımız var. Dinç olun. Bütün herkes hain olsa ve sana karşı dursalar bile korkma! Bu büyük bir imtihan. **Allah katında değerini sana anlatayım mı? Ne kadar kişiyle boğuştun? Kimler aleyhine geçti? İşte senin Allah katındaki değerin budur. Kimseyle boğuşmadı isen, sen daha güreş meydanını bile görmemişsin. Belaların en şiddetlisi peygamberleredir. Ondan sonra sırayla gelir. Allah'ın salih kullarına pislik atanlar, cami duvarına işeyen köpeklere benzer. Yahudi olmak kan bağıyla değildir. Mesele, Yahudi sıfatıdır.**

Eğer sen de maddeci isen, her şeyi bu dünyada göreyim, hiç hasta olmayayım, herkes beni sevsin diyorsan, bunlar için yapıyor ve bulamayınca da kahroluyorsan, sende de bu mikrop var demektir. İsa Nebi, Musa Nebi kime bir kötülük yaptı? Musa Nebinin erkekliğine kadar laf etiler, Yahudiler.

يَا أَيُّهَا الَّذِينَ آمَنُوا لَا تَكُونُوا كَالَّذِينَ آذَوْا مُوسَى فَبَرَّأَهُ اللَّهُ مِمَّا

(Ahzab/69)

İsa (as)'a "senin Rabbin gökten bir sofra indirmeye kadir midir?" dediler. Bu ayet ile İsa'nın ashabı ile Muhammed (as)'ın ashabı insanlara sunulmuştur. Muhammed (as)'ın ashabı dünyalık bir şey istemedi. Yüce Allah onlara âlemlere rahmet olan bir zatı gönderdi.

Peygamber de onlara manevi sofradan söz etti. **Bu Kur'an, ezelden ebede açılmış manevi bir sofradır. Bu sofradan ilim irfan yönü ile yiyin. Sultan olun, arif olun. Bu Kur'an bizim soframız.** Bu yönden obur mu obur olana "helal olsun" derim. İlimde yetinmemek konusunda haris olanı tebrik ederim. Çünkü **ilme haris olmak, salihlik sıfatıdır.** Boşuna konuşmaz onlar. İşte Allah'ın seçkin kulları böyledir. Bu, çalışma yönüyle seçkin olma çabasıdır. Bir de Allah'ın seçkin kıldıkları var. Firavun gibi. **Tam kafir olabilmek için tam istidrac lazım. Tam mümin olabilmek için tam terakki lazım.** Tamamlamak Allah'a aittir. Tamlayan O'dur. Gerisi açılımdan ibarettir. Kul yönelir, Allah yaratır. **Kul iyiye doğru koşmaya çalışır, onu muzaffer eden Allah'tır.** Şu halde bize düşen teveccühtür, yöneliştir. Bir tarafa yönelmek, elini açmak, yalvarmak, yakarmak. Sen bilirsin ey âlemlerin sultanı! Sen her şeye kadirsin.

وَإِذْ قَالَ اللّهُ يَا عِيسَى ابْنَ مَرْيَمَ أَأَنتَ قُلتَ لِلنَّاسِ اتَّخِذُونِي وَأُمِّيَ إِلَهَيْنِ مِن دُونِ اللّهِ قَالَ سُبْحَانَكَ مَا يَكُونُ لِي أَنْ أَقُولَ مَا لَيْسَ لِي بِحَقٍّ إِن كُنتُ قُلْتُهُ فَقَدْ عَلِمْتَهُ تَعْلَمُ مَا فِي نَفْسِي وَلاَ أَعْلَمُ مَا فِي نَفْسِكَ إِنَّكَ أَنتَ عَلاَّمُ الْغُيُوبِ

"Allah: Ey Meryem oğlu İsa! İnsanlara, «Beni ve annemi, Allah'tan başka iki tanrı bilin» diye sen mi dedin, buyurduğu zaman o, «Hâşâ! Seni tenzih ederim; hakkım olmayan şeyi söylemek bana yakışmaz. Hem ben söyleseydim sen onu şüphesiz bilirdin. Sen benim içimdekini bilirsin, hâlbuki ben senin zâtında olanı bilmem. Gizlilikleri eksiksiz bilen yalnızca sensin." (Maide/116)

"Meryem oğlu İsa! İnsanlara sen mi dedin?" Siz okuyun tekrar aynı yeri. Okurken zaten %70 enerjimiz gidiyor. İsa Nebi bu sorular sorulduğunda, derdi rahmetli büyüğüm. Ondan dinlediğim en etkileyici sahnelerden biri idi, bu sahne. Kan fışkıracak vücudundan, derdi. Peygamber olmak kolay mı zannettiniz? Âlemlerin Rabbinden böyle bir soruya muhatap olmak. "Sübhaneke, yani Seni tesbih ederim. Benim böyle bir hakkım mı var, Ya Rabbi? Sen beni benden daha iyi bilirsin. Sen gaybların allâmısın. Ben "benim de sizin de Rabbiniz olan Allah'a kulluk edin" dedim. Benim menümde böyle bir şey yok Ya Rabbi" diyor. "Beni dizayn eden sensin." Niye oradaki sahne buraya yansıtıldı? Ben bunları ruhumda olmuş bitmiş olarak hissediyorum. Benim için bir şey değişmez. Kur'an'da ne varsa o olacak. Şimdi İsa'ya, Meryem'e tapınıyorlar. İsa (as)'a iftira ediyorlar. "Yapmam gerekenleri monte eden sensin, diyor. Ben, senin ruhunum, beni sen sevdin, övdün ve yarattın." Bugünkü reziller utansınlar. İnsan, peygambere böyle şey yapar mı? Ona hırsız desen kızmaz ama

Tanrı dersen affetmez. Ona söv, say, istersen ayağının altında ez; affeder seni yine ama tanrı deme. İsa (as) da affetmez, Allah da affetmez bunu. "Ya Rab, ben onların içinde olduğum sürece onlara tanık oldum..."

مَا قُلْتُ لَهُمْ إِلاَّ مَا أَمَرْتَنِي بِهِ أَنِ اعْبُدُواْ اللّهَ رَبِّي وَرَبَّكُمْ وَكُنتُ عَلَيْهِمْ شَهِيدًا مَّا دُمْتُ فِيهِمْ فَلَمَّا تَوَفَّيْتَنِي كُنتَ أَنتَ الرَّقِيبَ عَلَيْهِمْ وَأَنتَ عَلَى كُلِّ شَيْءٍ شَهِيدٌ

"Ben onlara, ancak bana emrettiğini söyledim: Benim de Rabbim, sizin de Rabbiniz olan Allah'a kulluk edin, dedim. İçlerinde bulunduğum müddetçe onlar üzerine kontrolcü idim. Beni vefat ettirince artık onlar üzerine gözetleyici yalnız sen oldun. Sen her şeyi hakkıyla görensin." (Maide/117)

Bir peygamber böyle söylüyor. Üç yerde kimse kimseyle ilgilenmez. Birisi de sırat köprüsü. "Şeyhin eteğine yapışıp da geçerim" diyenler varmış. Şeyhi tanrı yerine koyuyorlar.

İnsanlar, çoluğunu çocuğunu doğru yetiştirmezse, saçma sapan hayaller kurarlar. Onların hayal mekanizmasının doğru çalışması da eğitime bağlıdır.

Kendini gördün mü Allah'ı tanımak için yeter.

"وَفِي أَنفُسِكُمْ أَفَلَا تُبْصِرُونَ" (Zariyat/21)

إِن تُعَذِّبْهُمْ فَإِنَّهُمْ عِبَادُكَ وَإِن تَغْفِرْ لَهُمْ فَإِنَّكَ أَنتَ الْعَزِيزُ الْحَكِيمُ

"Eğer kendilerine azap edersen şüphesiz onlar senin kullarındır (dilediğini yaparsın). Eğer onları bağışlarsan şüphesiz sen izzet ve hikmet sahibisin dedi." (Maide/118)

Ey bu hakikatleri dinleyen mü'min kardeş. Böyle bir uhrevi geçitten geçtikten sonra, Allah sizleri de hakkıyla etkilenen ve yaşamına ondan renk katan kullarından eylesin.

رَبَّنَا لاَ تُؤَاخِذْنَا إِن نَّسِينَا أَوْ أَخْطَأْنَا ...

"Ne mutlu! Benim adımdan dolayı, sendeleyecek olmayana.."

Hz. İsa Mesih (İncil-i Kadim)

---

[1] Resûlullah -sallallâhu aleyhi ve sellem- Ensar'dan bir kimsenin bahçesine uğramış, orada bir deve görmüştü. Deve, Peygamber -sallallahu aleyhi ve sellem-'i görünce inledi ve gözleri yaşardı. Efendimiz devenin yanına gitti, kulaklarının arkasını şefkatle okşadı. Deve sakinleşti.

Bunun üzerine Hz. Peygamber:

"- *Bu devenin sahibi kimdir? Bu deve kimindir?*" diye sordu. Medinelilerden bir delikanlı çıkageldi ve:

- Bu deve benimdir, Ey Allah'ın Resûlü, dedi.

Fahr-i Kâinât - sallallahu aleyhi ve sellem-:

"- *Seni sahip kıldığı şu hayvan hakkında Allah'tan korkmuyor musun? O, senin kendisini aç bıraktığını ve çok yorduğunu bana şikâyet ediyor*" buyurdu.

(Ebû Dâvûd, Cihâd, 44)

[2] Enes b. Mâlik (r.a.)'den rivâyete göre, Peygamber (s.a.v) şöyle buyurmuştur: "Duâ, ibadetin iliği beyni ve özüdür."

Sünen-i Tirmizi, Dua bölümü, Bölüm 1 hadis no 3382

[3] Ebû Bekir es-Sıddîk *radıyallahu anh* Resûlullah *sallallahu aleyhi ve sellem*'e:

- Bana bir dua öğret de namazımda okuyayım, dedi. O da şöyle buyurdu:

- ***"Allâhümme innî zalemtü nefsî zulmen kesîran ve lâ yağfirü'z-zünûbe illâ ente, fağfir-lî mağfireten min indik, ve'rhamnî inneke ente'l-gafûru'r-rahîm:*** *Allahım! Ben kendime çok zulmettim. Günahları bağışlayacak ise yalnız sensin. Öyleyse tükenmez lutfunla beni bağışla, bana merhamet et. Çünkü affı sonsuz, merhameti nihayetsiz olan yalnız sensin,* **de."**

Buhârî, Ezân 149, Daavât 17, Tevhîd 9; Müslim, Zikir 48. Ayrıca bk. Tirmizî, Daavât 97; Nesâî, Sehv 59; İbni Mâce, Duâ 2

[4] (Ebu Hureyre'den nakledildiğine göre) Rasulüllah (sav):

"Yakında (KIYAMET YAKLAŞTIĞINDA) büyük fitneler olacak, o fitnelerde (yerinde) oturanlar ayaktakilerden, ayaktakiler yürüyenlerden, yürüyenler koşanlardan, daha hayırlı olacaklar. Kim o fitne içinde bulunmuş olursa, ondan uzak dursun. O zaman bir iltica yeri, sığınacak mekan bulursa ona sığınsın.."

(Sahihu'l-Buhari VIII, 92; Tefriru'l-Kurani'l-Azim II, 43; Sunenu İbn-i Mace, II, 3961.)

İSLAMİ BİLGİLERE GİRİŞ:

32 FARZ

"Ailene namazı emret; kendin de ona sabırla devam et. Senden rızık istemiyoruz; (aksine) biz seni rızıklandırıyoruz. Güzel sonuç, takvâ iledir."

(TAHA/132)

İMANIN ŞARTLARI

1- Allah'ın varlığına ve birliğine inanmak.

2- Allah'ın meleklerine inanmak.

3- Allah'ın kitaplarına inanmak.

4- Allah'ın peygamberlerine inanmak.

5- Ahiret gününe inanmak.

6- Kadere, hayır ve şerrin yaratıcısının Allah (Celle Celâlühû) olduğuna inanmak.

İSLAMIN ŞARTLARI

1- Kelime-i şehadet getirmek.

2- Namaz kılmak.

3- Oruç tutmak.

4- Zekat vermek.

5- Hacca gitmek.

ABDESTİN FARZLARI

1- Yüzünü yıkamak.

2- Kollarını (dirsekleriyle beraber) yıkamak.

3- Başının dörtte birini meshetmek.

4- Ayaklarını (topuklarıyla beraber) yıkamak.

GUSLÜN FARZLARI

1- Ağzına su vermek.

2- Burnuna su vermek.

3- Bütün bedenini yıkamak.

TEYEMMÜMÜN FARZLARI

1- Niyet.

2- İki darb ve mesh.

NAMAZIN FARZLARI

Dışında olanlar:

1- Hadesten taharet

2- Necasetten taharet

3- Setr-i avret

4- İstikbal-i Kıble

5- Vakit

6- Niyet

İçinde olanlar:

1- İftitah tekbiri

2- Kıyam

3- Kırâet

4- Rükû

5- Secde

6- Kaide-i ahire (son oturuş).

İMANIN ŞARTLARI

İmanın şartları altıdır. Kim bunlardan bir tanesine dahi Allah'ın istediği şekilde iman etmezse mü'min olamaz.

Allah (c.c) şöyle buyuruyor:

"Ey inananlar! Allah'a, rasulüne, rasulüne indirdiği kitaba ve daha önce indirdiği kitaba inanmakta sebat gösterin. Kim Allah'ı, meleklerini, kitaplarını, rasullerini ve ahiret gününü inkar ederse şüphesiz derin bir sapıklığa sapmıştır."

[Nisa: 136]

Allah'a (c.c) imanın geçerli olabilmesi için de şu altı şarta eksiksiz olarak iman edilmesi gereklidir.

Bu şartlar ise:

1 - Allah'a İman: Allah vardır ve kemal sıfatlara sahiptir. Yarattıklarının hiçbirine benzemez. Hiçbir şey O'nun dengi ve benzeri değildir. Alemlerde, yerde ve gökte yalnız O yasama (kanun koyma) hakkına sahiptir. Bütün ibadetler yalnızca O'na yapılır.

2 - Meleklere İman: Meleklere Allah'ın (c.c) Kur'an'da, Rasulullah'ın (s.a.s) sahih hadislerinde onları vasfettiği şekilde iman etmek lazımdır ve bu iman şöyle olmalıdır: Melekler Allah'ın kullarıdır. Onlarda dişilik ve erkeklik yoktur. Nurdan yaratılmışlardır. Bir an bile Allah'a karşı isyan etmez, günah işlemezler. Devamlı Allah'a ibadet ederler. Kur'an-ı Kerim'de ve sahih hadislerde isimleri zikredilenlere isimleriyle; (Cebrail, Mikail, İsrafil, Malik, Rıdvan gibi) isimleri zikredilmeyenlerin de hepsine birden iman edilmesi gerekir.

3 - Kitaplara İman: Allah katından gelen kitaplara Kur'an-ı Kerim'de ve sahih hadislerde ismi zikredilenlere ismiyle; (Kur'an, Tevrat, İncil, Zebur) zikredilmeyenlere ise genel olarak iman etmek gerekir. Kur'an'ın dışındaki diğer kitaplar tahrif edilmiş olduğu için onlara Allah (c.c) katından geldiği şekliyle iman edilmesi gerekir. Kur'an ise Allah tarafından korunmak suretiyle kıyamete kadar baki kalacak ve yalnızca O'na bağlananlar kıyamet gününde kurtuluşa ereceklerdir.

4 - Nebi ve Rasullere İman: Kur'an-ı Kerim ve sahih hadislerde ismi zikredilenlere ismiyle, ismi zikredilmeyenlerin ise hepsine birden iman edilmesi gerekir.

5 - Ahiret gününe İman: Ölüm, berzah (ölümden kıyamete kadar olan olaylar), hesap, mizan, cennet, cehennem, kabirde azab veya mükafat göreceklerin acı ve lezzeti beden ve ruhlarıyla duyacaklarına ve en önemlisi öldükten sonra dirilmeye iman edilmesi gerekir.

6 - Kaderin Hayır ve Şerrin Allah'tan olduğuna İman:

Kadere imanın geçerli olabilmesi için şu dört şeye mutlaka inanılması gerekir:

Birincisi: Allah'ın ezeli ve kadim ilmine iman etmek. Allah (c.c) ezeli ve kadim olan ilmiyle ne olacağını bildi ve bu ezeli ilmiyle bildiği şeyleri yazdı.

İkincisi: Allah'ın olmasını dilediği şeyin mutlaka olacağına, olmamasını dilediği şeyin mutlaka olmayacağına gökte ve yerde meydana gelen bütün hareketlerin ve sessizliklerin Allah'ın izniyle olduğuna iman etmek.

Üçüncüsü: Allah'ın bütün mahlukatı yarattığına ve kainatın içindeki herşeyin Allah'ın yaratmasıyla ve takdiriyle meydana geldiğine iman etmek.

Dördüncüsü: Hayır ve şer ancak Allah'ın takdiri iledir. Dolayısıyle kendisine isabet eden şerrin başkasına isabet edebileceği halde kendisine isabet ettiğini zannetmemek, kendisine isabet eden hayrın bir tesadüf sonucu kendisine isabet ettiğine inanmamak.

Allah (c.c) kader hakkında şöyle buyuruyor:

"Şüphesiz ki Biz, herşeyi (önceden tesbit edilmiş) bir kaderle yarattık." [Kamer: 49] Herşey Allah'ın takdiri iledir. İnsanların yaptığı işleri de Allah yaratır. Yalnız insanlar yaptıkları işleri kendileri yapmış olmaları sebebiyle yaptıklarından sorumlu tutulurlar. Çünkü Allah her insana iyiyi kötüden ayırabilme kabiliyeti vermiş ve hayrı emredip şerri yasaklamıştır.

Allah (c.c) kıyamete kadar olacak herşeyi ve bütün insanların yapacakları şeyleri Levhi'l mahfuzda yazdı. Allah için zaman kavramı olmadığı için bütün bunları ilmiyle yazdı. İnsanları yaptıkları amellerde zorlamadı. Allah'ın (c.c) bütün bunları yazması ezeli ilminden dolayıdır.

Buraya kadar mü'min ve müslüman olabilmek için ne gibi şartların gerekli olduğunu öğrendik. Şimdi de imanımızı koruyabilmek için ne yapmamız gerektiğini inceleyelim.

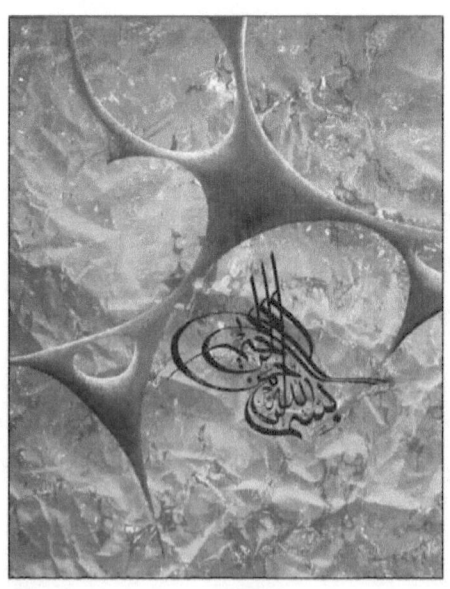

İBADET

Allah (c.c) bizi niçin yarattığını özet olarak şöyle bildiriyor:

"Ben insanları ve cinleri sadece bana ibadet etsinler diye yarattım."

[Zariyat: 56]

Allah (c.c) ayette bizi yaratma gayesinin yalnız kendisine ibadet etmemiz olduğunu belirtiyor. O halde Allah'ın bizden istediği ibadet nedir?

İbadet: Boyun eğmek, itaat etmek, küçüklüğünü kabul etmek demektir.

Şer'i manası ise; Allah'ın sevdiği, emrettiği, kabul ettiği ve razı olduğu bütün gizli ve açık ameller ve sözlerdir.

Allah (c.c) nelerin ibadet olduğunun tesbitini bizlere bırakmamıştır. Bunları kitabında ve Rasulullah'ın sünnetinde apaçık bir şekilde bildirmiştir. Bütün ibadetler yalnızca Allah'a yapılmalıdır. İbadetlerin herhangi biri Allah'tan başkasına yapıldığında veya Allah'la beraber bir başkasına yapıldığında Allah'a şirk koşulmuş olur.

Allah (c.c) şöyle buyuruyor:

"Allah'a ibadet edin. O'na hiçbir şeyi ortak koşmayın." [Nisa: 36]

Bu ayette Allah (c.c) ibadetlerin yalnız kendisine yapılmasını ve hiçbir şekilde şirk koşulmamasını emrediyor. **Allah (c.c)** başka ayetler de ise; şirk koşulması ve tevbe etmeden bu hal üzere ölünmesi halinde, bunu asla bağışlamayacağını **şöyle bildiriyor**:

"Allah kendisine şirk koşulmasını asla bağışlamaz. Bundan başkasını dilediğine bağışlar."

[Nisa: 136]

"Kim Allah'a şirk koşarsa muhakkak ki Allah ona cenneti haram eder. Varacağı yer ateştir. Zulmedenlerin yardımcıları yoktur."

[Maide: 72]

"Eğer Allah'a şirk koşsalardı yaptıkları boşa giderdi."

[En'am: 88]

ŞİRK

Bu ayetlerde Allah'ın asla affetmeyeceği, amelleri boşa çıkarıcı ve sahibini ebedi cehenneme götürecek bir şeyden bahsediliyor; **şirk...** O halde nedir bu şirk? Onu bilmemiz gerekir ki bilmeyerek dahi olsa amellerimizi boşa çıkarıp bizi ebedi cehenneme sürüklemesinden korunabilelim. Zira şirki bilmeyen kişi her an şirke düşebilir.

Şirk: Kur'an ve sünnette ibadet olarak bildirilen şeylerin Allah'tan başkasına veya Allah'la beraber bir başkasına yapılmasıdır.

Allah (c.c) Kur'an ve sünnette şirki çok net ve açık bir şekilde açıklamış ve bu konudaki bilmemeyi mazeret olarak kabul etmemiştir.

Allah (c.c) şöyle buyuruyor:

"Onların çoğu ortak koşmadan Allah'a inanmazlar."

[Yusuf: 106]

Allah (c.c) bu ayette içinde şirkin bulunduğu imanı kabul etmeyeceğini ve insanların çoğunun da bu şekilde ibadetlerine şirk karıştırarak iman ettiklerini bildiriyor. Fakat Allah insanların çoğunun bunu yapmasını mazeret olarak kabul etmemiş, onları müslüman olarak isimlendirmeyip müşrik olarak isimlendirmiştir. Çünkü Allah ancak kendisine şirksiz olarak yapılacak iman ve ibadeti kabul eder.

Allah (c.c) şöyle buyuruyor:

"Allah'a ortak koşanlar, nefislerinin küfrünü göre göre Allah'ın mescidlerini onaramazlar. Onların yaptıkları boşa çıkmıştır. Ve onlar, ateşte ebedi kalacaklardır."

[Tevbe: 17]

"De ki: 'Allah'tan başkasına ibadet etmemi mi bana emrediyorsunuz ey cahiller?"

Sana ve senden öncekilere şöyle vahyedildi: "Andolsun ki eğer (Allah'a) ortak koşarsan amelin boşa çıkar ve ziyana uğrayanlardan olursun'."

[Zümer: 64-65]

"Muhsin olarak (iyilik yaparak) yüzünü Allah'a çeviren kimse muhakkak, sapasağlam bir kulpa sarılmıştır. Bütün işlerin sonu Allah'a döner."

[Lokman: 22]

Ayette geçen **"muhsin olarak"** kelimesi **"şirk koşmamak"** anlamındadır. İbadetler, Allah'tan başkasına Allah'la beraber dahi olsa yapıldığında Allah'a şirk koşulmuş olur.

İnsanların çoğu; "ibadet nedir?" diye sorulduğunda "namaz, oruç, hac, zekat, kurban kesmek" gibi ibadetleri sayarlar ve bunların Allah'tan başkasına yapılmasının şirk olacağını söylerler.

Fakat Allah (c.c) bunların dışında da bazı ibadetlerin olduğunu ve bunları insanların çoğunun bilmediğini bildiriyor.

Bu meselenin daha iyi anlaşılması için birkaç örnek daha verelim:

1) Allah (c.c) şöyle buyuruyor:

"Hüküm vermek yalnız Allah'a aittir. Allah, kendisinden başkasına değil yalnız O'na ibadet etmenizi emretmiştir. Dosdoğru din işte budur. Fakat insanların çoğu bilmezler."

[Yusuf: 40]

Allah (c.c) bu ayeti kerimede bize hüküm vermenin "yalnız kendisine ait" olduğunu ve yalnızca kendisinin hükmüne itaat edilmesi gerektiğini emrettikten sonra, 'hükümlerine itaatin de bir ibadet olduğunu" bu nedenle kendisinden başkasının hükmüne itaat etmenin şirk olduğunu bildiriyor. Ayetin devamında ise bunun-yani yalnız Allah'ın hükümlerine itaatin- ibadet olduğunu da insanların çoğunun bilmediğini belirtiyor. Allah katında geçerli olan dinin de ancak hükmün tamamen Allah'a tanındığında mümkün olacağını "dosdoğru din budur" sözüyle ifade ediyor.

Hüküm ancak gerçek ilahlık sıfatına sahip olan Allah'a aittir. Çünkü bu hak Allah'tan başkasına verildiğinde o kişiye ibadet edilmiş olunur. Halbuki Allah ayette yalnız kendisine ibadet edilmesini emrediyor.

"Yalnız O'na ibadet etmenizi emretti."

Allah'ın hakkı olan hüküm verme yetkisi; ister Allah'la beraber başka birisine, isterse sadece Allah'ın dışındaki birisine verilsin, bu hak her kime tanınırsa ona ilahlık sıfatı verilmiş olur. Velev ki ona: "Sen ilahımızsın" denmese bile. Çünkü bu hak her kime verilirse ona ibadet edilmiş olunur. İnsanların çoğu Allah'tan başka bir varlığa namaz kılındığında, onun için oruç tutulduğunda veya onun için haccedildiğinde bu varlığa ibadet edilmiş olunacağını kabul ediyorlar. Fakat bunlar gibi bir ibadet olan hüküm verme yetkisinin Allah'tan başkasına verilmesinin ona ibadet olduğunu anlamıyorlar.

Allah (c.c) bu ayette işte bu gerçeğe işaret ediyor ve **"İnsanların çoğu bilmezler."** buyuruyor. Yani; insanların çoğu hüküm verme yetkisini tanıdığı kişi ya da kişilere ibadet ettiklerini bilmiyorlar. Fakat Allah (c.c) onların dosdoğru din üzerinde olmadıklarını bildiriyor. Dosdoğru din üzere olmak ise; ancak bütün hüküm verme yetkisinin yalnız Allah'a verilmesiyle sağlanabilir. İşte ayette geçen **"dosdoğru din"**in manası budur.

Bazı kimseler yeryüzüne İslamı hakim kılmak için, küfür düzeninin dar'ün-nedveleri olan meclislerde parti kurup, bunu bir araç olarak kullanabileceklerini iddia ediyorlar. Bunu iddia edenler ya İslam'dan habersiz, ya hiç kafası çalışmayan kimseler, ya da Allah'ın istediği İslamı planlı bir şekilde ortadan kaldırmak için çalışan kimselerdir.

Zira parti kurarak iktidara adaylık koymak tağutluk talebinde bulunmaktan başka birşey değildir. Çünkü Allah'ın hükümleri dışında hükümler koyan ve Allah'ın hükümlerinden başka hükümlerle hükmeden bir kişi veya meclis yalnız Allah'ın hakkı olan hüküm verme yetkisini kendi üzerine almış, haddini aşmış ve tağut olmuş olur. Bu iş Allah'ın rızasını kazanmak ve onun dinini hakim kılmak amacıyla yapılsa dahi, her kim oylarıyla veya başka bir yolla bu partilere yardım eder ve onları desteklerse yalnız Allah'a tanınması gereken hüküm verme yetkisini Allah'tan başka bir varlığa tanıdığı için ona ibadet etmis ve kafir olmuş olur.

İslam yalnız Allah'a kulluğu emretmektedir. Yaratılana kulluğu değil. Yaratılana kul olunarak İslam hakim kılınamaz. İnsanları önce yaratılana kulluk ettirip daha sonra Allah'a kulluk ettirmekten daha sapık ve daha cahil bir düşünce olabilir mi?

Allah'ın haram kıldığı (yasak dediği) haram, helal kıldığı (serbest dediği) helaldir. Allah'ın helal kıldığı şeyi yasaklayan veya haram kıldığı şeyi serbest bırakan kişi ya da kişilere tabi olanlar ve itaat edenler, onlara ibadet etmiş olurlar.

2) Allah (c.c) Kur'an'da şöyle buyuruyor:

"Yalnızca sana ibadet eder, yalnızca senden yardım dileriz."

[Fatiha: 4]

"Rabbinizi yardıma çağırıyordunuz. O, 'ben size birbiri peşinden bin melekle yardım ederim' diye cevap vermişti."

[Enfal: 9]

Allah (c.c) bu ayetlerde yardım istemeyi ve yardıma çağırmayı överek bunların ibadet olduğunu bildiriyor.

İnsanın sıkıntı durumunda yalnız Allah'a dua ederek yardım istemesi Allah'a yapılması gereken bir ibadettir. Fakat sıkıntıya düşen bir kişi ölü olan veya kendisini duyamayacak durumda olan birinden yardım ister veya onu yardıma çağırırsa yalnız Allah'ın elinde olan birşeyi Allah'tan başkasından istediği için şirk koşmuş olur. Böyle yapan bir kişi diğer ibadetleri Allah'a yapsa bile yardım isteme ibadetini Allah'tan başkasına yaptığı için Allah bütün amellerini boşa çıkarır.

3) Allah (c.c) şöyle buyuruyor:

"Allah'ı bırakıp da kıyamet gününe kadar cevap veremeyecek olan, kendisine yapılan dualardan habersiz kalan şeylere ibadet edenlerden daha sapık kim olabilir?"

[Ahkaf: 5]

"Allah'ı bırakıp da sana ne fayda ne de zarar veremeyecek şeylere ibadet etme. Eğer bunu yaparsan sen de zalimlerden olursun.

Allah seni bir zarara uğratırsa onu senden kaldıracak ancak O'dur. Sana bir iyilik dilediği takdirde O'nun nimetini engelleyecek bir kuvvet de yoktur. O, bunu kullarından dilediğine eriştirir. O, Gafur'dur, Rahim' dir."

[Yusuf: 106-107]

Allah (c.c) şöyle buyuruyor:

"İyi bilinmelidir ki halis din Allah'ındır. Allah'ı bırakıp O'ndan başka dostlar edinenler: "Biz onlara ancak bizi daha çok Allah'a yaklaştırsınlar diye ibadet ediyoruz" derler. Muhakkak ki Allah aralarında ihtilaf ettikleri hususlarda hüküm verecektir. Şüphesiz ki Allah yalancı ve kafir olan kimseyi hidayete erdirmez."

[Zümer: 3]

Bu ayetlerde: "Allah'a yaklaşmak niyetiyle bile olsa ibadetleri Allah'tan başkasına yapan kişinin kafir olduğu bildirilmiştir.

Şimdi de kendisinde ebedi mutluluk ve ebedi bir azaptan kurtuluş bulunan, rasullerin davetinin özünü oluşturan, bütün rasullerin ve son rasul hz. Muhammed'in tebliğ etmek için hayatlarını harcadığı bir kelime üzerinde duralım:

TEVHİD KELİMESİ

Tevhid kelimesi olan **LA İLAHE İLLALLAH**...

Allah (c.c) şöyle buyuruyor:

"Biz senden önce hiçbir rasul göndermiş olmayalım ki ona: 'Benden başka ibadete layık ilah yoktur, bana ibadet edin diye vahyetmiş olmayalım."

[Enbiya: 25]

Rasulullah (a.s) şöyle buyuruyor:

"İnsanlarla La ilahe illallah deyinceye kadar savaşmakla emrolundum. La ilahe illallah derlerse mallarını ve canlarını Allah'ın hakkı dışında benden korumuş olurlar. Bunun dışındaki hesapları ise Allah'a aittir."

[Buhari-Ebu Davud-Nesei-Kûtûbi Sitte (Muhtasar Müslim: C.1 S.331)]

"Kim La ilahe illallah Muhammedun Rasulullah'a şehadet ederse Allah ona cehennemi haram kılar."

[Müslim-Tirmizi (Muhtasar Buhari: C.4 S.360 İstizan bah.) (Tac: C.1 S.34 Dinin faziletleri bah.) (Tergib ve Terhib: C.3 S.363 Lailaheillallah'İn fazileti)]

O halde sahibini ebedi kurtuluşa erdirecek olan bu La ilahe illallah nedir?

Tevhid kelimesinin Allah katında geçerli olabilmesi, insanı cehennemden kurtarabilmesi için belli şartlar vardır. Bu şartlar gerçekleşmedikçe günde bin defa La ilahe illallah dense bile bu kelime kişiye hiçbir fayda sağlamayacaktır.

LA İLAHE İLLALLAH'IN ŞARTLARI NELERDİR?

Bu şartlar şunlardır:

Birincisi: Bu kelimeyi söyleyen kişinin manasını bilmesi gerekir. Allah (c.c) şöyle buyuruyor:

"Bil ki! Allah'tan başka ibadete layık hiçbir ilah yoktur."

[Muhammed: 19]

"Allah'tan başkasına çağıranlar şefaate hak kazanamayacaklardır. Ancak kelime-i şehadetin manasını bilerek şehadet edenler bundan müstesnadır."

[Zuhruf: 86]

Rasulullah (a.s) şöyle buyuruyor:

"Kim La ilahe illallah'ın manasını bilerek ölürse cennete girer."

[Müslim İman bah.]

LA İLAHE İLLALLAH'IN GERÇEK MANASI:

La İlahe İllallah'ın Manası: Allah'tan başka ibadet edilen şeyleri reddederek ibadeti sadece Allah'a yapmak ve sahte ilahlara tapanları reddedip onlardan uzak durmaktır. Ayrıca yalnız Allah'a ibadet edenleri sevip sadece onlarla dost olup, yalnız onlarla beraber olmaktır."**Muhammedun Rasulullah**" kelimesi ise, Allah'a Rasulullah'ın gösterdiği şekilde ibadet etmek olması demektir.

İkincisi ise: Yaşantıyı bu kelimenin manasına uygun düşecek şekilde düzenlemek.

Yani yalnız Allah'a ibadet etmek ve O kendisine nasıl ibadet edilmesini emrettiyse o şekilde ibadet etmek ve Allah'ın şeriatının hakim olması için gücünün son damlasına kadar çalışmak, şirkten ve bu kelimeyi bozacak her çeşit inanç, söz ve amellerden uzak durmaktır.

Rasulullah (a.s) şöyle buyurdu:

"Kim "La ilahe illallah" derse ve Allah'tan başka tapılanları reddederse malı ve kanı haram olur. Onun hesabı Allah'a aittir."

[(Müslim İman bah.) (Riyazüs Salihin: Zahire göre hüküm verme bah.) (Kutubi Sitte Kelime-i İehadet bah.) (Cem'ul-Fevaid: İman bah.)]

LA İLAHE İLLALLAH'I BOZACAK ŞEYLER:

Bu Kelimeyi Bozacak Şeyler:

1 - Allah'ın varlığını ve Rasulullah'ın risaletini inkar etmek.

2 - Reisler, liderler ve şeyhlere ibadet etmek. Bu, Allah'ın haram kıldığı şeyi helal, helal kıldığı şeyi haram kıldıklarında onlara itaat etmekle olur.

Allah (c.c) şöyle buyuruyor:

"Onlar Allah'ı bırakıp hahamlarını, rahiplerini (yani din adamlarını) ve Meryem oğlu Mesihi rab edindiler. Oysa tek olan Allah' tan başkasına ibadet etmemekle emrolunmuşlardı. O'ndan başka ibadete layık ilah yoktur. Allah koştukları eşlerden münezzehtir."

[Tevbe: 31]

Birgün Rasulullah (a.s) bu ayeti kerimeyi okuduğu sırada daha önce hristiyan iken sonradan İslam'la şereflenen Adiyy İbn Hatem (r.a) (boynunda haç olduğu halde) Rasulullah'ın yanına girdiğinde bu ayeti kerimeyi duyunca Rasulullah'a:

"Onlara ibadet etmiyorlar ki" dedi. Bunun üzerine Rasulullah:

"Onlar Allah'ın helal kıldığı birşeyi haram, haram kıldığı birşeyi helal kıldıkları zaman onlara itaat etmiyorlar mı?" diye sorunca Adiyy İbn Hatem: "Evet" dedi. Rasulullah:

"İşte böylece onlara ibadet ediyorlar" buyurdu.

[(Cem'ul-Fevaid: Tefsir bah.) (Tirmizi Hadis No:3095 Bu hadisi Tirmizi 3095, El-Hüseyin b. Yezid an Abdisselam an Zeyd b. Sellam an Ebi sellam ani'n Nu'man asl-i senedi ile tahriç etti. Ahmed de rivayet etti.)]

3 - Allah'a, Rasulüne ve İslam dinine sövmek, Allah'ın ayetleri, kitapları, rasulleri ile alay etmek.

Allah (c.c) şöyle buyuruyor:

"İkiyüzlüler, kalplerinde olanı haber verecek bir surenin inmesinden çekiniyorlar. De ki: "Alay edin bakalım. Allah çekindiğiniz şeyi ortaya koyacaktır. Onlara soracak olursan: "Biz and olsun ki eğlenip oynuyorduk" diyecekler. De ki: "Allah'la, ayetleriyle, rasulüyle mi alay ediyordunuz? Özür beyan etmeyin. İnandıktan sonra küfre girdiniz. İçinizden bir topluluğu affetsek bile, suçlarından ötürü bir topluluğa da azab ederiz."

[Tevbe: 64-66]

4 - Tağuta muhakeme olmak.

Allah (c.c) şöyle buyuruyor:

"Sana ve senden öncekilere indirilenlere inandıklarını iddia edenleri görmüyor musun? Reddetmeleri emrolunmuşken tağuta muhakeme olmak istiyorlar. Şeytan onları derin bir sapıklığa düşürmek istiyor."

[Nisa: 60]

5 - Allah'ın indirdikleriyle hükmetmemek.

Allah (c.c) şöyle buyuruyor:

"Allah'ın indirdikleriyle hükmetmeyenler kafirlerin ta kendileridir."

[Maide: 44]

6 - Sihir yapmak ve öğrenmek.

Allah (c.c) şöyle buyuruyor:

"Şeytanların, Süleyman'ın hükümdarlığı hakkında söylediklerine uydular. Oysa Süleyman kafir değildi. Ama insanlara sihri öğreten şeytanlar kafir olmuşlardı. Babil'de Harut ve Marut denilen iki meleğe birşey indirilmemiştir. Bu ikisi: "Biz sadece imtihan ediyoruz, sakın küfre girme" demedikçe kimseye birşey öğretmezlerdi. Halbuki bu ikisinden koca ile karısının arasını ayıracak şeyler öğreniyorlardı. Oysa Allah'ın izni olmadıkça kimseye zarar veremezlerdi. Kendilerine zarar verecek faydalı olmayacak şeyler öğreniyorlardı. Andolsun ki onu satın alanın ahiretten bir nasibi olmadığını biliyorlardı. Kendilerini karşılığında sattıkları şeyin ne kötü olduğunu keşke bilselerdi."

[Bakara: 102]

7 - Kafirlerle dost olmak, onları sevmek, desteklemek, onların cemaatlerine, gruplarına, partilerine üye olmak.

Allah (c.c) şöyle buyuruyor:

"Mü'minler mü'minleri bırakıp da kafirleri dost edinmesinler. Kim böyle yaparsa Allah'tan bekleyebileceği hiçbir şey yoktur. Ancak onlardan sakınmanız hali (takiyye) müstesnadır. Sonunda dönüş ancak Allah'a' dır."

[Al-i İmran: 28]

Bir insan şehadeti bozacak bu şeylerden birisini yaparsa İslam'dan çıkar. İstediği kadar kelime-i şehadeti söylese hatta insanların en çok ibadet edeni bile olsa bunların kendisine hiçbir faydası olmayacaktır.

Şimdi konunun daha iyi anlaşılması için La ilahe illallah kelimesi üzerinde ve İMANIN TEMEL AKİDELERİ ile İMAN-I TAHKİKİ'NİN KIYAMET'e bakan yönleri ile birlikte biraz daha detaylı olarak SORU-CEVAP şeklinde duralım:

İMAN VE İTİKAD BİLGİLERİ

ÎMÂN NEDİR?

Soru: Îmân nedir?

Cevap: Îmân, Muhammed aleyhisselâmın, Peygamber olarak bildirdiği şeyleri, akla, deneye ve felsefeye dayanmaksızın, kalb ile tasdîk ve i'tikâd etmek, inanmak, dil ile ikrâr etmek, söylemektir.

Îmân görmeden olur. Çünkü, görerek, düşünerek anlamaya kalkışarak inanmak, îmân olmaz, o şeyi bilmek, anlamak olur. Bu şey de, Allahü teâlânın yarattığıdır. Bunu, O'na ortak yapmış oluruz. Belki de, O'ndan başkasına îmân etmiş oluruz. Akla uygun olduğu için inanırsa, akla îmân etmiş olur. Peygambere îmân etmiş olmaz. Veya, Peygambere ve akla birlikte îmân etmiş olur ki, o zaman Peygambere güven tam olmaz. Güven tam olmayınca, îmân olmaz. Çünkü, îmân parçalanamaz.

Soru: Îmânı korumak için ne yapmak lâzımdır?

Cevap: Îmânı korumak için îmânı ve îmânı gideren şeyleri, farzları ve harâmları ya'nî dînin emir ve yasaklarını öğrenmek ve bunlara uymak şarttır.

Soru: Müslüman kimdir?

Cevap: Muhammed aleyhisselâmın bildirdiği şeylere tereddütsüz îmân edene, müslüman denir. İnandığı hâlde, dînin emir ve yasaklarını yerine getirmiyen mü'min olsa da müslümanlığı tam değildir.

Soru: Îmânla amelin birbiri ile ilişkisi nedir?

Cevap: Îmân, muma benzer; dînin emir ve yasakları, koruyan fener gibidir. Mum ile birlikte fener de, **"İslâmiyet"**tir, İslâm dînidir. Fenersiz, muhâfazasız mum çabuk söner. Îmânsız, İslâm olamaz. İslâm olmayınca, îmân da yok olur. Amelsiz, ibâdetsiz îmân sâhibinin, âhirete îmânla gitmesi güç olur.

Îmânın şartları

Soru: Îmânın şartı kaçtır?

Cevap: Îmânın şartı altıdır. Bunlar Allaha, Meleklere, Kitaplara, Peygamberlere, Âhiret gününe, Kazâ-kaderin Allahtan olduğuna inanmaktır. Buna kısaca Âmentü denir.

Soru: İnanılacak işlerde öncelik var mıdır?

Cevap: Her müslümanın önce **îmânın altı şartını** bilmesi ve inanması gerekir. Çünkü bir kimsenin düzgün bir îmânı, i'tikâdı yoksa, bu kimsenin yaptığı bütün ibâdetlerin, iyiliklerin hiçbir faydası olmaz. Doğru, düzgün bir i'tikâda sahip olduktan sonra, dînin yasak ettiği şeylerden kaçınıp, dînin emrettiği şeyleri yapmak gerekir. Bu sıraya dikkat edilmezse daha sonra yapılanlar faydasız olur, bir işe yaramaz.

Allahü teâlâya îmân

Soru: Âmentü billâhi ne demektir?

Cevap: Âmentü billâhi ifâdesi, Allahü teâlânın varlığına ve birliğine inandım, îmân ettim, demektir. Allahü teâlâ vardır ve birdir. Ortağı ve benzeri yoktur. Mekândan münezzehtir, ya'nî bir yerde değildir. Ayrıca Allahü teâlânın sıfatlarını da bilmek şarttır.

Allahü teâlânın sıfatları ikiye ayrılır: Sıfât-i zâtiyye, sıfât-i sübûtiyye.

Allahü teâlânın sıfât-i zâtiyyesi altıdır. Bunlar:

1- Kıdem, evveli yoktur.

2- Bekâ, sonu yoktur.

3- Kıyâm bi-nefsihi, hiç kimseye muhtaç değildir.

4- Muhâlefetün lil-havâdis, hiç kimseye benzemez.

5- Vahdâniyyet, birdir ortağı, benzeri yoktur.

6- Vücûd, var olmasıdır.

Allahü teâlânın sıfât-i sübûtiyyesi ise sekizdir. Bunlar:

1- Hayât, diridir.

2- İlm, herşeyi bilir.

3- Semi, işitir.

4- Basar, görür.

5- İrâde, dileyicidir. Yalnız O'nun dilediği olur.

6- Kudret, herşeye gücü yeter.

7- Kelâm, söyleyicidir.

8- Tekvîn, hâlıktır, yaratıcıdır. Her şeyi yaratan, yoktan var eden O'dur. O'ndan başka yaratıcı yoktur.

Allahü teâlânın görmesi, işitmesi, insanların görmelerine, işitmelerine benzemez.

Meleklere îmân

Soru: Îmânın ikinci şartı nedir?

Temel İslâmî bilgiler

Cevap: Îmânın ikinci şartı, meleklere îmândır. **"Ve melâiketihi"**, ben Allahü teâlânın meleklerine inandım, îmân ettim, demektir.

Soru: Meleklerin özellikleri nelerdir?

Cevap: Melekler yiyip içmezler. Günâh işlemezler. Meleklerde, erkeklik, dişilik olmaz. Piyasada birçok yerde kanatlı kadına benzer resimler var. Böyle resimler, Hristiyan hurâfeleridir. Bize Hristiyanlardan geçmiştir. Hristiyanlar, melekleri hâlâ Allahın kızları olarak bilirler, böyle inanırlar.

Bu şekilde inanmak, böyle resimlere hürmet edip, yukarı asmak çok tehlikelidir.

Meleklerin en üstünleri ve peygamberleri **Cebrâil, Mikâîl, İsrâfîl, Azrâîl** aleyhimüsselâmdır.

Kitaplara îmân

Soru: Îmânın üçüncü şartı nedir?

Cevap: Îmânın üçüncü şartı kitaplara îmândır. Âmentüdeki, **"Ve kütübihi"** ifâdesi, Allahü teâlânın kitaplarına inandım, îmân ettim, demektir.

Soru: Kaç kitap gelmiştir?

Cevap: Kur'ân-ı kerîmde bildirilen, **yüzdört kitaptır.** Yüzü küçük kitaptır. Bunlara (suhuf) denir. Ve dördü büyük kitaptır. Bunlardan **Tevrât,** Mûsâ aleyhisselâma; **Zebûr,** Dâvüd aleyhisselâma; **İncîl,** Îsâ aleyhisselâma; Kur'ân-ı kerîm, **Muhammed** aleyhisselâma nâzil olmuş ya'nî gönderilmiştir. Kitapların hepsini, **Cebrâil** aleyhisselâm getirmiştir. En son, Kur'ân-ı azîm-üş-şân nâzil olmuştur.

Soru: Kur'ân-ı Kerîm'in özellikleri nelerdir?

Cevap: Kur'ân-ı kerîm gönderilince, diğer kitaplar neshedilmiş, ya'nî yürürlükten kaldırılmıştır. Kur'ân-ı kerîm, kıyâmete kadar geçerlidir. Nesholmaktan, ya'nî geçersiz olmaktan ve tebdîl ile tahrîften ya'nî insanların değiştirmelerinden korunmuştur.

Kur'ân-ı kerîmde eksiklik veya fazlalık olduğuna inanan dinden çıkar. Hattâ Kur'ân-ı kerîmi Allahü teâlâ tarafından gönderilen kitap kabûl ettiği hâlde, diğer semâvî kitapların da hâlen yürürlükte olduğunu zannedip, bunlara göre amel edenlerin de, Cennete gireceğine inananlar da İslâm dînine îmân etmiş olmaz.

Peygamberlere îmân

Soru: Îmânın dördüncü şartı nedir?

Cevap: Îmânın dördüncü şartı, Peygamberlere îmândır. Âmentüdeki **"Ve Rasulihi"** kelimesi, "Allahü teâlânın Peygamberlerine îmân ettim" demektir.

Peygamberlerin ilki **Âdem** aleyhisselâm ve sonuncusu, bizim Peygamberimiz **Muhammed Mustafâ** "sallallahü aleyhi ve sellem"dir. Bu ikisinin arasında, çok peygamber gelmiş ve geçmiştir. Peygamberlerin sayısı kesin belli değildir. Kitaplarda, **124 binden** ziyâde peygamber geldiği bildiriliyor. Bunlardan 313 veya 315 adedi Resûldür.

Peygamberlerden meşhûr olanlar: Âdem, İdrîs, Şît, Nûh, Hûd, Sâlih, İbrâhîm, Lût, İsmâîl, İshak, Ya'kûb, Yûsüf, Eyyûb, Şu'ayb, Mûsâ, Hârun, Hıdır, Yûşa' bin Nûn, İlyâs, Elyesa', Zülkifl, Şem'un, İşmoil, Yûnüs bin Metâ, Dâvüd, Süleymân, Lokmân, Zekeriyyâ, Yahyâ, Uzeyr, İsâ bin Meryem, Zülkarneyn ve Muhammed aleyhi ve aleyhimüssalâtü vesselâmdır.

Bunlardan, yalnız 28'inin isimleri Kur'ân-ı kerîmde bildirilmiştir. Şît, Hıdır, Yûşa', Şem'un ve İşmoil bildirilmemiştir. Bu 28'den Zülkarnein ve Lokmân ve Uzeyr'in Peygamber olup olmadıkları kesin belli değildir.

Peygamberlerin sıfatları

Soru: Peygamberlerin sıfatları nelerdir ve bunların ma'nâları nedir?

Cevap: Peygamberler de diğer insanlar gibi yer, içer, hasta olur, vefât eder. Hiçbiri aslâ dünyaya muhabbet etmez. Ya'nî dünyayı sevmez. Ancak onları diğer insanlardan ayıran sadece onlara mahsûs ba'zı sıfatlar, özellikler vardır. Peygamberler hakkında bilmemiz lâzım olan sıfatlar ya'nî peygamberlere mahsûs olan özellikler yedidir: **Sıdk, Emânet, Tebliğ, İsmet, Fetânet, Adâlet, Emn-ül azl**

Bunların kısaca ma'nâları da şöyledir:

1- Sıdk: Bütün peygamberler, sözlerinde sâdıktır, ya'nî doğrudur.

2- Emânet: Peygamberler emânete aslâ hıyânet etmezler.

3- Tebliğ: Peygamberler, Allahü teâlânın emir ve yasaklarını ümmetlerine bildirirler.

4- İsmet: Peygamberlerin hepsi, büyük ve küçük, bütün günâhlardan uzaktırlar.

5- Fetânet: Bütün Peygamberler, diğer insanlardan daha akılıIdır.

6- Adâlet: Peygamberler âdildir, kimseye zulmetmezler, doğru hüküm verirler.

7- Emn-ül azl: Peygamberlerden, peygamberlik vazîfesi geri alınmaz.

Âhiret gününe îmân

Soru: Îmânın beşinci şartı nedir?

Cevap: Âmentünün beşinci şartı, âhyret gününe inanmaktır. Âmentüdeki, **"Vel-yevmil âhyri"** ifâdesi, "Ben, âhiret ve kıyamet gününe inandım, îmân ettim" demektir. Herkes ölüp dirilecektir. Cennet ve Cehennem ve mîzân ya'nî sevâbların ve günâhların tartıldığı terâzî ve Sırât köprüsü, haşr ya'nî toplanmak ve neşr ya'nî Cennete ve Cehenneme dağılmak, hepsi kıyâmet gününde olacaktır.

Soru: Kıyâmetin büyük alâmetleri nelerdir?

Cevap: Îsâ aleyhisselâm yeryüzüne inecek, Hz.Mehdî' çıkacak, Deccâl, Ye'cûc ve Me'cûc gelecek. Güneş batıdan doğacak. Dabbe-tül-Arz denilen büyük bir hayvan çıkacak. Büyük bir duman her tarafı kaplayacak. Medine-i Münevvere harap olacak ve Ka'be-i Şerîf yıkılacak. Biri Arabistan'da diğerleri doğuda ve batıda olan üç yer batacak. Yemen'de büyük bir ateş çıkacak. Ve nihâyet Sûrun üflenmesi ile dünya hayatı son bulacaktır. YAŞADIĞIMIZ BU ASIRDA, İMAN-I TAHKİKİ'NİN DİĞER TÜM ŞUBELERİ BU ÖNEMLİ İMAN MESELESİNE BAKTIĞI için temel iman akidesi açısından,

İMAN-I BİLLAH'tan sonra bu asırda birinci sırayı almıştır.

Kabirdeki sorular

Soru: Kabirde ne sorulacaktır?

Cevap: Kabirde sorulacak şeyleri herkesin bilmesi, çocuklarına da öğretmesi lâzımdır. Kabirde şu sorular sorulacaktır:

Rabbin kim? Dînin nedir? Kimin ümmetindensin? Kitâbın nedir? Kıblen neresidir? İ'tikâdda ve amelde mezhebin nedir?

Müslümanlar bu sorulara şöyle cevap verirler:

Rabbim Allah, Dînim, İslâm dînidir. Muhammed aleyhisselâmın ümmetindenim. Kitâbım, Kur'ân-ı kerîmdir. Kıblem, Ka'be-i Şerîftir. İ'tikâdda mezhebim Ehl-i sünnet vel-cemâ'attir. Amelde ise Hanefî, Şâfi'î, Mâlikî, Hanbelî mezheplerinden hangisinde ise onu söyler.

Soru: Kimler kabir sorularına cevap verecek, kimler veremiyecek?

Cevap: Îmân ile ölen cevap verecek, îmânsız ölen cevap veremiyecektir.

Doğru cevap verenlerin kabri genişliyecek, buraya Cennetten bir pencere açılacaktır. Sabah ve akşam, Cennetteki yerlerini görüp, melekler tarafından iyilikler yapılacak, müjdeler verilecektir.

Bu suâllere cevap veremiyenler, kabirde azâb görecektir. Cehennemden bir pencere açılacak, sabah akşam Cehennemdeki yerini görüp, mezarda, mahşere kadar, acı azâpları çekecektir.

Soru: Îmânın altıncı şartı nedir?

Cevap: Îmânın altıncı şartı, hayır ve şerrin Allahtan olduğuna inanmaktır. Âmentüdeki, "Ve bil-kaderi hayrihi ve şerrihi minallahi teâlâ" demek, "Hayır ve şer, iyilik ve kötülük, olmuş ve olacak şeylerin cümlesi, Allahü teâlânyn takdîriyle, ya'nî ezelde bilmesi ve dilemesi ve vakitleri gelince yaratması ile ve levh-i mahfûza yazmasıyla olduğuna inandım, îmân ettim. Kalbimde, aslâ şüphe yoktur" demektir.

Bu, kazâ kadere inanmak demektir. Kader, bir insanın doğumundan, ölümüne kadar, başına gelecek, işlerdir. Kazâ da, bu işlerin başa gelmesidir.

Soru: Âmentüdeki, Kelime-i şehâdetin ma'nâsı nedir?

Cevap: Kelime-i şehâdetin kısaca ma'nâsı da şöyle:

Ben şehâdet ederim ki, Allahü teâlâdan başka ilâh yoktur ve yine şehâdet ederim ki, Muhammed aleyhisselâm O'nun kulu ve resûlüdür.

Soru: Îmânın geçerli olması için ne gibi şartlar lâzımdır?

Cevap: Îmânın sahîh, makbûl ve geçerli olması için gerekli şartlardan ba'zıları:

1- Îmânda sâbit olmak: Meselâ üç yıl sonra dînimi bırakacağım diyen, hemen kâfir olur.

2- Havf ve recâ arasında olmak: Ya'nî Allahü teâlânın azâbından korkup rahmetinden ümit kesmemek. Her zaman korku ile ümit arasında olmak.

3- Can boğaza gelmeden îmân etmek: Ölürken, âhiret hâllerini gördükten sonra kâfirin îmânı kabûl olmaz. Fakat o ânda da, müslümanın tevbesi kabûl olur.

4- Güneş batıdan doğmadan önce îmân etmek: Artık o zaman tevbe kapısı kapanır.

5- Gaybı yalnız Allahü teâlâ bilir: Gaybı Allahtan başkası bilemez. Bir de Allahın bildirdiği peygamber, evliyâ veya başka bir kimse de bilebilir.

6- Îmândan bir hükmü reddetmemek: Küfrü gerektiren şeylerden kaçmak.

7- Dînî bir hükümde şüphe etmemek: Meselâ acaba namaz farz mı, içki harâm mı diye şüphe etmemek.

8- İ'tikâdını, inancını İslâm dîninden almak: Târihçilerin, felsefecilerin değil, Muhammed aleyhisselâmın bildirdiği şekilde îmân etmek lâzımdır.

9- Hubb-i fillâh, buğd-i fillâh üzere olmak: Allah için sevmek Allah için düşmanlık etmek. Allah düşmanlarını sevmek, onları dost edinmek, Allah dostlarına düşman olmak küfrü gerektirir.

10- Ehl-i sünnet vel cemâ'ate uygun i'tikâd etmek.

İSLAM'IN ŞARTLARI

İslâm dininde Yüce Allah'a, meleklere, Allah'ın kitablarına, peygamberlere, ahiret gününe, kaza ve kadere iman etmek esastır. Bunları bilip kabullenmek imanın temel şartıdır. Onun için imanın şartları altıdır, denilir. Bu şartlar müslümanlıkla kesinlikle mevcut esaslardır. Bunlara, inanılması zorunlu din ilkeleri denir. Bunlara inanmak mecburiyeti vardır. Bunları doğrulamadıkça iman gerçekleşemez. Bunlardan herhangi birini inkâr etmek - Allah korusun- İnsanı hemen dinden çıkarır.

Biz bu imanımızı <<Amentü billâhi...>> sözlerini okumakla daima açıklıyor ve isbat ediyoruz. Bu sözleri okuyan şöyle demiş oluyor.

"Ben Yüce Alllah'a, O'nun meleklerine, O'nun kitablarına, O'nun peygamberlerine, ahiret gününe, kaderin (iyi ve kötü her şeyin yaratılışı) Allah'dan olduğuna inandım. Öldükten sonra dirilip mahşerde (hesap yerinde) toplanmak hakdır ve gerçektir. Şahidlik ederim ki, Allah'dan başka İlâh yoktur ve yine şahidlik ederim ki, Hazret-i Muhammed (sallallahu aleyhi ve sellem) O'nun kulu ve peygamberidir."

İslâmın şartları ise, beştir. Peygamber Efendimiz'in bir hadislerinin manası şudur: "İslam dini beş şey üzerine kurulmuştur. Şahadet sözünü getirmek (Eşhedü en lâ İlâhe İllallah ve Eşhedü enne Muhammeden Resûlüllah, demek), namaz kılmak, zekat vermek, ramazan ayı oruç tutmak ve hac etmek.

İşte bu beş şey İslâm'ın şartıdır. Bu şartları gözetip onları yerine getiren insan İslâm şerefine ermiş, Müslüman rütbesini kazanmış olur.

"Eşhedü en lâ İlâhe İllallah ve Eşhedü enne Muhammeden Abdühu ve Resûlühu = Allah'dan başka ilah olmadığına şahidlik ederim. Yine Muhammed'ın (a.s) Allah'ın kulu ve elçisi olduğuna şahidlik ederim." sözlerine "Kelime-i Şehadet" denir. "Lâ ilâhe illallah, Muhammed'ün Resülüllah" sözüne de "Kelime-i Tevhid" denir. Biz bu mübarek kelimeleri daima okuyoruz.

Tarihte, İslâm Dini kadar güzel ahlaka önem veren bir başka din veya düşünce sistemi göstermek mümkün değildir. Öyleki Peygamber Efendimiz "İslâm, güzel ahlâktır" buyurmuştur. Hz. Peygamberin güzel ahlâka teşvik eden birçok güzel sözü vardır.

"Mü'minlerin îmanca en kamil olanı, ahlâkı en güzel olanıdır" "İçinizden en çok sevdiklerim ve kıyamet gününde bana en yakın olanlarınız, ahlakı en güzel olanlarınızdır" hadisleri bunlardan sadece ikisidir. Kur'an-ı Kerim'de adalet, ahde vefa, affetme, alçak gönüllülük, ana-babaya itaat, sevgi, kardeşlik, barış, güvenirlilik, doğruluk, birlik, beraberlik, iyilik, ihsan, iffet, cömertlik, merhamet, müsamaha, tatlı dilli olma, güler yüzlülük, temiz kalplilik gibi güzel ahlâki hasletlere teşvik eden ve zulüm, haksizlik, riya, haset, gıybet, çirkin sözlülük, asık suratlılık, cimrilik, bencillik, kıskançlık, kibir, kin, kötü zan, israf, bozgunculuk... gibi kötü hasletlerden nehyeden pek çok âyetin yer alması, Kur'an'da ahlaka ne kadar önem verildiğinin bir göstergesidir.

Peygamber Efendimizin güzel ahlaka teşvik eden ve kötü hasletlerden nehyeden hadisleri ise neredeyse bir kitap oluşturacak kadardır. O sadece bu sözleri söylemekle kalmamış, güzel ahlakı bizzat yasayarak insanlara örnek olmuş ve öğretmiştir.

Bu yüzden O'nun ahlaki, İslâm ahlakinin en güzel tatbikatını oluşturmaktadır. İste bu sebeple burada peygamberimiz Hz. Muhammed'in güzel ahlakından az da olsa sözetmek istiyoruz(*). Çünkü O gerçekten en güzel örnektir:

Peygamber Efendimiz güler yüzlü, nazik tabiatlı, ince ve hassas ruhlu idi. Kati yürekli, sert ve kırıcı değildi. Ağzından sert ve kaba hiçbir söz çıkmazdı. Başkalarını tenkit etmez, kimsenin ayıbını yüzüne vurmazdı. Yanlış ve hoşlanmadığı bir davranış görürse "içinizden bazı kimseler, söyle söyle yapıyorlar..." Şeklinde, bu davranışları yapanların kim olduklarını belli etmeden ve hiç kimseyi kırmadan yanlışı ve hataları düzeltirdi. Kimsenin sözünü kesmez, konuşması bitinceye kadar dinlerdi. Tartışmayı sevmez, sözügereğinden çok uzatmazdı. Kendini ilgilendirmeyen şeylerle meşgul olmaz, kimsenin gizli hallerini araştırmazdı. Allah'a hürmetsizlik olmadıkça, sahsına yapılan kötülükleri, ne kadar büyük olursa olsun, bağışlar, eline imkan geçince öç almayı düşünmezdi.

Son derece iffet ve haya sahibiydi. Bütün insanları eşit tutar, zengin fakir, efendi-köle, büyük-küçük ayrımı yapmazdı. Her bakımdan kendisine güvenilirdi. Verdiği sözü mutlaka zamanında yerine getirirdi. Dürüstlükten ayrıldığı, saka bile olsa yalan söylediği hiç görülmemiştir. Bu yüzden O'na henüz peygamberlik verilmeden önce "Muhammed'ül-Emin" denilmişti. Nitekim Peygamberliğini haber verdiği zaman, iman etmeyenler bile O'na "yalancı, yalan söylüyor" diyememiştir. En yakın akrabalarını safa tepesinde toplayıp onlari İslâm'a davet için, "Size su dağın arkasında düşman atlılarının bulunduğunu söylesem, bana inanırmısınız?" dediği zaman: "Hepimiz inanırız. Çünkü sen yalan söylemezsin" diye cevap vermişlerdi. Kendisi böyle olduğu gibi, herkesin dürüst olmasını isterdi. "Doğruluktan ayrılmayınız, çünkü doğruluk, iyilik ve hayra götürür. İyilik ve hayır da, kişiyi Cennete ulaştırır. Kişi doğru söyleyip doğruluğu aradıkça, Allah katında sıddıklar zümresine yazılır. Yalan sözden ve yalancılıktan sakınınız; Çünkü yalan insani kötülüğe sevkeder. Kötülük de kişiyi Cehennem'e götürür. İnsan yalan söylemeğe ve yalan aramağa devam ede ede, Allah katında nihayet yalancılardan yazılır" buyurmuştur.

Rasûlüllah (s.a.v.) insanların en cömerdi ve en kerimiydi. Eline gecen her şeyi muhtaçlara dağıtır, kimseyi eli boş çevirmezdi. (*)

Peygamberimizin ahlakını özetleyen bu kısım. Kısmî tasarruflarla İrfan YÜCEL'in "Peygamberimizin Hayatı" adlı eserinden iktibas edilmiştir. Son derece mütevâzı ve alçak gönüllü idi. Bir topluluğa geldiğinde, kendisi için ayağa kalkılmasını istemez, nereyi boş bulursa, oraya otururdu. Arkadaşları arasında otururken ayaklarını uzatmazdı. Arkadaşları her işini yapmayı kendileri için şeref ve cana minnet saydıkları halde, bütün işlerini kendi görür, ev işlerinde hanımlarına yardım ederdi. Methedilmesini ve aşırı hürmet gösterilmesini istemezdi. Fakir kimselerle düşüp kalkmaktan, yoksulların, dulların, kimsesizlerin işlerini görmekten zevk alırdı. Bulduğunu yer, bulduğunu giyer, hiç bir şeyi beğenmemezlik etmezdi. Yiyecek bir şey bulamayınca, aç yattığı da olurdu.

Bütün işlerini tam bir düzen ve nizam içinde yapardı. Namaz ve ibadet vakitleri, uyku ve istirahat için ayırdığı saatler, misafir ve ziyaretçilerini kabul edeceği hep belliydi. Vaktini boşa geçirmez, her ânını faydalı bir işle değerlendirirdi. "İnsanların çoğu, iki nimetin kıymetini takdirde aldanmışlardır: "Sıhhat ve boş vakit", buyurmuştur.

İnsanı en yakından tanıyan, onun iç yüzünü ve bütün gizli hallerini en iyi bilen, şüphe yok ki eşidir. Rasûl-i Ekrem (s.a.v.) ilk vahiyden sonra gördüklerini anlattığı zaman eşi Hz. Hatice:

"Allah'a yemin ederim ki, Cenâb-ı Hak hiç bir vakit seni utandırmaz. Çünkü sen akrabanı gözetirsin, işini görmekten aciz kimselerin ağırlıklarını yüklenirsin, fakire verir, kimsenin kazandıramayacağını kazandırırsın. Müsafiri ağırlarsın, Hak yolunda herkese yardım edersin..." diyerek O'nun peygamberliğini hemen kabul etmiş, en küçük tereddüt göstermemiştir.

Çocukluğundan itibaren Medine'de 10 yıl hizmetinde bulunan Hz. Enes: "Rasûlüllah (s.a.v)'e 10 yıl hizmet ettim. Bir kere bile canı sıkılıp, öf, niçin böyle yaptın, neden şunu yapmadın, diye beni azarlamadı" demiştir.

Peygamber Efendimizin bizzat yaşayarak, uygulayarak çizdiği bu ahlaki tablo, hiç şüphesiz İslâm ahlâki hakkında bir fikir vermektedir.

* Kendisi için istediğini başkası için de istemek, kendisi için arzulamadığını başkaları için de arzulamamak,

* Olduğu gibi görünmek ya da göründüğü gibi olmak,

* Küçüklere sevgi büyüklere saygı,

* Affetmek, hoşgörülü davranmak, başkalarının kusurlarını araştırmamak,

* Öfkeye hakim olmak,

* Sözünde durmak, ahde vefa göstermek,

* Doğruluk ve dürüstlükten zerrece taviz vermemek,

* Güvenilir olmak,

* Kibirden gururdan sakınmak, mütevazî olmak,

* Cimrilikten, tamahtan uzak durmak, cömert olmak,

* Her hususta sabırlı olmak,

* Asla adaletten ayrılmamak,

* Maddi ve manevi temizliğe riayet etmek,

* Allah'ın kendisine verdiği sağlığına ve sıhhatine çok dikkat etmek,

* Boş vakitlerini hayırlı işlerde değerlendirmek,

Ve benzeri yüzlerce muazzam ahlâkî prensibe özenle yer veren İslâm ahlakını her yönüyle tanımak için bu konuyu geniş olarak inceleyen eserlere müracaat etmek gerekmektedir.

* * *

Önceden bir başka dine mensupken veya dini bir inancı yokken sonradan müslüman olan bir kimsenin hayatındaki en önemli dönüm noktası, hiç şüphesiz İslâm'a girdiği andır. Bu öyle bir an ki geçmişin tüm günahlarını silmekte ve müslüman olan kişinin hayatında tertemiz, bembeyaz bir sayfa açmaktadır. Şu halde bu tertemiz sayfanın kirlenmemesi ve iyi bir başlangıç yapılması, o kimsenin dünya ve ahiret mutluluğu açısından çok önemlidir.

Zerrece tereddüde yer vermeyen temiz bir imanla İslâm'a girdikten sonra İslâm'ı doğru bir şekilde öğrenme gayreti içine girmek gerekir. Çünkü İslâm'ın temel ve vazgeçilmez öğretilerini bilmeden İslâm'ı tam manasıyla yaşayabilmek pek mümkün olmaz. Gerçek bir mü'min, İslâm'ı iyi tanımalı, ona bilinçli bir şekilde sarılmalı ve onu hayata geçirmeye çalışmalıdır.

En iyi müslüman Allah'a karşı en yüce saygı gösteren müslümandır. Allah'a karşı en iyi saygı gösterebilmek İslâmî deyimiyle muttakilerden olabilmek için nasıl muttaki olunabileceğini bilmek gerekir. Bilgisiz bir şekilde İslâm'ı hayata geçirmek en azından istendiği şekilde hayata geçirmek pek mümkün olmaz bu durum, Işık olmadan, gece zifiri karanlıkta yol almaya benzer. Böyle bir kimse yoldaki işaretleri farkedemez ve muhtemelen farkında olmadan yoldan çıkabilir veya bir çukura yuvarlanabilir. İşte bu sebeple hiç olmazsa asgari seviyede neyin doğru neyin yanlış olduğunu ayırtedebilecek; kimin doğru kimin yanlış söylediğini sezebilecek seviyede de olsa bir İslâmî bilgi elde etmek gayreti içinde olmak gerekir.

Az çok İslâmî bir bilgiye sahip olan insan, İslâm'ın aydınlık yolunu apaçık görebilir. Küfrün, şirkin, ahlâksızlığın İslâm'a ters düşen unsurlarını farkedebilir. En azından kendisine rehberlik yapmaya kalkan insanlardan hangisinin rehberlik yapabileceğini hangisinin yapamayacağını ayırdedebilir.

Çağımızda pek çok müslüman, mealesef, İslâm'ın güzelliklerini hayatlarına yansıtamamışlardır. Çünkü onlar da İslâm'ı yeterince öğrenebilmiş değillerdir. Bu yüzden yalnızca bugünkü müslüman toplulukları taklit ederek İslâm'ı doğru bir şekilde hayata geçirebilmek pek mümkün olamaz.

Kur'an-ı Kerim, okumaları, anlamaları, içindekilere göre hareket etmeleri ve prensiplerini hayata geçirmeleri için insanlara gönderilmiştir.

Peygamber Efendimiz de İslâm'ın nasıl hayata geçirileceğini bizzat yaşayarak ve anlatarak göstermiştir. Öyleyse bir müslüman, Kur'an-ı Kerim'i ve Peygamber Efendimizin İslâm'ı hayata geçiriş tarzını öğrenmeye gayret etmelidir ki, tam manasıyla Allah'a teslimiyet içinde olabilsin ve son peygamberin örnekliğinden yararlanabilsin.

İslâm'ı doğru kaynaklardan doğru bir şekilde öğrenmeye çalışmalıdır. Bunun için İslâm'ı bilen kimselerin kılavuzluğundan yararlanmak en kestirme yoldur. İslâm'ı öğrenirken belli bir sıra takibedilmeli ve kendisini öncelikle ilgilendiren konulardan başlamalı. Bir müslümanı kişisel olarak ilgilendiren en öncelikli konular ise, yerine getirmekle yükümlü olduğu farzlar ve sakınması gereken haramlardır. Farzların başında da müslüman olduğu günden itibaren kılmaya başlaması gereken günlük ibadeti beş vakit namaz gelir. Yeni İslâm'a girmiş bir müslüman, bu konuda ya pratik olarak diğer Müslümanların kılavuzluğundan yararlanmalı ya da konuyla ilgili hazırlanmış eğitici ve öğretici görüntülü yayınlardan istifade etmelidir.

Böylece bir mümin ilk önce yapabildiği kadarıyla günlük ibadeti olan namazları kılmaya başlar, bilahare yavaş yavaş eksikliklerini gidermeye gerekenleri öğrenmeye ve namazı usulüne uygun olarak kılmaya gayret eder.

İSLÂMIN TEMEL ŞARTLARI

İslâm dînine girmiş olanlara, ya'nî müslümânlara farz olan, muhakkak yapılması gereken beş esâs vazîfe vardır:

1- Kelime-i Şehâdet Getirmek

İslâmın şartlarından birincisi (Kelime-i şehâdet) getirmekdir. Kelime-i şehâdet getirmek demek, (Eşhedü en lâ ilâhe illallah ve eşhedü enne Muhammeden abdühü ve resûlüh) söylemekdir. Ya'nî âkıl ve bâliğ olan ve konuşabilen kimsenin, (Yerde ve gökde, Allahdan başka, ibâdet edilmeğe hakkı olan ve tapılmağa lâyık olan hiçbirşey ve hiçbir kimse yokdur. Hakîkî ma'bûd ancak, Allahü teâlâdır). O, vâcib-ül-vücûddür. Her üstünlük Ondadır. Onda hiçbir kusûr yokdur. Onun ismi (Allah)dır, demesi ve buna kalb ile kesin olarak inanmasıdır. Ve yine, o gül renkli, beyâz kırmızı, parlak, sevimli yüzlü ve kara kaşlı ve kara gözlü, mübârek alnı açık, güzel huylu, gölgesi yere düşmez ve tatlı sözlü, Arabistanda Mekkede doğduğu için Arab denilen, Hâşimî evlâdından (Abdullahın oğlu Muhammed aleyhisselâm, Allahü teâlânın kulu ve rasûlüdür, ya'nî Peygamberidir). Vehebin kızı olan hazret-i Âminenin oğludur.

2- Namâz Kılmak

İslâmın beş şartından ikincisi, şartlarına ve farzlarına uygun olarak, hergün beş kerre (Vakti gelince, namâz kılmakdır). Her müslümânın, her gün, vakitleri gelince, beş kere namâz kılması ve herbirisini <u>vaktinde kıldığını</u> bilmesi farzdır. Namâzları; farzlarına, vâciblerine, sünnetlerine dikkat ederek ve gönlünü Allahü teâlâya vererek, vakitleri geçmeden kılmalıdır. Kur'ân-ı kerîmde, namâza (Salât) buyuruluyor. Salât; ilmi lügatte insanın duâ etmesi, meleklerin istigfâr etmesi, Allahü teâlânın merhamet etmesi, acıması demekdir. İslâmiyyette (Salât) demek; ilmihâl kitâblarında bildirildiği şekilde, belli hareketleri yapmak ve belli şeyleri okumak demekdir. Namâz kılmağa (İftitâh tekbîri) ile başlanır. Ya'nî erkeklerin ellerini kulaklarına kaldırıp göbek altına indirirken, (Allahü ekber) demeleri ile başlanır. Son oturuşta, başı sağ ve sol omuzlara döndürüp, selâm verilerek bitirilir.

3- Zekât Vermek

İslâmın beş şartından üçüncüsü, (Malının zekâtını vermekdir). Zekâtın lügat ma'nâsı, temizlik ve övmek ve iyi, güzel hâle gelmek demekdir. İslâmiyyetde zekât demek; ihtiyâcından fazla ve (Nisâb) denilen belli bir sınır mikdârında (Zekât malı) olan kimsenin, malının belli miktârını ayırıp, Kur'ân-ı kerîmde bildirilen müslimânlara, başa kakmadan vermesi demekdir. Zekât, yedi sınıf insana verilir. Dört mezhebde de, dört çeşit zekât malı vardır: Altın ve gümüş zekâtı, ticâret malı zekâtı, senenin yarıdan fazlasında çayırda otlayan dört ayaklı kasap hayvanları zekâtı ve toprak mahsûlleri zekâtıdır. Bu dördüncü zekâta (Uşr) da denir. Yerden mahsûl alınır alınmaz uşr verilir. Diğer üç zekât, nisâb miktârı olduktan bir sene sonra verilebilir.

4- Oruç Tutmak

İslâmın beş şartından dördüncüsü, (Ramazân-ı şerîf ayında, her gün oruç tutmakdır). Oruç tutmağa (Savm) denir. Savm, lügatte, birşeyi birşeyden korumak demekdir. İslâmiyyette, şartlarını gözeterek, Ramazân ayında, Allahü teâlâ emr ettiği için, her gün üç şeyden kendini korumak demekdir. Bu üç şey; yemek, içmek ve cimâ'dır. Ramazân ayı, gökyüzünde hilâli [yeni ayı] görmekle başlar. Takvîmle önceden hesâp etmekle başlamaz.

5- Hacca Gitmek

İslâmın beş şartından beşincisi, (Gücü yetenin, ömründe bir kere hac etmesidir). Yol emîn ve beden sağlam olarak, Mekke-i mükerreme şehrine gidip gelinceye kadar, geride bırakdığı çoluk-çocuğunu geçindirmeğe yetişecek maldan fazla kalan para ile oraya gidip gelebilecek kimsenin, ömründe bir kere, ihrâmlı olarak, Kâ'be-i mu'azzamayı tavâf etmesi ve Arafât meydânında vakfeye durması farz-ı ayn'dır.

Yukarıda bildirilen, islâmın beş şartından en üstünü, (Kelime-i şehâdet) söylemek ve ma'nâsına inanmakdır. Bundan sonra üstünü, namâz kılmakdır. Dahâ sonra, oruç tutmak, dahâ sonra, hac etmekdir. En sonra, zekât vermekdir. Kelime-i şehâdetin en üstün olduğu, sözbirliği ile bellidir. Geri kalan dördünün üstünlük sırasında, âlimlerin çoğunun sözü, yukarıda bildirdiğimiz gibidir. Kelime-i şehâdet, müslümânlığın başlangıcında ve ilk olarak farz oldu. Beş vakit namâz, bi'setin onikinci senesinde ve hicretden bir sene ve birkaç ay önce mi'râc gecesinde farz oldu. Ramazân-ı şerîf orucu, hicretin ikinci senesinde, Şa'bân ayında farz oldu. Zekât vermek, orucun farz olduğu sene, Ramazân ayı içinde farz oldu. Hac ise, hicretin dokuzuncu senesinde farz oldu.

Namaz - Farz, Vâcib, Sünnet, Müstehab, Mubâh, Harâm, Mekrûh, Müfsid Ayırımı:

İslâm dîninin bildirdiği emirlere ve yasaklara "Ahkâm-ı şer'iyye" veyâ "Ahkâm-ı islâmiyye" denir. Bunlara "Ef'âl-i mükellefîn" de denilmekdedir. Ef'âl-i mükellefîn sekizdir: Farz, vâcib, sünnet, müstehab, mubâh, harâm, mekrûh ve müfsid.

1- FARZ:
Allahü teâlânın, yapılmasını âyet-i kerîme ile açıkca ve kesin olarak emrettiği şeylere farz denir. Farzları terketmek harâmdır. İnanmıyan ve yapılmasına ehemmiyyet vermeyen kâfir olur. Farz iki çeşiddir:

Farz-ı Ayn: Her mükellef olan müslimânın bizzat kendisinin yapması lâzım olan farzdır. Îmân etmek, abdest almak, gusl etmek (ya'nî boy abdesti almak), beş vakt namâz kılmak, Ramazân ayında oruç tutmak, zengin olunca zekât vermek ve hacca gitmek, farz-ı ayndır. [Otuz iki farz ve elli dört farz meşhûrdur.]

Farz-ı Kifâye: Müslimânlardan birkaçının veyâ sâdece birinin yapması ile diğerlerinin sorumluluktan kurtulduğu farzlardır. Verilen selâmın cevâbını söylemek, cenâzeyi gasl etmek [ya'nî yıkamak], cenâze namâzı kılmak, Kur'ân-ı kerîmin temâmını ezberleyip hâfız olmak, cihâd etmek, san'atına, ticâretine lâzım olandan fazla din ve fen bilgilerini öğrenmek gibi farzlar böyledir.

2-Vâcib

Yapılması farz gibi kesin olan emirlere denir. Bu emrin Kur'ân-ı kerîmdeki delîli farz kadar açık değildir. Zannî (şüpheli) olan bir delîl ile sâbitdir. Vitr namâzını ve Bayram namâzlarını kılmak, zengin olunca kurban kesmek, fitre (sadaka-i fıtr) vermek vâcibdir. Vâcibin hükmü farz gibidir. Vâcibi terk etmek, tahrîmen mekrûhdur. Vâcib olduğuna inanmıyan kâfir olmaz. Fakat, yapmayan Cehennem azâbına lâyık olur.

3-Sünnet

Allahü teâlânın açıkça bildirmeyip, yalnız Peygamber efendimizin yapılmasını övdüğü, veyahutta devâm üzere kendisinin yaptığı veyâhutta yapılırken görüp de mâni' olmadığı şeylere "Sünnet" denir. Sünneti beğenmemek küfrdür. Beğenip de yapmayana azâp olmaz. Fakat özürsüz ve devâmlı terk eden itâba, azarlanmaya ve sevâbından mahrûm olmaya lâyık olur. Meselâ, Ezân okumak, ikâmet getirmek, cemâ'at ile namâz kılmak, abdest alırken misvâk kullanmak, evlendiği gece yemek yedirmek ve çocuğunu sünnet ettirmek gibi.

Sünnet iki çeşittir:

Sünnet-i Müekkede: Peygamber efendimizin devâmlı yaptıkları, pek az terkettikleri kuvvetli sünnetlerdir. Sabâh namâzının sünneti, öğlenin ilk ve son sünnetleri, akşam namâzının sünneti, yatsı namâzının son iki rek'at sünneti böyledir. Bu sünnetler, aslâ özürsüz terk olunmaz. Beğenmeyen kâfir olur.

Sünnet-i Gayr-i Müekkede: Peygamber efendimizin, ibâdet maksâdı ile arasıra yapdıklarıdır. İkindi ve yatsı namâzlarının dört rek'atlık ilk sünnetleri böyledir. Bunlar çok kere terk olunursa, bir şey lâzım gelmez. Özürsüz olarak büsbütün terk olunursa itâba ve şefâ'atden mahrûm olmaya sebeb olabilir.

Beş-on kimseden birisi işlese, diğer müslümânlardan sâkıt olan sünnetlere de "Sünnet-i alel-kifâye" denir. Selâm vermek, i'tikâfa girmek gibi. Abdest almağa, yemeğe, içmeğe ve her mübârek işe başlarken besmele çekmek sünnettir.

4-Müstehab
Buna, mendub, âdâb da denir. Sünnet-i gayr-i müekkede hükmündedir. Peygamber efendimizin ömründe bir-iki kere dahî olsa yaptıkları ve sevdikleri, beğendikleri husûslardır. Yeni doğan çocuğa yedinci gün isim koymak, erkek ve kız çocuğu için akîka hayvanı kesmek, güzel giyinmek, güzel koku sürünmek müstehabtır. Bunları yapana çok sevâb verilir. İşlemeyene azâb olmaz. Şefâ'atden mahrûm kalmak da olmaz.

5-Mubâh
Yapılması emr olunmayan ve yasak da edilmeyen şeylere mubâh denir. Ya'nî günâh veyâ tâ'at olduğu bildirilmemiş olan işlerdir. İyi niyetle işlenmesinde sevâp, kötü niyetle işlenmesinde azâp vardır. Uyumak, helâlinden çeşitli yemekler yemek, helâl olmak şartıyla türlü elbise giymek gibi işler, mubâhdırlar. Bunlar, İslâmiyyete uymak, emirlere sarılmak niyetiyle yapılırsa sevâp olurlar. Sıhhatli olup, ibâdet yapmaya niyet ederek, yemek içmek böyledir.

6-Harâm
Allahü teâlânın, Kur'ân-ı kerîmde, "yapmayınız" diye açıkça yasak ettiği şeylerdir. Harâmların yapılması ve kullanılması kesinlikle yasaklanmıştır. Harâma, helâl diyenin ve helâle, harâm diyenin îmânı gider, kâfir olur. Harâm olan şeyleri terk etmek, onlardan sakınmak farzdır ve çok sevâptır.

Harâm iki çeşittir:

Harâm Li-aynihî: Adam öldürmek, zinâ, livâta etmek, kumar oynamak, şarâp ve her türlü alkollü içkileri içmek, yalan söylemek, hırsızlık yapmak, domuz eti, kan ve leş yemek; kadınların, kızların başı, kolları, bacakları açık sokağa çıkmaları harâm olup, büyük günâhtırlar. Bir kimse, bu günâhları işlerken Besmele okusa veyâ helâl olduğuna i'tikâd etse, veya Allahü teâlânın harâm etmesine ehemmiyet vermese, kâfir olur. Bunların harâm olduğuna inanıp, korkarak yapsa kâfir olmaz. Fakat Cehennem azâbına lâyık olur. Eğer ısrâr edip, tevbesiz ölürse, îmânsız gitmeye sebep olur.

Harâm Li-gayrihî: Bunlar asılları i'tibâriyle helâl olup, başkasının haklarından dolayı harâm olan şeylerdir. Meselâ bir kişinin bağına girip, sâhibinin izni yokken meyvesini koparıp yemek, ev eşyâsını ve parasını çalıp kullanmak, emânete hıyânet etmek, rüşvet, fâiz ve kumar ile mal, para kazanmak gibi. Bunları yapan kimse, yaparken Besmele söylese veya helâldir dese kâfir olmaz. Çünkü, o kişinin hakkıdır, geri alır. Beşbuçuk arpa (bir dank) ağırlığında gümüş kıymeti kadar hak için, yarın kıyâmet gününde cemâ'at ile kılınmış yediyüz rek'at kabûl olunmuş namâzın sevâbı, Allahü teâlâ tarafından alınıp, hak sâhibine verilir. Harâmlardan kaçınmak, ibâdet yapmakdan dahâ çok sevâpdır. Onun için harâmları çok iyi öğrenip, kaçınmak lâzımdır.

7-Mekrûh
Allahü teâlânın ve Muhammed aleyhisselâmın, beğenmediği ve ibâdetlerin sevâbını gideren şeylere mekrûh denir.

Mekrûh iki çeşiddir:

Tahrîmen mekrûh: Vâcibin terkidir. Harâma yakın olan mekrûhlardır. Bunları yapmak azâbı gerektirir. Güneş doğarken, tam tepede iken ve batarken namâz kılmak gibi. Bunları kasıtla işleyen âsî ve günahkâr olur. Cehennem azâbına lâyık olur. Namâzda vâcibleri terk edenin, tahrîmî mekrûhları işleyenin, o namâzı iâde etmesi vâcibdir. Eğer sehv ile, unutarak işlerse, namâz içinde secde-i sehv yapar.

Tenzîhen mekrûh: Mubâh, ya'nî helâl olan işlerine yakın olan, veyâhutta, yapılmaması yapılmasından dahâ iyi olan işlerdir. Gayri müekked sünnetleri veyâ müstehabları yapmamak gibi.

8-Müfsid

Dînimizde, meşrû olan bir işi veyâ başlanmış olan bir ibâdeti bozan şeylerdir. Îmânı ve namâzı, nikâhı ve haccı, zekâtı, alış ve satışı bozmak gibi. Meselâ, Allaha ve kitâba sövmek küfür olup, îmânı bozar. Namâzda gülmek, abdesti ve namâzı bozar. Oruçlu iken bilerek yemek, içmek orucu bozar.

Farzları, vâcibleri ve sünnetleri yapana ve harâmdan, mekrûhdan sakınana ecir, ya'nî sevâp verilir. Harâmları, mekrûhları yapan ve farzları, vâcibleri yapmayana günâh yazılır. Bir harâmdan sakınmanın sevâbı, bir farzı yapmanın sevâbından kat kat çoktur. Bir farzın sevâbı, bir mekrûhtan sakınmanın sevâbından çoktur. Mekrûhtan sakınmanın sevâbı da, sünnetin sevâbından çoktur. Mubâhlar içinde, Allahü teâlânın sevdiklerine "Hayrât ve Hasenât" denir. Bunları yapana da sevâp verilir ise de, bu sevâp, sünnet sevâbından azdır.

NAMAZ

İslam'ın en önemli şartlarından olan ve Peygamber Efendimiz Hazreti Muhammed (S.A.V)'in "Namaz, dinin direğidir" diyerek, bir çadırı din, çadırın yükünü taşıyan direği de namaz olarak anlattığı, bu ibadet nasıl yapılmalı?

NAMAZIN ŞARTLARI

Namazın şartları deyince, onlar olmadan namazın da olmayacağı şeyler anlaşılır. Bir şeyi ayakta tutan ana parçaların herbirine "rukün" dendiği için, namazın şartlarından, namaza başladıktan sonra olanlarına aynı zamanda namazın rukünleri denir. Hepsine birden namazın farzları da denir.

Namazın şartları, yani namaza başlamadan önceki farzlar beş tanedir:

1. Hadesten, yani hükmî pislikten temizlik.

2. Necasetten, yani hakiki pislikten temizlik.

3. Avret sayılan bölgeleri örtmek.

4. Namazı Kıbleye dönerek kılmak.

5. Her namazı kendi vaktinde kılmak.

Namazın rükünleri, yani namaza başladıktan sonraki farzlar yedi tanedir:

1. Niyet, yani kıldığı namazın hangi namaz olduğunu bilmek.
2. Başlangıç tekbiri.
3. Farz namazları ayakta kılmak.
4. Namazda Kur'ân'dan mutlaka bir parça okumak.
5. Rukû', yani ayakta iken belden eğilmek.
6. Secde, yani alnını yere değdirmek.
7. Son oturuşta "Tahiyyât" okuyacak kadar durmak.

Namazın gerek şartlarının, gerekse rukünlerinin hepsi farz olduğu için, bunlarsız farz namaz düşünülemez. Birisi dahi bulunmazsa namaz batıl olur, yani tümden gider. Onun için bunların herbiri hakkında biraz bilgi vermek gerekir.

Hükmî Pislikten (Hadesten) Temizlik

Temizlik bölümünde de gördüğümüz gibi hades, hükmî olan, yani varsayılan pislik, ya da manevî olan pislik demektir ki, cünüplük ve abdestsizlikten ibarettir. Buna göre âdeti ve lohusalığı biten ve cünüp olan mükellefin yıkanması, abdesti bulunmayanın da abdest alması, bunları yapamıyorsa teyemmüm etmesi gerekir. Namaza ancak böyle başlayabilir.

Gerçek Pislikten (Necasetten) Temizlik

Namaz kılanın hem vücudu ve elbisesinin, hem de namaz kılacağı yerin temiz olması demektir. Pis olan şeyler bölümünde kaba ve hafif sayılan pislikleri görmüş, onların ne kadarının namaza engel olacağını ve nasıl temizleneceklerini anlatmıştık. Oraya bakılmalı. Vücudundaki ya da elbisesindeki pisliği giderecek bir şey bulamayan kimse, namazını çıplak değil, pis olan elbise ile beraber kılabilir.

Avret Olan Yerlerini Örtmek

Namazda kadının yüz, el ve ayakları dışındaki yerlerinden, erkeğin ise göbekle diz kapağı arasından, bir organın dörtte biri kadar açık olması namaza engeldir. Tenin rengini gösteren elbise, hiç giyilmemiş gibidir. Elbisenin dar olup organları belli etmesi halinde, rengini göstermiyorsa namaza engel değildir, ancak mekruhtur. Bu konu daha geniş olarak "Avret ve Örtü" bölümünde ele alınacaktır.

Kıbleye Dönmek

Kıble; ön yön demektir. Namaz kılarken Kâbe'ye dönüldüğü için Kâbe'ye "Kıble" denmiştir. Kâbe şu andaki Mekke şehrinde bulunan ve Allah'ın emriyle ilk defa Hz. İbrahim Peygamber (a.s.) tarafından yapılıp, sonraları birkaç kez tamir gören, küp şeklinde dört duvar bir yapıdır. Taşının ve maddesinin bir olağanüstü yönü yoktur. Ancak duvarında Cennet'ten çıktığı rivayet edilen Siyah Taş (Haceru'l-Esved) vardır ve Kâbe, bütün dünya müslümanlarını bir noktaya yönelttiği için "tevhid"in, yani Allah'ı birlemenin sembolüdür ve bu bakımdan herşeyden daha değerlidir.

Kâbe'nin etrafında bulunanların kıblesi, Kâbe'nin bizzat kendisidir. Kâbe'den uzaklarda olup onu göremeyecek olanların kıblesi ise kâbe'nin bulunduğu yöndür. Tam Kâbe'ye isabet edememeleri zarar vermez.

Namaz kılacağı yerde Kıble'nin hangi tarafa olduğunu bilmeyen, soracak kimse de yoksa, kendi imkânları oranında araştırma yapar ve kanaat ettiği yöne doğru kılar. Kılarken görüşü değişirse, o yöne doğru döner. Namaz bittikten sonra hata ettiğini anlasa da namazı tekrarlamaz. Ama araştırma yapmadan rastgele bir yöne dönmekle Kâbe'ye isabet ettirse dahi namazı caiz olmaz.

Düşman gibi bir şeyden korkan, hasta, bağlı, ya da binek üzerinde bulunan kimselerin, dönmeye güç yetirebildikleri yön, kendi kıbleleridir.

Vakit

Her namazı kendi vaktinde kılmak şarttır. Sabah namazının vakti; ikinci fecir, yani şafağın doğuşundan Güneşin Doğuşuna kadar olan süre, Öğlenin vakti; zevâlden, yani gölgenin en kısa olup uzamaya başladığı andan, her şeyin gölgesi, zevâl gölgesi dışında, kendisinin iki misline ulaştığı ana kadardır. İmam-ı Azam dışındaki imamlara göre ise, herşeyin gölgesi, zevâl gölgesi dışında, kendisinin bir misli olmasına kadardır. İkindinin vakti; ögle vaktinin bitiminden Güneşin batışına kadarki süre, Akşamın vakti; Güneşin batışından, batıdaki kızıllığın ve onun arkasından beliren beyaz şafağın kayboluşuna kadarki süre; Yatsının ve vitrin vakti; Akşam vaktinin bitişinden, ikinci fecire, yani şafağın doğuşuna kadarki süredir. Ancak vitir yatsıdan önce kılınmaz. Bu vakitler Güneşe göre hesaplandığı, Güneşin hareketleri de astronomi ilmince bilinebildiği için, bunların takvime göse tesbiti daha kolaydır.

Tabi namaz kılmadan önce abdest almalıyız. Şimdi abdest nasıl alınır? Kısaca ve basit olarak anlatalım:

Doğru abdest alma sıralaması şu şekildedir,

1- Önce kollar dirseklerin yukarısına kadar sıvanır, sonra **Niyet ettim Allah rızası için abdest almaya** diye niyet edilir. Ve **Euzü billahi mineşşey-tanirracim, Bismillahirrahmanirrahim** denir.

2- Eller bileklere kadar üç kere yıkanır. Parmak aralarının yıkanmasına dikkat edilir. Parmaklarda yüzük varsa oynatılıp altının yıkanması sağlanır.

3- Sağ avuç ile ağıza üç kere ayrı ayrı su alınıp her defasında ağız iyice çalkalanır.

4- Sağ avuç ile buruna üç kere ayrı ayrı su çekilir.

5- Sol el ile sümkürülerek burun temizlenir.

6- Alında saçların bittiği yerden itibaren kulakların yumuşağına ve çene altına kadar yüzün her tarafı üç kere yıkanır.

7- Sağ kol dirseklerle beraber üç kere yıkanır. Yıkarken kolun her tarafı, kuru bir yer kalmayacak şekilde iyice ovulur.

8- Sol kol dirseklerle beraber üç kere yıkanır. Yıkarken kolun her tarafı, kuru bir yer kalmayacak şekilde iyice ovulur.

9- Eller yeni bir su ile ıslatılır. Sağ elin içi ve parmaklar başın üzerine konularak bir kere meshedilir.

10- Eller ıslatılarak sağ elin şehadet parmağı ile sağ kulağın içi, baş parmağı ile de kulağın dışı; sol elin şehadet parmağı ile sol kulağın içi, baş parmağı ile de kulağın arkası meshedilir.

11- Elleri yeniden ıslatmaya gerek olmadan geriye kalan üçer parmağın dışı ile de boyun meshedilir.

12- Sağ ayak üç kere topuklarla beraber yıkanır. Yıkamaya sağ parmak uçlarından başlanır ve parmak araları iyice temizlenir.

13- Sol ayak üç kere topuklarla beraber yıkanır. Yıkamaya sağ parmak uçlarından başlanır ve parmak araları iyice temizlenir.

Abdest alan kişi oruçlu değilse abdest aldığı sudan biraz içip, kıbleye karşı durup kelime-i şehadet getirmeli, duaları ve Kadr Suresi okunmalıdır. Abdest alırken suyu fazla açmamak, duaların haricinde konuşmamak gerektir...

NAMAZIN KILINIŞI

Sabah Namazının Farzının Kılınışı

Örnek olarak sabah namazının iki rek'at farzının kılınışı resimlerle anlatılmış, erkek ve kadınların farklı hareketleri belirtilmiştir. İki rek'atli bir namazdaki hareketler ile diğer namazlardaki hareketler arasında fark olmadığından, onların resimlerle anlatılmasına gerek duyulmamıştır.

Birinci Rekat

1) Ayakların arası dört parmak açıklıkta ve parmak uçları kıbleye doğru gelecek şekilde ayakta kıbleye dönülür.

2) İkamet getirilir. (Erkekler için)

Niyet

"Niyet ettim Allah rızası için bugünkü sabah namazının farzını kılmaya" diye niyet edilir.

İftitah tekbiri

"Allahü Ekber" diyerek iftitah tekbiri alınır. Erkekler tekbir alırken; ellerin içi kıbleye karşı ve parmaklar normal açıklıkta bulunur. Başparmaklar, kulak yumuşağı hizasına gelecek şekilde eller yukarıya kaldırılır. Kadınlar tekbir alırken; ellerinin içi kıbleye karşı, parmaklar normal açıklıkta ve parmak uçları omuz hizasına gelecek şekilde ellerini yukarıya kaldırır.

Kıyam

5) Tekbirden sonra eller bağlanır. Ayakta iken secde edilecek yere bakılır.

6) Ayakta sırasıyla:

a) Sübhaneke,

b) Eûzü-besmele,

c) Fatiha sûresi,

d) Kur'andan başka bir sûre daha okunur.

Erkekler, sağ elin avucu, sol elin üzerinde ve sağ elin baş ve küçük parmakları sol elin bileğini kavramış olarak ellerini göbek altında bağlarlar.

Kadınlar, sağ el sol elin üzerinde olacak şekilde ellerini göğüs üstüne koyarlar. Erkeklerde olduğu gibi sağ elin parmakları ile sol elin bileğini kavramazlar.

Rükû

"Allahü Ekber" diyerek rükûa varılır ve burada üç defa "Sübhâne Rabbiye'l-azim" denilir. Rükû'da iken ayakların üzerine bakılır.

Erkekler, rükûda, parmakları açık olarak elleri ile dizlerini tutup sırtını dümdüz yaparlar. Dizlerini ve dirseklerini dik tutarlar. Kadınlar, rükûda, sırtlarını biraz meyilli tutarak erkeklerden daha az eğilirler. Ellerini (parmaklarını açmayarak) dizleri üzerine koyarlar ve dizlerini biraz bükük bulundururlar.

Rükûdan kalkış

"Semiallâhü limen hamideh" diyerek rükûdan kalkılır ve ayakta "Rabbenâ leke'l-hamd" denilir.

Secde

"Allahü Ekber" diyerek secdeye varılır. Secdeye inerken önce dizler, sonra eller, daha sonra da alın ve burun yere konur. Secdede baş iki elin arasında ve hizasında bulunur. Secdede iken ayaklar kaldırılmaz. Secdede burun kenarlarına bakılır. Burada üç kere "Sübhâne Rabbiye'l-â'lâ" denilir.

Erkekler, secdede dirseklerini yanlarından uzak, kollarını yerden kalkık bulundururlar. Ayaklar, parmaklar üzerinde dik tutulur ve parmak uçları kıbleye gelecek şekilde yere konur.

Kadınlar, secdede kollarını yanlarına bitişik halde bulundururlar. Ayaklar, parmaklar üzerine dik tutulur ve parmak uçları kıbleye gelecek şekilde yere konur.

İki secde arası oturuş

"Allahü Ekber" diyerek başını secdeden kaldırıp diz üstü oturulur. Otururken, parmaklar dizlerin hizasına gelecek şekilde eller uylukların üzerine konur ve kucağa bakılır. Burada "Sübhânellah" diyecek kadar kısa bir an oturulur. "Allahü Ekber" diyerek ikinci defa secdeye varılır ve üç kere "Sübhâne Rabbiye'l-â'lâ" denilir.

Erkekler, sol ayağını yere yayarak onun üzerine oturur, sağ ayak parmakları kıbleye yönelmiş durumda dik tutulur. Kadınlar, ayaklarını yatık olarak sağ tarafına çıkarır ve öylece otururlar.

Secdeden ayağa kalkış

"Allahü Ekber" diyerek secdeden ayağa (ikinci rek'ata) kalkılır ve eller bağlanır. Secdeden kalkarken: Önce baş, sonra eller, daha sonra eller dizler üzerine konularak, dizler yerden kaldırılır. İftitah tekbirinden itibaren buraya kadar yapılanlara "bir rek'at" denir.

İkinci Rekat

1) Ayakta sırasıyla;

a) Besmele,

b) Fatiha sûresi,

c) Kur'andan başka bir sûre daha okunur.

Rüku

2) Birinci rek'atte olduğu gibi "Allahü Ekber" diyerek rükûa varılır ve üç kere "Sübhâne Rabbiye'l-azim" denilir.

Temel İslâmî bilgiler

Rükûdan kalkış

"Semiallâhü limen hamideh" diyerek ayağa kalkılır ve ayakta "Rabbenâ leke'l-hamd" denilir.

Secde

"Allahü Ekber" diyerek secdeye varılır. Burada üç kere "Sübhâne Rabbiye'l-â'lâ" denilir.

İki secde arası oturuş

"Allahü Ekber" diyerek secdeden kalkılıp dizler üzerine oturulur. Burada "Sübhânellah" diyecek kadar kısa bir an oturulur. Sonra "Allahü Ekber" diyerek ikinci defa secdeye varılır ve üç kere "Sübhâne Rabbiye'l-â'lâ" denilir.

Ka'de-i ahire (Namazın sonunda oturuş)

7) "Allahü Ekber" diyerek secdeden kalkıp oturulur. Otururken, el parmakları dizlerin hizasına gelecek şekilde eller uylukların üzerine konur ve kucağa bakılır.

8) Oturuşta sırasıyla;

a) Ettehiyyatü,

b) Allahümme salli,

c) Allahümme bârik,

d) Rabbenâ âtina... duaları okunur.

Erkekler, sol ayağını yere yayarak onun üzerine oturur, sağ ayak parmakları kıbleye yönelmiş durumda dik tutulur. Kadınlar, ayaklarını yatık olarak sağ tarafa çıkarır ve öylece otururlar.

Sağ tarafa selâm veriliş

Önce başını sağa çevirerek "Esselâmü aleyküm ve rahmetûllâh" denir. Selâm verirken omuzlara bakılır.

Sol tarafa selâm verilişi

Sonra başını sola çevirerek, "Esselâmü aleyküm ve rahmetûllâh" denilir. Böylece iki rek'at namaz tamamlanmış olur.

Dua

Dua ederken, eller göğüs hizasına kaldırılır. Eller göğe doğru açılarak avuçların içi yüze doğru biraz meyilli tutulur ve iki elin arası açık bulundurulur.

Yukarı 2 rekatlık bir namazın nasıl kılınacağını anlattık, 4 rekatlık namaz nasıl kılınır diyorsanız, yukarıda anlatıldığı gibi normal 2 rekatı son oturuşta selam vermeden kılın ve tekrar ayağa kalkıp 3. rekattan başlayarak anlatıldığı gibi 2 rekatı kılın ve son oturuşta selam verin.

NAMAZ DUALARI

Sübhaneke

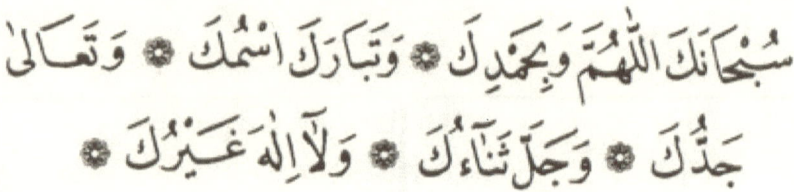

Sübhânekellâhümme ve bi hamdik ve tebârakesmük ve teâlâ ceddük (ve celle senâük*) ve lâ ilâhe ğayrük)

* Ve celle senâük yalnızca cenaze namazlarında kullanılır.

Allah'ım! Sen eksik sıfatlardan pak ve uzaksın. Seni daima böyle tenzih eder ve överim. Senin adın mübarektir. Varlığın her şeyden üstündür. Senden başka ilah yoktur.

Ettehiyyâtü

Ettehiyyâtü lillâhi vessalevâtü vettayibât. Esselâmü aleyke

eyyühen-Nebiyyü ve rahmetüllahi ve berakâtühüh. Esselâmü aleynâ ve alâ ibâdillâhis-Sâlihîn. Eşhedü en lâ ilâhe illallâh ve eşhedü enne Muhammeden abdühû ve Rasülüh.

Dil ile, beden ve mal ile yapılan bütün ibadetler Allah'a dır. Ey Peygamber! Allah'ın selamı, rahmet ve bereketleri senin üzerine olsun. Selam bizim üzerimize ve Allah'ın bütün iyi kulları üzerine olsun. Şahitlik ederim ki, Allah'tan başka ilah yoktur. Yine şahitlik ederim ki, Muhammed, O'nun kulu ve Peygamberidir.

Allâhümme Salli

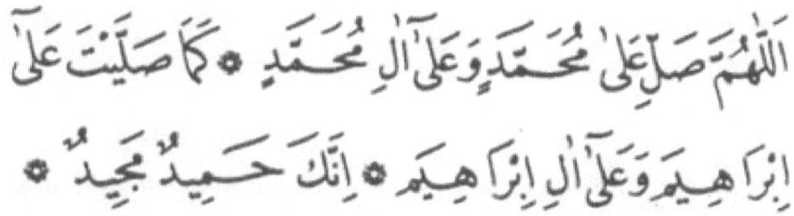

Allâhümme salli alâ Muhammedin ve alâ âli Muhammed. Kemâ salleyte alâ İbrahime ve alâ âli İbrahim. İnneke hamidün mecîd.

Allah'ım! Muhammed'e ve Muhammed'in ümmetine rahmet eyle; şerefini yücelt. İbrahim'e ve İbrahim'in ümmetine rahmet ettiğin gibi. Şüphesiz övülmeye layık yalnız sensin, şan ve şeref sahibi de sensin.

Allâhümme Barik

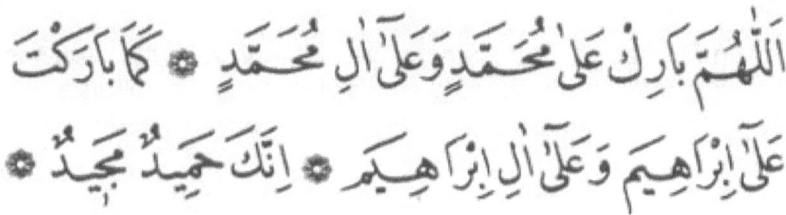

Allâhümme barik alâ Muhammedin ve alâ âli Muhammed. Kemâ

barekte alâ İbrahîme ve alâ âli İbrahim. İnneke hamidün mecîd.

Allah'ım! Muhammed'e ve Muhammed'in ümmetine hayır ve bereket ver. İbrahim'e ve İbrahim'in ümmetine verdiğin gibi. Şüphesiz övülmeye layık yalnız sensin, şan ve şeref sahibi de sensin.

Rabbenâ âtina

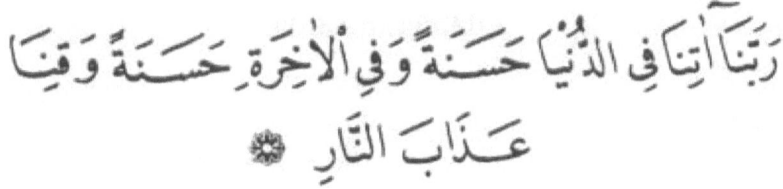

Rabbenâ âtina fid'dünyâ haseneten ve fil'âhirati haseneten ve kınâ azâbennâr. Birahmetike yâ Erhamerrahimîn

Allah'ım! Bize dünyada iyilik ve güzellik, ahirette de iyilik, güzellik ver. Bizi ateş azabından koru.

Rabbenâğfirlî

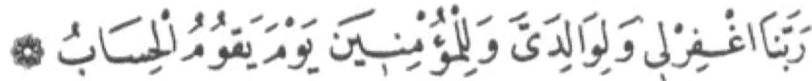

Rabbenâğfirlî ve li-vâlideyye ve lil-Mü'minine yevme yekûmü'l hisâb.

Ey bizim Rabbimiz! Beni, anamı ve babamı ve bütün mü'minleri hesap gününde (herkesin sorguya çekileceği günde) bağışla.

Kunut Duaları

اَللّٰهُمَّ اِنَّا نَسْتَعِينُكَ وَنَسْتَغْفِرُكَ وَنَسْتَهْدِيكَ ۞ وَنُؤْمِنُ بِكَ وَنَتُوبُ اِلَيْكَ ۞ وَنَتَوَكَّلُ عَلَيْكَ وَنُثْنِى عَلَيْكَ الْخَيْرَ كُلَّهُ نَشْكُرُكَ وَلَا نَكْفُرُكَ وَنَخْلَعُ وَنَتْرُكُ مَنْ يَفْجُرُكَ ۞

Allâhümme innâ nesteînüke ve nestağfirüke ve nestehdik. Ve nü'minü bike ve netûbü ileyk. Ve netevekkelü aleyke ve nüsni aleykel-hayra küllehü neşkürüke ve lâ nekfürüke ve nahleu ve netrükü men yefcürük.

Allahım! Senden yardım isteriz, günahlarımızı bağışlamanı isteriz, razı olduğun şeylere hidayet etmeni isteriz. Sana inanırız, sana tevbe ederiz. Sana güveniriz. Bize verdiğin bütün nimetleri bilerek seni hayır ile överiz. Sana şükrederiz. Hiçbir nimetini inkar etmez ve onları başkasından bilmeyiz. Nimetlerini inkar eden ve sana karşı geleni bırakırız.

اَللّٰهُمَّ اِيَّاكَ نَعْبُدُ وَلَكَ نُصَلِّى وَنَسْجُدُ ۞ وَاِلَيْكَ نَسْعَى وَنَحْفِدُ ۞ نَرْجُوا رَحْمَتَكَ وَنَخْشَى عَذَابَكَ ۞ اِنَّ عَذَابَكَ بِالْكُفَّارِ مُلْحِقٌ ۞

Allâhümme iyyâke na'büdü ve leke nüsalli ve nescüdü ve ileyke nes'a ve nahfidü nercû rahmeteke ve nahşâ azâbeke inne azâbeke bilküffâri mülhık.

Allahım! Biz yalnız sana kulluk ederiz. Namazı yalnız senin için kılarız, ancak sana secde ederiz. Yalnız sana koşar ve sana yaklaştıracak şeyleri kazanmaya çalışırız. İbadetlerini sevinçle yaparız. Rahmetinin devamını ve çoğalmasını dileriz. Azabından korkarız, şüphesiz senin azabın kafirlere ve inançsızlara ulaşır.

NAMAZ SURELERİ

Fatiha Suresi

-OKUNUŞU-

Elhamdü lillâhi rabbil'âlemîn. Errahmânirrahîm. Mâliki yevmiddîn. Iyyâke na'büdü ve iyyâke nesta'în. Ihdinas-sirâtal müstakîm. Sirâtallezîne en'amte aleyhim gayrilmagdûbi aleyhim ve leddâllîn. (Amin)

MÂNÂSI

Hamd (övmek, övülmek); O, âlemlerin Rabbi, O Rahmân, Rahîm, olan âhiret gününün mâliki Allâh'ın (hakkı)'dır. O'na mahsustur. İlâhi! Yalnız Sana ibâdet ve kulluk ederiz, sadece Sen'den yardım dileriz. Bizi doğru yola hidâyet eyle. Kendilerine bol bol nîmet verdiğin bahtiyarların yoluna, ki onlar ne azıp sapmış, ne de gazabına uğramışlardır. (Duâmızı kabul eyle Allâh'ım!)

AÇIKLAMA

Fatiha Suresi, Mekke'de inmiştir. 7 ayettir. Kur'an'ın ilk suresi olduğu için açış yapan, açan manasında "Fatiha" denilmiştir.

Fil Suresi

أَلَمْ تَرَ كَيْفَ فَعَلَ رَبُّكَ بِأَصْحَابِ الْفِيلِ ۝ أَلَمْ يَجْعَلْ كَيْدَهُمْ فِي تَضْلِيلٍ ۝ وَأَرْسَلَ عَلَيْهِمْ طَيْرًا أَبَابِيلَ ۝ تَرْمِيهِم بِحِجَارَةٍ مِّن سِجِّيلٍ ۝ فَجَعَلَهُمْ كَعَصْفٍ مَأْكُولٍ ۝

OKUNUŞU

Elem tera keyfe fe'ale rabbüke bieshâbilfîl. Elem yec'al keydehüm fî tadlîl. Ve ersele aleyhim tayran ebâbîl. Termîhim bihicâratin min siccîl. Fece'alehüm ke'asfin me'kûl.

MÂNÂSI

Görmedin mi, ne yaptı Rabbin Fil sahiplerine? Tuzaklarını, tedbirlerini (kötü düşüncelerini) bozup büsbütün perişan kılmadı mı? Üzerlerine sert taşlarla atış yapan, sürü sürü Ebâbil kuşları saldı da, hemen onları bir yenik hasıl (güve yiyip tanesiz kalmış ekin yaprağı, saman) gibi yere seriverdi.

AÇIKLAMA

Fil Sûresi, Mekke'de nazil olmuştur. 5 ayettir. Kâbe'yi yıkmak isteyen Ebrehe'nin fillerle hücumunu konu edindiği için bu adı almıştır.

Kureyş Suresi

OKUNUSU
Liîlâfi Kureyşin. Îlâfihim rihleteşşitâi vessayf. Felya'büdû rabbe hâzelbeyt. Ellezî et'amehüm min cû'in ve âmenehüm min havf.

MÂNÂSI
Kureyş'in birbirleriyle veya başkalarıyla antlaşması için; hele yaz ve kış seferlerinde (faydalandıkları) antlaşmaları için, onlar (Kureyş) bundan böyle bu evin (Kâbe'nin) sahibine (Allâh'a) ibâdet etsinler; - O (sahip) ki, onları büyük bir açlıktan kurtardı ve müthiş bir korkudan emin kıldı.

Maûn Suresi

أَرَءَيْتَ الَّذِى يُكَذِّبُ بِالدِّينِ ۞ فَذَٰلِكَ الَّذِى يَدُعُّ الْيَتِيمَ ۞ وَلَا يَحُضُّ عَلَىٰ طَعَامِ الْمِسْكِينِ ۞ فَوَيْلٌ لِّلْمُصَلِّينَ ۞ الَّذِينَ هُمْ عَن صَلَاتِهِمْ سَاهُونَ ۞ الَّذِينَ هُمْ يُرَاءُونَ ۞ وَيَمْنَعُونَ الْمَاعُونَ ۞

OKUNUŞU

Era eytellezî yükezzibü biddîn. Fezâlikellezî, yedu'ulyetîm ve lâ yehuddu alâ ta'âmilmiskîn. Feveylün lilmusallîn. Ellezîne hüm an salâtihim sâhûn. El-lezîne hüm yürâûne. Ve yemne'ûnelmâûn.

MÂNÂSI

Gördün mü o, dîne (ceza gününe ve âhirete) inanmayanı? İşte hak dîne ve ceza gününe inanmayan, o kimsedir ki: Öksüzü itip kakar, çâresizin ve yoksulun yiyeceğine dair teşvikte bulunmaz; ne kendisi doyurur, ne de başkalarının doyurması için teşvik eder. Vay o namaz kılanların haline ki, onlar namazlarını gereği gibi ciddî bir vazife olarak yapmazlar. Onlar ki, gösteriş için yaparlar ve yardımlığı sakınırlar (kimseye bir damla bir şey vermek istemezler).

Kevser Suresi

إِنَّا أَعْطَيْنَاكَ الْكَوْثَرَ ۞ فَصَلِّ لِرَبِّكَ وَانْحَرْ ۞ إِنَّ شَانِئَكَ هُوَ الْأَبْتَرُ

OKUNUŞU

Innâ e'taynâkelkevser. Fesalli lirabbike venhar. Inne şânieke hüvel'ebter.

MÂNÂSI

(Ey Muhammed) Biz sana hakikatte Kevser'i verdik. Sen de Rabbin için namaz kıl ve kurban da kesiver. Doğrusu, asıl ebter sana buğz eden (hınç besleyen, diş bileyen) ebter'in kendisidir.

Kâfirun Suresi

OKUNUŞU
Kul yâ eyyühelkâfirûn. Lâ a'büdü mâ ta'büdûn. Ve lâ entüm âbidûne mâ a'büd. Ve lâ ene âbidün mâ abedtüm. Ve lâ entüm âbidûne mâ a'büd. Leküm dînüküm veliye dîn.

MÂNÂSI
De ki: Ey kâfirler! Tapmam o taptıklarınıza. Siz de tapanlardan değilsiniz benim Mabudum (Allah)'a. Hem ben tapıcı değilim sizin taptıklarınıza. Hem de siz tapıcı değilsiniz benim ibâdet ettiğim (Allah)'a. Sizin dîniniz (size), bana da dînim (geçerlidir).

AÇIKLAMA
Kafirun Suresi, Mekke'de nazil olmuştur. 6 ayettir. Kafirlerden söz ettiği için bu adı almıştır.

Nasr Suresi

OKUNUŞU
İzâ câe nasrullahi velfeth. Ve raeytennâse yedhulûne fî dînillâhi efvâcâ. Fesebbih bihamdi rabbike vestagfirh, İnnehü kâne tevvâbâ.

MÂNÂSI
Allâh'ın (vaad ettiği) yardımı geldiği ve zafer kazanıldığı (Mekke'nin fethi ile İslâm'a fütûhat kapılarının açıldığı); ve insanların fevç fevç, küme küme Allâh'ın dînine girdiklerini gördüğün zaman, artık Rabbini överek şanını yücelt ve Allâh'tan mağfiret iste. Çünkü O, tövbe ile kendisine dönenleri kabul eder.

AÇIKLAMA
Nasr Suresi, Mekke'nin fethi sırasında inmiş olmakla beraber hicretten sonra indiği için Medeni sûrelerdendir. 3 ayettir. Nasr yardım demektir. Sure de Allah'ın Hz. Peygamber'e yardım ederek fetihlere kavuşturduğu ifade edildiği için bu adı almıştır. İslam zaferini haber verir. İbn-i Ömer'e göre, bu sûre indikten sonra peygamberimiz seksen gün yaşamıştır.

Tebbet Suresi

Hanımlar için Din rehberi

تَبَّتْ يَدَآ أَبِى لَهَبٍ وَتَبَّ ۝ مَآ أَغْنٰى عَنْهُ مَالُهُ وَمَا كَسَبَ ۝ سَيَصْلٰى نَارًا ذَاتَ لَهَبٍ ۝ وَامْرَأَتُهُ حَمَّالَةَ الْحَطَبِ ۝ فِى جِيدِهَا حَبْلٌ مِنْ مَسَدٍ ۝

OKUNUŞU
Tebbet yedâ ebî lehebin ve tebbe. Mâ agnâ anhü mâlühû ve mâ keseb. Seyaslâ nâren zâte leheb. Vemraetühû hammâletelhatab. Fî cîdihâ hablün min mesed.

MÂNÂSI
Ebû Leheb'in iki eli kurudu, kendisi de (helâk oldu!). Ne malı fayda verdi ona, ne de kazandığı. O, (dünyada benzeri görülmemiş) bir alevli ateşe yaslanacak. Gerdanında hurma liflerinden bükülmüş bir iple odun taşıyan karısı da (bulunacak)!

İhlas Suresi

قُلْ هُوَ اللّٰهُ أَحَدٌ ۝ اَللّٰهُ الصَّمَدُ ۝ لَمْ يَلِدْ وَلَمْ يُولَدْ ۝ وَلَمْ يَكُنْ لَهُ كُفُوًا أَحَدٌ ۝

OKUNUŞU
Kul hüvallâhü ehad. Allâhüssamed. Lem yelid ve lem yûled. Ve lem yekün lehû küfüven ehad.

MÂNÂSI

De ki: O, Allah, birdir. Allah, her yönden eksiksizdir ve her dileğin merciidir, her şey kendisine muhtâç olan Şanlı ve Uludur. O, doğurmadı ve doğurulmadı da. O'na hiçbir şey denk de olmadı.

Felak Suresi

OKUNUŞU

Kul e'ûzü birabbilfelak. Min şerri mâ halak. Ve min şerri ğâsikin izâ vekab. Ve min şerrinneffâsâti fil'ukad. Ve min şerri hâsidin izâ hased.

MÂNÂSI

De ki: Yaratılmışların şerrinden, karanlık çöktüğü zaman gecenin şerrinden, düğümlere üfleyenlerin şerrinden ve haset edenin, içindeki hasedini dışarıya vurduğu vakit, şerrinden; şafak aydınlığının Rabbine (Allâh'a) sığınırım.

AÇIKLAMA

Felak Suresi, Mekke'de nazil olmuştur. 5 ayettir. Felak, "sabah aydınlığı" manasına geldiği gibi, yarmak —sıkıntıları aşmak— manasına da gelir. Bundan sonra gelen Nâs suresiyle birlikte ikisine "iki koruyucu" anlamına "muhafazateyn" sureleri de denir. Bu surelerin şifa maksadıyla okunduğuna dair hadisler de vardır.

Nas Suresi

OKUNUŞU

Kul e'uzü birabbinnâsi. Melikinnâsi. İlâhinnâs. Min serrilvesvâsilhannâs. Ellezî yüvesvisü fî sudûrinnâsi. Minelcinneti vennâs.

MÂNÂSI

1. De ki: Sığınırım ben insanların Rabbine,

2. İnsanların Malikine (mutlak sahip ve hakimine),

3. İnsanların İlâhına.

4. O sinsi vesvesecinin (Şeytanın) Şerrinden,

5. O ki, insanların göğüslerine (kötü düşünceler) fısıldar.

6. Gerek cinlerden, gerek insanlardan (olan bütün vesvesecilerin şerrinden) Allah'a sığınırım!

AÇIKLAMA
Nas Suresi, Mekke'de nazil olmuştur. 6 ayettir. Nas "İnsanlar" demektir.

Namaz ve Sağlığımız

Müslüman, beş vakit namazı, Allahü Teala emrettiği için kılar. Cenabı Hakkın her emrinde birçok hikmetler vardır. Namaz kılarken yapılması emredilen her hareketin, hem bedene hem de ruha sağladığı sayısız faydalar vardır. Namazın sağlığımız üzerindeki faydalarından bazıları şunlardır:

1. Namazda yapılan hareketler hafif olduğundan kalbi yormaz. Ve Günün değişik saatlerinde kılındığı için insanı devamlı zinde ve dinç tutar.

2. Namaz sebebiyle başını günde seksen defa yere koyan bir kimsenin beynine ritmik olarak kan fazla ulaşır. Bu yüzden beyin hücreleri yeterince beslendiğinden, Namaz kılanlarda hafıza ve şahsiyet bozukluklarına daha az rastlanır. Bu insanlar, daha sağlıklı bir ömür geçirirler. Bugün tıpta "demans senil ve alzaimer" denilen bunama hastalığına yakalanmazlar.

3. Namaz kılanların gözleri, muntazam olarak eğilip doğrulmaktan dolayı, daha kuvvetli kan deveranına malik olur. Bu sebeple göz içi tansiyonunda artma olmaz ve gözün ön kısmındaki sıvını devamlı değişmesi temin edilmiş olur. Gözü "Katarakt" veya "Karasu" hastalığından korur.

4. Namaz kılmaktaki izometrik hareketler, midedeki gıdaların karışmasına, safranın kolay akmasına ve dolayısıyla safra kesesinde birikinti yapmamasına, pankreastaki enzimlerin kolay boşalmasına yardımcı olacağı gibi, kabızlığın giderilmesinde de rolü büyüktür. Böbreğin ve idrar yollarının iyice çalkalanmasından, börekte taş oluşumunun önlenmesinde ve mesanenin boşalmasına da yardımcı olur.

5. Beş vakitte kılınan namazdaki ritmik hareketler, günlük hayatta çalıştırılamayan adale ve eklemleri çalıştırarak artoz ve kireçlenme gibi eklem hastalıklarını ve adale tutulmalarını önler.

6. Vücut sağlığı için temizlik muhakkak lazımdır. Abdest ve gusül, hem maddi hem de manevi bir temizliktir. İşte namaz temizliğin ta kendisidir. Zira hem bedeni hem de ruhi temizlik olmadan namaz olmaz. Abdest ve gusül, bedeni temizliği sağlar. Namaz ibadeti insanı ruhen ve bedenen temizlemiş dinlendirmiş olur.

7. İlm-i tıpça Malumdur ki, Koruyucu hekimlikte, belirli zamanlarda yapılan beden hareketleri çok mühimdir. İşte Namaz vakitleri, bu noktada kan dolaşımını tazelemek ve teneffüsü canlandırmak için en uygun vakitlerdir.

8. Uykuyu tanzim eden en önemli unsur namazdır. Hatta, vücutta biriken statik elektriklenme, secde yapmakla topraklama yapmış olur, yani statik elektrik boşaltılır. Böylece vücut tekrar zindeliğe kavuşur..

Temel İslâmî bilgiler

İKİNCİ BÖLÜM

HZ. PEYGAMBERİN HAYATI

İSLAM TARİHİNDE İLK ABDEST VE NAMAZ İLE HZ. PEYGAMBERİN KISA HAYATI

"**Şüphesiz, seni biz, şâhit, müjdeleyici ve uyarıcı olarak gönderdik**".

(Fetih Sûresi, 8)

İlk vahiy'den sonra, kısa bir süre vahyin arkası kesildi.(57) Bir gün Hz. Peygamber (a.s.) Hira'dan dönerken, bir ses işitti. Başını kaldırıp semâya bakınca, kendisine daha önce Hira'daki mağarada gelen meleği gördü. Korku ve heyecân içinde evine döndü. "Hemen beni örtünüz, beni örtünüz." dedi. Bu esnada Cebrâil, el-Müddessir Sûresinin ilk âyetlerini getirdi.

"**Ey örtüsüne bürünen (peygamber). Kalk, (insanları) azâb ile korkut. Rabb'ının adını yücelt (Namaz'da tekbir getir.) Elbiseni temiz tut. Kötü şeyleri terket.**"

(el-Müddessir Sûresi, 1-5).

İlk vahiy ile Hz. Muhammed (a.s.) "Nebî" olmuş, henüz başkalarına "Hak Dini" tebliğ ile görevlendirilmemişti. Bu ikinci vahiy ile "Risâlet" verildi. Hak Dini tebliğ ile görevlendirildi. Ancak açık dâvet emredilmedi.

1- İSLÂMDA İLK İBÂDET

İslâmda Allah'a imândan sonra ilk farz kılınan ibâdet, namazdır. İkinci vahiy ile el-Müddessir Sûresinin ilk âyetlerinin indirilmesinden sonra, Mekke'nin üst yanında bir vâdide, Cebrail (a.s.), Rasûlullah (a.s.)'e gösterip öğretmek için abdest almış, peşinden Cibril'den gördüğü şekilde Rasûlullah (a.s.) de abdest almıştır.

Sonra Cebrail (a.s.) Hz. Peygamber (s.a.s.)'e namaz kıldırmış ve namaz kılmayı öğretmiştir.(58)

Eve dönünce Rasûlullah (a.s.) abdest almayı ve namaz kılmayı eşi Hz. Hatice'ye öğretmiş, o da abdest almış ve ikisi birlikte cemâatle namaz kılmışlardır.

2- İLK MÜSLÜMANLAR

"İyilik işlemekte önde olanlar, karşılıklarını almakta da önde olanlardır."

(Vâkıa Sûresi, 10)

Hz. Peygamber (s.a.s.)'a ilk imân eden ve O'nunla birlikte ilk defa namaz kılan kişi, eşi Hz. Hatice oldu. Daha sonra evlâtlığı Hârise oğlu Zeyd.(59) ve amcasının oğlu Hz. Ali Müslüman oldular.

a) Hz. Ali'nin İslâm'ı Kabûl Etmesi

Ebû Tâlib, Hz. Muhammed (a.s.)'i, 8 yaşından 25 yaşına kadar evinde barındırmış O'nu öz çocuklarından daha çok sevmişti. Evliliğinden sonra Hz. Muhammed (a.s.), eşi Hz. Hatice'nin evine geçmiş ve maddî bakımdan refâha kavuşmuştu. (60) Ebû Tâlib'in âilesi ise pek kalabalıktı. Peygamberimiz (a.s.) amcasının sıkıntısının biraz azalması için 5 yaşından itibâren Ali'yi yanına almıştı. Bu yüzden Ali, Hz. Peygamber (a.s)'ın yanında kalıyordu.(61)

Hz. Ali, Peygamberimiz (a.s.) ile Hz. Hatice'yi namaz kılarken görünce, bunun ne olduğunu sordu. Peygamber Efendimiz, O'na Müslümanlığı anlattı. O da Müslümanlığı kabûl etti. Bu esnâda Hz. Ali henüz on yaşlarında bir çocuktu.

b) Hz. Ebû Bekir'in Müslüman Olması

Hz. Muhammed (a.s.)'ın yakın ve en samîmi dostu olan Ebû Kuhâfe oğlu Ebû Bekir, Kureyş kabîlesi'nin Teymoğulları kolundandır. Baba ve anne tarafından soyu, Hz. Peygamber (a.s.)'ın soyu ile Mürre'de birleşir.

Hz. Ebû Bekir'in Mekke'de Kureyş arasında büyük bir itibârı vardı. Zengin ve dürüst bir tüccârdı. Aralarındaki güven ve samîmiyet sebebiyle, Peygamberimiz (a.s.) âilesi dışındakilerden ilk olarak Hz. Ebû Bekir'i İslâm'a dâvet etti. Hz. Ebû Bekir bu dâveti tereddütsüz kabûl etti. Esâsen, câhiliyet devrinde bile putlara hiç tapmamış, ağzına bir yudum içki koymamıştı. Hz. Ebû Bekir'in Müslüman olmasıyla, Peygamberimiz (a.s.) büyük bir desteğe kavuştu. Onun gayret ve delâletiyle, Mekke'nin önemli şahsiyetlerinden Affân oğlu Osmân, Avf oğlu Abdurrahman, Ebû Vakkas oğlu Sa'd, Avvâm oğlu Zübeyr, Ubeydullah oğlu Talha da Müslümanlığı kabûl ettiler. Hz. Hatice'den sonra Müslüman olan bu 8 zata "İlk Müslümanlar" (Sabıkûn-i İslâm) denilir.

(57) İlk vahiy ile ikinci vahiy arasında geçen "fetret-i vahy" süresinin ne kadar devâm ettiğine dâir rivâyetler 15 gün ile 3 yıl arasında değişmektedir. (Bkz. Tecrid Tercemesi, 1/11. Hadis No: 4'ün açıklaması) Olayların seyrine göre, 1-2 aydan daha çok olmaması gerekir. 2-3 yıl gibi uzun süre olduğunu söyleyenler, "gizli dâvet" süresi ile "fetret-i vahy"i ayıramamış olmalıdırlar.

(58) İbn Hişâm, 1/260-261; Tecrid Tercemesi, 2/231, (Hadis No: 227'nin açıklaması); Tâhir Olgun, İbâdet Târihi, 28, İstanbul, 1946

(59) Zeyd, Kudâa kabilesindendi. Küçük yaşta esir edilmiş, köle olarak satılmıştı. Hz. Hatice, evliliklerinden sonra O'nu Hz. Muhammed (a.s.)'a hediye etti. Babası Hârise, oğlunu araya araya nihâyet Hz. Peygamber (a.s.)'ın yanında buldu. Hz. Peygamber (s.a.s.) kendisini âzâd ederek babası ile gitmesine izin verdi. Fakat Zeyd, babası ile gitmedi; "babam da sensin, annem

de..." diyerek, Hz. Muhammed (a.s.)'dan ayrılmadı. Hz. Muhammed (s.a.s.)'de onu evlâd edindi. (İbn Hişâm, 1/265), Kur'an-ı Kerîm'de açık olarak adı geçen sahâbî, yalnızca Zeyd'dir. (el-Ahzâb Sûresi, 37) Peygamberimiz (a.s.) onu Ümmü Eymen ile evlendirmiş, bu evlilikten meşhûr komutan "Üsâme" doğmuştur. Zeyd, Hicretin 8'inci yılında Mûte Savaşında şehid olmuştur. (Geniş bilgi için bkz. Tecrid Ter. 4/538 - 540, Hadis No: 644)

(60) Bkz. ed-Duhâ Sûresi, 8

(61) Abbas da aynı maksatla Câfer'i yanına almıştı. (Bkz. İbn Hişâm, 1/263)

" Biz seni ancak âlemlere rahmet olarak gönderdik".

(el-Enbiyâ Sûresi, 107)

1- HZ. MUHAMMED (A.S)'IN ÇOCUKLUK DÖNEMİ

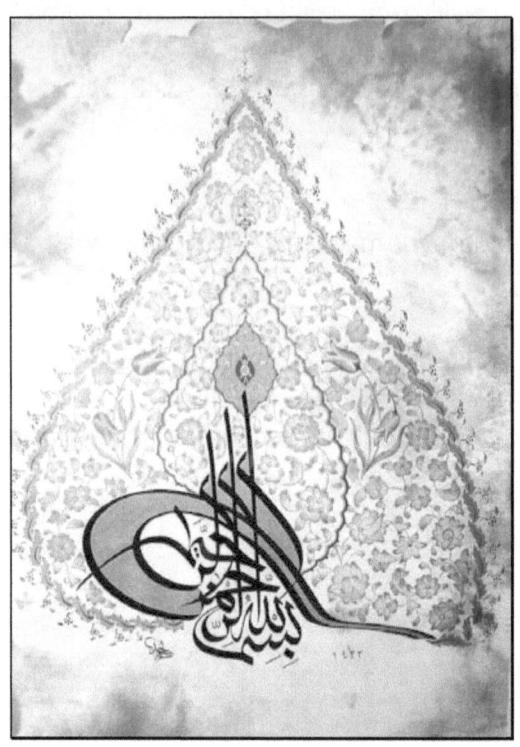

1- DOĞUMU:

Hz. Muhammed (a.s.) Milâddan sonra 571 senesi, Fil Yılı'nda, 12 Rebiülevvel (20 Nisan) pazartesi gecesi sabaha karşı, Mekke'nin doğusunda bulunan "Hâşimoğulları Mahallesi"nde, babasından kendisine mirâs kalan evde doğdu. Arapların takvim başı olarak kullandıkları "Fil Vak'ası", Peygamberimiz (a.s.)'ın doğumundan 52 gün kadar önce olmuştu.(18)

Abdülmuttalib, torununun doğumu şerefine verdiği ziyâfette çocuğun adını soranlara:

"Muhammed adını verdim. Dilerim ki, gökte Hakk, yeryüzünde halk, O'nu hayırla yâdetsinler..." cevâbını verdi. Annesi de "Ahmed" dedi. (Muhammed, üstünlük ve meziyetleri anılarak çok çok övülüp senâ edilen; Ahmed de Cenab-ı Hakk'ı yüce sıfatları ile öven, hamdeden kimse demektir.(19) İslâm târihçileri, Peygamberimiz (a.s.)'ın doğduğu gece bir takım olağanüstü olayların meydana geldiğini naklederler. O gece İran Kisrâsı (Hükümdarı)'nın Medâyin şehrindeki sarayının 14 sütûnu yıkılmış, mecûsîlerin İran'da Istahrâbat şehrinde bin yıldan beri yanmakta olan "ateş"leri sönmüş, Sâve (Taberiyye) gölü yere batmış, bin yıldan beri kurumuş olan Semâve deresi'nin suları taşmış, mecûsîlerin büyük bilgini Mûdibân korkunç bir rüya görmüş, Kâbe'deki putların yüz üstü devrildikleri görülmüştü. Gerçekten O'nun doğması ile bütün dünyada hüküm sürmekte olan cehâlet ve küfür ateşi sönmüş, putperestlik yıkılmış, zulmün baskısı son bulmuştur.

2- SOYU (NESEBİ)

Peygamberimiz Hz.Muhammed (a.s.)'ın babası, Abdülmuttalib'in oğlu Abdullah; annesi ise Vehb'in kızı Âmine'dir. Babası Abdullah, Kureyş Kabîlesinin Hâşimoğulları kolundan, annesi Âmine ise Zühreoğulları kolundandır. Her ikisinin soyu, bir kaç batın yukarıda, "Kilâb"da birleşmektedir. Her ikisi de Mekke'lidir.

Peygamber (a.s.) Efendimiz, Hz.İbrâhim'in büyük oğlu Hz. İsmâil'in neslindendir. Soyu Adnân'a kadar kesintisiz bellidir.(20) Adnân ile Hz.İsmâil arasındaki batınların sayısında neseb bilginleri ihtilâf etmişlerdir.(21)

Peygamber (a.s.) Efendimizin soyu, çok temiz ve çok şerefli bir neseb zinciridir. Bir hadisi şerifte Rasûl-i Ekrem Efendimiz:

"Ben devirden devire, (nesilden nesile, âileden âileye) seçilerek intikal eden Âdemoğulları soylarının en temizinden naklolundum, sonunda içinde bulunduğum 'Hâşimoğulları' âilesinden neş'et ettim", buyurmuştur.(22)

Diğer bir hadisi şerifte bu seçilme işi şöyle anlatılmıştır.

"Allah, Hz İbrâhim'in oğullarından Hz. İsmâil'i, İsmâiloğullarından Kinâneoğullarını, Kinâneoğullarından Kureyşi, Kureyşden Hâşimoğul-larını, Hâşimoğullarından da beni seçmiştir." (23)

Bir başka hadis-i şerifinde de Rasûl-i Ekrem Efendimiz şöyle buyurmuştur:

"Allah beni, dâima helâl babaların sulbünden, temiz anaların rahmine naklederek, sonunda babamla annemden ızhâr etti. Âdem'den, anne-babama gelinceye kadarki nesebim içinde nikâhsız birleşen olmamıştır". (24)

Hz. Muhammed (a.s.)'ın doğumundan iki ay kadar önce babası Abdullah, Suriye seyâhatinden dönerken Yesrib (Medine)'de hastalanarak 25 yaşında vefât etmiş ve orada defnedilmişti. Peygamberimiz (a.s.)'a, babasından mirâs olarak beş deve, bir sürü koyun, doğduğu ev ve künyesi Ümmü Eymen olan Habeşli Bereke adlı bir câriye kalmıştır.(25)

3- HZ. MUHAMMED (A.S.) SÜT ANNE YANINDA

Başlangıçta çocuğu (3 veya 7 gün) annesi Âmine emzirdi.(26) Sütü yetmediği için, daha sonra amcası Ebû Leheb'in azatlı câriyesi Süveybe tarafından emzirildi.(27)

Fakat Hz. Muhammed (a.s.)'ın devamlı süt annesi Hevâzin Kabîlesinin Sa'doğlulları kolundan Halîme oldu.

Mekke'nin havası ağır olduğu için, Mekkeliler yeni doğan çocuklarını çölden gelen süt annelere verirlerdi. Çöl ikliminde çocuklar hem daha gürbüz yetişiyor, hem de bozulmamış (fasih)

Arapça öğreniyorlardı. Hz. Muhammed (a.s.) da bu âdete göre süt annesi Halîme'ye verildi. Halîme, yetim bir çocuğu emzirmenin kârlı bir iş olmayacağı düşüncesiyle, başlangıçta tereddüt göstermişse de, daha sonra bu çocuğun evlerine uğur ve bereket getirdiğini görmüş ve O'nu öz çocuklarından daha çok sevmiştir. Süt kardeşi Şeyma da bakımında annesine yardımcı olmuştur.(28)

Hz. Muhammed (a.s.) süt annesi ve süt kardeşleri ile sonraki yıllarda dâima ilgilenmiştir. Halîme kendisini ziyârete geldiği zaman onu "anacığım" diyerek karşılamış, altına elbisesini yayarak, saygı göstermiştir.(29)

Hz. Muhammed (a.s.) dört yaşına kadar, süt annesinin yanında çölde kaldı. Dört yaşında Halîme çocuğu Mekke'ye götürerek annesine teslim etti. İslâm târihçileri, bu esnada "şakk-ı sadr" (göğüs açma) olayının meydana geldiğini, çocukta görülen bu gibi olağanüstü hallerin Halîme'yi endişelendirdiğini, bu yüzden çocuğu annesine teslime mecbûr kaldığını naklederler.(30)

4- MEDİNE ZİYÂRETİ

Hz. Muhammed (a.s.) dört yaşından altı yaşına kadar, öz annesi Âmine ile kaldı, O'nun şefkat ve ihtimâmı ile yetişip büyüdü. Altı yaşında iken, babasının Medine'de bulunan kabrini ziyâret etmek üzere, annesi ve sadık hizmetçileri Ümmü Eymen'le beraber Medine'ye gittiler. Medine'deki akrabaları Neccâroğullarında bir ay kadar misâfir kaldılar. Dönüşte, Medine'nin 23 mil güneyinde Ebvâ Köyü'nde Âmine hastalandı.(31) Henüz doğmadan babasından yetim kalmış olan Hz. Muhammed (a.s.) altı yaşında iken annesinden de öksüz kalıyordu. Bu acıyı bütün varlığı ile hisseden anne, oğlunu şefkat dolu gözlerle süzdü. Bağrına basıp uzun uzun öptü. Masûm yüzüne bakarak

"Her yeni eskiyecek, her fâni yok olup gidecek,

Ben de öleceğim, fakat buna gam yemem,

Namımı ebedi kılacak hayırlı bir halef bırakıyorum..." anlamına bir şiir söyledi. Bu sözlerden sonra vefât etti.(32)

Annesinin ölümünden sonra çocuğu Ümmü Eymen Mekke'ye götürüp dedesi Abdülmuttalib'e teslim etti.

Altı yaşından sekiz yaşına kadar, çocuğa dedesi Abdülmuttalib baktı. Abdülmuttalib seksen yaşını geçmiş bir ihtiyârdı. Peygamber (a.s.) Efendimiz sekiz yaşında iken dedesi de öldü. Ölürken, on oğlu içinden Hz. Muhammed (a.s.) Efendimizin yetiştirilmesini, öz amcası Ebû Tâlib'e bıraktı.(33/1)

Yıllar sonra, Hicret'in 6'ıncı yılı Hudeybiye Barışı dönüşünde Rasûlullah (a.s.) Efendimiz, annesinin kabrini ziyâret edip, teessürle gözyaşı döktü.

Annemin bana olan şefkatini hatırlayarak ağladım, buyurdu. (33/2)

BİR GECE

Ondört asır evvel, yine böyle bir geceydi,

Kumdan, ayın ondördü bir Öksüz çıkıverdi!

Lâkin, o ne hüsrândı ki: Hissetmedi gözler;

Kaç bin senedir, halbuki bekleşmedelerdi!

Nerden görecekler? Göremezlerdi tabiî

Bir kerre, zuhûr ettiği çöl, en sapa yerdi.

Bir kerre de, mâmûre-i dünyâ, o zamanlar.,

Buhranlar içindeydi, bugünden de beterdi.

Sırtlanları geçmişti beşer yırtıcılıkta;

Dişsiz mi bir insan, onu kardeşleri yerdi!

Fevzâ bütün âfâkına sarmıştı zemînin.

Salgındı, bugün Şark'ı yıkan, tefrika derdi.

Derken büyümüş, kırkına gelmişti ki Öksüz,

Başlarda gezen kanlı ayaklar suya erdi!

Bir nefhada insanlığı kurtardı O Mâsum,

Bir hamlede kayserleri, kisrâları serdi!

Aczin ki, ezilmekti bütün hakkı, dirildi;

Zulmün ki, zevâl aklına gelmezdi, geberdi!

Âlemlere rahmetti, evet, şer-i mübîni,

Şehbâlini, adl isteyenin yurduna gerdi.

Dünya neye sâhipse, O'nun vergisidir hep;

Medyûn O'na cem'iyyeti, medyûn O'na ferdi.

Medyûndur O mâsûm'a bütün bir beşeriyyet...

Yârab, bizi mahşerde bu ikrâr ile haşret.

Mehmed Âkif ERSOY

(18) Siyer ve İslâm Târihi müellifleri, Rasûlüllah (a.s.)'ın doğumunun Rebiülevvel ayında bir pazartesi günü sabaha karşı olduğunda genellikle ittifak etmişlerse de, ayın kaçıncı günü olduğu konusunda birleşememişlerdir.

Rasûlüllah (a.s.) 1 Rebiülevvel 11 H./27 Mayıs 632 M. târihine rastlayan Pazartesi günü öğleden sonra vefât etmiştir. (Bkz. Tecrid Tercemesi,9/298 ve 11/5-6) Sahih hadislerde, Peygamber (a.s.) Efendimiz'in 63 yaşında vefât ettiği belirtilmiştir (Bkz. Tecrid Tercemesi, 9/298, Hadis No. 1442 ve 11/33, Hadis No.1671)

Rasûlüllah (a.s.)'in, Hz. Mâriye'den olan oğlu İbrâhim'in vefât ettiği gün, güneş tutulmuştu. (Bkz. Buhârî, 2/29-30; Tecrid Tercemesi, 3/428, Hadis No. 547) Mısır'lı Muhammed Felekî Paşa, yaptığı hesaplama ve araştırma sonucu, bu tutulma olayının, Milâdî 632 yılının 7 Ocak günü saat 8.30'a rastladığını tesbit etmiştir. Rasûlüllah (a.s.)'ın vefâtı, 1 Rebiülevvel 11 H/27 Mayıs 632 M. Pazartesi günü olduğuna göre, Muhammed Felekî Paşa bu tarihten 63 kamerî yıl geri giderek, Rasûlüllah (a.s.)'ın doğumunun 9 Rebiülevvel/20 Nisan 571 veya 2 Rebiülevvel/13 Nisan 571 pazartesi olması gerektiği sonucuna varmıştır. (Bkz. Asr-ı Saadet 1/191).

(19) Peygamberimizin en meşhûr ve Kur'an-ı Kerîm'de geçen isimleri; "Muhammed" ve "Ahmed"dir. Muhammed (a.s.) ismi Kur'ân-ı Kerîm'de 4 yerde (Âl-i İmrân Sûresi 144, Ahzâb Sûresi 40, Muhammed Sûresi 2 ve Fetih Sûresi 19); Ahmed ismi ise 1 yerde (Saf Sûresi, 6) geçmektedir.

Fetih Sûresinde bu ism-i şerif, ayrıca "Rasûlüllah" olarak vasıflanmıştır. Saf Sûresinin 6. âyetinde ise:

"Meryem oğlu İsâ: Ey İsrâiloğulları! Doğrusu ben, benden önce indirilen Tevrât'ı tasdik edici, benden sonra gelecek ve adı Ahmed olacak bir peygemberi de müjdeleyici olarak, Allah'ın size gönderilmiş bir peygemberiyim demişti..." buyrulmuştur.

Bu ayet-i celilede Hz. İsâ'nın, kendinden sonra "Ahmed" adında bir peygamberin geleceğini müjdelediği bildirilmektedir.

Bugün elimizde, Hz. İsâ'ya indirilen İncil'in orjinal nüshası bulunmayıp, ondan çok sonraki târihlerde kaleme alınmış muharref nüshalar bulunduğundan Hz. İsâ tarafından verilen bu müjdenin aslını bugünkü İncillerde aynen bulmak mümkün olmamaktadır. Ancak Yunanca'dan Türkçe'ye çevrilen Yuhanna İncili'nin 14. babı'nın 26 âyeti şöyledir:

"Baba'dan size göndereceğim "Tesellici", "Babadan çıkan hakikat Ruhu geldiği zaman benim için o şehâdet edecektir."

Burada geçen "Tesellici" kelimesi, İncilin Yunancasında "Faraklit" dir. İncil'in eski Arapça tercemelerinde bu kelime "Hammâd" veya "Hâmid" olarak terceme edilmiştir. Nitekim bir kısım Hıristiyan bilginleri de bu kelimeyi "Hammâd, yani çok hamd eden kimse olarak açıklamışlardır ki aşağı yukarı "Ahmed" anlamındadır.

İncil'deki "Faraklit" kelimesini "Tesellici" diye terceme etmiş de olsalar, Hz. İsâ ile Hz. Muhammed (a.s.) arasında bilinen bir peygamber bulunmadığına ve günümüze kadar da zuhûr etmediğine göre, Hz. İsâ'nın gönderileceğini bildirdiği "Tesellici" veya "Faraklit" Rasûlüllah (a.s.)'dan başka kim olabilir? (Bkz. Tecrid Tercemesi, 9/291-293, Hadis No: 1439 ve izâhı.)

Buhârî'nin Cübeyr b. Mut'ım'den rivâyetine göre, Hz. Peygamber (a.s)'ın eski kutsal kitaplarda, eski ümmetlerce bilinen üç adı daha vardır: Mâhi, Hâşir, Âkıb. Bu konuda şöyle buyurmuştur:

"Bana âit beş yüce isim vardır. Ben Muhammed ve Ahmed'im. Ben Mâhi'yim, ki Allah benim (nübüvvetim)le küfrü izâle edecektir. Ben Hâşir'im ki (kıyamet gününde) insanlar benim ardımdan haşrolunacaklardır. Ben Âkib'im, Çünkü peygamberlerin sonuyum. (Buhârî 4/11;Tecrid Tercemesi, 9/291, Hadis No:

1439; Müslim, 4/1827, Hadis No: 2354. Rasûlüllah (a.s.)'ın diğer isimleri için bkz. Tecrid Tercemesi, 9/291-294 ve 10/43)

(20) Hz. Muhammed (a.s.)'ın Adnân'a kadar kesintisiz bilinen nesebi sırasıyla şöyledir: Abdullah, Abdülmuttalib, Hâşim, Abdümenâf, Kusayy, Kilâb, Mürre, Kâab, Lüey, Galib, Fihr (Kureyş), Mâlik, en-Nadr, Kinâne, Huzeyme, Müdrike, İlyâs, Mudar, Nizâr, Meadd, Adnân, (el-Buhârî, 4/238; İbn Hişâm, 1/1-2)

Annesinin nesebi de şöyledir: Vehb, Abdümenâf, Zühre, Kilâb, Mürre... Görüldüğü üzere her iki tarafın nesebi Kilâb'da birleşmektedir. (İbn Hişam, 1/115)

II- HZ. MUHAMMED (A.S.)'IN GENÇLİK DÖNEMİ

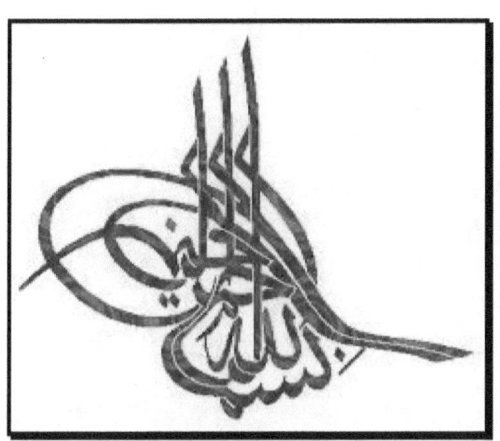

1- EBÛ TÂLİB'İN HİMÂYESİ

Peygamberimizin hayâtının sekiz yaşından yirmibeş yaşına kadar olan dönemine "gençlik devresi" denilir. Bu devrede Rasûlullah (a.s.) amcası Ebû Tâlib'in yanında, onun himâyesi altında bulunmuştur.

Ebû Tâlib, zeki ve âlicenâb bir zâtdı. Zengin olmamakla beraber, asâleti ve âlicenâplığı sebebiyle herkesten saygı görüyordu. Yeğeni Hz. Muhammed'i çok seviyor, hiç yanından ayırmıyordu.

2- SEYÂHATLERİ

a) Şam Seyâhati

Mekke iklimi zirâate elverişli olmadığından, Mekkeliler ticâretle uğraşırlar, çocuklarını da ticârete alıştırırlardı. Ticâret için kervanlarla, yazın Şam'a, kışın Yemen'e seyâhet ederlerdi. Ebû

Tâlip de diğer Mekkeliler gibi kervan ticâreti yapıyordu. Bir defasında Şam'a giderken, Hz. Muhammed (a.s.)'a amcasından ayrılmak zor geldi; kendisini de yanında götürmesini istedi. Ebû Tâlib çok sevdiği yeğenini kırmadı. O'nu da kafileyle beraberinde götürdü. Bu esnâda henüz oniki yaşındaydı.

Şam'ın 90 km. kadar güneyinde Busrâ (Eski Şam) denilen kasabada "Bahîra" adında bir Hıristiyan râhibi vardı. Kasabaya uğrayan kervanlarla hiç ilgilenmediği halde, Hz. Muhammed (a.s.)'ın içinde bulunduğu kervanı karşılayarak bütün kafileye bir ziyâfet verdi. Bahîra okuduğu kutsal kitaplardan edindiği bilgilerle, Hz Muhammed (a.s.)'ın simâsından, O'nun istikbâlini sezmişti. O'nunla konuştu. Sorular sordu. Aldığı cevâplar, kanâatini kuvvetlendirdi. Şam yolculuğunun bu çocuk için tehlikeli olacağını düşündü. Ebû Tâlib'e:

-"Bu çocuk son Peygamber olacaktır. Şam Yahûdîleri içinde O'nun alâmet ve vasıflarını bilen kâhinler vardır. Tanırlarsa, ihânet ve kötülüklerinden korkulur. Bu çocuğu Şam'a götürmeyiniz..."dedi. Bu sözler üzerine Ebû Tâlib Şam'a gitmekten vazgeçti. Alışverişini burada bitirip, geri döndü.(34)

Son Peygamberin geleceği ve O'nun birçok vasıfları Tevrât ve İncil'de bildirilmişti. Bu sebeple, Yahûdî ve Hristiyan bilginleri, O'nun alâmetlerini ve vasıflarını biliyorlardı. Hicretten sonra Müslüman olan Medineli Yahûdi âlimi Abdullah İbn Selâm'ın "Tevrat'ta Hz. Muhammed (a.s.) ve Hz. İsa (a.s.)'ın sıfatları vardır" dediğini, "Kütüb-i Sitte" denilen altı güvenilir hadis kitabından Tirmizi'nin es-Sünen'inde rivâyet edilmiştir."(35)

Gülünç Bir İddiâ

Hz. Muhammed (a.s.)'ın 12 yaşında yaptığı bu seyâhatta râhip Bahîra ile görüşmesini, bazı Hıristiyan yazarlar, Hıristiyanlığın bir zaferi gibi göstermek istemişler, Peygamberimiz (a.s.)'ın bütün dinî esasları bu râhipten öğrendiğini iddia etmişlerdir.

Bu iddia son derece gülünç ve tutarsızdır. Oniki yaşındaki bir çocuğun, İslâm gibi mükemmel bir dinin esaslarını bir kaç saatlik görüşme esnâsında öğrenmesi mümkün değildir. Bu râhip bu esasları bilseydi, kendisi tebliğ ederdi. Eğer burada böyle bir konu konuşulsaydı, kafilenin gözü önünde yapılan bu konuşma ağızdan ağıza yayılırdı. Peygamberliğini ilân ettiği zaman inanmayanlar, "bunlar Bahîra'nın sözleri" demezler miydi? Üstelik İslâmiyet, Hıristiyanların "teslis" (üçlü tanrı sistemi) inancını tamâmen reddetmiş "Tevhid inancını" getirmiştir. Görüldüğü üzere, bu iddia son derece çürük ve çirkin bir iftirâdan başka bir şey değildir.

b) Yemen Seyâhati

Hz. Muhammed (a.s.) 17 yaşında iken de, diğer bir ticâret kafilesi ile amcalarından Zübeyr ve Abbâs'la birlikte Yemen'e gidip gelmiştir.(36)

3- FİCÂR SAVAŞINA KATILMASI

Müslümanlıktan önce (Câhiliyet Döneminde) Araplar arasında iç savaşlar eksik olmazdı. Yalnızca "Eşhür-i hurum" denilen dört ayda savaşmak haram sayılırdı. Bu dört ayda (Zilka'de, Zilhicce, Muharrem, Receb) savaş yapılacak olursa fâcirane sayıldığı için buna "Ficâr Savaşı" denirdi.

Kureyş kabîlesi ile Hevâzin kabîlesi arasında kan davası yüzünden bir savaş başlamış, dört yıl sürmüştü. Savaş, kan dökülmesi haram olan aylarda da devâm ettiği için "Ficâr Savaşı" denildi.

Peygamberimiz (a.s.) yirmi yaşlarında iken bu savaşa amcaları ile birlikte katıldı. Fakat kimseye ok atmamış, kimsenin kanını dökmemiştir. Sâdece karşı taraftan atılan okları toplayıp, amcalarına vermiştir.(37)

4- HILFU'L-FUDÛL CEMİYETİNDE ÜYELİĞİ

Uzun süren Ficâr savaşı esnâsında Mekke'de âsâyiş bozulmuş, can ve mal güvenliği kalmamıştı. Özellikle dışarıdan mal getiren yabancıların malları yağmalanıyordu.

Vâil oğlu Âs, Mekke'ye gelen Yemen'li bir tâcirin bütün malını gasbetmiş, haksız olarak elinden almıştı. Yemen'li, Ebû Kubeys dağına çıkarak uğradığı haksızlığa karşı, bütün kabîleleri yardıma çağırdı. Yemenlinin bu feryâdı üzerine Peygamberimiz (a.s.)'ın amcası Zübeyr, Kureyşin bütün ileri gelenlerini çağırdı. Hâşimoğulları, Zühreoğulları, Esedoğulları, Temimoğulları, Abdüllüzzaoğulları, Zübeyrin dâvetine icâbet ederek, Beni Temîm'den Cüd'ân oğlu Abdullah'ın evinde toplandılar."Mekke'de zulmü önlemeğe yerli-yabancı hiç kimseye karşı haksızlık ettirmemeğe" karar verdiler. Haksızlığa uğrayan kimselere yardım edeceklerine yemin ettiler. Yemenlinin hakkını Âs'tan alıp geri verdiler. Mekke'de âsâyişi yoluna koydular.

Vaktiyle, Cürhümîler zamanında Fadl b. Hâris,, Fudayl b. Vedâa ve Mufaddal b. Fedâle isimlerinde üç kabîle başkanı, kabîleleri ile toplanarak,"Mekke'de zulme meydan vermeyeceğiz, zayıfların hakkını adâlet üzere alacağız..."(38) diye yemin etmişlerdi. Onların bu yeminlerine "Hılfu'l-fudûl" (Fadılllar yemini) denilmişti. Cüd'ân oğlu Abdullah'ın evinde aynı konuda yapılan yemine de bu sebeple "Hılfu'l-fudûl" denildi.

Peygamberimiz (a.s.) 20 yaşında iken bu toplantıda amcaları ile beraber üye olarak bulundu. Bu cemiyetin çalışmalarından son derece memnun kaldığını Peygamberliğinden sonra: "İslâm'da da böyle bir cemiyete cağrılsam, yine icâbet ederim", sözleriyle ifâde etmiştir.(39)

1- TİCÂRET HAYÂTI

Bütün Mekke'liler gibi Hz. Muhammed (a.s.) de amcasıyla birlikte ticâret yapıyordu. Gerek çocukluğunda, gerekse ticâret hayâtında, dürüstlüğü ile tanınmıştı. Sözünde durmadığı, yalan söylediği, başkalarına zarar verecek bir davranışta bulunduğu, bir kimseyi incittiği asla görülmemiş; dürüstlüğü dillere destan olmuştu. Bu yüzden Mekke'liler O'na "el-Emîn" (her konuda güvenilir kişi) diyorlardı. O'nun bu yüksek ahlâkını öğrenen

Kureyşin zengin kadınlarından Hatice, kendisine sermâye vererek ticâret ortaklığı teklif etti. Böylece Peygamber (a.s.) ile Hatice arasında ticâret ortaklığı başladı.

2- HZ. HATİCE İLE EVLENMESİ

Kureyşin Esed oğulları kolundan Huveylid kızı Hatice zeki, dirâyetli, şeref ve asâlet sâhibi, 39-40 yaşlarında zengin ve güzel bir hanımdı. Daha önce iki defa evlenmiş ve dul kalmıştı. Kureyşin ileri gelenlerinden pek çok isteyenler olmuş, fakat hiç biri ile evlenmemişti. Güvendiği kimselere sermâye vererek ticâret ortaklığı yapıyor, böylece servetini artırıyordu. Yüksek ahlâk ve âli-cenâblığı sebebiyle, kendisine Müslümanlıktan önce "Tâhire" denildiği gibi, sonra da "Haticetü'l-Kübra" denilmiştir.

Hz. Hatice bir ticâret kafilesiyle Peygamberimiz (a.s.)'ı Şam'a gönderdi. Kölesi Meysere'yi de hizmetine verdi. Fakat Hz. Peygamber (a.s.) Şam'a kadar gitmedi; malları Busra'da satarak geri döndü. Çünkü Bahîra'nın ölümünden sonra yerine geçen Râhip Nestûra da, Hz. Muhammed (a.s.)'ın Şam'a gitmesini uygun bulmamıştı.(40)

Üç ay kadar sonra, Hz. Muhammed (a.s.) beklenilenin çok üzerinde kazanç elde ederek döndü. Hz. Hatice, bu büyük insanın emniyet, dürüstlük ve gayretine hayran oldu. Daha sonra araya vasıtalar girdi; evlenmeleri kararlaştırıldı. Bu esnâda Hz.Muhammed (a.s.) 25, Hz Hatice ise 40 yaşlarındaydı.(41)

Nikâh, Hatice'nin amcazâdesi, Varaka oğlu Nevfel tarafından Hz. Hatice'nin evinde kıyıldı. Ebû Tâlib ile Varaka birer hitâbede bulunarak, her iki âilenin üstünlük ve meziyetlerini dile getirdiler.(42) Esâsen, Hz. Peygamber (a.s.) ile Hz. Hatice'nin nesebleri Kusayy'da birleşir. Hz. Hatice'ye 20 dişi deve mehir verildi.(43) Nikâhtan sonra develer kesilerek dâvetlilere ziyâfet çekildi.

Evlenmelerinden sonra, Hz. Muhammed (a.s.), Hz. Hatice'nin evine geçti. Örnek ve mutlu bir âile yuvası kurdular. Hz. Hatice, Hz. Muhammed (a.s.)'a derin bir saygı ve sevgi ile bağlıydı. Peygamberliğinden önce olduğu gibi, Peygamberlik devrinde de en büyük yardımcısı oldu. Yüksek ve eşsiz ruhlu bir hanım olduğunu gösterdi.

Peygamberimiz (a.s.)'de ondan son derece memnundu. O devirde çok evlilik âdet olduğu ve birçok teklifler aldığı ve aralarında yaş farkı da bulunduğu halde, onun üzerine evlenmedi; ölümünden sonra da onu hep hayırla andı.

3- HZ. PEYGAMBER (A.S)'IN ÇOCUKLARI

Peygamberimiz (a.s.)'ın Hz. Hatice'den ikisi erkek, dördü kız olmak üzere sırasıyla, Kaasım, Zeyneb, Rukıyye, Ümmü Gülsüm, Fâtıma ve Abdullah adlarında altı çocuğu oldu. Arablarda ilk çocuğun adı ile künyelendirme âdet olduğundan Hz.Peygamber (a.s.)'e de "Ebü'l-Kaasım" denildi. Kaasım ile Abdullah küçük yaşta öldüler. Kızları büyüdüler. Fakat Fâtıma'dan başka hepsi de babalarından önce vefât ettiler. Yalnız Fâtıma, Peygamber (a.s.)'in vefâtından sonra altı ay daha yaşadı.

Rasûl-i Ekrem (a.s), kızlarının en büyüğü Zeyneb'i Ebu'l-Âs ile evlendirdi. Ebü'l Âs, Müslüman olmadığı için, Zeyneb'in hicretine izin vermemişti. Bedir Savaşında esir düştü. Zeyneb'i Medine'ye göndermek şartı ile serbest bırakıldı. Daha sonra Müslüman olarak Medine'ye geldi. Zeyneb'i tekrar aldı.(44)

Rukıyye ile Ümmü Gülsüm'ü, amcası Ebû Leheb'in oğullarından Utbe ve Uteybe ile evlendirmişti. İslâmiyetten sonra Ebû Leheb, Hz. Peygamber (a.s.)'e olan düşmanlığı sebebiyle oğullarına eşlerini boşamaları için baskı yaptı. Onlar boşadıktan sonra, Rasûlullah (a.s.) Rukıyye'yi Hz. Osman'la evlendirdi. Rukıyye'nin ölümünden sonra da Ümmü Gülsüm'ü nikâhladı. Bu yüzden Hz. Osman'a "iki nûr sâhibi" anlamına "Zi'n-nûreyn" denildi.

En küçük kızı Fâtıma'yı ise Hz. Ali ile evlendirdi. Hasan ve Hüseyin, Hz. Fâtıma'nın çocuklarıdır. Rasûl-i Ekrem (a.s.)'ın nesli, Hz. Fâtıma ile devâm etmiştir.

Peygamberimiz (a.s.)'ın Mısırlı eşi Mâriye'den de İbrâhim adlı bir oğlu olmuş, fakat Hicretin 10'uncu yılında henüz iki yaşına girmeden ölmüştür.

4- KÂBE'NİN TÂMİRİNDE HAKEMLİĞİ (605 M.)

Hz. İbrâhim ve Hz. İsmâil tarafından yapılmış olan Kâbe, geçen uzun asırlar içinde yağmur ve sel suları ile harabolmuş, tâmir edilmesi gerekmişti.

Kureyşliler, Kâbe binasını yıkarak, yeniden yapmaya karar verdiler. Yardımlar toplandı, gerekli malzeme temin edildi. Hz. İbrâhim'in yaptığı temele kadar yıkarak, duvarları yeniden örmeğe başladılar. Ancak; "Hacer-i Esved"i yerine koyma sırası gelince anlaşamadılar. Kureyş'in bütün kolları, bu şerefin kendilerine âit olmasını istiyordu. Anlaşmazlık dört gün sürdü, kan dökülmek üzereydi ki,(45) Kureyş'in en ihtiyarı Ebû Ümeyye veya Huzeyfe b. Muğîre"Harem kapısından ilk girecek zâtın hakem yapılarak, onun vereceği karara uyulmasını" teklif etti.(46) Bu teklif kabul edildi. Az sonra kapıdan Hz. Muhammed (a.s) girmişti. Buna o kadar sevindiler ki, "el-Emîn, el-Emîn, O'nun hakemliğine râzıyız..." diye bağrıştılar. Yanlarına gelince, durumu anlattılar.

Hz. Muhammed (a.s.), üzerine Hacer-i Esved-i koyduğu yaygının uçlarını Kureyşin ulularına tutturdu; hep berâber, konulacağı yere kadar taşıdılar. Hz. Peygamber (a.s.) da taşı alıp yerine yerleştirdi. Anlaşmazlığın bu şekilde çözümlenmesi herkesi memnûn etti. Böylece büyük bir felâket önlenmiş oldu.(47)

Bu olay, Hz. Muhammed (a.s.)'in zekâ ve dirâyeti yanında, O'nun Mekkeliler arasındaki sonsuz itibâr ve güvenini de göstermektedir. Bu esnâda Rasûl-i Ekrem (a.s.) 35 yaşında idi.

Kâbe'nin tâmirinde Hz. Peygamber (a.s.) da bizzât çalışmış, taş taşımış, hatta bu yüzden omuzları yara olmuştu. Bir defa, amcası Abbâs'ın sözüne uyarak, taş acıtmasın diye elbisesini omuzuna topladığında vücûdu açılıverince baygın halde yere düşmüştü.

İKİNCİ KISIM

HZ. MUHAMMED (A.S.)'IN PEYGAMBERLİK DEVRİ (610-632)

Hz. Muhammed (a.s.) 40 yaşında Peygamber oldu. 23 yıllık Peygamberlik devresinin 13 yılı Mekke'de, 10 yılı Medine'de geçti. Bu itibârla Peygamberlik devresinin:

a) Nübüvvet'den Hicret'e kadar devâm eden 13 yıllık süresine "Mekke Devri" (610- 622);

b) Hicretten vefâtına kadar olan 10 yıllık süresine de "Medine Devri" (622-632) denir.

BİRİNCİ BÖLÜM

MEKKE DEVRİ

I- HZ. MUHAMMED (A.S.)'IN PEYGAMBER OLUŞU

1- HİRA'DA İNZİVÂ

Eskiden beri Mekke'deki hanîf ve zâhitler, recep ayında inzivâya çekilirlerdi. Her biri, Mekke'nin 3 mil (bir saat) kuzeyinde Hira (Nûr) dağında bir köşeye çekilir, tefekküre dalardı. (49)

40 yaşlarına doğru Hz. Peygamber (a.s.)'ın kalbinde de bir yalnızlık sevgisi belirdi. O da Hira (Nûr) Dağında bir mağaraya çekilip, günlerce orada kalıyor, Cenâb-ı Hakk'ın sonsuz kudret ve azametini düşünerek O'na ibâdet ediyordu. Giderken azığını da berâberinde götürüyor, bitince evine dönüyor, sonra tekrar

gidiyordu. Böylece Cenâb-ı Hakk, O'nu büyük vazifesine hazırlıyordu. Zaman zaman "Sen Allah elçisisin..." diye kulağına sesler geliyor, fakat etrafta hiç bir şey göremiyordu.(50)

Hz. Muhammed (a.s.)'a ilâhi vahyin başlangıcı, sâdık rüyâlar şeklinde oldu. Gördüğü her rüya, olduğu gibi çıkıyordu. (51) Bu hâl, altı ay kadar devam etti.

2-İLK VAHİY

610 yılı Ramazan ayının(52) Kadir Gecesinde,(53) ridâsına bürünüp Hira'daki mağarada düşünmeye dalmış olduğu bir sırada, bir sesin kendisini ismi ile çağırmakta olduğunu duydu. Başını kaldırıp etrafına baktı; kimseyi göremedi. Bu sırada her tarafı ansızın bir nûr kaplamıştı; dayanamayıp bayıldı. Kendisine geldiğinde karşısında vahiy meleği Cebrâil'i gördü. Melek O'na:

-"Oku" Dedi. Hz. Muhammed (a.s.):

-"Ben okuma bilmem", diye cevap verdi. Melek, Hz. Muhammed (a.s.)'ı kucaklayıp güçsüz bırakıncaya kadar sıkdı.

-"Oku" diye emrini tekrarladı. Hz. Muhammed (a.s.) yine:

-"Ben okuma bilmem..." cevâbını verdi. Melek emrini tekrarlayıp üçüncü defa Hz. Peygamber (a.s.)'ı sıktıktan sonra "el-Alak" Sûresi'nin ilk beş âyetini okudu.

"Yaratan Rabb'inin adıyla oku. O, insanı alak'tan (aşılanmış yumurtadan) yarattı. Oku, kalemle (yazmayı) öğreten, insana bilmediğini belleten Rabb'ın sonsuz kerem sahibidir."

(El-Alak Sûresi, 1-5).

Meleğin arkasından Hz. Peygamber (a.s.) da bu âyetleri tekrarladı. Heyecanla mağaradan çıkarak evine geldi. Yolda ilerlerken gökyüzünden bir sesin:

"Ya Muhammed. Sen Allah'ın elçisisin, Ben de Cibril'im (Cebrail)" dediğini duydu. Başını kaldırdığı zaman, Cebrâil'i gördü.(54) Korku içinde evine vardı. Eşi Hz. Hatice'ye:

"Beni örtünüz, çabuk beni örtünüz" dedi. Bir müddet dinlenip heyecânı geçtikten sonra gördüklerini Hz. Hatice'ye anlattı, kendimden korkuyorum, dedi. Hz. Hatice, O'nu şu ölmez sözlerle teselli etti.

"Öyle deme. Allah'a yemin ederim ki, Cenâb-ı Hakk hiç bir vakit seni utandırmaz. Çünkü sen, akrabanı gözetirsin. İşini görmekten âciz kimselerin ağırlıklarını yüklenirsin, Fakire verir, kimsenin kazandıramayacağını kazandırırsın. Misâfiri ağırlarsın. Hak yolunda zuhûr eden olaylarda halka yardım edersin..." (55)

3- VARAKA'NIN SÖZLERİ

Hatice daha sonra Hz. Peygamber (a.s.)'ı amcazâdesi Nevfel oğlu Varaka'ya götürdü. Varaka hanîflerdendi. Tevrât ve İncil'i okumuş, İbrânî dilini ve eski dinleri bilen bir ihtiyardı. Varaka Peygamberimiz (a.s.)'ı dinledikten sonra:

-"Müjde sana yâ Muhammed, Allah'a yemin ederim ki sen Hz. İsâ'nın haber verdiği son Peygambersin. Gördüğün melek, senden önce Cenâb-ı Hakk'ın Musâ'ya göndermiş olduğu Cebrail'dir. Keşke genç olsaydım da, kavmin seni yurdundan çıkaracağı günlerde sana yardımcı olabilseydim... Hiç bir Peygamber yoktur ki, kavmi tarafından düşmanlığa uğramasın, eziyet görmesin..." (56) dedi. Aradan çok geçmeden Varaka öldü.

3- AÇIK DÂVETİN BAŞLAMASI (613-614 M)

Peygamber (a.s.) Efendimiz ilk üç yıl halkı gizlice İslâm'a dâvet etti. Yalnızca çok güvendiği kimselere İslâm'ı açıkladı. (62) Başta Hz. Ebû Bekir olmak üzere, Hak dini kabul etmiş olanlar da, el altından güvendikleri arkadaşlarını teşvik ediyorlardı. Bu üç yıl içinde Müslümanların sayısı ancak 30'a çıkabildi.(63) Bunlar ibâdetlerini evlerinde gizlice yapıyorlardı.

Peygamberliğin dördüncü yılında (614 M.) inen: "Sana emrolunan şeyi açıkca ortaya koy, müşriklere aldırma". (el-Hicr Sûresi, 94) anlamındaki âyet-i celile ile İslâm'ı açıktan tebliğ etmesi emrolundu. Bunun üzerine Rasûl-i Ekrem (a.s.) halkı açıktan açığa İslâm'a dâvete başladı.

Harem-i Şerif'e gidip kendisine inen âyetleri açıktan okuyordu:

"Ey insanlar şüphesiz ben, göklerin ve yerin mülk (ve hâkimiyetine) sâhip ve kendinden başka hiç bir tanrı olmayan, dirilten ve öldüren Allah'ın sizin hepinize gönderdiği Peygamberiyim. O halde Allah'a, ümmî nebiy olan Rasûlune-ki O'da Allah'a ve O'nun sözlerine inanmıştır,- imân edin, O'na uyun ki doğru yolu bulmuş olasınız..."

(el-A'raf Sûresi, 158)

diyerek onları İslâm'a dâvet ediyordu. Açık dâvetin başlamasından sonra, halkla daha kolay temas edebilmek için Rasûlullah (a.s.), kendi evinden, Safâ ile Merve arasında işlek bir yerde bulunan "Erkam"ın evine taşındı. Birçok kimse bu evde İslâm'la şereflendiği için bu eve "Dâr-ül İslâm" denildi. (64/1)

4- YAKIN AKRABASINI İSLÂM'A DÂVETİ

"Önce en yakın akrabanı (Allah'ın azâbıyla) korkut" (Şuarâ Sûresi, 214) anlamındaki âyet-i celîle inince Rasûl-i Ekrem (a.s.), Safâ Tepesi'ne çıkarak:

"Ey Abdülmuttaliboğulları, Ey Fihroğulları, Ey Abdimenâfoğulları, Ey Zühreoğulları..." diyerek bütün akrabasına oymak oymak seslendi. Hepsi toplandıktan sonra:

-"Ey Kureyş cemâati, size "şu dağın eteğinde veya şu vâdide düşman süvârisi var. Üzerinize baskın yapacak desem, bana inanır mısınız?" diye sordu. Hepsi bir ağızdan:

-"Evet, inanırız, çünkü şimdiye kadar senden hiç yalan duymadık, sen yalan söylemezsin..." dediler. O zaman Rasûlullah (a.s.):

-"O halde ben size, önümüzde şiddetli bir azâb günü bulunduğunu, Alah'a inanıp, O'na kulluk etmeyenlerin bu büyüyk azâba uğrayacaklarını haber veriyorum... Yemin ederim ki, Allah'tan başka ibâdete lâyık tanrı yoktur. Ben de Allah'ın size ve bütün insanlara gönderdiği Peygamberiyim...(Rasûl-i Ekrem her bir oymağa ayrı ayrı hitâb ederek) Allah'tan kendinizi ibâdet karşılığında satın alarak, azâbından kurtarınız. Bu azâbtan kurtulmanız için, ben Allah tarafından verilmiş hiç bir nüfûza sâhip değilim..."(64/2)

-"Ey Kureyş Cemâati! Siz uykuya dalar gibi öleceksiniz. Uykudan uyanır gibi dirileceksiniz. Kabirden kalkıp Allah divânına varınca, muhakkak dünyadaki bütün yaptıklarınızdan hesâba çekileceksiniz. İyiliklerinizin mükâfâtını, kötülüklerinizin de cezâsını göreceksiniz. "O Mükâfât ebedi Cennet, cezâ da Cehennem'e girmektir..." (65) diyerek sözlerini bitirdi.

Peygamberimiz (a.s.)'ın bu sözleri, umumi bir muhâlefetle karşılanmadı. Yalnızca Ebû Leheb:

-"Helâk olasıca, bizi bunun için mi çağırdın?" sözleriyle Rasûlullah (a.s.)'ın gönlünü kırdı. Bunun üzerine onun hakkında:

"Ebû Leheb'in iki elleri kurusun, yok olsun. O'na ne malı ne de kazandığı fayda verdi. Alevli bir ateşe yaslanacaktır O. Boynunda bükülmüş bir ip olduğu halde, karısı da odun hammalı olarak." (Leheb Sûresi, 1-5) meâlindeki sûre-i celîle nâzil oldu.(66)

İslâm'ın Mekke'de yayılmaya başlaması ile Mekke halkı iki kısma ayrıldı:

I) Müslümanlar,

2) Müslümanlığı kabûl etmeyen müşrikler.

Müşriklerin, Müslümanlara karşı davranışları da, sırasıyla beş safha geçirdi:

1- Alay,

2- hakaret,

3- işkence,

4- ilişkileri kesme (boykot),

5- memleketten çıkarma ve öldürme (şiddet politikası).

1- ALAY VE HAKARET DÖNEMİ

Kureyşliler başlangıçta Hz. Muhammed (a.s)'ın Peygamberliğini önemsememiş göründüler. İmân etmemekle beraber, putlar aleyhine söz söylemedikçe, Hz. Peygamber (a.s.)'ın dâvetine ses çıkarmadılar. Yalnızca, Rasûlullah (a.s.)'ı gördüklerinde, "İşte gökten kendisine haber geldiğini iddia eden..." diyerek eğlendiler. Müslümanları alaya alıp küçümsediler. Böylece "alay devri" başlamış oldu.

Kurân-ı Kerîm, onların bu tutumlarını bize bildirmektedir.

"Suçlular, şüphesiz mü'minlere gülerlerdi. Yanlarından geçtiklerinde, birbirlerine göz kırpıp, kaş işâretiyle istihzâ ederlerdi. Arkadaşlarına döndüklerinde, eğlenerek (neş'e içinde) dönerlerdi. Mü'minleri gördüklerinde, "bunlar gerçekten sapık kimseler" derlerdi.

(el-Mutaffifîn Sûresi, 29-32)

Putlarla ilgili, "Siz de; Allah'ı bırakıp tapmakta olduklarınız (putlar) da, hiç şüphesiz Cehennem odunusunuz..." (el-Enbiya Sûresi, 98) anlamındaki âyet-i kerîme inince, müşrikler son derece kızdılar. Artık Müslümanlara düşman olup, hakaret ettiler. Böylece, "hakaret devri" başladı.

Kureyş'in puta tapıcılıkta yararı vardı. Mekke puta tapıcıların merkezi durumundaydı. Kâbe ve civârındaki putları ziyâret için gelenlerle Mekke hergün dolup taşıyor, bu yüzden Kureyş, hem para, hem itibâr kazanıyordu. Mekke'de Müslümanlık yayılırsa bütün bu menfaatler elden gittiği gibi, diğer kabîleler Kureyş'e düşman olabilirlerdi. Üstelik Müslümanlık herkesi eşit sayıyor, soy-sop, asâlet, zenginlik-fâkirlik farkı gözetmiyordu. Bu yüzden Kureyş ileri gelenleri Müslümanlığı kendi çıkarları için tehlikeli gördüler. Müslümanlığın yayılmasını önlemek ve ortadan kaldırmak için her çâreye başvurdular.

2- İŞKENCE DÖNEMİ

a) Kureyş'in Ebû Tâlib'e Başvurması:

Kureyş'in ileri gelenlerinden Utbe b. Rabia, Şeybe b. Rabia, Ebû Cehil, Ebû Süfyan, Velîd b. Muğıra, Âs b. Vâil ve Âs b.

Hişâm'dan oluşan bir hey'et Hâşimoğullarının reisi Ebû Tâlib'e gelerek:

"Kardeşinin oğlu ilâhlarımıza hakaret ediyor, dinimizi yeriyor, bizi aptal, dedelerimizi sapık gösteriyor. Ya O bu işten vazgeçsin, yahut sen himâyeden vazgeç de, biz hakkından gelelim..." dediler. Ebû Tâlib onları tatlılıkla savdı.(67) Hz. Peygamber (a.s.)'ın eskisi gibi görevine devam ettiğini görünce yeniden Ebû Tâlib'e geldiler.

"Artık sabır ve tahammülümüz kalmadı. Ne olacaksa olsun, iki taraftan biri yok olsun, diğeri kurtulsun..." diye tehdit ettiler. Ebû Tâlib durumun nâzik olduğunu gördü. Bütün Kureyş'e karşı koyamazdı. Yeğeni Hz. Muhammed (a.s.)'a durumu anlatarak:

-"Bak oğlum, akraba arasında düşmanlık sokmak iyi olmaz. Sen yine dinine göre hareket et, ama onların putlarını aşağılama, onlara sapık deme. Kendini de, beni de koru, bana gücümün üstünde yük yükleme..." dedi. Hz. Peygamber (a.s.) üzüldü. Artık amcası da kendisini koruyamayacaktı. Müslümanlar henüz sayıca az ve zayıftı. Mübârek gözleri yaşlarla dolarak:

-"Ey amca, Allah'a yemin ederim ki, onlar sağ elime Güneş'i, sol elime de Ay'ı koysalar, ben yine görevimi bırakmam..." diyerek ayrılmak üzere yerinden kalktı. Yeğeninin gücenmesine dayanamayan Ebû Tâlib:

-"Ey kardeşimin oğlu, istediğini söyle, yemin ederim ki, seni hiç bir zaman, hiç bir şey karşısında himâyesiz bırakacak değilim." dedi.(68) Daha sonra Ebû Tâlib, Hâşimoğullarını toplayarak durumu anlattı ve Kureyş'e karşı âile şerefi adına Hz. Peygamber (a.s.)'ın korunmasını istedi. Ebû Leheb'den başka bütün âile fertleri, Müslüman olsun, olmasın, bu teklifi kabûl ettiler.(69)

b) Kureyş'in Hz.Peygamber (a.s)'a Başvurması

Ebû Tâlib'e yaptıkları mürâcaatlardan bir sonuç alamayınca Kureyş uluları bizzât, Hz. Peygember (a.s.)'a geldiler:

-"Yâ Muhammed! Sen soy ve şeref yönünden hepimizden üstünsün. Fakat Araplar arasında, şimdiye kadar hiç kimsenin yapmadığını yaptın; aramıza ayrılık soktun, bizi birbirimize düşürdün. Eğer maksadın zengin olmaksa, seni kabîlemizin en zengini yapalım. Reislik istersen, başkan seçelim. Evlenmek düşünüyorsan, Kureyş'in en asil ve en güzel kadınları ile evlendirelim. Eğer cinlerin kötülüğüne kapılmışsan, seni tedâvî ettirelim. İstediğin her fedakârlığa katlanalım. Bu davâ'dan vazgeç, düzenimizi bozma..." dediler. Rasûlullah (a.s.):

-"Söylediklerinizden hiç biri bende yok. Beni Rabbıım size Peygamber gönderdi, bana kitâp indirdi. Cenâb-ı Hakk'ın emirlerini size tebliğ ediyorum. İmân ederseniz, dünya ve âhirette mutlu olursunuz. İnkâr ederseniz, Cenâb-ı Hak aramızda hükmedinceye kadar sabredip bekleyeceğim. Putlara tapmaktan vazgeçip, yalnızca Allah'a ibadet ediniz...." diye cevâp verdi. (70)

- "Bizim 360 tane putumuz Mekke'yi idâre edemezken bir tek Allah dünyayı nasıl idâre eder..." diyerek gittiler.(71)

"O kâfirler, içlerinden bir uyarıcının (Peygamberin) geldiğine şaştılar. 'Bu yalancı bir sihirbâzdır' dediler. O (Peygamber) bütün ilâhları tek bir Tanrı mı yapmış? Bu cidden şaşılacak birşey... dediler". (Sa'd Sûresi, 4-5).

c) İlk Müslümanların Gördükleri Eza ve Cefalar

Müşrikler, Ebû Tâlib ve Hz. Peygamberle yaptıkları görüşmelerden netice alamayınca Müslümanlara ezâ ve işkenceye başladılar.(72)

Hz. Ebû Bekir, Hz. Osman gibi kuvvetli ve itibârlı bir âileye mensup olanlara pek ilişemiyorlardı. Fakat kimsesiz, fakir Müslümanlara, özellikle köle ve câriyelere cihân târihinde eşine rastlanmayan vahşet derecesinde işkenceler yapıyorlardı. Ebû Füheyke, Habbâb, Bilâl, Suhayb, Ammâr, Yâsir ve Sümeyye bunlardandı.

Safvân b. Ümeyye'nin kölesi olan Ebû Füheyke, efendisi tarafından her gün ayağına ip bağlanarak, kızgın çakıl ve kumlar üzerinde sürükletilirdi.

Demirci olan Habbâb, kor hâlindeki kömürlerin üzerine yatırılmış; kömürler sönüp kararıncaya kadar, göğsüne bastırılarak kıvrandırılmıştı.

Ammâr'ın babası Yâsir, bacaklarından iki ayrı deveye bağlanıp, develer ters yönlere sürülerek parçalanmış, kocasının bu şekilde vahşice öldürülmesine dayanamayıp müşriklere karşı söz söyleyen Sümeyye, Ebû Cehil'in attığı bir ok darbesiyle öldürülmüştü.(73)

Halef oğlu Ümeyye, kölesi Habeşli Bilâl'i hergün çırılçıplak kızgın kumlar üzerine yatırır, göğsüne kocaman bir taş koyarak güneşin altında saatlerce bırakır; Hz. Peygamber (a.s.)'a küfretmesi, Müslümanlığı terk etmesi için ezâ ederdi. Bir gün, ellerini ayaklarını sımsıkı bağlayarak boynuna bir ip geçirmiş, sokak çocuklarının eline vererek çıplak vücûdunu kızgın kumlar üzerinde Mekke sokaklarında sürütmüştü. Sırtı yüzülüp kanlar içinde kalan Bilâl, bu durumda yarı baygın halde bile "Ehad, Ehad" (Allah bir, Allah bir) diyordu.(74)

Anne ve babası vahşice öldürülen Ammâr, gördüğü işkencelere dayanamamış, müşriklerin istedikleri sözleri söylemişti. Ellerinden kurtulunca, ağlayarak Hz. Peygamber (a.s.)'a durumu anlatmış, Rasûlullah (a.s.) da: "Sana tekrar eziyet ederlerse; kurtulmak için yine öyle söyle" demişti."(75)

Hz. Ebû Bekir, müşrik sâhiplerinin işkencelerinden kurtarmak için, yedi tane Müslüman köle ve câriyeyi büyük bedeller ödeyerek satın alıp âzâd etmişti. Rasûlullah (a.s.)'ın müezzini Bilâl bunlardandı.(76)

Hâşimîlerden çekindikleri ve Ebû Tâlib'in himayesinde olduğu için önceleri Rasûlullah (a.s.)'ın şahsına dokunamıyorlardı. Zamanla "mecnûn, falcı, şâir sihirbaz" gibi sözler söylemeğe başladılar. En sonunda fırsat buldukça O'na da hakaret, işkence ve her türlü kötülüğü yapmaktan çekinmediler. Geçeceği yollara dikenler döküyorlar, üzerine pis şeyler atıyorlar, kapısına kan ve pislik sürüyorlar, evinin önüne pislik atıyolardı. Bir defa Harem-i Şerifte namaz kılarken "Ukbe b. Ebî Muayt" saldırıp boğmak istemiş, Hz. Ebû Bekir kurtarmıştı (77) Başka bir zaman, Kâbe'nin yanında namaz kılarken, Ukbe b. Ebî Muayt Ebû Cehil'in teşvikiyle yeni kesilmiş bir devenin iç organlarını, secdeye vardığında üzerine atmış; kızı Fâtıma yetişip üzerindeki pislikleri temizledikten sonra, başını secdeden kaldırabilmişti.(78) Müşriklerin kötülükleri giderek dayanılmaz bir duruma gelmiş. Müslümanlar Mekke'de barınamaz hâle gelmişlerdi.

[3- HABEŞİSTAN'A HİCRET]

"**Zulme uğradıktan sonra, Allah yolunda hicret edenleri, and olsun ki, dünyada güzel bir yerde yerleştiririz. Âhiret ecri ise daha büyüktür.**"

(en-Nahl Sûresi, 41)

a) Habeşistan'a İlk Hicret Edenler (615 M.)

Müşriklerin ezâları dayanılmaz bir hal almıştı. Müslümanlar serbestçe ibâdet edemiyorlardı. Bu sebeple Rasûlullah (a.s.) Müslümanların Habeşistan'a hicret etmelerine izin verdi.

Müslümanlar Habeşistan'a iki defa hicret ettiler. İlk defa 12'si erkek, 4'ü kadın 16 kişi Mekke Devri'nin (Peygamberliğin) 5'inci yılında (615 M.) Recep ayında Mekke'den gizlice ayrılarak Kızıldeniz kıyısında birleştiler. Başlarında bir reisleri yoktu. Buradan kiraladıkları bir gemi ile Habeşistan'a geçtiler. İçlerinde, Hz. Osman, eşi Rukiyye, Zübeyr b. Avvâm, Abdurrahman b. Avf ve Abdulllah b. Mes'ûd gibi muhterem zâtlar da vardı.(79)

b) İkinci Habeşistan Hicreti (616 M.)

İlk hicret edenler Habeşistan'da iken inen "en-Necm Sûresi"ni Hz. Peygamber (a.s.) Hârem-i Şerifte müşriklere okudu. Bitince, sûrenin sonunda "secde âyeti" bulunduğu için, Allah'a secde etti. Bu sûrenin 19 ve 20'inci âyetlerinde müşriklerin putlarından "Lât, Uzza ve Menât'ın" isimleri de geçtiğinden müşrikler de Hz. Peygamber (a.s.)'la birlikte putları için secde etmişlerdi. Bu olay, "Mekkeliler toptan Müslüman oldu" diye bir şâyianın çıkmasına sebep olmuş, bu asılsız şâyia tâ Habeşistan'da duyulmuş, bu yüzden hicret eden Müslümanlar da, Habeşistan'da üç ay kaldıktan sonra dönmüşlerdi.(80) Müslümanlar, Habeşistan'dan döndüklerine pişman oldular. Çünkü müşrikler zulüm ve işkencelerini daha da artırmışlardı. Bu sebeple Müslümanlar, Mekke Devri'nin 7'inci yılında (616 M.) 77'si erkek, 13'ü kadın olmak üzere 90 kişi 2'inci defa Habeşistan'a hicret ettiler. Bu ikinci hicrette kafile başkanı Hz. Ali'nin ağabeyi Câfer Tayyar'dı.(81)

c) Kureyş Elçileri İle Câfer Arasında Geçen Münâzara

Müslümanların Habeşistan'a hicreti, müşrikleri endişelendirdi. Müslümanlığın etrâfa yayılmasından korktular. Hicret eden Müslümanların kendilerine teslim edilmesi için Habeşistan Necâşi'si (82) Ashame'ye kıymetli hediyelerle Amr b. Âs ile Abdullah b. Ebî Rabia'yı elçi olarak gönderdiler.(83) Necâşi Müslümanlarla Kureyş elçilerini huzurunda karşılaştırdı. Müslümanlara:

-"Kureyşliler elçi göndermişler, sizi geri istiyorlar, ne dersiniz" diye sordu. Müslümanların reisi Câfer ayağa kalkarak:

-"Ey hükümdar, sorunuz onlara, biz onların kölesi miyiz?"

Kureyş delegeleri adına Âs oğlu Amr (Amr b. Âs) cevâp veriyordu:

-Hayır, hepsi hürdür.

-Onlara borcumuz mu var?

-Hayır, hiç birinde alacağımız yok.

-Kısas edilmemiz için, onlardan öldürdüğümüz kimse var mı?

-Öyle bir isteğimiz yok.

-O halde bizden ne istiyorlar?

Amr cevap verdi:

-"Bunlar atalarımızın dininden çıktılar, ilâhlarımıza hakaret ettiler, gençlerin inançlarını bozdular, aramıza ayrılık soktular."

Bu iddialara karşı Câfer:

-"Ey hükümdar, biz câhil bir kavimdik. Taştan, ağaçtan yaptığımız putlara tapıyorduk. Kız çocuklarımızı diri diri toprağa gömüyor, ölmüş hayvanların leşlerini yiyorduk. İçki, kumar, fuhuş ve hertürlü ahlâksızlığı yapıyorduk. Hak hukuk tanımıyorduk. Kuvvetliler zayıfları eziyor, zenginler fakirlerin sırtından geçiniyordu.

Cenâb-ı Hakk bizim hidâyetimizi diledi. İçimizden soyu-sopu, asâleti, ahlâk, fazilet ve dürüstlüğü hakkında kimsenin kötü söz edemeyeceği bir Peygamber gönderdi. O bizi puta tapma zilletinden kurtardı. Tek, Allah'ı tanıttı. Yalnız O'na kulluğa çağırdı. Bütün ahlâksızlıklardan uzaklaştırdı. Doğru söylemeği, emâneti gözetmeyi, akrabalık haklarına riâyeti, komşularla hoş geçinmeyi öğretti. Yalan söylemeği, yetim malı yemeği, haksızlık etmeği yasakladı.

Biz O'na inandık. O'nun gösterdiği Hak Dini kabûl ettik. Bu yüzden kavmimizin hakaret ve işkencelerine uğradık. Fakat dinimizden dönmedik. Dayanamaz hâle gelince onlardan kaçıp, sizin himâyenize sığındık..." dedi. Kur'ân-ı Kerim'den âyetler okuyarak herkesi heyacâna getirip ağlattı.(84) Hz. İsâ ve Meryem'le ilgili olarak:

"Meryem çocuğu alıp kavmine getirdi. Onlar: Meryem, utanılacak bir şey yaptın. Ey Harûn'un kızkardeşi, baban kötü bir kimse değildi, annen de iffetsiz değildi... dediler. Meryem çocuğu gösterdi: Biz beşikteki çocukla nasıl konuşabiliriz... dediler. Çocuk: Ben şüphesiz Allah'ın kuluyum, bana kitap verdi ve beni Peygamber yaptı. Nerede olursam olayım, beni mübârek kıldı. Yaşadığım müddetçe namaz kılmamı, zekât vermemi ve anneme iyi davranmamı emretti, beni bedbaht bir zorba kılmadı. Doğduğum günde, öleceğim günde ve dirileceğim günde bana selâm olsun.. dedi".

İşte hakkında şüpheye düştükleri Meryem oğlu İsâ gerçek söze göre budur." (Meryem Sûresi, 27, 34)

Bu âyetleri dinleyen Habeş hükümdarı:

-"Allah'a yemin ederim ki, bu sözler Hz. İsâ'ya gelen sözlerle aynı kaynaktan," dedi ve Kureyş elçilerinin teklifini reddetti.(85)

Ertesi gün, Amr Necâşi'nin huzuruna çıkarak:

-"Onlar Hz. İsâ hakkında yakışıksız sözler söylüyorlar", diyerek hükümdarı tahrik etmek istedi. Çünkü Habeş Necâşisi Ashame Hıristiyandı.

Bu idiaya karşı Câfer:

-"Biz, Hz. İsâ hakkında Cenâb-ı Hak Kur'ân'da ne bildirmişse ancak onu söyleriz" dedi ve sonra şu anlamdaki âyeti okudu.

"Meryem oğlu İsâ Mesih, Allah'ın Peygamberi, Meryem'e ulaştırdığı kelimesidir. O, Allah tarafından bir rûhdur..."

(en-Nisâ Sûresi, 171)

Bunun üzerine Necâşi yerden bir çöp alıp göstererek:

"-Hz. İsâ'nın dedikleri ile sizin söylediklerinizi arasında şu çöp kadar bile fark yok. Sizi ve Peygamberinizi tebrik ederim. Şehâdet ederim ki, O zât, hak Peygamberdir. O'nu Hz İsâ müjdelemişti..." dedi. Sonra, Kureyş elçilerine:

"-Peygamberlerini yalanlayan kavmin hediyesi bana lâzım değil," diyerek getirdikleri hediyeleri geri verdi.(86)

Habeşistan'da Müslümanlar güven içinde kaldılar. Bunlardan bir kısmı, Müslümanlar Medine'ye hicret edince Medine'ye gittiler (622 M.). Bir kısmı Hudeybiye barışına kadar orada kaldılar. (628 M.) Câfer'in başkanlığında son 16 kişilik kafile ise Hayber'in fethi esnâsında Medine'ye döndü. (628 M.)

[IV- HÜZÜN YILI (Nübüvvet'in 10.Yılı)]

4- HZ. HAMZA VE HZ. ÖMER'İN MÜSLÜMAN OLMALARI

a) Hz. Hamza'nın Müslüman Olması

Hamza, Peygamberimizin amcalarındandır. Süveybe'den O da emdiği için, Rasûlullah (a.s.) ile süt kardeştir. Mekke Devri'nin 6'ıncı (616 M.) yılında Müslüman olmuştur.

Peygamberimiz bir gün "Safâ" tepesinde otururken yanından Ebû Cehil geçti. Rasûlullah (a.s.)'a çirkin sözlerle hakarette bulundu. Peygamberimiz hiç bir karşılık vermedi.

Hamza o gün ava gitmişti. Dönüşünde, bir câriye, olayı Hamza'ya anlattı. Hamza henüz Müslüman olmamıştı. Yeğenine hakaret edilmesine dayanamadı, silahını çıkarmadan, derhal Kureyşin toplantı yerine gitti. "Kardeşimin oğluna hakaret eden sen misin?" diyerek yayı ile Ebû Cehil'in kafasına vurup yaraladı. Ebû Cehil, "Hamza Müslüman oluverir" korkusu ile ses çıkarmadı. (87) Ebû Cehil'den, Peygamberimize yaptığı hakaretin öcünü alan Hamza, Rasûlullah (a.s.)'a giderek O'nu teselli etmek istedi.

Rasûlullah (a.s.)'ın ancak imân etmesi ile memnûn olacağını söylemesi üzerine, şehâdet getirip Müslüman oldu.(88)

Hz. Hamza son derece cesûr, kuvvetli, gözünü budaktan sakınmaz bir kişiydi. Kendisinden üç gün sonra da Ömer Müslüman oldu. Bu ikisinin Müslüman olmalarıyla, Müslümanlar büyük destek buldular.

b) Hz. Ömer'in Müslüman Olması

Hz. Hamza'nın İslâm'ı kabûlü, Müslümanları sevindirmiş fakat müşrikleri telaşlandırmıştı. Kureyş ileri gelenleri "Dârü'n-Nedve" de toplandılar. "Bunlar gittikce çoğalıp kuvvetleniyorlar, çabuk çâresine bakmazsak, ileride önünü alamayacağımız tehlikeler doğar... Buna kesin çâre bulmalayız" dediler. Çeşitli teklifler ortaya atıldı. Ebû Cehil:

"-Muhammed (a.s.)'ı öldürmekten başka çıkar yol yok. Bu işi yapana şu kadar deve ve altın verelim," deyince Ömer ayağa kalktı:

"-Bu işi ancak Hattâb oğlu yapar"? dedi. Ömer alkışlar arasında yola çıktı. Silahlarını kuşanıp giderken yolda Abdullah oğlu Nuaym'e rastladı. Nuaym:

"-Nereye böyle ya Ömer"? diye sordu. Ömer:

"-Araplar arasına ayrılık sokan Muhammed'in vücûdunu ortadan kaldırmağa"... diye cevâp verdi.

"-Ya Ömer, sen çok zor bir işe kalkışmışsın. Müslümanlar Muhammed (a.s.)'ın etrafında pervane gibi dönüyor, seni O'na yaklaştırmazlar. Yapabildiğini kabûl etsek, Hâşimoğulları seni yaşatmazlar"... dedi. Ömer bu sözlere kızdı.

"-Yoksa sen de mi onlardansın"? diye çıkıştı. Nuaym:

"-Sen benden önce kendi yakınlarına bak. Enişten Saîd ile kız kardeşin Fâtıma Müslüman oldular," dedi.

Ömer buna hiç ihtimâl vermedi. Fakat içine düşen şüpheyi gidermek için, yolunu değiştirip doğru eniştesi Saîd b. Zeyd'in evine vardı. Bu esnâda içeride Kur'ân-ı Kerîm okunuyordu. Ömer, kapı önünde okunanları işitti. Kapıyı kırarcasına vurdu.

İçerdekiler Ömer'i görünce telaşlandılar. Ömer'in İslâm'a olan düşmanlığını biliyorlardı. Hemen Kur'ân sahifesini sakladılar ve kapıyı açtılar. Ömer:

-"Nedir o okuduğunuz şey"? diye bağırdı. Eniştesi:

-"Bir şey yok", diye cevap verdi. Ömer:

-"İşittiklerim doğruymuş" diyerek, hiddetle eniştesinin üzerine atıldı. Araya giren kız kardeşinin, bir tokatla yüzünü kan içinde bıraktı. Canı yanan kızkardeşi Fâtıma:

-"Ya Ömer, Allah'tan kork. Ben ve eşim Müslüman olduk, bundan gurur duyuyoruz ve senden korkmuyoruz. Öldürsen de dinimizden dönmeyiz"... dedi ve şehâdet getirdi. Yüzü kan içindeki kız kardeşinin bu hâli ve sözleri Ömer'i sarstı, kalbinde bir yumuşama başladı, âdeta yaptıklarına pişmandı. Olduğu yere oturdu:

-"Hele şu okuduğunuz şeyi getirin, göreyim", dedi. Kız kardeşi Kur'ân-ı Kerîm sahifesini O'na verdi. Bu sahife "Tâ-Hâ" veya "Hadîd" Sûresinin ilk âyetleriydi. Ömer büyük bir ilgi ile sahifeyi okumaya başladı.

"Göklerde ve yerde ne varsa, hepsi Allah'ı tesbîh ederler. Yegâne galip ve hikmet sahibi olan O'dur. Göklerin ve yerin hükümranlığı O'nundur, hem diriltir, hem öldürür. O her şeye hakkıyla kâdirdir. O her şeyden öncedir. Kendisinden sonra hiç bir şeyin kalmayacağı Son'dur, varlığı aşikârdır, gerçek mâhiyeti insan için gizlidir, O her şeyi bilir"...

(el- Hadîd Sûresi, 1-3)

Ömer bu âyetleri okuduktan sonra derin bir düşünceye daldı. Allah Kelâmı'nın yüksek mânâ ve fesâhati onun kalbine işlemişti. "Göklerde ve yerde olan şeyler hepsi Allah'ın, bizim putlarımızın bir şeyi yok...," diye düşündü. "Beni Rasûlullah (a.s.)'ın yanına götürün" dedi O esnada Hz. Peygamber (a.s.) Safâ semtinde Erkâm'ın evindeydi.

Ömer'in silahlı olarak geldiğini gören Müslümanlar telaşlandılar. Yalnızca, Hz. Hamza:

-İyilik için gelirse ne âlâ, aksi halde geleceği varsa, göreceği de var, telâşa gerek yok... dedi. Sağından ve solundan iki kişi tutarak Rasûlullah (a.s.)'ın huzuruna götürdüler. Ömer, Hz. Peygamber (a.s.)'ın önünde diz çökerek şehâdet getirdi. Orada bulunanlar sevinçlerinden hep birden tekbir getirdiler. Safâ tepesinde yükselen "Allâhü Ekber" sadâsı ile Mekke ufuklarını çınlattılar.(89)

Ömer:

-"Kaç kişiyiz"? diye sordu.

-"Seninle 40 olduk," dediler. Ömer:

-"O halde ne duruyoruz"? Hemen çıkalım, Harem-i Şerîf'e gidelim, dedi. Bütün Müslümanlar toplu halde Kâbe'ye gittiler.

Kureyş, Dâru'n-Nedve'de sonucu merak içinde beklemekteydi. Müslümanların toplu halde Harem-i Şerîf'e ilerlediğini görünce:

-"İşte Ömer, hepsini önüne katmış getiriyor... " dediler.

Ömer Kureyşlileri görünce:

-"Beni bilen bilsin, bilmeyen öğrensin, Ben Hattab oğlu Ömer'im. İşte Müslüman oldum..." dedi ve şehâdet getirdi. Kureyşliler şaşkına döndüler. Her biri bir tarafa savuştu.

Müslümanlar ilk defa Harem-i Şerîfte saf olup topluca namaz kıldılar.(90)

Hamza ve Ömer'in Müslüman olmalarıyla, İslâm'ın yayılması hız kazandı. Daha önce 6 yılda sayıları ancak 40 kişiye ulaşabilmişken bir yıl sonra Müslümanların sayısı 300'ü geçmiş, bunlardan 90 kişi Habeşistan'a hicret etmişti.

(87) İbn Hişâm, 311-312; İbnü'l-Esîr, 2/83

(88) Târih-i Dini İslâm, 2/228

(89) İbn Hişâm, 1/366-371; İbnü'l-Esîr, a.g.e., 2/84-87

(90) Târih-i Din-i İslâm, 2/238-239

5- MÜŞRİKLERİN BOYKOT İLÂNI

a) Müslümanların Muhâsaraya Alınması (616 M.)

Mekke müşrikleri, İslâm nûrunun sönmesi için, ellerinden gelen her şeyi yaptılar. Alay, hakaret ve işkencenin her çeşidini denediler. Bütün bunlar İslâm'ın yayılmasına, Müslümanların sayılarının günden güne artmasına engel olamıyordu.

Mekke Devri'nin 7'nci yılı (616 M.) Muharrem ayında Kureyş ileri gelenlerinden 40 kişi Ebû Cehil'in başkanlığında toplandılar. Hâşim oğullarıyla alış-veriş yapmamağa, kız alıp-vermemeğe, görüşüp buluşmamağa, ekonomik ve sosyal her türlü ilişkiyi kesmeğe karar verdiler. Bu kararı bir ahidnâme şeklinde yazıp mühürlediler ve bir beze sararak Kâbe'nin içine astılar. Böylece Müslümanları canlarından bezdirip Hz. Peygamberin kendilerine teslim edileceğini umdular. Karara aykırı hiç bir şey yapmayacaklarına dâir yemin ederek karar hükümlerini müsâmahasız uygulamağa başladılar.(91)

Bu karardan sonra, şurada-burada dağınık halde olan bütün Müslümanlar Ebû Tâlib mahallesi'nde Hâşimî'lerle birleştiler. Ebû Leheb, Hâşimî'lerden olduğu halde, müşriklerle beraber oldu ve mahalleden çıktı. Ebû Tâlib, Müslüman olmadığı halde, Müslümanların başına geçti. Hz. Peygamber de üç yıldan beri ikamet etmekte olduğu Erkâm'ın evinden, Ebû Tâlib Mahallesine taşındı. Müslümanlar burada üç yıl (616-619 M.) abluka altında kaldılar.

b) Acıklı Günler

Müslümanlar abluka altında kaldıkları bu üç yıl içinde çok sıkıntı çektiler. Yeteri kadar erzâk temin edemedikleri için, açlıktan ağaç yapraklarını yediler. Bazı küçük çocuklar, gıdasızlıktan öldü. Ebû Cehil gece-gündüz Ebû Tâlib Mahallesi'ne girip çıkanları kontrol ediyor, mahalleye gizlice yiyecek maddesi sokulmasına imkân vermiyordu. Hamza ve Ömer gibi cesûr olanların dışında kimse çarşıya çıkıp alış-veriş yapamıyordu. Sa'd İbn Ebî Vakkas, bir defa bulduğu bir deri parçasını ıslatmış, ateşte kavurarak yemişti. Kadınların ve çocukların açlıktan feryatları mahalle dışından duyuluyordu. Müslümanlar yıllık yiyecek ve diğer ihtiyâçlarını ancak "eşhür-i hurum" denilen kan dökülmesi yasak dört ayda (Zilkade, Zilhicce, Muharrem ve Recep) temin etmeğe çalışıyorlardı. Peygamber Efendimiz de dâvet ve tebliğ vazifesini, özellikle Mekke'ye dışarıdan gelenlere ancak bu aylarda yapabiliyordu. Müslümanlar üç yıl süren bu boykot esnâsında dayanılmaz sıkıntılara katlandılar. Fakat Kureyş bundan da hiç bir netice alamadı.

c) Boykot Anlaşması'nın Yırtılması

Müslümanların bu acıklı durumu müşriklerden bazı insaflı kimseleri de rahatsız etmeğe başladı. Hişâm b. Amr, Züheyr b. Ebî Ümeyye, Mut'im b. Adıy, Ebu'l-Bahterî, Zem'a b. Esved ve Adıy b. Kays bu kararı bozmak üzere anlaştılar.(92) Kureyş'in toplu bulunduğu bir anda Harem-i Şerîf'e gittiler. İçlerinden Züheyr:

-"Ey Kureyş topluluğu, şu yaptığımız şey, insanlığa yakışmaz. Biz her imkândan yararlanırken, bizim kabilemizin bir kolu olan Hâşimoğullarının aç bırıkılması insâfla bağdaşmaz. Bu kararın bozulması gerekir... Yemin ederim ki bu zâlim ahidnâme yırtılmadıkça buradan ayrılmıyacağım." diye söze başladı. Ebû Cehil, Züheyr'i susturmak istediyse de, diğerleri de onu destekledikleri için muvaffak olamadı.(93)

Esâsen Kâbe' ye astıkları bu ahidnâmenin ağaç kurtları tarafından yendiğini Hz. Peygamber (a.s.) haber vermişti. Bir köşede oturmakta olan Ebû Tâlib de:

-"Gidin, bakın. Eğer yeğenimin sözü doğru çıkmazsa ben her istediğinize râzıyım. Ama doğru ise sizin de bu zulme son vermeniz gerekir." demiş, bu haber bütün Mekke'de yayılmıştı. Gerçekten, ahidnâmeyi yırtmak için ellerine aldıklarında, bütün yazıların kurtlar tarafından yenilmiş olduğunu gördüler.(94) Müslümanlar Mekke Devri'nin 10'uncu yılında böylece bu korkunç boykottan kurtulmuş oldular.

(91) el-Buhârî, 2/158; Tecrid Tercemesi, 6/132 (Hadis No: 786); İbnü'l-Esîr, 2/87; Târih-i Din-i İslâm, 2/243-246; İbn Kayyım, Zâdü'l-Meâd, 2/122

(92) İbn Hişâm, 2/14-17; İbnü'l-Esîr, 2/ 88; Târih-i Din-i İslâm, 2/200-252

(93) İbn Hişâm, 2/15-16; İbnü'l-Esîr, 2/89.

(94) İbn Hişâm, 2/16; İbnü'l-Esîr, 2/89-90; Zâdü'l-Meâd, 2/123; Tecrid Tercemesi, 6/133

1- İKİ BÜYÜK ACI;

EBÛ TÂLİB VE Hz. HATİCE'NİN VEFATLARI

Müslümanlar ablukadan kurtuldukları için sevindiler. Çektikleri sıkıntıları unutmağa başladılar. Fakat sevinçleri uzun sürmedi. Boykotun kalkmasından 8 ay kadar sonra, iki büyük acı ile karşılaştılar. Mekke Devri'nin 10'uncu yılı Şevvâl ayında önce Ebû Tâlib, üç gün sonra da Hz. Hatice vefât etti.(95/1)

Ebû Tâlib, Müslüman olmamıştı.(95/2) Fakat Hz. Peygamber (a.s.)'a son derece bağlıydı. O'nu çok seviyor, bu yüzden her fedâkârlığa katlanarak, müşriklerden gelecek kötülüklere karşı O'nu koruyordu. Ölürken bile, Hâşimoğullarına, "O'na bağlı kalmalarını, uğrunda her fedâkârlığı yapmalarını, sözünden çıkmamalarını" vasiyyet etmişti.

Hz. Hatice O'nun gam ortağı, şefkatli bir hayat arkadaşıydı. En sıkıntılı anlarında O'nu teselli ediyor, bütün varlığı ile O'na destek oluyordu.

En büyük desteği olan, sevdiği iki insanı peşpeşe kaybettiği için Rasûlullah (a.s.) çok üzüldü. Bu sebeple Mekke Devri'nin 10'uncu yılına "Senetü'l-huzn" (Hüzün yılı) denildi.

Müşrikler, Ebû Tâlib'in sağlığında, Hz. Peygamber (a.s.)'ın şahsına pek ilişemiyorlardı. O'nun ölümünden sonra, Rasûlullah (a.s.)'ın şahsına da her türlü kötülüğü yapmağa başladılar. Bir defa, Kâbe'de namaz kılarken, Ebû Cehil'in teşvîki ile Ebû Muayt oğlu Ukbe, yeni kesilmiş bir devenin barsaklarını getirip, secdede iken üzerine koymuş, Rasûlullah (a.s.) başını secdeden kaldıramamıştı. Kızı Fâtıma yetişerek, üzerini temizlemiş,

Rasûlullah (a.s.) namazını bitirdikten sonra etrâfında gülüşen müşrikleri işâret ederek üç defa:

-"Allah'ım Kureyşten şu zümreyi sana havâle ediyorum" dedikten sonra:

"Ebû Cehil'i, Ebû Muayt oğlu Ukbe'yi, Haccâc oğlu Şu'be'yi, Rabîa'nın oğulları Utbe ve Şeybe'yi, Halef'in oğulları Übeyy ve Ümeyye'yi, sana havâle ediyorum." diye isimlerini birer birer saymıştı. Rasûlullah (a.s.)'ın isimlerini saydığı bu azılı müşriklerin hepsi de Bedir Savaşı'nda katledilip, leşleri Bedir'deki "Kalîb" denilen kuyuya atılmıştır.(96)

2- TÂİF YOLCULUĞU (620 M.)

a) Hz. Peygamber'in Tâif'te Karşılanışı

Kureyş'in zulümleri artık katlanılamaz bir duruma gelmişti. Bu yüzden Hz. Peygamber (a.s.) Mekke Devri'nin 10'uncu yılı (620 M.) Şevvâl ayında, yanına evlâtlığı Hârise oğlu Zeyd'i de alarak Tâif'e gitti. Tâiflileri "Hak Din"e dâvet edecekti.

Tâif'te Sakiyf Kabîlesi vardı, onlar da putperestti. Rasûlullah (a.s.) 10 gün kadar, onlara İslâm'ı anlatmağa çalıştı, ileri gelenleri ile görüştü. Hiç biri Müslüman olmadığı gibi, "Senden başka Peygamberlik gelecek kimse kalmadı mı?" diye alay ettiler "Memleketimizden çık da nereye gidersen git.." diye Allah sevgilisini kovup hakaret ettiler. Tâif'ten ayrılırken de çoluk çocuğu ve ayak takımı düşük tabîatlı kişileri yolun iki tarafına sıralayıp taşlattılar. Rasûlullah (a.s.)'ın ayakları, atılan taşlarla yara-bere içinde kaldı, ayakkabıları kanla doldu. Ayaklarındaki yaraların verdiği acıdan yürüyemez hâle gelip oturmak istedikçe, zorla kaldırıp yaralı ayaklarını taşlamağa devâm ediyorlar, bu yürekler parçalayan acıklı hâline gülüp eğleniyorlardı. Vücûdunu atılan taşlara siper eden evlâtlığı Zeyd, bir kaç yerinden yaralandı.

Rasûlullah (a.s.) hayâtı boyunca karşılaştığı sıkıntılardan en büyüğünü o gün yaşamıştı. Nihâyet Rabîa'nın oğulları Utbe ve Şeybe'nin yol üstündeki bağına sığınarak ayak takımının tâkiplerinden kurtulabildi. Burada bir çardağın gölgesinde, ellerini kaldırıp şu hazîn duâyı yaptı:

-"İlâhi, kuvvetimin za'fa uğradığını, çâresizliğimi, halkın gözünde hor ve hakîr görüldüğümü ancak sana arzederim. Ey merhametlilerin en merhametlisi, herkesin zayıf görüp de dalına bindiği bîçârelerin Rabbı sensin, İlâhî, huysuz ve yüzsüz bir düşmanın eline beni düşürmeyecek, hatta hayâtımın dizginlerini eline verdiğim akrabamdan bir dosta bile bırakmayacak kadar bana merhametlisin.

Yâ Rabb, eğer bana karşı gazablı değilsen, çektiğim belâ ve sıkıntılara hiç aldırmam, fakat senin esirgeyiciliğin bunları da göstermeyecek kadar geniştir.

Yâ Rabb gazabına uğramaktan, rızandan mahrûm kalmaktan, senin karanlıkları aydınlatan, din ve dünya işlerini dengeleyen yüzünün nûruna sığınırım. Râzı oluncaya kadar işte affını diliyorum. Bütün kuvvet ve kudret ancak seninledir..." (97)

Görüldüğü üzere yapılan bunca ezâ ve cefâya rağmen beddûâ etmemiş, hatta yolda Mekke'ye iki konak mesâfede "Karn" denilen yerde kendisine Cebrâil gelerek:

-"Ey Allah'ın Rasûlü, Allah kavminin sana söylediklerini işitti, yaptıklarını gördü, sana şu Dağlar Meleği'ni gönderdi. Kavmin hakkında ne dilersen, bu meleğe emredebilirsin..." dedi. Dağlar emrine verilmiş olan melek de kendisini selâmladıktan sonra:

-"Ya Muhammed, emrine hazırım. (Ebû Kubeys ile Kayakan denilen) şu iki yalçın dağın Mekkeliler üzerine devrilip, birbirine kavuşarak müşrikleri tamâmen ezmelerini istersen emret..." dedi. Fakat Rasûlullah (a.s.):

-"Hayır, onların ezilip yok olmalarını değil, Rabbımın bu müşriklerin sulbünden, O'na hiç bir şeyi ortak kılmayan ve yalnız Allah'a ibâdet eden bir nesil meydana getirmesini istiyorum..." demiştir.(98)

Rabîa'nın oğulları, Peygamber Efendimizin acıklı hâlini gördüler. Hıristiyan köle Addâs ile O'na bir salkım üzüm gönderdiler. Rasûlullah (a.s.) "Bismillah..." diyerek üzümü yemeğe başlayınca, Addâs hayretle:

-"Bu bölge halkı böyle söz söylemezler, onlar Allah adını anmazlar", dedi. Hz. Peygamber ona nereli olduğunu sordu. Addâs:

-"Ninovalıyım, Hıristiyanım", diye cevâp verdi. Rasûlullah (a.s.):

-"Demek kardeşim Yunus Peygamberin memleketindensin".... dedi. Addâs:

-Sen Yûnus'u nerden biliyorsun? diye sordu. Rasûlullah (a.s.):

-Yûnus benim kardeşim, O'da benim gibi Peygamberdi, dedi. Daha sonra Rasûl-i Ekrem Addâs'a İslâmiyeti anlattı. Addâs da orada Müslüman oldu.(99)

Hz. Muhammed (a.s.) en zor ve en sıkıntılı anlarında bile Peygamberlik görevini ihmâl etmiyordu.

b) Mekke'ye Dönüş

Rasûl-i Ekrem'in himâyesiz Mekke'ye girmesi imkânsızdı. Esasen, hayâtı tehlikede olduğu için Mekke'den Tâif'e gitmişti. Bu sebeple dönüşte, Hira (Nûr) Dağına çıkarak, Kureyşin hatırı sayılır büyüklerinden Adiyy oğlu Mut'im'e haber gönderdi. O'nun himâyesinde gece vakti Mekke'ye girdi. Kâbe'yi tavâf edip

Hârem-i Şerif'de iki rek'at namaz kıldıktan sonra evine döndü. Arap âdetlerine göre, bir kimse himâyesine aldığı kişiyi korumağa mecburdu.

Bu sebeple, Mut'im ve çocukları silahlanıp Kâbe'nin dört bir tarafını tuttular. Peygamber Efendimizin Mekke'ye girip serbestçe tavâf etmesini ve evine gitmesini sağladılar.(100) (620 M.)

[3- İSRÂ VE MÎRÂC MÛCİZESİ (Receb 621 M.)]

a) Hz. Peygamber (a.s.)'ın Mîrâcı

İkinci Akabe görüşmesinden sonra, Mekke Devri'nin 11'inci yılı Recep ayının 27'inci gecesi (Hicretten 19 ay önce) Peygamber Efendimizin "İsrâ ve Mîrâc" mûcizesi gerçekleşti.

İsrâ, gece yolculuğu ve gece yürüyüşü; Mîrâc ise, yükseğe çıkmak ve yükselme âleti demektir. Bu büyük mûcize, gecenin bir bölümünde cereyân ettiği ve Rasûlullah (a.s.) bu gece semâlara ve yüce makamlara yükseldiği için bu mûcizeye "İsrâ ve Mîrâc" denilmiştir.

Kur'ân-ı Kerîm'de el-İsrâ Sûresi'nin 1'inci âyetinde:

"Kulu Muhammed (a.s.)'ı, bir gece Mescid-i Harâm'dan, kendisine bir kısım âyetlerimizi göstermek için, etrâfını mübârek kıldığımız Mescid-i Aksâ'ya götüren Allah'ın şânı ne yücedir. Doğrusu O işitir ve görür." buyrulmuştur.

Rasûl-i Ekrem (s.a.s.)'in Mekke'deki Mescid-i Harâm'dan Kudüs'teki Mescid-i Aksâ'ya olan mîrâcı, yukarıda anlamı yazılan âyet-i kerime ile sâbittir. Mescid-i Aksâ'dan semâlara ve yüce makamlara yükseldiğini ise, Peygamber Efendimizden nakledilen sahîh hadîs-i şerîflerden öğrenmekteyiz. Hadîs-i şerîflerde anlatılanların özeti şöyledir.(114)

Rasûlullah (a.s.) bir gece Kâbe'nin "Hatîm" denilen kısmında iken, Cebrail'in getirdiği "Burak" denilen bineğe binerek Kudüsteki Mescid-i Aksâ'ya gelip burada namaz kılmıştır. Buradan da "Mîrâc" denilen âlete binerek, semâlara yükselmiştir. 1'inci semâda Hz. Âdem, 2'inci semâda Hz. Yahyâ ve Hz. İsâ, 3'üncü semâda Hz. Yûsuf, 4'üncü semâda Hz. İdrîs, 5'inci semâda Hz. Harûn, 6'ıncı semâda Hz. Mûsâ ve 7'inci semâda Hz. İbrâhim ile görüştü. Bunlardan her biri Rasûlullah (a.s.)'ı selâmlayıp tebrik ettiler, "hoşgeldin sâlih kardeş," dediler.

Daha sonra "Sidretü'l-müntehâ"ya yükseldi. Orada kazâ ve kaderi yazan kalemlerin çıkardıkları sesler duyuluyordu. Sidretü'l-müntehâ'dan ötesi, sözle anlatılması mümkün olmayan bir âlemdi. Buraya kadar beraber oldukları Cebrâil de buradan öteye geçememiş, "benim için burası sınırdır, parmak uçu kadar daha ilerlersem, yanarım..." demiştir

Mîrâcta Cenab-ı Hakk, sevgili Peygamberine nice âlemler gösterdi. Kuluna vahyedeceğini vâsıtasız vahyetti. Bu makamda Hz. Peygamber (a.s.)'e üç şey verildi.(115)

1) Beş vakit namaz farz kılındı.(116)

2) Bakara Sûresi'nin son iki âyeti (Amene'r-rasûlü...) vahyedildi.

3) Ümmetinden şirk koşmayanların Cennet'e girecekleri müjdesi verildi.

b) Mîrâc Mûcizesine Karşı Müşriklerin Tutumu

Peygaber Efendimiz, mîrâcı ve mîrâcda gördüklerini ertesi sabah anlattı. Mü'minler Rasûlullah (a.s.)'ı tasdik ve tebrik ettiler. Müşrikler ise inkâr ettiler. Bir gecede Kudüs'e gidip gelmek imkânsız bir şey, dediler. İçlerinde Kudüs'e gitmiş ve Mescid-i Aksâ'yı görmüş olanlar vardı.

- Mescid-i Aksânın kaç kapısı var? Şurası nasıl, burasında ne var? diye Rasûlullah (a.s.)'ı soru yağmuruna tuttular.(117)

Hz. Peygamber bu konuyu daha sonra şöyle anlatmıştır:

"Kureyş bana seyâhat ettiğim yerler, özellikle Mescid-i Aksâ ile ilgili öyle şeyler sordular ki, İsrâ gecesi bunlara hiç dikkat etmemiştim. Fakat Cenâb-ı Hakk, benimle Beyt-i Makdis arasındaki mesâfeyi kaldırdı. Ne sordularsa, oraya bakarak cevâp verdim".(118)

Bu durumda ne yapacaklarını şaşıran müşrikler Hz. Ebû Bekir'e koştular. Muhammed dün gece Kudüs'e gidip geldiğini, göklere çıktığını... söylüyor. Buna da mı inanacaksın, dediler. Ebû Bekir, hiç tereddüt göstermeden:

"Bunu O söylemişse inandım gitti. Ben O'nu bundan daha önemli olan konularda tasdik ediyorum. Akşam-sabah göklerden vahiy geldiğini söylüyor, buna inanıyorum..." dedi. Bu yüzden Hz. Ebû Bekir'e "Sıddîk" denildi.

Ehli- sünnet bilginlerinin çoğunluğuna göre, İsrâ ve Mîrâc aynı gecede; Rasûlullah (a.s.) 'in rûh ve vücuduyla birlikte uyanık hâlde iken olmuştur. İsrâ ile Mîrâcın ayrı gecelerde olduğunu, rüyâ hâlinde ve rûhâni olarak vuku bulduğunu kabûl eden bilginler de vardır; fakat bunların sayısı azdır.(119)

c) Mîrâc'ta Teşri Kılınan Hükümler

Kur'ân-ı Kerîm'de, Mirâc'ın en yüksek hâli anlatılırken:

"(Rabbine) iki yay kadar veya daha da yakın oldu. Allah Kulu'na vahyettiğini o anda vahyetti..."

(Necm Sûresi, 9-10)

Bu âyetlerden Rasûlullah (a.s.)'a, Mîrâc'ta pek çok esrâr ve bilginin (maârifetullah) bildirildiği anlaşılmaktadır. Baştan sona Mîrâc ve Mîrâc'ta teşri kılınan hükümlerin anlatıldığı el-İsrâ Sûresi'nin 80'inci âyetinde Hz. Peygamber (a.s.)'a: "Rabbim, beni şerefli bir girişle (Medine'ye) koy, sâlim bir çıkışla da (Mekke'den) çıkar" diye dua etmesi emredilerek yakında hicretine izin verileceğini; 81'inci âyetinde ise:

"De ki: Hakk geldi, bâtıl yok olup gitti, esâsen bâtıl yok olmağa mahkûmdur" buyurularak çok yakında İslâm'ın küfre galebe çalacağına, neticede Mekke'nin Rasûlullah (a.s.) tarafından fethedilip Kâbe'nin putlardan temizleneceğine işâret olunmuştur. Yine aynı sûrenin 23-29'uncu âyetlerinde dinin temelini teşkil eden hükümler yer almıştır. Bu âyetlerin anlamları şöyledir:

"Rabb'in şunları kesinlikle hükmetti: Kendisinden başkasına kulluk etmeyin. Ana-babaya iyilik edin. Onlardan biri veya her ikisi, senin yanında ihtiyarlayacak olursa, onlara "öf" bile deme, onları azarlama, her ikisine de hep tatlı söyle. Onlara şefkatle tevâzu kanadını ger ve 'Rabbım, onlar, küçükken beni nasıl ihtimâmla yetiştirmişlerse, sen de kendilerini öylece esirge..' diye onlar için duâ et.

Rabbınız, içinizdekini en iyi bilendir. İyi kimseler olursanız, kendisine yönelip tevbe edenleri bağışlar.

Hısıma, yoksula, yolda kalmışa, herbirine hakkını ver. Elindeki malını saçıp savurma, saçıp savuranlar, şüphesiz şeytânla kardeş olmuşlardır. Şeytân ise Rabb'ına karşı son derece nankördür.

Rabbinden umduğun rahmeti elde etmek için hak sahiplerinden yüz çevirmek zorunda kalırsan, bâri onlara yumuşak söz söyle (sert davranma).

Elini boynuna bağlayıp cimrilik etme, onu büsbütün açıp hepsini de saçma. Yoksa pişmân olur, açıkta kalırsın,

Şüphesiz Rabb'in, dilediği kimsenin rızkını genişletir, dilediğininkini daraltır, ölçü ile verir. O, kullarını gören ve her şeyden haberdâr olandır.

Çocuklarınızı yoksulluk korkusu ile öldürmeyin. Onları da sizi de Biz rızıklandırırız. Şüphesiz ki onları öldürmek büyük bir suçtur.

Sakın zinâya yaklaşmayın. Doğrusu bu çirkindir ve çok kötü bir yoldur.

Allah'ın harâm kıldığı cana, haklı bir sebep olmadıkça kıymayın. Haksız yere öldürülen kimsenin velisine bir yetki vermişizdir. Artık o da öldürmekte aşırı gitmesin. Çünkü o, ne de olsa yardım görmüştür.

Erginlik çağına ulaşıncaya kadar, yetîmin malına, en güzel şeklin dışında yaklaşmayın. Bir de verdiğiniz sözü yerine getirin. Çünkü verilen sözde sorumluluk vardır.

Ölçtüğünüz zaman ölçeği tam yapın, doğru terâzi ile tartın. Bu daha iyi ve sonuç bakımından daha güzeldir. Bilmediğin şeyin ardına düşme. Doğrusu kulak, göz ve kalb, bunların hepsi o şeyden sorumlu olur.

Yeryüzünde böbürlenerek yürüme. Çünkü ne yeri delebilir, ne de boyca dağlara ulaşabilirsin, (onlarla büyüklük yarışı yapabilirsin). Rabb'ının katında bunların hepsi, beğenilmeyen kötü şeylerdir. Bunlar Rabb'inin sana bildirdiği hikmetlerdir. Sakın Allah'la beraber bir başka tanrı edinme. Yoksa kınanmış ve kovulmuş olarak Cehennem'e atılırsın."

(İsra Sûresi, 23-29).

Bu âyetlerdeki ilâhî emirler şöylece özetlenebilir:

1) Allah'tan başkasına kulluk etmeyin,

2) Anne-babaya iyi muâmele edin,

3) Hısıma, yoksula, yolda kalmışa haklarını verin,

4) Ne hasis, ne cimri, ne de müsrif (savurgan) olun,

5) Çocuklarınızı öldürmeyin,

6) Zinâya yaklaşmayın,

7) Haklı bir sebep olmadıkça cana kıymayın,

8) Daha iyiye götürmek amacı dışında yetim malına yaklaşmayın,

9) Verdiğiniz sözü yerine getirin, sözünüzde durun,

10) Ölçü ve tartıyı tam yapın,

11) Hakkında bilginiz olmayan şeyin peşine düşmeyin,

12) Yeryüzünde kibir ve azametle yürümeyin, alçak gönüllü olun.

(114) Bkz. Buhârî, 1/91-93 ve 4/247-250; Tecrid Tercemesi, 218-232 (Hadis No: 227) ve 10/60-80; (Hadis No: 1550-1552)

(115) Müslim, 1/157, (K.el-İmân, B.,76, Hadis No: 173/279)

(116) Mîrâc'dan önce namaz, akşam va sabah olmak üzere günde iki vakit kılınıyordu. "Ey örtüsüne bürünen Peygamber! Kalk, azâb ile korkut. Rabbinin adını (namazda tekbir ile) yücelt..." (Müddessir Sûresi, 1-3) anlamındaki âyetler inince,

Rasûlüllah (a.s.) Cebrail (a.s.)'ın târifi ile abdest alıp namaz kılmıştır. Rasûlüllah (a.s.)'ın Cebrail'e uyarak kıldığı bu ilk namaz, sabah vaktinde kılınmıştır. Aynı gün akşam namazını Hz. Hatice ile cemâatle kıldılar. Ertesi gün bu cemâate Hz. Ali, daha sonra Hz. Ebû Bekir ve Zeyd b. Hârise de katıldı. Böylece, (Mîrâc'da 5 vakit namaz farz kılınmadan önce) Risâletin başlangıcından itibâren Rasûlüllah (a.s.) ve Müslümanlar, akşam ve sabah olmak üzere, günde iki vakit namaz kılıyorlardı.

Bu iki vakit namazdan başka, "Müzzemmil Sûresi"nin ilk âyetleri ile "gece namazı" farz kılınmıştı. Müslümanlar geceleri ayakları şişinceye kadar namaz kılıyorlardı. Gece namazı bir sene kadar farz olarak devâm ettikten sonra, aynı sûre'nin son âyeti (Müzzemmil Sûresi, 20) ile farziyeti kaldırıldı, nâfile (tatavvu) namaz oldu. Mîrâc'da farz kılınan 5 vakit namaz ile bütün bu namazlar kaldırıldı. Ancak, Hz. Peygamber (a.s.)'a hâs, ona âit olmak üzere gece namazının farziyeti devâm etti. (Bkz. İsrâ Sûresi, 79; Tecrid Tercemesi, 2/231-232, Hadis No: 227'nin açıklaması; Tahir Olgun, İbâdet Târihi, 28-38, İst., 1946)

"Rabb'im, beni şerefli bir girişle (Medineye) koy, sâlim bir çıkışla da (Mekke'den) çıkar".

(el-İsrâ Sûresi, 80)

1- MÜSLÜMANLARIN MEDİNE'YE HİCRETLERİ

Hicret bir yerden başka bir yere göç etme demektir. Müşriklerin zulümleri yüzünden Mekke'de Müslümanlar barınamaz hâle gelmişlerdi. Bu sebeple 2'inci Akabe Bîatında Hz. Peygamber (a.s.) ve Müslümanların Medine'ye hicretleri de kararlaştırılmıştı. Rasûlullah (a.s.) "Sizin hicret edeceğiniz yerin iki kara taşlık arasında hurmalık bir yer olduğu bana gösterildi..."(120) diyerek Müslümanların Medine'ye hicretlerine izin verdi. 2'inci Akabe Bîatı, Peygamberliğin 12'nci yılının son ayı olan Zilhicce'de yapılmıştı.

13'üncü yılın ilk ayı Muharrem'de (Temmuz 622) Medine'ye hicret başladı. Mekke'den Medine'ye ilk hicret eden, Beni Mahzûm'dan Abdülesed oğlu Ebû Seleme(121), en son hicret eden ise Rasûlullah (a.s.)'ın amcası Abbâs'tır.

Mekke'nin fethine kadar geçen süre içinde, dini uğruna, evini-barkını, malını-mülkünü, âilesini, kabîlesini, akrabasını, bütün varlığını Mekke'de bırakarak Rasûlullah (a.s.)'ın müsâdesiyle Medine'ye göç eden Mekke'li Müslümanlara "Muhâcirûn" (Muhacirler) adı verilmiştir.

Medine'de muhâcirleri misâfir eden, onlara bütün imkânları ile yardımcı olan Medine'li Müslümanlara da "Ensâr" denilmiştir. Muhâcirûn ve Ensâr, Kur'ân-ı Kerîm'de birçok vesîlelerle övülmüşlerdir.(122)

Muharrem ve safer aylarında Müslümanlar, âileleri ile birlikte hicret ettiler. Birer, ikişer, gizlice Mekke'den ayrılıp Medine'ye gittiler. Ensâr tarafından Medine civârındaki "Avâlî" denilen köylere yerleştirildiler.

Hz. Ömer Mekke'den gizli ayrılmadı. Kılıcını kuşandı, Kâbe'yi tavâf etti. Bütün müşriklere meydan okuyarak:

İşte ben Medine'ye gidiyorum. Analarını ağlatmak, karılarını dul, çocuklarını yetim bırakmak isteyenler peşime düşsün... dedi. Ömer'in hicreti Hz. Peygamber (a.s.)'ın hicretinden 15 gün kadar önce olmuştu.

Kısa zamanda, Mekke'li Müslümanların hemen hepsi Medine'ye göç etti. Yalnızca Hz. Ebû Bekir ile Hz. Ali'yi Rasûlullah (a.s.) Mekke'de alıkoymuştu.(123) Ebû Bekir hicret için izin istediğinde, Rasûlullah (a.s.):

"Acele etme, Allah sana hayırlı bir arkadaş verecek..." diyerek hicretini geciktirmiştil(124). Mekke'de müslümanlıkları yüzünden âileleri tarafından hapsedilmiş olanlar ile köle ve câriyelerden başka Müslüman kalmamıştı. Rasûlullah (a.s.) düşmanları arasında, en büyük tehlike karşısında yapayalnız bulunuyordu.

[2- HZ. PEYGAMBER (A.S.)'IN HİCRETİ]

a) Dâru'n-Nedve'nin Korkunç Kararı

Akabe görüşmeleri ile Müslümanlık Medine'de yayılmağa başlamış, müşrikler korktuklarına uğramışlardı. Üstelik Mekke'deki Müslümanlar da Medine'ye göç etmişlerdi. Şimdi Hz. Muhammed (a.s.) de Medine'ye gider, Müslümanların başına geçerse, Mekke'lilerin Şam ticâret yolu kapanabilirdi. Mekke müşrikleri Müslümanlara son derece kötü davranmışlar, târihte eşine ender rastlanan işkence ve hakarette bulunmuşlardı. Bunlar Medine'lilerle birleşip, kuvvetlendikten sonra kendilerinden öç alabilirlerdi. Esâsen Mekke'lilerle Medine'liler arasında, öteden beri geçimsizlik vardı. Çünkü Mekke'liler Adnânîlerden; Medine'liler ise Kâhtânîlerdendi. Durumun ciddiliğini anlayan Kureyş müşrikleri, Mekke'de yapayalnız kalan Peygamber Efendimize ne yapmak gerektiğini kararlaştırmak üzere Dâru'n-nedve'de toplandılar. Toplantıda Ebû Cehil, Ebû Süfyan, Ebu'l-Bahterî, Utbe b. Rabîa, Cübeyr b. Mut'im, Nadr b.Hâris, Ümeyye b.Halef, Hakim b.Hızâm... gibi Mekke ileri gelenlerinin hemen hepsi vardı. Müslümanlık tehlikesinin önlenmesiyle ilgili çeşitli fikirler ileri sürdüler. İçlerinden Ebûl Bahteri:

- Muhammed (a.s.)'ı bağlayıp her tarafı kapalı bir yerde ölünceye kadar hapsedelim, dedi. Amr oğlu Hişâm:

- O'nu bir deveye bindirip Mekke'den çıkaralım, uzak yerlere sürelim, dedi. Ebû Cehil ise:

- Kureyş'in bütün kollarından birer temsilci seçelim. Bunlar aynı anda hücûm edip Muhammed (a.s.)'ı bir hamlede öldürsünler. Kimin vurduğu, kimin darbesiyle öldüğü belli olmasın. Böylece kanı bütün Kureyş kabîlesine dağılsın, Hâşimîler bütün Kureyş kollarına karşı çıkamayacaklarından kan davasına kalkışamazlar. Çâresiz diyete (kan bedeline) râzı olurlar. Bu iş böylece kapanır... dedi. Ebû Cehil'in teklifi ittifakla kabûl edildi. Diğer teklifler beğenilmedi. Hemen Kureyş kollarında 40 yeminli kişi seçip toplantıyı bitirdiler.(125)

Müşriklerin Dâru'n-Nedve'deki bu konuşma ve plânları el-Enfâl Sûresi'nin 30'uncu âyetinde şöyle özetlenmektedir.

"Ya Muhammed, hatırla şu zamanı ki, inkâr edenler (Mekke müşrikleri) seni bir yere kapatmak veya (hepsi birden) öldürmek yahut da (Mekke'den) çıkarmak için sana tuzak hazırlıyorlardı. Onlar sana tuzak kurarken, Allah da (onlara) tuzak kuruyordu. Allah tuzakların en iyisini kurar."

b) Rasûlullah (a.s.)'ın Evinin Müşrikler tarafından Kuşatılması

Müşriklerin bu korkunç plânını Cebrâil (a.s.) Peygamber Efendimize haber verdi. "Bu gece, her zaman yatmakta olduğun yatağında yatmayacaksın, evini terkedeceksin..." dedi. Böylece Rasûlullah (a.s.)'a da hicret için izin verildi. Rasûl-i Ekrem (a.s.) Hz. Ali'yi çağırdı.

"Ben Medine'ye gidiyorum. Sen bu gece benim yatağımda yat, hırkamı üstüne ört. Müşrikler beni yatıyor sansınlar, onlara bir şey sezdirme. Sabahleyin şu emânetleri sâhiplerine ver.(126) Ondan sonra sen de hemen gel" dedi.

Ortalık kararınca, Kureyş'in seçme cânileri evin etrâfını sardılar.(127) Sabahleyin evinden çıkarken hep birden saldırıp öldüreceklerdi. Hz. Ali, Rasûlullah (a.s.)'ın yatağına yattı. Hz. Peygamber (a.s.) eline bir avuç kum alıp, evini çeviren müşriklerin üzerine saçtı. Saçılan kum taneleri cânilerden herbirine isâbet etmiş, hepsi de derin bir uykuya dalmışlardı. Rasûlullah (a.s.) "Yâ-Sîn Sûresi"nin başından:

"Biz onların önlerine ve arkalarına birer sed çektik, böylece gözlerini perdeledik. Onlar artık elbette görmezler" anlamındaki 9'uncu âyetine kadar olan kısmı okuyarak, aralarından geçip gitti.(128) Müşrikler Hz. Muhammed (a.s.)'ın yatağında yattığını sanıyorlardı. Sabahleyin, yatakta yatanın Ali olduğunu görünce, donakaldılar, ne yapacaklarını şaşırdılar; hiddetlerinden çıldıracak hâle geldiler. Hemen her tarafı aramağa koyuldular. Mekke'yi alt üst ettiler. Fakat Hz. Peygamber yoktu.

Muhammed (a.s.)'ı bulana 100 deve verilecek, diye ilân ettiler. Bu haber duyulunca, ne kadar mâceracı, cânî, katil varsa, hepsi etrâfa yayıldı. Mekke'de ve Mekke dışında, harıl harıl Hz. Peygamber (a.s.)'ı arıyorlardı.

Rasûlullah (a.s.), gece evinden ayrıldıktan sonra Kâbe'yi tavâf etti. "Ey Mekke, sen Allah katında yeryüzünün en hayırlı ve bana en sevimli yerisin; eğer çıkmak zorunda bırakılmasaydım, senden ayrılmazdım", dedi.(129) Ertesi gün öğle sıcağında Hz. Ebû Bekir'in evine vardı. Allah'ın emri ile, berâber hicret edeceklerini bildirdi. Hz. Ebû Bekir, sevinç göz yaşları ile, 4 aydır dışarıya bırakmayıp, ağaç yaprakları ile beslemekte olduğu iki cins devesini işâret ederek:

Dilediğini seç, Yâ Rasûlallah, dedi. Rasûlullah (a.s.) bedelini ödeyerek devenin birini aldı.

Rasûlullah (a.s.) ve Ebû Bekir için hazırlanan yol azığı bir dağarcığa konuldu. Ebû Bekir'in kızı Esmâ, belindeki bez kemeri ikiye ayırıp bir parçası ile bu dağarcığın ağzını bağladığı için Esma'ya "Zâtü'n-nitâkayn" (iki kemerli) ünvânı verild.(130/1)

c) Mağarada Gizlenmesi

Gece olunca, her ikisi evin arka penceresinden çıktılar. Ayakkabılarını çıkarıp, ayaklarının uçlarına basarak ıssız yollardan Mekke'nin güneyine doğru ilerlediler. 1.5 saat (3 mil) mesafede Sevr Dağı'nın tepesindeki mağaraya vardılar. Kureyşin araması bitinceye kadar, (perşembeyi cumaya bağlayan geceden pazar gününe kadar) üç gün bu mağarada gizlendiler.

Ebû Bekir'in oğlu Abdullah, geceleri mağaraya gelip Mekke'de olup biteni anlatıyor, ortalık ağarmadan gene Mekke'ye dönüyordu. Kölesi Âmr b. Füheyre de koyunlarını otlatırken akşamları Sevr dağına götürüp onlara süt veriyordu.

Peygamber Efendimizi ve Ebû Bekir'i arayanlar, iz sürerek, nihâyet Sevr'deki mağaranın ağzına kadar geldiler. Ayak sesleri ve konuşmaları içeriden duyuluyordu. Hz. Ebû Bekir, başını kaldırdığı zaman onların ayaklarını görmüş ve heyecanla:

-"Yâ Rasûlallah, eğilip baksalar, bizi görecekler, demişti, bunun üzerine Peygamber Efendimiz:

-"Korkma, Allah'ın yardımı bizimledir.(130/2) İki yoldaş ki, üçüncüsü Allah'tır, hiç endişe edilir mi?" buyurdu.(131)

Tâkipçiler Sevr dağı'na henüz çıkmadan, bir örümcek mağaranın ağzına ağ örmüş, bir çift beyaz güvercin yuva yapıp yumurtlamıştı. Bu durumda Kureyşliler mağaranın içine bakmanın ahmaklık olacağını düşünerek bırakıp gittiler.(132)

Kureyşlilerin aramaları üç gün sürdü. Peygamber Efendimiz ile Ebû Bekir Mekke'de iken Abdullah b. Uraykıt adında henüz müslüman olmamış, fakat son derece emîn bir şahsı kılavuz olarak kiralayıp develeri de ona teslim etmişlerdi.(133) Kılavuz Abdullah, üç gün sonra, dördüncü günün (Pazar) sabahı develeri mağaraya getirdi. Devenin birine Rasûlullah (a.s.) ile Ebû Bekir diğerine ise kılavuz Abdullah ile Ebû Bekir'in kölesi Âmir b.

Füheyre bindiler. Sâhili takibederek Medine'ye doğru 24 saat hiç dinlenmeden yol aldılar Deve yürüyüşü ile 13 günlük olan Medine yolunu 8 günde katederek 12 Rabiulevvel/23 Eylül 622 pazartesi günü Kuba'ya ulaştılar.

Rasûlullah (a.s.) ilk vahiy Hîra (Nûr) dağı'ndaki mağarada gelmişti. Hira'daki mağara ile Sevr'deki mağara arasında geçen müddet, Rasûlullah (a.s.)'ın Peygamberlik hayatının Mekke Devri'ni teşkil etmişti. Sevr dağı'ndaki mağaradan başlayan hicret ise, Mekke Devri'nin sonu, Medine Devri'nin başı olmaktaydı.

d) Rasûlullah (a.s.)'ı Tâkip edenler

Hicret yolculuğunda Peygamber Efendimiz iki önemli takiple karşılaştı.

Müdliçoğullarından Sürâka, Kureyş'in ilân ettiği mükâfâtı ele geçirmek hevesiyle, kendi bölgelerinden geçmiş olan hicret kafilesini tâkibe koyuldu. Atını dört nala sürerek Rasûlullah (a.s.) ve arkadaşlarına yaklaştığı sırada, atı sürçüp kapaklandı. Kendisi de yere yuvarlandı. Yeniden atına binip koşturdu. Tam yaklaştığı sırada, atının ön ayakları kuma saplandığı için, yine düştü. Atını zorlukla kurtardı. Sürâka'nın morali iyice bozulmuştu. Rasûlullah (a.s.)'dan özür diledi. Yazılı bir emânnâme alarak geri döndü; diğer tâkipçileri de "ben aradım, boşuna yorulmayın, bu tarafta yok..." diyerek geri çevirdi.(134)

Eslemoğullarından Büreyde de, Kureyşin ilân ettiği mükâfâtı alabilmek için Rasûlullah'ı tâkibe başlamıştı. Fakat ilk görüşte, yanındakilerle beraber Müslüman oldu. Daha sonra başındaki beyaz sarığı çözerek mızrağının ucuna bağladı. "Sizin gibi şanlı bir kafile bayraksız gitmez. İzin verirseniz ilk alemdârınız olayım" diyerek ta Kuba Köyü'ne kadar Rasûlullah (a.s.)'a bayraktarlık yaptı.

Daha sonra, Şam'dan Mekke'ye dönmekte olan bir ticâret kafilesine rastladılar. Kafilede bulunan, ilk 8 Müslümandan Avvâm oğlu Zübeyr, Rasûlullah (a.s.) ve Ebû Bekir'e beyaz elbiseler giydirdi.(135) Ve Medine'lilerin kendilerini sabırsızlıkla beklediklerini haber verdi.

Rasûlullah (a.s.)'ın yola çıktığı Medine'de duyulmuştu. Bu yüzden Medineliler, Rasûlullah (a.s.)'ı karşılamak üzere her sabah şehir dışına çıkıp bekliyorlardı. 12 Rabiulevvel /23 Eylül 622 Pazartesi günü yine öğleye kadar beklemişler, sıcak bastırınca ümitlerini kesip dönmüşlerdi. Bu esnâda bir iş için evinin yüksek kulesinden etrafı seyreden bir Yahûdî, beyazlar giyinmiş bir kafilenin uzaktan gelmekte olduğunu gördü ve yüksek sesle:

İşte günlerdir yolunu beklediğiniz devletli geliyor, diye haykırdı.

[3- MEDİNE'YE VARIŞ]

a) Hz. Peygamber (a.s.) Kuba'da

Medineliler derhal silahlanarak, bir bayram sevinci içinde yollara döküldüler. Rasûlullah (a.s.)'ı Medine'ye bir saat uzaklıkta Kuba Köyünde karşıladılar. Rasûlullah (a.s.) burada Amr b. Avf Oğulları'nda 14 gece misâfir kaldı.(136) Bu esnâda Kur'ân-ı Kerîm'de "takvâ üzere yapıldığı" bildirilen Kuba Mescidi'ni binâ etti ve burada namaz kıldı.(137)

Rasûlullah (a.s.)'dan 3 gün sonra tek başına yola çıkmış olan Hz. Ali de, gündüzleri gizlenip, geceleri yürüyerek, Kuba'da iken kafileye yetişti.

b) İlk Cuma Namazı ve İlk Hutbe

14 gün sonra, bir cuma günü Hz. Peygamber (a.s.) Efendimiz devesine bindi. Karşılamağa gelenlerle muhteşem bir alay içinde Medine'ye hareket etti. Yolda "Sâlim b. Avf oğulları"na

âit "Rânûnâ Vâdisi"nde öğle vakti oldu. Rasûlullah (a.s.) burada arka arkaya iki hutbe okuyarak ilk Cuma Namazını kıldırdı.

İlk hutbede Allah'a hamd ve senâ ettikten sonra:

Ey nâs, ölmeden önce Allah'a tevbe ediniz, fırsat elde iken iyi işlere koşunuz. Allah'ı çok anmak, gizli ve âşikâr çok sadaka vermek sûretiyle O'nunla aranızdaki bağı kuvvetlendiriniz. Böyle yaparsanız, rızıklandırılır, yardım görürsünüz, kaçırdıklarınızı tekrâr elde edersiniz.

Biliniz ki, Cenab-ı Hakk, içinde bulunduğum yılın bu ayında, bugün şu bulunduğum yerde Cuma namazını kıyâmete kadar, üzerinize farz kıldı. Hayâtımda veya benden sonra, -âdil veya zâlim- bir imamı olduğu halde, önemsiz gördüğü veya inkâr ettiği için kim bu namazı terkederse, Allah onun iki yakasını bir araya getirmesin ve hiç bir işine hayır vermesin. Biliniz ki, böylesinin, tevbe etmedikçe, ne namazı, ne zekâtı, ne haccı, ne orucu, ne de herhangi bir iyiliği Allah katında bir değer taşır. Ancak, kim tevbe ederse Allah tevbesini kabûl eder.(138)

Ey Nâs, kendinize âhiret için azık hazırlayıp önceden gönderin. Hepiniz ölecek ve sürünüzü çobansız bırakacaksınız. Sonra Rabbınız, -arada tercümân veya perdedâr olmaksızın- bizzat:

- Sana benim peygamberim gelip haber vermedi mi? Ben sana mal vermiş, ihsânda bulunmuştum. Sen bunlardan âhiretin için ne gönderdin? diye soracaktır. O kimse sağına, soluna bakacak, hiç bir şey göremeyecek. Sonra önüne bakacak, orada Cehennem'i görecek. Öyleyse yarım hurma ile de olsa, kendini ateşten korumağa gücü yeten, bunu yapsın. Buna gücü yetmeyen, bâri güzel sözle kendini kurtarsın. Çünkü bir iyiliğe 10'dan 700 katına kadar sevap verilir. Allah'ın selâm ve rahmeti üzerinize olsun.(139)

Rasûlullah (a.s.) birinci hutbeyi böylece bitirdikten sonra ikinci hutbede de şunları söylemiştir.

Hamd Allah'a mahsustur. O'na hamdeder. O'ndan yardım dileriz. Nefislerimizin şerlerinden ve kötü işlerimizden Allah'a sığınırız. Allah'ın hidâyet verdiğini kimse saptıramaz. O'nun saptırdığını da kimse doğru yola koyamaz.

Allah'tan başka ilâh olmadığına şehâdet ederim. O birdir, eşi, ortağı ve benzeri yoktur.

Sözlerin en güzeli, Allah Kitabı (Kur'ân-ı Kerîm) dir. Allah'ın kalbini Kur'ân ile süslediği, küfürden sonra İslâm'a soktuğu, Kur'ân'ı diğer sözlere tercîh eden kimse felâh bulup kurtulmuştur.

Allah'ın sevdiğini seviniz. Allah'ı bütün kalbinizle (can ve gönülden) seviniz. Allah Kelâmı Kur'an'dan ve zikrinden usanmayınız.

Allah'ın Kelâmına karşı kalbiniz katılaşmasın.

Yalnız Allah'a kulluk edip ibâdetinizde O'na hiç bir şeyi ortak yapmayınız. O'ndan hakkıyla sakınınız. Yaptığınız iyi şeyleri dilinizle doğrulayınız. Aranızda Allah'ın rahmet ve merhametiyle sevişiniz. Allah'ın selâm ve rahmeti üzerinize olsun.(140)

c) Hz. Peygamber (a.s.)'ın Medine'de Karşılanışı

Cuma namazından sonra Rasûlullah (a.s.) Medine'ye hareket etti.(141) Medine, târihinin en önemli gününü yaşıyordu. Halk bayram sevinci içinde, Kuba'dan itibâren yolu iki taraflı doldurmuştu. Kadınlar şiirler söylüyor, çocuklar "Rasûlullah geldi, Rasûlullah geldi" diye bağrışıyor, küçük kızlar def çalarak şenlik yapıyorlardı. Medine halkı, Rasûlullah (a.s.)'ın gelişinden duyduğu sevinci, hiç bir şeyden duymamıştı.

Herkes Peygamber Efendimizi kendi evinde misâfir etmek istiyor, "Ey Allah'ın Rasûlü, bize buyurunuz... "diyerek deveyi durdurmak istiyorlardı. Rasûlullah (a.s.) ise, kimseyi gücendirmemek için devesini serbest bırakmıştı.

- "Siz deveyi kendi hâline bırakınız. O memurdur, emrolunduğu yere gider," diyerek dâvet edenlerden izin istiyordu. Nihâyet deve, hâlen "Mescidü'n-Nebi"nin bulunduğu boş arsada çöktü, Rasûlullah (a.s.) inmedi. Deve kalkarak bir kaç adım gittikten sonra geri dönüp ilk çöktüğü yere yeniden çöktü, bir daha kalkmadı. Rasûlullah (a.s.) üzerinden inerek:

- "Akrabamızdan en yakın kimin evi?" diyerek etrâfındakilere sordu. Zeyd oğlu Hâlid.(142)

- İşte evim, işte kapısı, buyurunuz Yâ Rasûlallâh... diyerek Rasûlullah (a.s.)'ı dâvet etti. Peygamber Efendimiz böylece Hz. Hâlid'in misâfiri oldu. Bu misâfirlik "Mescidü'n-Nebî"nin inşâatı tamamlanıncaya kadar 7 ay devam etti.(143)

(136) el-Buhârî, 1/11; Tecrid Tercemesi, 2/306 (Hadis No: 270

(137) (Hicretin) ilk gününde, takva temeli üzerine kurulan (Kuba'daki)Mescidde namaz kılman daha uygundur. Bu mescidde temiz olmayı sevenler vardır. Allah da temiz olanları sever. (et-Tevbe Sûresi, 108)

(138) İbn Mâce, es-Sünen, 1/343, (Hadis No: 1081); Tecrid Tercemesi, 3/63, (Hadis No: 487'nin izâhı)

(139) İbn Hişâm, 2/146; Şerafettin Yaltkaya, Hatiplik ve Hutbeler, 22; Kısas-ı Enbiyâ, 1/176; Asr-ı Saâdet, 2/828

(140) İbn Hişâm, 2/147; Hatiplik ve Hutbeler, 22, 24; Kısıs-ı Enbiyâ, 1/177; Asr-ı Saâdet, 2/829

(141) Medine'nin eski adı Yesrib'ti. Rasûlüllah (a.s.) hicret edip yerleştikten sonra "Peygamber Şehri" anlamında "Medinetü'n-Nebî" denildi. Daha sonra kısaltılarak sâdece Medinetü'l Münevvere denilmiştir.

(142) Hâlid b. Zeyd Ebû Eyyûb el- Ensâri, Neccâr oğullarından ve Peygamberimizin dedesi Abdülmuttalib'in annesi Selmâ Hatun'un âilesindendir. Müslüman Araplar tarafından yapılan ilk İstanbul kuşatmasında bulunmuş ve şehit düşmüştür. Fâtih, İstanbul'u fethedince Hz. Hâlid'in kabrini buldurmuş, hâlen ziyâret edilmekte olan türbesini yaptırmıştır. İstanbul'da türbenin bulunduğu semt (Eyyüb), adını onun isminden almıştır.

[MEDİNE DEVRİ]

"Doğrusu inanıp hicret edenler Allah Yolunda mallarıyla, canlarıyla cihâd edenler ve muhâcirleri barındırıp onlara yardım edenler, işte bunlar birbirlerinin dostudurlar."

(el-Enfâl Sûresi, 72)

1- MEDİNE'DE GENEL DURUM

Medine, Mekke'nin kuzeyinde, üç tarafı dağlarla çevrili, güneyi ise ovalık bir şehirdir. Havası güzel, toprağı zirâate elverişli, hurmalıkları boldur.

Rasûlullah (a.s.)'ın hicreti esnâsında, Medine'de Evs ve Hazrec adlı iki Arap kâbilesi ile Kaynuka, Nadîr ve Kurayzaoğulları adlı üç Yahûdi kabîlesi vardı. Arap kabileleri buraya "Seylü'l-arim" denilen sel felâketinden sonra Yemen'den; Yahûdîler ise, Romalıların Kudüs'ü işgal ve tahriplerinden sonra Kudüs'ten gelip yerleşmişlerdi.

Başlangıçta, bir müddet Araplarla Yahûdîler iyi geçinmişlerse de, Yahûdîlerin çıkarcı davranışları yüzünden zamanla araları açılmış, Arablar Yahûdîleri yenerek Medine'de hâkim duruma gelmişlerdi. Fakat çok geçmeden Yahûdîlerin entrikaları ile birbirlerine düştüler ve iki kardeş kabîle uzun yıllar birbirleriyle savaştılar. Bu savaşların en sonuncusu Buâs Harbi'dir. Hicretten yaklaşık 5 yıl önce sona eren ve bazı fâsılalarla tam 120 yıl süren bu savaşta her iki taraf da büyük kayıp vererek zayıf düşmüşlerdir. Bu yüzden, Hicret esnâsında Yahûdîler, özellikle iktisâdî yönden Medine'de hâkim durumda bulunuyorlardı.

Evs ve Hazrec kabîleleri, aralarındaki bu düşmanlığın ancak Rasûlullah (a.s.)'ın hakemliği, İslâm'ın getirdiği adâlet, sevgi ve kaynaşma ile ortadan kalkabileceğini anlayarak Müslümanlığa sımsıkı bağlandılar. Gerçekten Hz. Peygamber (a.s.)'ın Medîne'ye gelmesiyle, bu iki kardeş kabile arasında asırlarca sürmüş olan kin ve düşmanlıktan eser kalmamıştır.(144)

2- MESCİD-İ NEBÎ'NİN İNŞÂSI

Hicret esnâsında Medîne'de câmi yoktu. Rasûlullah (a.s.) namaz vaktinde nerede bulunursa namazı orada kıldırırdı. İlk mescid, hicretin ilk günlerinde Kuba'da yapıldı.

Hicret sırasında, Rasûlullah (a.s.)'ın devesinin çöktüğü, Halid b. Zeyd'in evinin karşısındaki boş arsaya mescid yapılacaktı. Neccâroğullarından iki yetim çocuğa âit olan bu arsayı, Neccâroğulları hibe etmek istedilerse de Peygamber (a.s.) Efendimiz kabûl etmedi. Bedeli olan 10 miskal (40.9 gr) altını Hz. Ebû Bekir ödedi.

Arsada müşrik kabirleri, yabâni hurmalar ve engebeler vardı. Kabirler başka yere nakledildi. Hurma ağaçları kesildi, çukurlar düzlendi. Mescid'in yapımında bizzât Rasûlullah (a.s.) da bir işçi gibi çalıştı. Temeli taştan, duvarları kerpiçten, direkleri hurma ağaçlarından yapıldı. Üzeri de hurma dallarıyla örtüldü; zemini ise topraktı. Kıblesi Kudüs'e doğru olan bu mescid'in, biri mihrab'ın karşısındaki ana kapı, biri Rasûlullah (a.s.)'ın evine açılan kapı, diğeri de "Bab-ı Rahmet" denilen kapı olmak üzere üç kapısı vardı. Kıble'nin değişmesinden sonra, ana kapı ile mihrap yer değiştirdiler.(145/1)

3- HÂNE-İ SAÂDET'İN İNŞÂSI ve RASÛLÜLLAH (A.S.)'IN HZ. ÂİŞE İLE EVLENMESİ

İnşâsı 7 ay süren Mescid'in bir tarafına Rasûlullah (a.s.) ve âilesinin ikameti için odalar (hücreler) yapıldı. Bu odaların sayısı daha sonra dokuza çıkmıştır. Odalardan her birinin genişliği 3-3,5 arşın, uzunluğu 5 arşın, yüksekliği ise bir adam boyu kadardı. Hz. Aişe, Safiyye ve Sevde'nin odaları Mescid'in güneyinde; Ümmü Seleme, Ümmü Habibe, Meymûne, Cüveyriye, Zeyneb bt. Cahş ve Zeyneb bt. Huzeyme'nin odaları ise Mescidin kuzeyinde bulunuyordu. Rasûlullah (a.s.)'ın hâlen "Kabr-i Saâdet"inin bulunduğu yer, Hz. Âişe'ye tahsis edilen oda idi.

Mescid ve hücrelerin yapımı tamamlanınca, Hz. Peygamber (a.s.) misâfir kaldığı Halid b. Zeyd'in evinden buraya taşındı. Evlâtlığı Zeyd b. Hârise ve Ebû Râfi'i Mekke'ye gönderip kendi âilesi ile Ebû Bekir'in âilesini de Medine'ye getirtti. Kendi âilesi, Hz. Hatice'nin vefâtından sonra evlendiği Zem'a kızı Hz. Sevde ile kızları Ümmü Gülsüm ve Fâtıma idi. Kızlarından Rukıyye daha önce eşi Hz. Osman'la birlikte hicret etmişti. Diğer kızı Zeyneb, kocası henüz müşrik olduğu için gelemedi.(145/2) (Zeyneb, Bedir savaşından sonra hicret edebildi)

Ebû Bekir'in âilesi ise, karısı Ümmü Rumân ile çocukları Abdullah, Esmâ ve Âişe'den ibâretti. Bunlarla berâber Zeyd b. Hârise'nin eşi Ümmü Eymen ile oğlu Üsâme de Medine'ye geldiler.

Hz. Ebû Bekir'in kızı Âişe ile Rasûl-i Ekrem (a.s.) hicretten önce Mekke'de iken nişanlanmışlardı. Hicretten 8 ay sonra, Şevval ayında Medine'de evlendiler. Böylece, Rasûlullah (a.s.) ile

Hz. Ebû Bekir arasındaki mânevi bağ, akrabalık bağı ile daha da kuvvetlenmiş oldu.

Hz. Âişe son derece zeki, bilgili ve kültürlü bir hanımdı. Dinî hükümlerin, Müslüman kadınlara öğretilmesinde büyük gayreti yanında, özellikle Rasûlullah (a.s.)'in ev ve âile hayatıyla ilgili bilgileri Müslümanlar O'ndan öğrenmişlerdir. Kendisinden 2210 hadis rivâyet edilmiştir.

4- SUFFE ASHÂBI (ASHÂB-I SUFFE)

Mescid'in bir tarafına da, etrâfı açık, üstü hurma dallarıyla örtülü bir gölgelik, (çardak, suffe) yapıldı. Evi ve âilesi olmayan fakir Müslümanlar burada kaldıkları için onlara "Ashâb-ı Suffe" denilmiştir.

Suffe ashâbı son derece fakirdi. İş buldukları zaman çalışırlar, diğer zamanlarda Mescidde ilim ve ibâdetle meşgul olurlardı. Burası İslâm Târihinde ilk yatılı öğretmen okulu durumundaydı. Bu okulun dershanesi mescid, yatakhanesi suffe, öğrencileri suffe ashâbı, öğretmenleri de bizzat Rasûlullah (a.s.) idi. Medine'nin dışında yeni Müslüman olan topluluklara İslâm'ı öğretmek üzere bir öğretmen göndermek gerektiğinde, bunlar arasından gönderiliyordu. Sayıları 70 ile 400 arasında değişen Suffe ashâbının ihtiyaçları, ashâbın zenginleri tarafından karşılanıyordu. Rasûlullah (a.s.) her akşam bunlardan bir kısmını kendi sofrasına alır, bir kısmını da ashâb arasına dağıtırdı. Getirilen sadakaları tamamen bunlara gönderir, kendisine gelen hediyelerden de suffe ashâbı için hisse ayırırdı.(146/1) Rasûlullah (a.s.)'den en çok hadis rivâyet etmiş olan Ebû Hüreyre de suffe ashâbındandı.

5- FARZ NAMAZLARIN DÖRT REKAT OLMASI

Mirâctan önce Müslümanlar akşam ve sabah olmak üzere iki vakit namaz kılıyorlardı. Beş vakit namaz mirâcta farz kılındı. Ancak, Hicretten önce, akşam namazının farzı üç rekât, diğer vakitlerin hepsi de ikişer rekâttı, Hicretten sonra, öğle, ikindi ve yatsı namazlarının farzları dört rekâta çıkarıldı. Sefer zamanlarında ise ilk farz kılındığı sayıda bırakıldı. (146/2)

6- EZÂN'IN MEŞRÛİYETİ

Mescid-i Nebi'nin inşâsı bittikten sonra, namaz vakitlerinin Müslümanlara duyurulmasına ihtiyaç duyuldu. Çünkü, namaza erken gelenler vaktin girmesini bekleyip işlerinden kalıyorlar; geç gelenler ise cemâate yetişemedikleri için üzülüyorlardı.

Rasûlullah (a.s.) vahiy gelmeyen konularda ashâbı ile istişâre ederdi. (147) Bu konuda yapılan istişâre esnâsında, namaz vakitlerinin "çan veya boru çalınarak, ateş yakılarak, yüksek bir yere bayrak çekilerek duyurulması" teklifleri yapıldı. Rasûlullah (a.s.), "çan çalmak Hristiyanların, boru çalmak Yahûdîlerin, ateş yakmak Mecûsîlerin âdetidir." diyerek kabûl etmedi. Bayrak çekme teklifi de beğenilmedi. İstişâre sonunda hiç bir şeye karar verilemedi.

Ensârdan Zeyd oğlu Abdullah, rüyâsında elinde nâkûs (çan) bulunan birini görmüş, namaz vakitlerini duyurmak için bu nâkûsu satın almak istemiş, Rüyâsında gördüğü bu zât ona:

-"Ben sana daha güzelini öğreteyim" diyerek ezân lafızlarını söylemiş. Abdullah uyanınca, Rasûlullah (a.s.)'a gelerek rüyasında gördüklerini haber verdi. Rasûl-i Ekrem (a.s.):

-"İnşâllah hak rüyâdır. Bilâl'in sesi seninkinden gür. Gördüğünü ona öğret. Namaz vaktinde ezânı o okusun", buyurdu. Bilâlin okuduğu ezân, Medine'nin her tarafından duyuldu. Aynı rüyâyı Hz. Ömer de görmüş, fakat Abdullah daha önce haber vermişti. (148) Daha sonra Bilâl, sabah ezânlarına "es-salâtü hayrun minen-nevm" (namaz uykudan hayırlıdır.) cümlesini de eklemiştir.

Ezân, şeâir-i İslâmiye'dendir. Vâcib derecesinde kuvvetli bir sünnetdir. Yalnız rüyâ ile değil, Rasûlullah (a.s.)'ın sünneti ve daha sonra inen âyetlerle de sâbittir. (149)

7- ENSÂR İLE MUHÂCİRLER ARASINDA KARDEŞLİK

Mekke'li Müslümanlar, dinleri uğrunda bütün servet ve varlıklarını Mekke'de bırakmışlar, Medine'ye hicret ederek muhâcir olmuşlardı. Medineli Müslümanlar, onları kendi nefislerine bile tercih ederek, her türlü yardımı yapmışlar, onların bütün ihtiyâçlarını karşılamışlardı.(150) Fakat muhâcirler, ensâr'a yük oluyoruz, kendi kazancımız yok, diye üzülüyorlardı.

Rasûlullah (a.s.) muhâcirlerin bu üzüntüsünü gidermek, aradaki sevgi ve samimiyeti güçlendirmek, herhangi ayrılık belirtisini önlemek için Hicretin 7'inci ayında muhâcirlerle ensârı, Mâlik oğlu Enes'in evinde topladı.(151) Burada, bir muhâciri, bir ensârla kardeş yaparak 90 (veya 360 kişi asarında kardeşlik bağı kurdu.(152) Ensâr, muhâcir kardeşlerini alıp evlerine götürdüler Mallarına ortak ettiler. Rasûl-i Ekrem (a.s.)'a başvurarak:

-Ya Rasûlallah, hurmalıklarımızı, muhâcir kardeşlerimizle aramızda paylaştır... dediler. Rasûlullah (a.s.):

-Hayır, mülkiyet size âit. Muhâcir kardeşlerinizle birlikte çalışacak, mahsûlü paylaşacaksınız... buyurdu. (153/1) İki taraf buna râzı oldular. Kardeşler birbirlerine o derece bağlandılar ki, başlangıçta, zev'il-erhâmdan önce birbirlerine mirâsçı bile oldular. (153/2)

Ensâr'dan Reb'i oğlu Sa'd, muhâcir Avf oğlu Abdurrahman'a:

-Ben malca ensârın en zenginiyim. Rasûlullah (a.s.) ikimizi kardeş yaptı. Malımın yarısı senindir. İki zevcem var, dilediğini boşayacağım. Onu da nikâhlarsın... dedi. Abdurrahman:

-Allah malını da, zevceni de sana mübârek kılsın. Benim bunlara ihtiyâcım yok. Sen bana çarşıyı göster... dedi. (154)

Abdurrahman ticârete başladı, kısa zamanda zengin oldu. Muhâcirlerin büyük kısmı ticâretle hayatlarını kazandılar.

Ensâr ve muhâcirlerden belirli kimseler arasında Hz. Peygamber tarafından yapılan kardeşlik, daha sonra "Mü'minler ancak kardeştirler"(el-Hucurât Sûresi, 10) âyet-i celîlesiyle genişledi. Fakat bu kardeşliğin, mîrâsla ilgili hükmü, Bedir Savaşı'ndan sonra "...Akraba olanlar (mîrâs hususunda) Allah'ın Kitâbında mü'minlerden ve muhâcirlerden daha yakındır.." (el-Ahzâb Sûresi, 6) ve "Allah'ın Kitâbında (mîrâs hususunda) hısımlar birbirlerine daha yakındır." (el-Enfâl Sûresi, 75) ayet-i kerîmeleri ile kaldırıldı.(155/1) Çünkü muhâcirler, çalışıp ticâret yaparak ilk sıkıntılı günlerinden kurtuldular. Bedir Savaşı ganimetlerinden de yararlandıktan sonra, artık ensârın yardımına ihtiyaçları kalmadı.

8- MÜSLÜMANLARLA YAHÛDÎLER ARASINDA VATANDAŞLIK ANLAŞMASI

Rasûlullah (a.s.) Mekkeli muhâcirlerle, Medineli ensârı kardeş yaparak birbirlerine bağladıktan sonra, Medine'yi dış düşmanlara karşı müştereken savunmak üzere muhâcirler, ensâr ve Medine'deki Yahûdîler arasında yazılı bir "vatandaşlık anlaşması" yaptı. Bu anlaşmaya göre:

a) Diyet ve fidyelere ait kurallar, eskiden olduğu şekilde devam edecek:

b) Yahûdîler kendi dinlerinde serbest olacaklar;

c) Müslümanlarla Yahûdîler, barış içinde yaşayacaklar,

d) İki taraftan biri, üçüncü bir tarafla savaşırsa, diğer taraf yardımcı olacak,

e) Taraflardan biri Kureyşle dostluk kurmayacak ve onları himâyesine almayacak,

f) Dışardan bir tecâvüz olursa, Medine müştereken savunulacak,

g) İki taraftan biri, üçüncü bir tarafla sulh yaparsa, diğer taraf bu sulhü tanıyacak,

h) Müslümanlarla Yahûdîler arasında çıkacak her türlü anlaşmazlıkta Hz. Peygamber (a.s.) hakem kabûl edilecekti. (155/2)

9- MEDİNE'DE MÜSLÜMANLARIN DURUMU

Müslümanlar Medineye göç etmekle rahata kavuşmuş olmadılar. Bir bakıma tehlike ve düşmanları daha da çoğaldı. Hicretten önce karşılarında düşman olarak yalnızca Mekke müşrikleri vardı. Hicretten sonra puta tapıcı müşrikler, münâfıklar ve Yahûdîler olmak üzere üç sınıf düşmanla karşı karşıya geldiler.

a) Puta tapıcı müşrik Araplar: Arabistan'ın çeşitli bölgelerinde Kâbe'yi ve putlarını ziyârete gelen Arab kabîleleri sâyesinde bol kazanç elde eden Mekkeliler, maddî çıkarlarını putperestliğin yaşamasında gördükleri için, Müslümanlığa düşman olmuşlar, Müslümanları yok etmek için ellerinden gelen her şeyi yapmışlardı. Müslümanlığın, Şam ticâret yolu üzerinde bulunan Medine'de yayılması da onların işine gelmedi. Bu sebeple hicretten sonra, Müslümanların peşini bırakmadılar. Müslümanlığı henüz kuvvetlenmeden yok edebilmek için her tedbire başvurdular.

b) Yahûdîler: Evs ve Hazrec kabîleleri arasındaki anlaşmazlığı körükleyerek onları zayıf düşürüp, Medine'de ekonomik yönden hâkim duruma gelen Yahûdîlerin de, Müslümanlık menfaatlerine uygun gelmemişti. Hz. peygember (s.a.s.) Efendimiz bunlardan gelecek tehlikeleri önlemek için

Yahûdî kabîlelerinin her biriyle ayrı ayrı anlaşmalar yapmıştı. Fakat, bunlar anlaşmalara sâdık kalmıyorlar, Kureyş kabîlesi ve Müslümanlara düşman olan diğer unsurlarla işbirliği yapıyorlardı.

c) Münâfıklar: Hicretten önce Hazrec kabîlesinin ileri gelenlerinden Übeyy oğlu Abdullah'ın (Abdullah b. Übeyy b. Selûl) Hazrec kabîlesine reis olması kararlaştırılmıştı. Taraftarları ona süslü bir taç bile hazırlamışlardı. Müslümanlığın Medine'de süratle yayılması ve Rasûlullah (a.s.)'ın hicret etmesi, Abdullah'ın reisliğine engel oldu. Bu yüzden Abdullah ve taraftarları Müslümanlığa düşman oldular. Fakat mücâdele ve bozgunculuklarını daha etkili yapabilmek için, imân etmedikleri halde Müslüman göründüler. Böylece bir de "Münâfıklar zümresi" meydana geldi. Peygamber Efendimiz (a.s.) bunları biliyor, fakat ayıplarını yüzlerine vurmuyordu.

Mekkeli müşrikler, Medine'deki Yahûdîlerle münâfıkları, Müslümanlara karşı el altından devâmlı teşvik ve tahrik ediyorlar, Medine etrafındaki müşrik Arab kabîleleriyle anlaşmalar yaparak Medine'ye baskın yapmağa hazırlanıyorlardı. Münâfıkların reisi Übeyy oğlu Abdullah'a bir mektup yazarak:

"Siz Muhammed (a.s.)'ın yurdunuzda barınmasına izin verdiniz. O'nu ya öldürmez veya bize teslim etmez, yahut da Medine'den çıkarmazsanız hepinizi öldürmek, esir etmek ve kadınlarınıza tecâvüzde bulunmak üzere Medine'yi basacağız" (156/1) diye münâfıkları bile tehdit etmişlerdi. Medine'lilerin gözlerini korkutmak ve Müslümanlara yardımcı olmaktan vazgeçirmek için bir defa da Câbir oğlu Kürz komutasındaki bir çete ile Medine'lilerin mer'ada otlamakta olan hayvanlarını sürüp götürmüşlerdi.

Görüldüğü üzere Müslümanlar, Medine'ye hicretten sonra da güven içinde olmadılar. Bu yüzden Peygamber Efendimiz (a.s.) Medine'nin savunmasıyla ilgili bütün tedbirleri aldı. Medine'deki Yahûdîler ve Medine etrâfındaki müşrik Arab kabîleleri ile saldırmazlık anlaşmaları yaptı. Etrafa seriyyeler (küçük askeri birlikler) göndererek, düşmanın hareketlerini kontrol altına aldı. Mekkelilerin Şam ticâret yolunu kapattı. Müşriklerin gece baskını ihtimâline karşı geceleri Medine sokaklarında ashâb nöbet tuttu. Peygamber Efendimiz (a.s.) bile ancak kapısında nöbet beklendiği zamanlarda endişesiz uyuyabiliyordu.(156/2)

10- İLK NÜFUS SAYIMI

Savunma ile ilgili alınan tedbirler arasında, Müslümanların sayısını bilmeğe de lüzûm görüldüğünden, Rasûlullah (a.s.) "Bana Müslüman olduklarını söyleyenlerin isimlerini yazınız," buyurmuştur. Sayım sonunda Medine'de 1500 müslüman bulunduğu anlaşılmıştır.(157)

11- İLK SERİYYELER

Rasûlullah (a.s.) düşmanın hareketini kontrol altında tutmak, Medine'yi muhtemel bir tecâvüzden korumak için, civârdaki bazı bölgelere "keşif kolları" (seriyye) göndermiş, fakat kendilerine silahlı tecâvüz olmadıkça çarpışma izni vermemiştir.

Hicretin ilk yılında üç seriyye gönderilmiştir. İlk seriyye, Hz Peygamber (a.s.)'ın amcası. Hz. Hamza komutasındaki 30 kişilik seriyyedir. İslâm'da ilk sancak bu seriyyeye verilmiştir.

2'inci seriyye, Rasûlullah (a.s.)'ın amcalarından Hâris'in oğlu Ubeyde komutasında; 3'üncüsü ise Sa'd b. Ebî Vakkas komutasında gönderilmiştir.

Bunlar Kureyş kervanlarını takip için gönderilmişlerdi. İlk iki seriyyede karşılaşma olduğu halde çarpışma olmamıştır. Sadece Sa'd b. Ebî Vakkas, ikinci seriyye'de bir ok atmıştır ki İslâm'da Allah yolunda atılan ilk ok budur.

Bu seriyyeler, hicretin 7-8 ve 9' uncu (Ramazan, Şevval ve Zilkade) aylarında gönderilmiştir.

Seriyye: Rasûlullah (a.s.)'ın kendisinin bulunmadığı küçük harp müfrezesi demektir. Rasûlullah (a.s.)'ın katıldığı ve bizzât idare ettiği askeri harekâta ise "Gazve" denir. Seriyyeler, genellikle gece çıkarılan ve sayıları 5-400 arasında değişen askeri birliklerdir. Gazvelerin sayısı 19'dur. Seriyyelerin sayısı daha çoktur.

(144) "Hepiniz, toptan sımsıkı Allah'ın ipine (İslâm Dini'ne ve Kur'ân-ı Kerîm'e) sarılın. Allah'ın üzerinizdeki nimetini hatırlayın. Hani siz birbirinizin düşmanları idiniz de O, kalblerinizi birleştirmişti. İşte O'nun bu nimeti sâyesinde kardeş olmuştunuz. Siz bir ateş çukurunun kenarında iken sizi oradan da O kurtarmıştı." (Âl-i İmrân Sûresi, 103)

[II- HİCRETİN İKİNCİ YILI (623-624 M.)]

"Sizinle savaşanlara karşı, Allah yolunda siz de savaşın. Aşırı gitmeyin; doğrusu Allah aşırı gidenleri sevmez"

(Bakara Sûresi, 190)

1- SAVAŞA İZİN VERİLMESİ

İslâm'da asıl olan barıştır. Savaş, zulmün önlenmesi, hakkın kabûl ettirilmesi için meşrû kılınmıştır. 13 seneye yaklaşan Mekke Devri'nde ve Medine Devrinin ilk yılında, müşriklerden gördükleri bunca zulüm, işkence ve haksızlığa rağmen, mü'minlere sabırlı olmaları, Allah'ın dinini güzellikle tebliğe çalışmaları emredilmiş(158), savaşa izin verilmemişti. Müslümanlardan:

-Ey Allah'ın Rasûlü, nedir bu çektiklerimiz? İzin ver de şunları gizli gizli öldürelim, diye izin istiyenlere Hz. Peygamber (a.s.):

-Henüz savaş izni verilmedi, sabredin Allah'ın yardımı yakındır, çektiğiniz çilelerin mükâfâtını göreceksiniz, diye cevap vermişti.

Hicretten sonra Müslümanlar, giderek müşriklere karşı koyabilecek duruma geldiler. Üstelik Müslümanların düşmanları çoğaldı, sabır yolu ile barışı sürdürmek artık mümkün değildi. Bundan dolayı Hicretin 2'inci yılı başlarında Safer ayında;

"Zulüm ve haksızlığa uğratılarak, kendilerine savaş açılan kimselere (mü'minlere) savaş izni verildi. Allah onlara yardım etmeğe elbette Kâdirdir. Onlar, 'Rabbımız Allah'tır' dediler diye, haksız yere yurtlarından (Mekke'den) çıkarıldılar..." (el-Hacc Sûresi, 39-40) anlamındaki âyet-i kerimelerle Müslümanlara, kendilerini savunmak üzere savaş izni verildi.

2- İLK GAZVELER

Mekke müşrikleri, Medine'ye baskın hazırlığı içindeydiler. Rasûlullah (a.s.) düşmanın hazırlıkları hakkında bilgi edinmek için zaman zaman seriyyeler gönderdiği gibi, Medine ile Mekke arasındaki kabîlelerle görüşüp anlaşmalar yapmak, kureyş'in planladığı yağmaları önlemek için bizzat kendisi de askerî yürüyüşlere katıldı. Rasûlullah (a.s.)'ın katılıp bizzât idâre ettiği askeri harekâta "Gazve" denir.

Rasûlullah (a.s.)'ın ilk gazvesi, 60 kişilik müfreze ile Ebvâ Köyüne yapılan gazvedir.(159) Hicretin ikinci yılı Safer ayı başında yapılmıştır. Aynı yıl içinde sırasıyla Buvat, Uşeyre, Küçük Bedir ve Büyük Bedir Gazveleri olmuştur. İlk dördünde düşmanla karşılaşma olmamış, kan dökülmemiştir. Büyük Bedir Gazvesi, Müslümanların yaptığı ilk savaş olmuştur.

3- KIBLENİN DEĞİŞMESİ

İslâm'ın ilk yıllarında namaz, Beyt-i Makdis'e (Kudüs'e) doğru kılınıyordu. Ancak, Hicret'ten önce Rasûlullah (a.s.) Mekke'de namaz kılarken, mümkün mertebe Kâbe'yi arkasına almaz; Kâbe, kendisiyle Beyt-i Makdis arasında kalacak şekilde, Rükn-i Yemânî ile Rükn-i Hacer-i esved arasında namaza dururdu. Böylece hem Kâbe'ye hem de Kudüsteki Mescid-i Aksa'ya yönelmiş oluyordu. Hicretten sonra Medine'de Mescid-i Aksa'ya yöneldiğinde Kâbe'nin arka tarafta kalmasından Rasûlullah (a.s.) üzüntü duyuyor, kıblenin Kâbe'ye çevrilmesini içten arzu ediyordu.(160) Çünkü Kâbe, atası Hz. İbrahim'in kıblesiydi.

Hicretten 16-17 ay kadar sonra, Şaban ayının 15'inci günü Hz. Peygamber (a.s.) Medine'de Selemeoğulları Yurdu'nda öğle namazı kıldırırken, ikinci rek'atın sonunda; (161)

"Yüzünü gökyüzüne çevirip durduğunu görüyoruz. Seni elbette hoşnut olduğun kıbleye çevireceğiz. Hemen yüzünü Mescid-i Harâm'a doğru çevir. (Ey mü'minler) siz de nerede olursanız, (namazda) yüzlerinizi, onun tarafına çeviriniz..."

(Bakara Sûresi, 144)

anlamındaki âyet nâzil oldu. Hz. Peygamber yönünü hemen Kudüs'ten Mescid-i Harâm'a çevirdi. Cemâat da saflarıyla birlikte döndüler. Kudüs'e doğru başlanılan namazın, son iki rek'atı, Kâbe'ye yönelinerek tamamlandı. Bu yüzden Selemeoğulları Mescidine "Mescid-i Kıbleteyn" (iki kıbleli mescid) denilmiştir.

4- CAHŞ OĞLU ABDULLAH SERİYYESİ ve BATN-I NAHLE OLAYI

Medine'ye baskın hazırlığı yapan Kureyş'in harekâtından haber almak üzere, Peygamber Efendimiz, Recep ayının son günlerinde, Mekke tarafına halasının oğlu Cahş oğlu Abdullah komutasında, 8 kişilik bir seriyye gönderdi. İki gün sonra açılmak üzere Abdullah'a bir de mektup vermişti. Mektupta, Mekke ile Tâif arasındaki Nahle Vâdisi'ne kadar gidilmesi, Kureyş'in faâliyetleri konusunda bilgi toplanması isteniyordu. (162)

Nahle Vâdisinde, Kureyş'in Tâif'ten dönmekte olan bir kervanına rastladılar. Kervanın reisi Hadramî oğlu Amr'ı öldürüp ele geçirdikleri iki esir ve zaptettikleri mallarla Medine'ye döndüler. Rasûlullah (a.s.) bu olayı hoş karşılamadı. Çünkü kendilerine çarpışma izni verilmemişti. Üstelik bu olay, kan dökülmesi yasak sayılan "eşhür-i hurum"dan Recep ayında meydana gelmişti. Mekke müşrikleri bu olayda öldürülen Hadramî oğlu Amr'ın intikamını vesile ederek savaş hazırlıklarını hızlandırdılar. "Muhammed harâm aylara bile saygı göstermiyor, harâm aylarda kan döküyor, yağma yapıyor.." diye de yaygara kopardılar. (163)

5- BEDİR SAVAŞI (17 Ramazan 2 H/13 Mart 624 M.)

"Siz güçsüz bir durumda iken Allah size Bedir'de yardım etmişti".

(Âl-i İmran Sûresi, 123)

a) Kureyş'in Gönderdiği Kervan

Kureyş Medine'yi basıp Rasûlullah (a.s.)'ı öldürmek, Müslümanlığı ortadan kaldırmak için hazırlanıyordu. Yapılacak savaşın masraflarını karşılamak üzere, Ebû Süfyân'ın başkanlığında büyük bir ticâret kervanını Medine yolu ile Şam'a göndermişlerdi. Nahle Vâdisinde öldürülen Hadramî oğlu Amr'ın kardeşi Âmir, Mekke sokaklarında çırılçıplak:

-"Vâh Emrâh, vâh Amrâh..." diyerek dolaşıyor, halkı savaşa ve intikama teşvik ediyordu. Kervan döner dönmez, Medine'ye hücûm edeceklerdi.

Gönderdiği seriyyeler (keşif birlikleri) vasıtasıyla Hz. Peygamber (a.s.), Mekke'de olup bitenleri, yapılan hazırlıkları tamâmen öğrenmişti. Ebû Süfyân'ın idâresindeki ticâret kervanından elde edilecek kazanç, Müslümanlarla yapılacak savaş için kullanılacaktı. Bu yüzden Rasûlullah (a.s.) Şam'a giderken engel olmak üzere "Uşeyre" denilen yere kadar bu kervanı tâkip etmiş fakat yetişememişti. Dönüşünü haber alınca, kervanı ele geçirmek üzere, Ramazan'ın 12'inci günü Abdullah b. Ümmi Mektûm'u imâm bırakarak 313 kişi ile Medine'den çıktı. Yolda ensârdan Ebû Lübâbe'yi Medineye muhâfız tâyin ederek, geri çevirdi. 8 kişi de mâzeretleri sebebiyle izin aldıklarından 64'ü muhâcir, diğerleri de ensârdan omak üzere 305 kişi kaldılar. 6 zırh, 8 kılıç, 3 at, 70 develeri vardı. Binek yetişmediği için develere nöbetleşe biniyorlardı.

Ebû Süfyan, dönüşte Müslümanların kervana saldırma ihtimâline karşı Mekke'ye haberci göndererek korunması için yardım istemişti. Esâsen aylardan beri savaş hazırlığı içinde olan Mekkeliler kervanı kurtarmak ve Müslümanlardan intikam almak üzere Ebû Cehil'in komutasında 950-1000 kişilik bir ordu ile hareket ettiler. Ebû Leheb'den başka bütün Kureyş ululurının katıldığı bu ordunun 200'ü atlı, 700'ü develi, diğerleri de yaya idi. Zırh, ok, mızrak, kılıç gibi her türlü savaş âlet ve silahları tamamdı. Ebû Leheb, hastalığı sebebiyle sefere katılamamış, yerine bedel göndermişti.

b) İki Tâifeden Biri

Kervanı araştırdığı esnâda, yolda Safrâ yakınlarında Zefiran Vâdisi'nde Kureyş'in büyük bir ordu ile kervanı kurtarmak üzere Medine'ye doğru yürümekte olduğunu haber alan Rasûlüllah (a.s.) durumu Müslümanlara anlatarak:

- Kureyş Mekke'den çıkmış, üzerimize doğru geliyor. Kervanı mı tâkip edelim, yoksa kureyş ordusunu mu karşılayalım, diye istişârede bulundu. Medine'den savaş hazırlığı ile çıkılmadığı için, çoğunluk kervanın tâkibini istiyordu.(164)

Rasûlullah (a.s.)'ın bu duruma üzüldüğünü gören Hz. Ebû Bekir ve Hz. Ömer sıra ile ayağa kalkarak, Kureyş ordusuna karşı çıkmanın daha uygun olacağını savundular. Hz. Peygamber (a.s.) bu konuda ensâr'ın düşüncesini öğrenmek istiyordu. Sonra ilk Müslümanlardan Mikdad b. Esved, Muhâcirler adına söz alarak:

- Biz, kavminin Hz. Musa'ya "Sen ve Rabbın gidin ve düşmana karşı savaşın. Biz burada oturup bekleyelim,(165) dedikleri gibi demeyiz. Biz senin sağında, solunda, önünde arkanda çarpışırız. Allah ve Rasûlünün emri ne ise ona itâat ederiz. Sen nereye gidersen oraya gideriz,(166) dedi. Ensar adına konuşan Sa'd b. Muâz da:

- "Ey Allah'ın Rasûlü, biz sana imân ettik. Getirdiğin Kur'ân'ın hakk olduğuna şehâdet ettik, sözlerini dinlemeğe ve itâat etmeğe, düşmana karşı seni korumağa söz verdik. Sen nasıl istersen öyle yap. Seni hak Peygamber gönderen Allah'a yemin ederim ki, sen bize denizi gösterip dalsan biz de dalarız, hiç birimiz geri dönmeyiz. Biz düşmanla savaşmayı, harpte sebât göstermeyi biliriz. Allah'a güvenerek düşman ordusunun üzerine gidelim..." (167) dedi. Rasûlullah (a.s.) bu konuşmadan son derece memnun oldu.

- Öyleyse haydi Allah'ın bereketine yürüyünüz. Size müjdelerim ki, "Allah iki tâifeden birini (kervanın ele geçirilmesi veya Kureyş ordusunun yenilgisini) bize vâdetti".(168) Zaferimiz kesindir. Ben şimdiden Kureyş reislerinin harp meydanında yıkılacakları yerleri görüyor gibiyim, buyurdu. Sonra da Bedir'e doğru hareket etti.(169)

Bedir deve yürüyüşü ile Medine'ye 3; Mekke'ye ise 10 günlük (80 mil) mesâfede bir köydü. Her yıl burada panayır kurulur, bu sebeple Suriye'ye giden kervanlar buradan geçerdi. Kureyş ordusu buraya Müslümanlardan önce gelip, suyun başını tutmuştu. Ebû Süfyân idâresindeki 50 kişilik Kureyş kervanı ise, henüz Müslümanlar Medine'den çıktıkları sıralarda, sâhil yolunu izleyerek Medine'den uzaklaşmış, Kureyşlilere de geri dönmeleri için haber göndermişti. Fakat, ordusuna çok güvenen Ebû Cehil, mutlaka savaşmak istiyordu. Bu yüzden Mekkeliler geri dönmeyip, Bedir'e kadar ilerlemişler ve burada karargâh kurmuşlardı.

c) İki tarafın durumu

17 Ramazan 2 H./13 Mart 624 M. Cuma sabahı iki ordu Bedir'de karşılaştı. Araplar ötedenberi hep kabîlecilik gayretiyle savaşmışlardı. Bu savaşta ise din uğrunda aynı kabîlenin insanları birbirleriyle çarpışacak, kardeş, amca, yeğen, hatta, baba-oğul birbirlerini öldüreceklerdi.(170/1)

Müslümanların sancaktarı Mus'ab b. Umeyr'in kardeşi Ebû Azîz, Kureyş'in bayraktarıydı. Utbe b. Rabîa'nın oğullarından Velîd kendi yanında, ikinci oğlu Ebû Huzeyfe mü'minlerin arasındaydı. Hz. Ebû Bekir'in bir oğlu Abdullah kendisiyle beraber, diğer oğlu Abdurrahman ise müşrik saflarındaydı. Rasûlullah (a.s.)'ın amcalarından Hz. Hamza kendi yanında, diğer amcası Abbâs ise karşı tarafta yer almıştı. Hz. Peygamberi ömrü boyunca himâye etmiş olan amcası Ebû Tâlib'in bir oğlu Hz. Ali Müslümanlar içinde, diğer oğlu (Ali'nin kardeşi) Âkil ise müşrikler safında bulunuyordu. Rasûlullah (a.s.)'ın ilk hanımı Hz. Hatice'nin kardeşi Nevfel ile damadı (kızı Zeyneb'in eşi) Ebu'l-Âs müşrikler içinde yer almışlardı.(170/2)

Düşman ordusu sayı, silah, tecrübe ve maddi kuvvet bakımından Müslümanlardan kat kat üstündü. Bulundukları yer de savaş için daha elverişliydi. Ancak, sabaha karşı yağan yağmur, üzerinde rahat yürünemeyen kumlu zemini sertleştirmiş ve Müslümanların su ihtiyacını gidermişti. Böylece Müslümanların moralleri yükselmiş, Allahın yardımına sonsuz güven duymaya başlamışlardı. Kendileri için ölüm-kalım demek olan bu savaşta, İslâm'ın izzeti ve üstünlüğü için Müslümanlar, Allah'a duâ ediyorlardı.

d) Savaş Başlıyor

Kureyş adım adım Müslümanlara yaklaşıyordu. Manzara pek hazîndi. Bir avuç Müslüman, "Allah adını yüceltmek için", tepeden tırnağa silahlı koca şirk ordusunun karşısına çıkıyordu. Rasûlullah (a.s.) yanına Hz Ebû Bekir'i alarak, kendisi için hazırlanan gölgeliğe çekildi, ellerini semâya kaldırıp:

- Yâ Rabb, işte Kureyş bütün gurûr ve azametiyle senin dinini ortadan kaldırmak için geldi. Sana meydan okuyor, Peygamberini yalanlıyor. Yâ Rabb, peygamberlerine yardım edeceğine dâir ahdini, bana verdiğin zafer va'dini lütfet. Şu bir avuç mü'min telef olup yok olursa, bu günden sonra yeryüzünde sana ibadet ve kulluk edecek kimse kalmayacak.. "diye dua ediyordu.

Rasûl-i Ekrem (a.s.) vecd içinde, kendinden geçerek, o kadar çok duâ etmiş ve ellerini öylesine semâya kaldırmıştı ki, sırtından ridâsının düştüğünün farkına varmamıştı. Hz. Ebû Bekir ridâsını örttü, elinden tutarak:

- Ey Allah'ın Rasûlü, yetişir artık, duan arşı titretti, Allah va'dini yerine getirecektir, dedi. Rasûlullah (a.s.)'ın bu hâlini gören müslümanlar heyecandan ağlıyorlardı. Nihâyet Rasul-i Ekrem (a.s.): "Toplulukları bozulacak, arkalarını dönüp kaçacaklar" (Kamer Sûresi, 45) anlamındaki âyet-i kerîmeyi okuyarak çadırdan çıktı. (171) Allah yardımını böylece müjdelemiş, zaferin Müslümanların olacağını bildirmişti. (172)

Savaşı Kureyş başlattı. Batn-ı Nahl'e de kardeşi öldürülen Hadramî oğlu Âmir'in attığı ok, Hz. Ömer'in azatlısı Mihca'a isâbet ederek şehit etti.

Savaştan önce, her iki taraftan birer ikişer kişinin ortaya çıkıp çarpışarak tarafları kızıştırması âdetti. Buna "mübâreze" denirdi. Kureyş reislerinden Utbe b. Rabîa, kardeşi Şeybe ile oğlu Velîd; birlikte ilerlediler. Müslümanlardan kendilerine karşı çıkacak er dilediler. Bunlara karşı Hz. Peygamber (a.s.)'ın emri ile Ubeyde, Hamza ve Ali çıktılar. Hamza Şeybe'yi, Ali de Velîd'i birer hamlede öldürdüler. Sonra yaralı Ubeyde'nin yardımına koşup Utbe'nin de işini bitirdiler. (173)

e) Sonuç: Hakk'ın Bâtıla Zaferi

Artık savaş kızışmıştı, müşrikler saldırıya geçtiler, mü'minler kahramanca karşı koydular, Allah'ın yardımı ile müşrik ordusunu bozguna uğrattılar. (174) Müşrikler savaş alanında 70 ölü, 70 esir bırakarak kaçtılar. Öldürülenlerden 24'ü Müslümanlara en çok düşmanlık gösteren Kureyş büyükleriydi. Savaşın başkomutanı Ebû Cehil de ölenler arasındaydı. (175/1) Müslümanlardan şehit düşenler ise 6'sı muhâcirlerden, 8'i de ensârdan olmak üzere 14 kişiydi. (175/2)

Bedir Zaferi Medine'de bayram sevinci meydana getirdi. Mekke ise mâteme büründü. Ebû Leheb bir hafta sonra üzüntüsünden öldü. Fakat Kureyşîler, Müslümanlar sevinmesinler diye yas tutmadılar.

Zaferden sora Rasûl-i Ekrem (a.s.) Bedir'de üç gün daha kaldı. Şehitler defnedildi. Meydanda kalan müşrik ölüleri açılan bir çukura gömüldü.

Kureyş eşrâfından 24 kişinin cesetleri ise pislik atılan susuz kuyulardan birine atıldı. Rasûlullah (a.s.) Bedir'den ayrılacağı sırada bu kuyunun başına varıp, içindeki cesetlerin herbirinin adını söyleyerek:

-Ey filân oğlu filân, biz Rabb'imizin bize va'dettiği zaferi gerçek bulduk, siz de rabbınızın size va'dettiğini gerçek buldunuz mu? diye seslendi. (176) Hz. Ömer:

-Ey Allah'ın Rasûlü, ruhları olmayan cesetlerle mi konuşuyorsun? dediğinde, Rasûlullah (a.s.):

-Allah'a yemin ederim ki, söylediklerimi siz onlardan daha iyi işitiyor değilsiniz, buyurdu. (177)

f) Bedir Esirleri

Hz. Peygamber (a.s.) yolda Safra denilen yerde, elde edilen ganimetleri gazîlere eşit olarak paylaştırdı. Mâzeretleri sebebiyle ordudan ayrılmış olan 8 kişiye de pay ayırdı. Esirlerle ilgili henüz bir hüküm inmemişti. Medine'ye gelince Rasûlullah (a.s.) bu konuyu ashâbıyla istişâre etti. Hz Ebû Bekir, fidye (kurtuluş bedeli) karşılığında serbest bırakılmalarını; Hz. Ömer ise hepsinin boyunları vurularak öldürülmelerini istedi. Rasûl-i Ekrem (a.s.) ve ashâbın çoğunluğu Hz. Ebû Bekir'in teklifini uygun buldular.(178) Esirlerden fidyelerini ödeyenler, hemen serbest bırakıldı, ödeyemeyenler ise, her biri Medine'li 10 çocuğa okuyup yazma öğretme karşılığında hürriyetini kazandı.

Bu olay, dinimizin ilme ve okuyup yazmağa ne kadar çok önem verdiğini; Rasûlullah (a.s.)'ın, Müslümanların düşmanı olan müşriklere bile öğretmenlik yaptırmakta sakınca görmediğini göstermektedir.

6- BENÎ KAYNUKA YAHÛDÎLERİNİN MEDİNE'DEN ÇIKARILMASI (Şevval 2 H./Nisan 624 M.)

Hz. Peygamber (a.s.) Medine'de Yahûdîlerle anlaşmalar yapmış, onlarla barış içinde olmak istemişti. Fakat Yahûdiler dâima düşmanca bir davranış içinde oldular. Her fırsatta Evs ve Hazrec Kabîleleri arasındaki eski düşmanlıkları hatırlatıp, Müslümanları birbirine düşürmeğe çalıştılar. Kendileri ehl-i kitâb ve tek Allah inancında oldukları halde, "müşrikler, mü'minlerden daha doğru yolda" (179) dediler. Sabahleyin Müslüman olmuş görünüp, akşam dönerek (180), Müslümanlarla alay ettiler. Hz. Peygamber (a.s.) ve Müslümanlar aleyhine şiirler yazdılar. Oysa, ellerinde bulunan Tevrat'taki bilgilerden Hz. Muhammed (a.s.)'ın hak peygamber olduğunu da biliyorlar (181), buna rağmen düşmanlık ediyorlardı.

Müslümanlarla Medine'deki Yahûdî kabîleleri arasında yapılan vatandaşlık anlaşmasını ilk bozan Kaynukaoğulları oldu. (182)

Müslümanlardan bir kadın, Kaynuka yahûdilerinden bir kuyumcunun dükkanında alış- veriş ederken, bir Yahûdî, kadın duymadan örtüsünün eteğini arkasına bağlamış, kadın kalkıp gitmek isteyince her tarafı açılıvermişti. Kadının feryâdı üzerine yetişen bir Müslüman bu Yahûdîyi öldürmüş, orada bulunan Yahûdîler de bu Müslümanı öldürmüşlerdi. Bu olay yüzünden Kaynukaoğulları ile Müslümanların arası açıldı.(183) Rasûlullah (a.s.) Beni Kaynuka'ya muâhedeyi yenilemeyi teklif etti, onlar buna yanaşmadılar.

-"Sen bizi, savaş bilmeyen Mekkeliler mi sanıyorsun? Biz savaşa hazırız...." dediler. (184) Rasûlullah (a.s.) Ebû Lübâbe'yi Medine'de vekil bırakarak Şevval ayı ortalarında ordusu ile Benî Kaynuka'yı muhasara etti. Kuşatma 15 gün sürdü. Kaynukaoğulları diğer Yahûdî kabîleleri ve münâfıklardan bekledikleri yardımı göremeyince, teslim olmağa mecbûr oldular. Muâhedeyi bozdukları, vatana ihânet ettikleri için öldürülmeleri gerekiyordu. Kaynukaoğulları daha önce Hazrec kabîlesinin himâyesindeydi. Hazrec kabîlesi eşrâfından, münâfıkların başı Ubeyy oğlu Abdullah, bunu bahâne ederek bunların öldürülmemeleri için ısrar ettiğinden, Rasûlullah (a.s.) Medine'den çıkarılmalarını emretti. Böylece, 700 kişiden ibâret Kaynuka Yahûdîleri, Medine'den Şam tarafına sürüldüler.(185) Ele geçen ganimet mallarının beşte biri Beytü'l-mâle (Devlet hazinesine) ayrıldı. (186) Geri kalanı gazilere paylaştırıldı. Toprakları da, topraksız Müslümanlara verildi. Böylece Müslümanlar, Yahûdîlerin en cesûru sayılan Kaynukaoğullarının kötülüklerinden kurtulmuş oldular.

7- SEVİK GAZASI (Zilhicce 2 H./Mayıs 624 M.2)

Bedir Savaşında Mekkelilerin ileri gelenleri ölmüş, Kureyşin başına Ebû Süfyan geçmişti. Ebû Süfyan, Müslümanlarla savaşıp, Bedir yenilgisinin öcünü almadıkça kadınlarına yaklaşmayacağına, yıkanmayacağına ve koku sürmeyeceğine yemin etmişti. 200 atlı ile Mekke'den çıkarak Medine'ye bir saatlik mesâfede Urayz Köyü'ne gelmiş, çift sürmekte olan ensârdan Sa'd b. Âmir ile hizmetçisini şehit edip bir kaç ev ve hurma ağacını ateşe verdikten sonra, "yeminim yerine geldi", diyerek dönüp kaçmıştır.

Hz. Peygamber (a.s.) bu durumu duyunca 80 süvâri, 120 yaya ile hemen tâkibe çıkmış ise de Ebû süfyân sür'atle kaçtığı için yetişememiştir. Mekkelilerin erzak olarak getirip, kaçarken ağırlık olmasın diye bıraktıkları çuvallar dolusu, kavrulmuş un (sevik) Müslümanların eline geçtiğinden bu gazveye Sevik (kavrulmuş un, kavut) Gazası denilmiştir. (187)

8- HİCRETİN İKİNCİ YILINDA DİĞER OLAYLAR

Medine Devri'nin 2'nci yılında, Bedir Savaşı'ndan önce Şaban ayında Ramazan orucu farz kılındı. Zekât da hicretin 2'inci yılında farz kılınmıştır. Bazı İslâm bilginleri, zekâtın Mekke devride farz kılındığı, Medine Devrinde ise, zekâtın verileceği yerlerin belirlendiği görüşündedir. (188) Gene bu yılda Ramazan ve Kurban bayramları namazları ile fıtır sadakası ve kurban kesmek meşrû kılınmıştır. (189)

Rasûlullah (a.s.)'ın kızı Hz. Osman'ın zevcesi Rukiyye Bedir zaferi esnâsında Medine'de vefât etmiştir. Eşinin hastalığı sebebiyle Hz. Osman Bedir Savaşı'na katılamamıştır.

Rasûlullah (a.s.)'a ilk vahyin geldiği yıl doğmuş olan en küçük kızı Hz. Fâtıma ile Hz.Ali bu yılda evlenmişlerdir. Evleninceye kadar Hz. Ali Rasûlullah (a.s.)'ın yanında kalmış ve O'nun elinde yetişmişti. Evliliğinden sonra ayrı bir eve çıktılar. Rasûlullah (a.s.)'ıin en sevgili kızı Fâtıma'ya çeyiz olarak verdiği eşya, bir yatak, bir şilte, (minder), bir su tulumu, bir el değirmeni, iki su ibriği ve bir su kabından ibârettir.

Bedir esirleri arasında Hz. Paygamber (a.s.)'ın damadı, Zeyneb'in eşi Ebu'l-As da bulunuyordu. Zeyneb, eşinin fidyesi (kurtuluş bedeli) için kendisine annesi Hz. Hatice'nin düğün hediyesi olarak verdiği gerdanlığı da göndermişti. Bu durumdan çok hislenen Rasûlullah (a.s.) ve ashâbı, Ebu'l-Âs'ı fidye almadan serbest bırakmışlar, Zeyneb'in gerdanlığını da geri göndermişlerdir. Ancak Rasûl-i Ekrem (a.s.) Ebu'l-Âs'dan müşrik olduğu için Zeyneb'in kendisine helâl olmadığını, bu yüzden hemen Medine'ye göndermesini istedi. Ebu'l-Âs sözünü yerine getirdi. Böylece Rasûlullah (s.a.s.)'in en büyük kızı Zeyneb de bu yıl içinde Medine'ye hicret etmiştir. (190)

(158) "Rabbinin yoluna hikmet ve güzel öğütle çağır, onlarla en güzel şekilde tartış..." (Nahl Sûresi, 125)

[III-HİCRETİN ÜÇÜNCÜ YILI]

1- UHUD SAVAŞI (11 Şevval 3 H./27 Mart 625 M.)

"Gevşemeyin, üzülmeyin, eğer inan-mışsanız üstün gelecek sizsiniz."

(Âl-i İmrân Sûresi, 139)

a) Savaşın Sebebi

Bedir Savaşında Mekke müşriklerinden 70 kişi ölmüştü. Bunlar arasında Ebû Cehil, Ukbe, Utbe, Şeybe, Ümeyye, Âs b. Hişâm gibi Kureyş'in önde gelen simâları vardı. Bu yüzden

Mekkeliler Bedir yenilgisini unutamıyorlar, intikam ateşiyle yanıyorlardı.

Bedir'de, babalarını, kardeşlerini, oğullarını ve diğer yakınlarını kaybedenler. Mekke reisi Ebû Süfyân'a başvurdular. Dârun'-Nedve'de toplanarak, Şam kervanının kazancı ile bir ordu toplayıp Medine'yi basmağa ve Müslümanlardan öç almağa karar verdiler. (191)

Mekke dışındaki müşrik Arap kabîlelerine, şâirler, hatipler gönderdiler. Bunlar, Bedir'de öldürülenler için, şiirler, mersiyeler söyleyerek halkı heyecâna getirdiler. 50 bin altın olan kervan kazancının yarısı ile Mekke dışındaki müşrik kabilelerden 2000 asker topladılar. Mekke'den katılanlarla, 700'ü zırhlı, 200'ü atlı omak üzere, Ebû Süfyan'ın komutasında 3000 kişilik mükemmel bir ordu ile Medine üzerine yürüdüler. Orduda ayrıca 300 deve, şarab tulumları, şarkıcı ve rakkase kadınlar vardı. Bunlardan Başka, başta Ebû Süfyân'ın karısı Hind olmak üzere Kureyş ileri gelenlerinden 14 tane evli kadın da kocaları ile birlikte bulunuyorlardı.

b) Abbâs'ın Mektubu

Rasûlullah (a.s.)'ın Mekke'deki amcası Abbâs, Bedir'de esir düştükten sonra Müslüman olmuş, fakat Müslümanlığını gizlemişti. Bedir'de çok zarar gördüğünü bahâne ederek, bu orduya katılmadı. Özel haberciyle bir mektup göndererek, durumdan Rasûlullah (a.s.)'ı haberdar etti. Gönderilen keşif kolları da, Kureyş ordusunun Medine'ye yaklaştığını haber verdiler.

Vahiy gelmeyen konularda, karâr vermeden önce Rasûlullah (a.s.) ashâbla istişâre ederdi. Muhâcirleri ve ensârı toplayarak:

-Düşmanı Medine dışında mı karşılayalım, yoksa şehir içinde savunma tedbirleri mi alalım? diye istişârede bulundu.

Peygamber Efendimiz, bir gece önce rüyâsında, kılıcında bir gedik açıldığını, yanında bir sığırın boğazlandığını ve mübârek elini zırhı içinde muhâfaza ettiğini görmüştü. Kılıcında açılan gediği, ehl-i beytinden birinin şehid olması; sığırın boğazlanmasını, ashâbından bazılarının şehit düşmeleri; zırhı da Medine ile tâbir etmiş, bu yüzden Medine dışına çıkılmayarak, şehirde savunma yapılmasını uygun görmüştü.(192) Hz. Ebû Bekir, Sa'd b. Muâz gibi ashâbın büyükleriyle münâfıkların başı Übeyy oğlu Abdullah da bu görüşteydiler. Fakat ashâbın çoğunluğu, bilhassa Bedir savaşı'nda bulunamamış olan genç Müslümanlarla Hz. Hamza:

- Biz böyle bir günü beklemekteydik, düşmanla Medine dışında savaşalım, diye ısrâr ettiler.(193) Rasûlullah (a.s.) çoğunluğun arzusuna uyarak, birbiri üzerine iki zırh giyip, miğferini başına geçirerek hâne-i saâdetinden çıktı. Medine dışında savaşılmasını isteyenler, Peygamber Efendimizin arzusuna aykırı davranmakla hata ettiklerini anlayarak fikirlerinden caydılar. Fakat Rasûlullah (a.s.):

c) Peygamber Zırhını Giydikten Sonra

-"Bir peygamber zırhını giydikten sonra, savaşmadan onu çıkarmaz."(194) Eğer sabreder, görevinizi tam yaparsanız, Allah'ın yardımıyla zafer bizimdir, dedi.

Kureyş ordusu, Medine'nin 5 km. kadar kuzeyindeki Uhud dağı eteklerinde karargâhını kurmuştu. Rasûlullah (a.s.) Abdullah b. Ümmi Mektûm'u Medine'de vekil bırakarak, 1000 kişilik kuvvetle, cuma namazından sonra Medine'den çıktı. O gün Uhud'a kadar ilerlemeyip geceyi "Şeyheyn" denilen yerde geçirdi. Sabahleyin şafakla beraber Uhud'a vardı, savaş için en elverişli yeri seçti.

Yolda Übeyy oğlu Abdullah, "Muhammed (a.s.) bizim gibi yaşlı ve tecrübelileri dinlemedi, çocukların sözüne uydu. Ben meydan savaşını uygun görmemiştim..." bahânesiyle, kendisine bağlı 300 münâfıkla, ordudan ayrıldı. Böylece Müslümanların sayısı 700'e düştü.

d) Rasûlullah (a.s.)'ın Savaş Düzeni

Peygamber Efendimiz, ordusunun arkasını Uhud Dağı'na vererek Medine'ye karşı saf yaptı. Solundaki Ayneyn tepesi'ne "Cübeyr oğlu Abdullah" komutasında 50 okçu yerleştirdi.

-Galip de gelsek mağlup da olsak, benden emir gelmedikçe yerinizden ayrılmayacaksınız, Şu vâdiden, düşman atlıları arkamıza dolaşıp bizi kuşatabilirler. Oklarınızla onları buradan geçirmeyin, çünkü at, oku yeyince ilerleyemez, dedi.(195) Müslümanların karşısında savaş durumu alan müşrik ordusu, sayıca Müslümanların 4 katından daha fazlaydı. Üstelik bunlardan 700'ü zırhlı, 200'ü atlıydı. Müslümanların ise 100 zırhı ve sadece 2 atları vardı. Sağ koluna Ukâşe, sol koluna ise Ebû Mesleme memûr edilmişti. Rasûlullah (a.s.) ise ortada bulunuyordu.

Ebû Süfyân komutasındaki 3000 kişilik müşrik ordusunun sağ kanadına Velid oğlu Hâlid, sol kanadına Ebû Cehil'in oğlu İkrime, süvârilere Ümeyye oğlu Safvân, okçulara ise Rabîa oğlu Abdullah komuta ediyordu.

Kureyşli kadınlar, Bedir'de ölenler için mersiyeler okuyorlar, defler çalıp şarkılar söyleyerek askerler arasında dolaşıyorlar, onları savaşa teşvik ediyorlardı.

Savaş, o devrin âdeti üzerine mübâreze ile (meydanda teke tek çarpışma ile) başladı. Kureyş'in bayrağını taşıyan Abdüddâr oğullarından ortaya çıkan 9 kişi birer birer Müslümanlar tarafından öldürüldü.

Rasûlullah (a.s.) elindeki kılıcı göstererek:

- Hakkını ödemek şartıyla bu kılıcı kim ister? diye sordu. Ensârdan Ebû Dücâne:

- Bunun hakkı nedir, Ya Rasûlallah? diye sordu. Rasûlullah (a.s.):

- Eğilip bükülünceye kadar düşmanla savaşmak, diye cevap verdi.

Ebû Dücâne bu şartla aldığı kılıçla düşman üzerine saldırdı, müşrik safları arasına girdi.(196) Hamza, Ali, sa'd b. Ebî Vakkâs, Ebû Dücâne gibi kahramanların hücûmlarıyla savaşın ilk anında 20'den fazla ölü veren Kureyş, bozguna uğramış, sağ ve sol kanat geri çekilmiş, def çalarak Kureyşlileri savaşa teşvik eden kadınlar, feryadlar kopararak yüksek tepelere kaçmışlardı. İman kuvveti karşısında sayı ve malzeme üstünlüğü işe yaramamış, müşrikler kaçmağa başlamışlardı.

e) Okçular Yerlerini terkedince

Böylece ilk safhada müslümanlar savaşı kazandılar. Fakat kaçan düşmanı sonuna kadar tâkib etmeden, savaş alanına dağılarak, ganimet (düşmandan kalan malları) toplamağa koyuldular. Ellerine geçen fırsatı yeterince değerlendiremediler. Ayneyn tepesinden durumu seyreden okçular da birbirlerine:

-Burada ne bekliyoruz, savaş bitti, zafer kazanıldı, biz de gidip ganimet toplayalım, dediler.(197) Abdullah b. Cübeyr:

-Arkadaşlar, Rasûlullah (a.s.)'ın emrini unuttunuz mu? O'ndan emir almadıkca yerimizden ayrılmayacağız... diye ısrâr ettiyse de dinlemediler.(198) Abdullah'ın yanında sadece 8 okçu kaldı.

Düşmanın sağ kanat komutanı Hâlid b. Velîd, Rasûlullah (a.s.)'ın okçularla koruduğu Ayneyn vâdîsinden geçerken Müslümanları arkadan kuşatmayı denemiş, okçular bu geçidi bekledikleri için başaramamıştı. Okçuların buradan ayrıldığını görünce, emrindeki süvârilerle hücûma geçti. Cübeyr oğlu Abdullah ile 8 sâdık arkadaşını şehit edip, ganimet toplamakla meşgul Müslüman ordusunu arkadan çevirdi. Müşrikler, geri dönüp yeniden hücûma geçtiler. Tepelere çekilen kadınlar da def çalarak aşağıya indiler. Müslümanlar, önden ve arkadan iki hücûmun arasında şaşırıp kaldılar. Savaşı kazanmışken kaybetmeğe başladılar. Birbirlerinden ayrılmış ve dağılmış bir durumda oldukları için, canlarını kurtarma sevdâsına düştüler. (199)

f) Hz. Hamza'nın Şehid Düşmesi

Bedir Savaşı'nda babası Utbe, kardeşi Velîd ve amcası Şeybe'yi kaybetmiş olan Ebû Süfyân'ın karısı Hind, babasını öldüren Hamza'dan öç almak istiyordu. Hamza'nın karşısında kimse duramadığı için, Cübeyr b. Mut'im'in kölesi ve iyi bir nişancı (atıcı) olan Habeşli Vahşî'ye Hamza'yı öldürdüğü takdirde, büyük menfaatler vâdetmiş, efendisi Cübeyr de âzâd etmeğe söz vermişti.

Vahşî, Hamza'nın karşısına çıkmaya cesâret edemedi. Bir taşın arkasına gizlenip, Hamza'nın önünden geçmesini bekledi. Hamza ise savaş alanında durmadan sağa sola koşuyor, elinde kılıç önüne gelen müşrikleri tepeliyordu. O gün tam 8 müşrik öldürmüştü. Bunlardan Abdu'l-Uzza oğlu-Sibah'ı öldürdüğü sırada, Vahşî'nin tam önünde bulunuyordu. Vahşî fırsatı kaçırmadı. Habeşlilerin çok iyi kullandığı harbesini (kısa mızrağını) gizlendiği yerden fırlattı; kahraman Hamza'yı kasığından vurarak şehit etti.(200) Hamza'nın ölümünü duyan Hind, koşarak geldi. Karnını yarıp, ciğerini çıkararak dişledi, fakat yutamadı. Vahşi'yi mükâfatlandırdı ve kölelikten kurtardı.

Savaşın en şiddetli anında Hz. Hamza'nın şehit düşmesi, Müslümanlar için büyük kayıp oldu. Esâsen, ansızın önden ve arkadan uğradıkları hücûm sebebiyle ne yapacaklarını şaşırmışlar, birçok şehid vererek, şuraya buraya dağılmışlardı. Bir ara, Rasûlullah (a.s.)'ın etrafında sâdece, ikisi muhâcirlerden, yedisi ensârdan olmak üzere 9 kişi kalmış, bunlar da birer birer şehid düşmüşlerdi. (201)

g) Rasûlullah (a.s.)'in Öldüğü Şâyiası

İbni Kamie el-Leysi adlı bir müşrik, Hz.Peygamber (a.s.)'a benzeterek, İslâm ordusunun sancaktarı Mus'ab b. Umeyr'i şehit etmiş ve Muhammed (a.s.)'ı öldürdüm, diye ilân etmişti.(202) Bu şâyia üzerine İslâm ordusunda panik başladı. Rasûlullah (a.s.):

- Ey Allah'ın kulları, bana geliniz, etrafımda toplanınız, diye sesleniyor, fakat kimse O'nu duymuyordu.

Müslümanlar birbirinden habersiz üç fırka olmuşlardı.

l) Rasûlullah şehid olduysa, Allah bâkidir. O'nun yolunda biz de şehit oluruz, diyerek savaşa devâm edenler. Enes b. Nadr (Enes b. Mâlik'in amcası) bunlardandı. Yetmişten fazla yara aldıktan sonra şehid düşmüştür.

2) Rasûlullah (a.s.)'ın etrâfını çevirip, vücûdlarıyla O'na siper olan, O'nu düşman saldırısına karşı koruyanlar. Bunlar "14" kişi kadardı. Hz. Ebû Bekir, Hz. Ömer, Hz. Ali, Abdurrahman b. Avf, Talha, Zübeyr, Sa'd b. Ebî Vakkas, Ebû Dücâne bunlardandır.

3) Rasûlullah şehid olduktan sonra, burada durmanın manası yok, diyerek, savaş alanından ayrılanlar.(203) Bunlardan bir kısmı dağlara çekilmişler, bazıları ise Medine'ye dönmüşlerdi.

Müslümanların bu dağınık durumlarından yararlanan müşrikler, Rasûlullah (a.s.)'ın yanına kadar sokuldular. Atılan bir taşla Peygamber Efendimizin dudağı yarıldı, dişi kırıldı ve İbni Kamie'nin kılıç darbesiyle yere yıkıldı. Zırhından kopan iki halka yanağına battığından yüzünden de yaralandı.(204)

Ashâb-ı kirâm, savaş alanında Rasûlullah (a.s.)'ı bir türlü bulamıyordu. Halbuki, Rasûlullah (a.s.) bulunduğu yerden hiç ayrılmamıştı. Nihâyet Hz. Peygamber Efendimizi Ka'b b. Mâlik gördü ve:

- Ey mü'minler, Rasûlullah (a.s.) burada, diye haykırdı. Ka'b'ın sesini duyan Müslümanlar, hemen Rasûlullah (a.s.)'ın etrâfında toplanarak, müşriklerin saldırılarını durdurdular. (205)

h) Ebû Süfyân'la Hz.Ömer Arasında Geçen Muhâvere

Müşriklerin saldırıları yavaşlayınca, Peygamber Efendimiz etrâfında toplanmış olan Müslümanlarla Uhud Dağı tepelerinden birine çekildi. Müslümanların bir tepede toplandığını gören Ebû Süfyân da, onların karşısında başka bir tepeyi işgal etti. Ebû Süfyân, Peygamberimizin sağ olup olmadığını kesinlikle öğrenemediğinden merak içindeydi. Bu sebeple yüksek sesle üç defa:

- İçinizde Muhammed (a.s.) var mı? Ebû Bekir varmı? Ömer var mı? diye seslendi. Rasûlullah (a.s.) cevap verilmemesini emretmişti. Kimseden ses çıkmayınca, müşriklere dönerek:

- "Görüyorsunuz, hepsi de ölmüş. Artık iş bitmiştir, diye söylendi. Hz. Ömer dayanamadı.

- "Yalan söylüyorsun ey Allah düşmanı, sorduklarının hepsi sağ, hepside burada, diye cevap verdi. Ebû Süfyân:

- Savaşta üstünlük nöbetledir, bugün biz Bedir'in öcünü aldık, üstünlük bizde... diye gururlandı. Ömer:

- Bizden ölenler Cennet'de, sizinkiler ise Cehennem'de diye cevâp verdi.

- Ya Ömer, Allah aşkına gerçeği söyle. Biz Muhammed (a.s.) 'i öldürdük mü?

- Rasûlullah (a.s.) sağ ve senin bu sözlerini de işitiyor.

- Ya Ömer, ben senin sözlerine İbni Kamie'nin sözünden daha çok inanırım. Ölülerinize yapılan fenâlıkları ben emretmedim

(206), fakat çirkin de görmedim. Gelecek yıl Bedir'de buluşalım, dedi. Hz. Ömer de:

-"İnşallah, diye cevap verdi.(207) Hz. Ömer'le Ebû Süfyân arasında yapılan bu konuşmadan sonra, müşrikler Uhud'dan ayrıldılar. Onlar, Hz. Muhammed (a.s.)'ı öldürmek, Medine'yi basıp müslümanları imhâ etmek, müslümanlığı ortadan kaldırmak için Mekke'den gelmişlerdi. Fakat Allah kalblerine korku saldı. Üstünlük kendilerinde olduğu ve Rasûlullah (a.s.)'ın de sağ bulunduğunu öğrendikleri halde, savaşa devam etmeğe cesâret edemediler. Tek bir esir bile alamadan, geri döndüler.

I) Uhud Savaşı'ndan Üç Safha

Uhud Savaşı'nda üç safha yaşandı:

İlk safhada Müslümanlar üstün geldiler, 20'den çok düşman öldürerek, müşrikleri bozguna uğrattılar.

İkinci safhada, kaçan müşrikleri kovalamayı bırakıp, kesin sonuç almadan ganimet toplamaya koyulmaları ve Rasûlullah (a.s.)'ın yerlerinden ayrılmamalarını emrettiği okçu birliğinin görevlerini terketmeleri yüzünden, Müslümanlar 70 şehit vererek mağlup duruma düştüler.

Üçüncü safhada ise, dağılmış olan Müslümanlar, Rasûlullah (a.s.)'ın etrâfında toplanıp, karşı hücûma geçerek, düşman hücûmunu durdurdular.

Müşriklerin Uhud'dan ayrılmasından sonra Rasûlullah (a.s.) şehitleri yıkanmadan, kanlı elbiseleriyle, ikişer üçer defnettirdi. (208) Cenâze namazlarını ise, bu târihten 8 sene sonra kıldı. (209)

2- HAMRÂÜ'L-ESED GAZVESİ

Müşrikler, elde ettikleri üstünlükten yararlanıp Müslümanları imhâ etmeden savaş alanından ayrıldıklarına pişmân oldular. Aralarında, geri dönüp Medine'yi basmayı konuştular. Rasûlullah (s.a.s.) bu durumdan haberdar olunca, Medineye dönüşünden bir gün sonra, Uhud Savaşı'na katılmış olan ashâbını toplayarak Medine'den 16 km. kadar uzakta "Hamrâ'ü'l-Esed" denilen yere kadar müşrikleri takibetti. Gece olunca, burada 500 kadar ateş yaktırdı. Müşrikler, takib edildiklerini öğrenince, korktular; Medine'yi basma düşüncesinden vazgeçerek, süratle Mekke'ye döndüler. (210/1)

3- HİCRETİN ÜÇÜNCÜ YILINDA DİĞER OLAYLAR

a) Rasûlullah (a.s.)'ın Hz. Hafsa ve Huzeyme Kızı Zeyneb'le Evlenmesi

Hz. Ömer'in kızı Hafsa'nın ilk eşi Huneys b. Huzâfe, Kureyş ileri gelenlerinden ve Habeşistan'a hicret eden ilk Müslümanlardandı. Sonra Medine'ye hicret etmiş, Bedir ve Uhud Savaşlarına katılmıştı. Uhud Savaşında aldığı bir yaradan, Medine'de vefât etti.

Hz. Ömer, Rasûlullah (a.s.) ile kızı Hafsa'nın evlenmesini şöyle anlatmıştır:

- Hafsa dul kalınca, Osman'a onunla evlenmesini teklif ettim. Hele bir düşüneyim, diye cevap verdi. Sonra kaşılaştığımızda, şu sırada evlenmeyi uygun görmüyorum, dedi. Bunun üzerine Ebû Bekir'e istersen Hafsa'yı sana vereyim, dedim. Ebû Bekir sustu. Müsbet veya menfi cevap vermedi. Ebû Bekir'in susmasına Osman'ın teklifimi geri çevirmesinden daha çok üzüldüm. Keyfiyeti Rasûlullah (s.a.s.)'e arzedince:

- Üzülme yâ Ömer, Hafsa'yı Osman'dan hayırlısı alacak; Osman da Hafsa'dan daha iyisi ile evlenecek (210/2), buyurarak,

Hafsa'nın izdivâcına tâlip oldu; Osman'ı da kızı Ümmü Gülsüm'le evlendirdi. Sonra Ebû Bekir bana rastladığında:

- Sanıyorum, Hafsa'yı bana teklif ettiğinde cevap vermediğime gücenmiştin. Ben Hafsa'yı Rasûlullah (a.s.)'ın alacağını biliyordum. (Bana bunu söylemişti.) Rasûlullah (a.s.)'ın sırrını ifşâ etmeyi uygun bulmadağım için sana cevap vermedim. Eğer böyle olmasaydı, teklifini kabûl ederdim, dedi. (211)

Rasûlullah (a.s.) Hz. Hafsa ile evlenerek, hem en yakın arkadaşlarından Hz.Ömer'in üzüntüsünü giderdi, hem de Hz. Ebû Bekir gibi Hz. Ömer'i de akrabalık bağı ile kendisine bağlamış oldu. (Şaban 3 H / Ocak 625 M)

Hilâloğullarından Huzeyme kızı Zeyneb, ilk kocasından ayrılmış; Rasûlullah (a.s.)'ın halasının oğlu olan ikinci kocası Cahşoğlu Abdullah ise, Uhud Savaşı'nda şehid düşmüştü. Zeyneb genç ve güzel değildi, orta yaşlı ve merhametli bir hanımdı. Fakirleri, yoksulları, kimsesizleri gözettiği için, kendisine "Ümmü'l-mesâkin" ünvânı verilmişti.

Eşinin şehit düşmesiyle himayeye muhtaç kalan bu şefkatli hanımı Rasûlullah (a.s.) nikâhladı. Fakat Zeyneb çok yaşamadı, evlenmesinden üç ay kadar sonra vefât etti.

Rasûlullah (a.s.)'ın torunu Hz. Hasan da bu yıl Ramazan ortalarında doğmuştur. (212)

b) Rasûlullah (a.s.)'ın kızı Ümmü Gülsüm'ün Hz. Osmanla Evlenmesi

Hz. Osman, Rasûlullah (a.s.)'ın ikinci kızı Rukiyye ile evliydi. Rukiyye, Bedir Savaşı esnâsında vefât etmişti. Bir yıl sonra, Rasûlullah (a.s.) Hz. Osman'ı üçüncü kızı Ümmü Gülsüm'le evlendirdi. Rasûlullah (a.s.)'ın iki kızı ile evlenmiş olduğu için Hz. Osman'a "Zi'n-nûreyn" (iki nûr sâhibi) denilmiştir.

[IV-HİCRETİN DÖRDÜNCÜ YILI]

1- RACİ' OLAYI (Safer 4 H./ Temmuz 625 m.)

Uhud savaşı'ndan sonra müşriklerin cesâretleri arttığı için Medine'de Müslümanların güvenliği geniş ölçüde sarsıldı. Rasûlullah (a.s.) bir taraftan gerekli savunma tedbirleri alıyor, bir taraftan da İslâm'ı yaymak için her fırsattan yararlanmağa çalışıyordu. Müslümanlığı kabûl edip, dinin hükümlerini ve Kur'an-ı Kerim'i öğrenmek isteyen kabîlelere mürşitler gönderiyordu.

Adal ve Kare kabîlelerinden bir hey'et, Rasûlullah (a.s.)'a başvurarak, kabîlelerine Müslümanlığı ve Kur'an-ı Kerim'i öğretecek mürşidler gönderilmesini istediler. Rasûlullah (a.s.) bunlara Sâbit oğlu Âsım başkanlığında, 10 kişi gönderdi. Yolda, Usfan ile Mekke arasında Raci' suyu yakınlarında Hüzeyl kabîlesi'nden 100 kişilik bir çetenin hücûmuna uğradılar. Mürşitlerden 8'i çarpışarak şehid oldu, 2'si teslim oldu. Zeyd b. Desine ve Hubeyb b. Adiy adlarındaki bu iki zâtı Hüzeyl'liler Mekke'ye götürüp sattılar. (213)

Zeyd'i, Bedir Savaşı'nda öldürülen babası Ümeyye'nin öcünü almak için, Ümeyye oğlu Safvan satın almış, öldürülmesini seyretmek üzere bütün Mekke ileri gelenlerini dâvet etmişti. Ebû Süfyân Zeyd'e yaklaşarak:

-Doğru söyle, hayâtının kurtarılması için, senin yerine Muhammed (s.a.s.)'in öldürülmesini istemez miydin? demişti.

Zeyd hiç tereddüt göstermeden:

-Asla, Rasûlullah (a.s.)'ın hayâtı yanında, benim hayâtım hiçtir. Benim kurtulmam için değil O'nun öldürülmesini, Medine'de ayağına bir diken batmasını bile istemem, diye cevap verdi. Bu kuvvetli iman karşısında Ebû Süfyân:

-Gerçek şu ki, hiç kimse, arkadaşları tarafından Muhammed (a.s.) kadar sevilmemiştir, demekten kendini alamadı.

Hubeyb, Uhud Savaşı'nda Âmir oğlu Hâris'i öldürmüştü. Babasının intikamını almak üzere onu da Haris'in kızı satın almıştı. Hubeyb öldürüldüğü esnâda hiç metânetini kaybetmedi. İzin alarak, 2 rek'at namaz kıldı. Ölümden korktu da uzattı, demeyesiniz diye kısa kestim, dedi.(214) O zamandan beri idâm edilen müslümanların, infâzdan önce namaz kılmaları âdet olmuştur. (215)

Dininden dönersen, serbest bırakacağız, dedikleri zaman:

-Benim için, Müslüman olarak öldürülmek, dinimden dönmekten daha hayırlıdır, diye cevap verdi. Müşrikler tarafından bir direğe asılarak şehid edildi.

Olay Medine'de duyulunca, Rasûlullah (a.s.) ve Müslümanlar son derece üzüldüler. Medine'li Şâir Hassân, Zeyd ve Hubeyb için mersiyeler yazdı. Rasûlullah (a.s.) da:

-"Allah lâyık oldukları cezâyı versin" diyerek, cânileri Allah'a havâle etti.

2- MEÛNE KUYUSU FÂCİASI (Safer 4 H./ Temmuz 625 M.)

Necid Şeyhi Ebû Berâ Mâlikoğlu Âmir, Medine'ye gelerek Rasûlullah (a.s.)'a:

-Eğer Necid Bölgesine bir irşât hey'eti gönderirseniz, büyük bir kısmının Müslüman olacağını ümüd ediyorum, dedi. Rasûlullah (a.s.):

Necid Bölgesi halkına güvenemiyorum, diye cevap verdi. Ebû Berâ, mürşitlerin hayatı için kabîlesi adına kesin teminât verdiğinden, Rasûlullah (a.s) Ebû Berâ'nın kardeşinin oğlu Âmir b. Tufeyl'e bir mektup yazdırarak, Münzir b. Amr'ın başkanlığında 70 kişilik bir hey'eti Necid Bölgesine gönderdi. Bunların hepsi de Suffe ashâbındandı. Kafile Medine'den 4 konak uzaklıkta Meûne Kuyusu (Bi'r-i Meûne) denilen yere varınca, içlerinden Harâm b. Milhân ile Rasûlullah (a.s.)'ın mektubunu Âmir b. Tufey'le gönderdiler. Âmir mektubu bile okumadan Harâm'ı şehid etti. Hey'etin tamamını öldürmek üzere kabîlesini (Âmiroğulların'ı) teşvik ettiyse de onlar "Biz Ebû Berâ'nın emân ve sözünü ayaklar altına alamayız", diyerek ona uymadılar. Âmir b. Tufeyl Süleym Kabîlesi'ne mensûp Usayye, Rı'l, Zekvân ve Lihyânoğuları ile Harâm b. Milhân'ın dönmesini beklemekte olan mürşitler üzerine hücum etti. Hepsi şehid oldu. İçlerinden yalnızca Ka'b b. Zeyd yaralı olarak kurtulmuştu. O da Hendek Savaşı'nda şehid oldu.

Rasûlullah (a.s.)'ı, Cibrîl bu fâciadan haberdar etti. Seriyyedeki bütün ashâbın Rablarına kavuştular, Allah onlardan râzı oldu... diye bildirdi. Rasûlullah (a.s.) bu fâciadan son derece elem duydu. Tam 40 sabah Rı'l, Zekvân, Usayye ve Lihyanoğulları için beddûâ etti.(216)

Amr b. Ümeyye ise, olay esnâsında develeri otlatmakla görevli olduğu için esir düşmüş, sonra kurtulmuştu. Medine'ye dönerken, iki Necidliye rastladı. Şehid edilen arkadaşlarının öcünü almak için bunları uyurken öldürdü. Halbuki bunlar, müslümanların himâyesinde olan Âmir oğullarındandı. Bu sebeple bunların âilelerine diyetleri (kan bedelleri) ödendi.

3- NADÎROĞULLARI GAZVESİ (Rabiulevvel 4 H./Ağustos 625 M.)

Benî Nadîr Yahûdîleri Medine'ye iki saatlik bir mesâfede oturuyorlardı. Aralarındaki anlaşma gereğince, Müslümanların ödedikleri diyete, Yahudî kabîlelerinin de katılması gerekiyordu. Âmir oğullarından, Amr b. Ümeyye'nin yanlışlıkla öldürdüğü iki kişinin diyeti ödenecekti. Rasûlullah (a.s.) yanına ashâbından 10 kişi alarak, diyetten paylarına düşeni istemek üzere Nadîroğulları yurduna gitti. Yahudîler, Rasûlullah (a.s.)'in teklifini kabul etmiş göründüler, fakat ayaklarına kadar gelişini fırsat sayarak, Rasûlullah (a.s.)'e sû-i kast yapmayı planladılar.

Bir evin gölgesinde oturmakta olan Hz. Peygamber (a.s.)'ın üzerine, evin saçağından bırakacakları büyük bir taşla O'nu öldürmek istediler.(217)

Cenâb-ı Hakk, peygamberini Yahûdîlerin hazırlığından haberdar etti. Rasûlullah (a.s.) oradan ayrılıp Medine'ye döndü. Yahûdîlerin tuzağını ashâbına bildirdi. Bu davranışlarıyla Nadîroğulları anlaşmayı bozmuşlardı. Rasûlullah (a.s.), Muhammed b. Mesleme'yi bunlara göndererek 10 gün içinde Medine'yi terk etmelerini, 10 günden sonra kim kalırsa boynunu vuracağını kendilerine bildirdi. Yahûdîler yol hazırlığına başladılar. Fakat, münafıkların başı Übeyyoğlu Abdullah:

- "Medine'den çıkmayın, biz size yardım ederiz, Kurayzaoğulları da yardım edecek, diye gizlice haber gönderdi. (218) Bu sebeple Nadîroğulları yol hazırlığından vazgeçip kendilerini savunmaya karar verdiler.

Rasûlullah (a.s.) Rabiulevvel'de Nadîroğulları yurdunu kuşattı. Nadîroğulları bir yıllık yiyeceklerini depo ettikleri kalelerinin sağlamlığına güveniyorlard. (219) Kuşatma, 15-20 gün sürdü. Savaş sokaktan sokağa, evden eve atlayarak devâm etti. Rasûlullah (s.a.s.) Yahûdîlere siper olan, savaşı zorlaştıran hurma ağaçlarını kestirdi. (220)

Nadîroğulları, münâfıklardan da, Kurayzaoğullarından da bekledikleri yardımı görmediler. Muhâsaranın kaldırılması için emân dilediler. Berâberlerinde götürebildikleri kadar mal ile Medine'den çıkmalarına izin verildi. 600 deve yükü eşya ile Medine'den ayrıldılar. Bir kısmı Şam'a, bir kısmı Filistin'e göç etti. Selâm, Kinâne ve Huyey isimindeki reisleri ise Hayber'e sığındılar. Üzüntülerini belli etmemek için, şarkılar söyleyip, defler çalarak Medine'den ayrıldılar. Bunlar daha sonra Hendek Savaşı'nı hazırladılar.

50 zırh, 50 miğfer, 340 kılıç ve diğer bazı mallar ganimet olarak Müslümanlara kaldı. Rasûlullah (a.s.) bu ganimetleri muhâcirlere ve yoksullara dağıttı.(221)

Uhud Savaşı'ndan sonra Müslümanların itibârı sarsılmıştı. Nadîroğulları'nın Medine'den çıkarılmasıyla, Medine civârındaki müşrik kabîleleri arasında Rasûlullah (a.s.)'ın nüfûzu tekrar kuvvetlenmiş oldu.

4- RASÛLULLAH (A.S.)'IN HZ. ÜMMÜ SELEME İLE EVLENMESİ

Asıl adı Hind olan Ümmü Seleme, Ebû Ümeyye el-Mahzûmî'nin kızıdır. İlk kocası Ebû Seleme Abdullah b. Abdülesed, Abdülmüttalib'in kızı Berre'nin oğlu olup, Rasûlullah (a.s.)'ın halazâdesi idi. Kocası ile birlikte Habeşistan'a hicret etmiş, ilk çocuğu Seleme orada doğmuştu. Ümmü Seleme'nin ilk eşi Ebû Seleme, Uhud Savaşı'nda aldığı yara sebebiyle vefât etti. Rasûlullah (a.s.) Ebû Seleme'yi çok severdi. Vefâtından sonra dört çocuğu ile kimsesiz ve himâyesiz kalan eşi Ümmü Seleme'yi nikâhlayarak himâyesi altına aldı. Ümmü Seleme, fazilet ve olgunluk yönünden Hz. Aişe'den sonra Ezvâc-ı tâhirâtın en üstünüydü. Ezvâc-ı tâhirât içinde en son vefât eden, Ümmü Seleme olmuştur. Hicretin 59'uncu yılı 84 yaşında vefat etmiş, Baki kabristanına defnedilmiştir.

5- İÇKİ VE KUMARIN HARAM KILINMASI

Mekke devrinde içki ve kumar yasaklanmış değildi. Müslümanlardan da içki içen ve kumar oynayanlar vardı. Rasûlullah (a.s.) bunlara ses çıkarmıyordu. İçki ve kumarın yasaklanması birden bire değil, tedricen olmuştur. İçki ile ilgili Kur'ân-ı Kerîm'de 4 âyet vardır. Mekke'de inen ilk âyetde:

"Hurma ve üzüm ağaçlarının meyvelerinden içki yapar, güzel bir rızık edinirsiniz"

(Nahl Sûresi, 67)

buyrulmuş, içki yasaklanmamıştır. Medine devrinde Hz Ömer ve Muâz gibi bazı sahâbe:

-Ey Allah'ın Rasûlü, içki hakkında bize yol göster, çünkü şarab aklı gideriyor, diye Rasûlullah (a.s.)'a başvurdular: Hicretin 4'üncü yılı Şevvâl ayında:

"Sana içki ve kumarı soruyorlar. De ki: Bunlar da hem büyük günah, hem de insanlara bazı yararlar var, fakat günahları menfaatlerinden daha büyük..."

(Bakara Sûresi, 219)

anlamındaki âyet indi. İçkiyi ilk yasaklayan âyet bu oldu. Fakat bu âyetle içki kesinlikle yasaklanmadığından, "günahı var" diye bırakanlar olduğu gibi, "faydası da var" diye eskisi gibi içenler de vardı.

Abdurrahman b. Avf'ın verdiği bir ziyâfette dâvetliler içki de içmişlerdi. Akşam namazında cemâte imâm olan zât "el-Kâfirûn Sûresi"ni sarhoşluk sebebiyle yanlış okudu. Âyetlerin anlamları değişti. Bunun üzerine:

"Ey inananlar, ne söylediğinizi bilecek duruma gelmedikçe, sarhoş iken namaza yaklaşmayın!"

(Nisâ Sûresi, 43)

anlamındaki âyet indi. Bir müddet sonra Ensardan Mâlik oğlu Itbâ'nın ziyâfetinde dâvetliler sarhoş oldular. Sa'd b. Ebî Vakkas bir şiir okuyarak kendi soyunu övdü, ensârı ise yerdi. Ensârdan bir zât da, sofrada yedikleri devenin çene kemiğini Sa'd'a vurup başını yardı. Sa'd, Hz. Peygamber (a.s)'a şikâyette bulundu. O zaman:

"Ey İnananlar, içki, kumar, tapınılmak için dikilmiş taşlar (putlar), fal okları, ancak şeytanın işinden birer pisliktir. Bunlardan uzak durun ki, kurtuluşa eresiniz..."

(Mâide Sûresi, 90)

anlamında inen âyetle içki ve kumar kesinlikle yasaklandı. Rasûlullah (a.s) bu yasağı hemen ilân ettirdi. Bütün Müslümanlar içkiyi bıraktılar. Evlerinde, dükkânlarında bulunan bütün içkileri sokaklara döktüler.

Rasûlullah (a.s) Efendimiz içkiyle ilgili olarak:

"Sarhoş edici bütün içkiler haramdır." (Müslim,3/ 1575-1576; et-Tâc, 3/141).

"Çoğu sarhoşluk veren içkinin azı da haramdır" buyurmuştur. (İbn Mâce, es-Sünen, 2/l124 Hadis No: 3392;et-Tâc 3/142)

"İçki, bütün kötülüklerin anasıdır." (Keşfü'l Hafâ, l/382 (Hadis No: 1225, Beyrut 1351) buyurmuştur.

[V-HİCRETİN BEŞİNCİ YILI]

1- BENÎ MUSTALIK GAZÂSI (MÜREYSİ' SAVAŞI)

(2 Şabân 5 H./17 Aralık 626 M.)

Mustalikoğulları Huzâa kabilesindendir. Necid bölgesinde, Medine'ye 9 günlük bir yerde yerleşmişlerdi. Müslümanlarla iyi geçiniyorlardı. Fakat, Kureyşlilerin teşvikiyle kabîle reisi Ebû Dırâr oğlu Hâris çevrede yaşayan bedevi kabîlelerle birleşerek Medine'ye baskın için hazırlığa başladı. Rasûlullah (a.s) durumu öğrenince, Medine'de Zeyd b. Hârise'yi kaymakam bıraktı. 30'u atlı, 1000 kişilik bir kuvvetle Benî Mustalık üzerine yürüdü. (2 Şabân 5 H./17 Aralık 626 M.)

Bedevîler, Müslümanların üzerlerine geldiğini duyunca, korkup dağıldılar. Hâris'in etrafında sâdece kendi kabilesi kaldı.

Benî Mustalık Müreysi' suyu yanında toplanmış henüz hazırlıklarını tamamlayamamıştı. Müslüman olmaları teklif edildi, kabûl etmediler. Fakat Müslümanların düzenli hücûmlarına karşı duramayıp bir saat içinde dağıldılar.

Savaş sonunda, Müslümanlardan bir kişi şehid oldu, müşrikler ise 10 ölü verdiler. Ayrıca, Müslümanlar ganimet olarak 700 esir, 5000 koyun, 2000 deve ele geçirdiler.

2- RASÛLULLAH (A.S.)'IN CÜVEYRİYE İLE EVLENMESİ

Esirler arasında, kabile reisi Hâris'in kızı Cüveyriye de vardı. Kocası Safvan oğlu Müsâfî savaşta ölmüş, kendisi de esir düşmüştü. Ganimetlerin taksiminde, Sâbit b. Kays'ın payına ayrılmıştı. Babası Hâris, Peygamber (a.s)'a başvurarak kızının şerefinin korunmasını istedi.

Hz. Peygamber (a.s), Cüveyriye'nin bedelini Sâbit b. Kays'a ödeyerek onu serbest bıraktı. Cüveyriye kabîlesine dönmedi, kendi isteği ile Rasûlullah (a.s)'la evlendi. Bunun üzerine ashâb:

-"Rasûlullah (a.s)'ın eşinin yakınları esir tutulmaz" diyerek ellerindeki bütün esirleri serbest bıraktılar. Bu sebeple Hz.Âişe:

-Kavmi için, Cüveyriye kadar hayırlı başka bir kadın bilmiyorum, demiştir. (222/1)

Görüldüğü üzere Peygamber (a.s) Efendimizin Cüveyriye ile evlenmesinin amacı siyâsî idi. Bu evlilik sebebiyle, bütün esirler fidye ödemeden serbest bırakıldılar. Mustalıkdğulları daha sonra toptan Müslüman oldu.

3- TEYEMMÜMÜN MEŞRÛ KILINMASI

Rasûlullah (a.s) her sefere çıkışında, aralarında kur'a çekerek hanımlarından birini yanında götürürdü. Benî Mustalık Gazâsında, Hz. Âişe'yi götürmüştü. Dönüşte, bir gece konak yerinden hareket edileceği sıra Hz. Âişe'nin gerdanlığının kaybolduğu anlaşıldı. Rasûlullah (a.s), aranmasını emretti, bu yüzden hareket gecikti. Derken sabah namazı vakti oldu. Oysa abdest için yanlarında yeterli su yoktu. Zamanında hareket edilebilseydi, su başına yetişilecekti. Namaz vakti çıkacak, diye herkes telâş içindeydi. Hz. Ebû Bekir, bu hâle sebep olan kızı Âişe'yi azarlamış hatta hırpalamıştı. İşte Müslümanlar böyle bir sıkıntı içindeyken, su bulunmadığında temiz toprakla teyemmüm yapılacağını bildiren âyet indi. (222/2) Müslümanlar son derece sevindiler, hemen teyemmüm yaparak namazlarını kıldılar.

Hareket edileceği sırada, gerdanlık bulundu. Hz.Âişe'nin çökmüş olan devesinin altında kalmıştı. (223)

4- İFK (İFTİRA) OLAYI (224)

Mureysi' Savaşı dönüşünde, bir konaklama sırasında Hz Âişe kazâ-i hâcet için mahfesinden* çıkarak, konaklama yerinden uzaklaşmıştı. Bu sırada Yemen boncuğundan yapılmış gerdanlığı düşmüş, onu ararken gecikmişti. Dönüşünde, kafileyi yerinde bulamadı. O'nu mahfesinde sandıkları için, beklemeyip hareket etmişlerdi.

Hz. Aişe, -mahfede olmadığım anlaşılınca,- beni ararlar, diye olduğu yerde beklerken, arkadan askerin bıraktığı şeyleri toplamakla görevlendirilen Safvân b. Muattal geldi. Hz. Âişe'yi görünce, devesini çöktürdü; Hz. Âişe bindi. Safvân deveyi önünden çekerek ilerledi. Öğle sıcağında başka bir konak yerinde kafileye yetiştiler.

Münâfıklar bu olayı fırsat bildiler. Hz. Âişe tamâmen örtülü olduğu ve Safvân ile aralarında konuşma bile geçmediği halde,

Hz. Âişe'nin iffetine iftirâ etmekten çekinmediler. Rasûlullah (s.a.s) son derece üzüldü. Hz. Âişe kederinden hastalandı. Sonunda masûm olduğu âyetle bildirildi.(225) İftirâcılara da "hadd-i kazf" (iffetli kimselere iftira cezâsı) uygulandı. Her birine 80'er deynek vuruldu. (226)

5- HENDEK SAVAŞI (Şevval 5 H./ Şubat 627 M.)

Mü'minler, müttefik düşman birliklerini gördüklerinde,

"İşte Allah ve Rasûlünün bize vâdettiği şey budur. Allah ve Peygamber doğru söylemiştir" dediler. Bu, onların imân ve teslimiyetlerini artırmaktan başka bir şey yapmadı."

(Ahzâb Sûresi, 22)

Bir taraftan karşı tarafa geçmeyi engelleyen derin ve uzun çukara"hendek" denir. Medine'yi savunmak üzere, çevresine hendek kazıldığı için bu savaşa, "Hendek Gazvesi" denildiği gibi, bir çok müşrik ve Yahûdî kabîlesi, Müslümanlara karşı birleştiği için" Ahzâb Harbi" de denilmiştir.

"Ahzâb", "hızb" kelimesinin çoğuludur. Hizb, aynı düşünce, inanç ve kanaatı paylaşan insan topluluğu demektir.

a) Yahûdîlerin Müşriklerle İşbirliği

Medine'den sürülen Benî Nadîr Yahûdîlerinin reisleri, Hayber'e sağınmışlardı. Müslümanlardan öc almak istiyorlardı. Başta Ahtaboğlu Huyey olmak üzere, 20 kadar Yahûdî lideri 70 kişilik bir hey'et ile Mekke'ye gittiler.

-Müslümanlar gün geçtikçe kuvvetleniyor. Onlara kırşı birlikte hareket etmeliyiz. Biz savaş için hazırız. Medine'deki Benî Kurayzalı kardeşlerimiz de savaşta Müslümanları arkadan vuracak... diye müşriklere işbirliği teklif ettiler. Kendileri "ehl-i kitab" ve tek tanrı inancında oldukları halde, putperest müşriklere hoş görünmek için:

-"Sizin tuttuğunuz yol, (sizin dininiz) Müslümanlarınkinden daha doğru..."(227) dediler. Daha sonra Mekke dışındaki Gatafan, Esed, Kinâne, Süleym, Fezâre, Mürre, Eşca ve Eslem... gibi bedevi Arap kabileleriyle görüştüler. Hayber'in bir yıllık hurma mahsûlünü vermeği va'd ederek, onların da savaşa katılmalarını sağladılar.

Mekke'liler 300'ü atlı, 1500'ü develi 4000 kişilik bir kuvvet hazırladılar. Mekke dışındaki bedevî kabîlelerin katılmasıyla ordunun sayısı 10 bine ulaştı. Şimdiye kadar böyle bir kuvvet toplanmamıştı. Medine'yi basıp Müslümanlığı yok edeceklerdi. Ordunun başkomutanı Ebû Süfyân idi.

b) Medine Çevresine Hendek Kazılması

Rasûlullah (a.s.) Mekke'deki hazırlıkları, Kureyş ordusu henüz hareket etmeden haber aldı. Ashâbını toplayarak, bu korkunç saldırıya nasıl karşı koyacaklarını istişâre etti. Müzâkere sırasında, aslen İranlı olan Selmân (Selmân-ı Fârisî):

-Yâ Rasûlallah, İran'da düşman saldırısından korunmak için, şehrin etrâfına, hendek kazarlar. Biz de öyle yapalım, dedi.

Esâsen Medine'nin üç tarafı, evlerin yüksek dış duvarları, yalçın kayalıklar ve sık hurmalıklarla çevrilmişti. Düşman saldırısına karşı, sadece kuzey yönü açıktı. Bu tarafa da, düşmanın geçemeyeceği derinlikte bir hendek kazılırsa, savunma kolaylaşırdı.

Arablarca bilinmeyen bu savunma şekli uygun görüldü. Saldırıya elverişli olan kuzey tarafda hendek kazılacak yer işâretlendi.

Rasûlullah (a.s.), ashâbını 10'ar kişilik gruplara ayırdı. Her grubun kazacağı kısmı belirledi. Mevsim kış, hava soğuktu. Esen rüzgâr, hendekte çalışanların ellerini ayaklarını âdeta donduruyordu. Medine'de kıtlık vardı. Müslümanlar üç gün bir şey yemeden aç çalıştılar.* Rasûlullah (a.s.) bile açlıktan karnı üzerine taş bağlamıştı.(228) Ashâbla birlikte Hz. Peygamber (a.s.) bizzât toprak kazıyor, açlığa, soğuğa, yorgunluğa karşı gayretlerini artırıcı sözler söylüyordu. Bir ara, sert bir kaya çıkmış, kimse parçalayamamıştı. Rasûlullah (a.s.) hendeğe indi, ilk vuruşta, kayanın üçte biri koptu. Hz. Rasûlullah (a.s.):

- Allâhü Ekber, bana Şam'ın anahtarları verildi. Şu anda Şam'ın kırmızı köşklerini görmekteyim, dedi. İkinci vuruşta kayanın yarısı daha koptu. Rasûlullah (a.s.):

- Allâhü Ekber, bana Fars ülkesinin anahtarları verildi. Şu anda, Kisrânın beyaz köşklerini görmekteyim, buyurdu. Üçüncü darbede kaya, tamâmen parçalandı. Rasûl-i Ekrem (a.s.):

- Allâhü Ekber, bana Yemenin anahtarları verildi. Şimdi ben San'a'a'nın kapılarını görüyorum, buyurarak bütün bu ülkelerin pek yakında Müslümanların olacağını müjdeledi.(229) Münâfıklar, Rasûlullah (a.s.)'ın bu müjdelerini, hayal sayıyorlardı.

"Münafıklar ve kablerinde hastalık olanlar: Allah ve Rasûlü bize sâdece kuru vaadlerde bulundular, diyorlardı."

(Ahzâb Sûresi, 12)

Açlığa, soğuğa ve her türlü sıkıntıya rağmen, yaklaşık 5,5 km, uzunlukta bir atın karşıya sıçrayamayacağı genişlik ve derinlikte kazılan hendek, düşman gelmeden önce, iki hafta içinde tamamlandı.

c) Müşriklerin Medine'yi Kuşatması

Müşrikler, Medine önünde, şimdiye kadar benzerini görmedikleri derin bir hendekle karşılaşınca, şaşırdılar. Bir hamlede Medine'yi alt üst edip, Müslümanları yok edeceklerini hayâl etmişlerdi. Bunun kolay olmayacağını gördüler. Hendek boyunca, aşağı-yukarı ilerlediler, geçecek bir yer bulamadılar. Sonunda, Kureyşliler hendeğin batı kısmına, Bedevî kabîleler de doğu kısmına karargâh kurdular. Böylece Medine'yi kuşattılar. (Şevvâl 5 H./Şubat 627M.)

d) Sıkıntılı Günler

10 bin kişilik müşrik ordusu karşısında, Müslümanların sayısı 3 bin kadardı. Yalnızca 36 atları vardı. Önlerinde hendek, arkalarında ise Sel` Dağı bulunuyordu. Ancak Benî Kurayza anlaşmayı bozar da müşriklerle işbirliği yaparsa, Müslümanlar çok tehlikeli bir duruma düşeceklerdi. Bu takdirde, Müslümanlar Hendek önünde düşmanla uğraşırken, Yahûdîlerin Medine'yi basıp, kadınları ve çocukları kılıçtan geçirmeleri mümkündü.

Karşılıklı ok ve taşların atılmasıyla başlayan kuşatma, aralıksız 27 gün sürdü. Müslümanlar açlık ve sefâlet içinde, zor ve sıkıntılı günler geçirdiler. Savaşın en tehlikeli bir ânında, Benî Nadir Reisi Ahtab oğlu Huyey'in teşvikiyle Benî Kurayza Yahûdîleri de anlaşmayı bozup, müşriklerle işbirliğine başladılar. Rasûlullah (a.s.)'ın nasihat için kendilerine gönderdiği Evs kabilesi Reisi Sa'd b. Muâz'ı dinlemediler. Düşmanlıklarını açıkça bildirdiler.

Müslümanlar, hendek önünde 10 bin kişilik müşrik ordusuna karşı durmağa çalışırken, bir yandan da, Medine'yi Yahûdîlerin baskınından korumak zorunda kaldılar. Böyle tehlikeli bir anda, münâfıklar da bozgunculuğa başladılar. Hem savaşı bıraktılar, hem de askerin mâneviyâtını sarsıcı propaganda yaptılar.(230)

Kuşatmanın uzayıp gitmesi, müşrikleri de usandırdı. Mevsim kış, havalar soğuktu. Esâsen onlar, böyle günlerce sürecek bir kuşatma için değil, bir kaç saatte sonuca ulaşılacak bir zafer için gelmişlerdi. İşi bir an önce bitirmek için bütün güçleriyle genel bir hücûma geçtiler. Bir taraftan Müslümanların üzerine ok yağmuru yağdırırken içlerinden (Dırâr, Cübeyre, Nevfel, Amr b. Abdivedd gibi) bir kaç tanesi de, elverişli bir yerden atlarıyla hendeği geçtiler. Bunların her biri, Araplar arasında bin kişiye denk sayılıyordu. En meşhûrları olan Amr b. Abdivedd mübâreze sonuda Hz. Ali tarafından öldürüldü; diğerleri kaçtılar. Nevfel kaçarken hendeğe düştü ve Hz. Ali'nin kılıcıyla can verdi.

Ertesi gün, savaşın en çetin günü oldu. Bir taraftan müşrikler, diğer taraftan Benî Kurayza Yahûdîleri hücûma geçtiler, aralıksız akşama kadar ok yağmurunu sürdürdüler. Rasûlullah (a.s.) ve Müslümanlar, o gün namaz kılmak için bile fırsat bulamadılar. Öğle, ikindi ve akşam namazlarını, yatsıdan önce, tek ezanla, tertip üzere kazâ ettiler. (231)

e) Harp Hiledir

Gatafan Kabilesinden Nuaym b. Mes'ûd, bu sırada müslüman olmuştu. Bundan kimsenin haberi yoktu. Rasûlullah (a.s.)'la gizlice görüşerek, müşriklerle Yahûdîlerin arasını açmak için izin istedi. Rasûlullah (a.s.):

-Harp hiledir*, yapabilirsen yap, buyurdu. Nuaym önce Benî Kurayza'ya gitti.

-Benim size olan dostluğumu bilirsiniz. Sizin için endişe ediyorum. Mekkeliler bu işten usandı, bırakıp giderlerse, Müslümanlar karşısında yapayalnız kalacaksınız. O zaman hâliniz nice olur? Onlardan bir kaç rehin isteyin, aksi halde yardım etmeyin... dedi. Sonra Ebû Süfyân'a geldi:

-Duydun mu, Benî Kurayza anlaşmayı bozduğuna pişman olmuş. Sizi bırakıp giderler diye, Müslümanlarla yeniden anlaşmaya başlamış. Sizden rehin alıp, onlara teslim etmeği vadetmiş, dedi. Ebû Süfyân esâsen Yahûdîlere pek güvenemiyordu. Ertesi gün, denemek için Yahûdîlerden yardım istedi. Yahûdîler hemen rehin istediler. Ebû Süfyân isteklerini kabûl etmeyince, her iki taraf da:

-Nuaym doğru söylemiş, dediler. Aralarında güven kalmadı. (232)

f) Rasûlullah (s.a.s.)'in Duâsı ve Kuşatmanın Sona Ermesi

Rasûlullah (a.s.), o sıkıntılı gün:

-Allah'ım, ey Kur'ân'ı indiren ve hesâbı tez gören Rabbım; Şu Arap kabîlelerini dağıt, topluluklarını boz, irâdelerini sars. (233) diye duâ etti. Duâsı bitince, Rasûlullah (a.s.)'ın yüzünde sevinç eseri görüldü. Rabb'ımın yardım va'dini size müjdelerim, buyurdu. İşte o akşam, âyet-i celîle ve hadis-i şerifte bildirilen "sabâ rüzgârı" esmeğe başladı.(234) Fırtına ve kasırga çadırları söküp uçurdu, yemek kazanları devrildi, ocaklar söndü, develer ve atlar birbirine karıştı. Müşriklerin ağızları, burunları, gözleri toz-toprakla doldu. Karargâhları alt üst oldu. Ortalığı dehşet kapladı. Neye uğradıklarını bilemediler.

Müşriklerin mâneviyâtı iyice bozulmuştu. İçlerine korku düştü. Uzun süren ve hiç bir sonuç alınamayan kuşatmadan usanıp bezmişlerdi. Ebû Süfyân:

-"Ben dönüyorum, siz de gelin, diyerek devesine bindi. Mekke'nin yolunu tuttu. Diğerleri de onu izlediler.

Panik pek âni ve şuursuzca olmuştu. Bu yüzden, müşrikler pek çok techizât, gıda maddesi ve eşyayı toplayamadan çekildiler. Sabah olunca, Müslümanlar düşmandan kalan eşyâyı ve sağa-sola dağılan develeri toplayıp ordugâhlarına getirdiler. Ebû Süfyân'ın Yahûdîlerden aldığı 20 deve yükü hurma da ele geçen ganimetler arasındaydı. Böylece, Müslümanlar hem kuşatmadan, hem de açlık sıkıntısından kurtuldular.

Kur'an-ı Kerîm'de bu durum şöle anlatılmaktadır:

"Ey inananlar, Allah'ın size olan nimetlerini hatırlayın. Üzerinize ordular gelmişti, Biz de onların üzerine rüzgâr ve sizin göremediğiniz ordular (Melekler) göndermiştik."

(el-Ahzâb Sûresi.9)

"Allah, kâfirleri hiçbir zafer elde edemeden, kin ve öfkeleriyle geri çevirdi. Savaşta mü'minlere Allah'ın yardımı yetti. Allah yegâne kuvvetli ve galib olandır."

(el-Ahzâb Sûresi, 25)

Bu savaşta, müşriklerden 4 kişi ölmüş, Müslümanlardan 5 kişi şehid düşmüştür. Savaştan sonra Rasûlullah (a.s.):

-"Bundan sonra sıra bizde. Müşrikler artık üzerimize gelemeyecek, biz onların üzerine gideceğiz." buyurdu.(235) Gerçekten de öyle oldu.

6- KURAYZAOĞULLARI GAZVESİ (Zilkade 5 H,/Mart 627 M.)

a) Savaşın Sebebi

Rasûlullah (a.s.) Medine'deki Yahûdî kabîleleriyle ayrı ayrı anlaşmalar yapmıştı. Bunlardan Kaynuka ve Nadîroğullarının, anlaşma hükümlerine uymadıkları için Medine'den çıkarıldıklarını daha önce görmüştük. Kurayza oğulları ise, Uhud Savaş'ından sonra anlaşmayı yeniledikleri için yerlerinde kalmışlardı.

Hendek Savaşında, Benî Kurayza Yahûdîleri önce anlaşmaya bağlı kaldılar. Hendek kazılırken, kazma, kürek gibi âletler vererek Müslümanlara yardımcı oldular. Ancak, savaşın en tehlikeli bir ânında, Benî Nadîr Reisi Huyey b. Ahtab'ın teşvikiyle anlaşmayı bozdular. Müslümanlarla birlikte Medine'yi savunmaları gerekirken, müşriklerle birlikte, Müslümanlara karşı savaşa girdiler.(236) Böylece vatana ihânet suçu işlediler. Rasûlullah (a.s.)'ın nasihat için gönderdiği Evs Kabilesi Reisi Sa'd b. Muâz'ın sözlerine de kulak asmadılar. Hz. Peygamber (a.s.) hakkında çirkin sözler söyleyerek düşmanlıklarını açıkça ilân ettiler. Ancak, Benî Kurayza'dan yaptıklarının hesâbı sorulacaktı. Bu sebeple, Hendek Savaşından Medine'ye döner dönmez, Benî Kurayza üzerine sefer emri verildi.

Rasûlullah (a.s.) Hendek Savaşı'ndan dönmüş silahlarını çıkarmış, üzerindeki toz-toprağı temizlemek için, guslermek istemişti. Bu esnâda Cebraîl (a.s.) at üstünde ve toz-toprak içinde geldi:

-"Aa, silahını çıkardın mı; vallâhi biz melekler çıkarmadık. Haydi, şunların üzerine yürü", diye Kurayzaoğullarını işâret etti. (237) Rasûlullah (s.a.s.) derhal Benî Kurayza'ya sefer ilân etti. Ashâbın sür'atle yola çıkmalarını sağlamak için,

-Hiç kimse ikindi namazını sakın başka yerde kılmasın, ancak Benî Kurayza yurdunda kılsın, buyurdu.

Ashâbın bir kısmı bu emrin zâhirine uyarak, namazlarını Benî Kurayza yurduna varınca kıldılar. Bir kısmı da Peygamber (a.s.)'ın maksadı, acele etmemizi sağlamaktır, diyerek, vakit çıkmadan yolda kıldılar. Hz. Rasûlullah (a.s.) her iki zümrenin yaptığını da hoş gördü.(238)

Müslümanların toplanması yatsıya kadar devâm etti sayıları 3 bini buldu. Müslümanların üzerlerine geldiğini görünce sövüp-sayarak kalelerine çekilen Beni Kurayza'nın sayısı 900 kadardı.

b) Benî Kurayza'ya Verilen Cezâ

Kuşatma 25 gün sürdü. Kurayzaoğulları anlaşmayı bozduklarına pişman oldular. Diğer Yahudî kabileleri gibi Medine'den çıkıp gitmek için izin istediler. Fakat Hz. Rasûlullah (a.s.) kayıtsız şartsız teslim olmalarını istedi. Reisleri Ka'b b. Esed'in başkanlığında toplandılar. Ka'b:

-"Tevratta bildirilen son peygamberin bu olduğu anlaşıldı. Müslüman olup kurtulalım, dedi Yahûdîler:

-Biz Tevrat üzerine başka kitab kabul etmeyiz, dediler, Ka'b:

-Öyleyse, kadınları ve çocukları öldürelim. Sonra kaleden çıkıp çarpışalım, belki başarırız, dedi. Onlar:

-Çoluk-cocuğumuz öldükten sonra, yaşamanın ne önemi var, diye cevâp verdiler. Ka'b:

-O halde, yarın cumartesi, Müslümanlar bizden emîndir. Ansızın hücûm edelim, onları gafil avlayalım, dedi.

-Biz cumartesinin hürmetini bozamayız, diye reddettiler. Sonunda kayıtsız şartsız teslim oldular. Ancak haklarında Evs Kabilesi Reisi Sa'd b. Muâz'ın hüküm vermesini istediler.

Benî Kurayza, Evs kabilesinin himâyesindeydi. Bu yüzden, Sa'd b. Muâz'ın hakemliğini istiyorlardı. Sa'd, hastaydı. Hendek Savaşı'nda kolundan okla yaralandığı için tedâvi görüyordu. Haberi alınca geldi.

-Kur'an-ı Kerîm'e göre mi, yoksa kendi kanunlarına göre mi hüküm vermemi istiyorlar, diye sordu. Yâhudîler, kendi kanunlarına göre hüküm verilmesini istediler. Sa'd da Tevrât'a göre karar verdi.(239)

a) Savaşabilecek durumdaki erkeklerin öldürülmesine,

b) Kadınların ve çocukların esir edilmesine,

c) Bütün mallarının da zaptedilmesine hükmetti.

Rasûl-i Ekrem (a.s.):

"Ey Sa'd, Allah'ın rızâsına uygun hükmettin" buyurdu. (240) Yahudiler de kararın Tevrât'a uygun olduğunu itirâf ettiler. Sa'd'in bu hükmü, Tevrât'ın Tesniye kitabının 20. Babının 10-14 üncü âyetlerine uygun düşmüştü. Bu gün de vatana ihânet edenlere ölüm cezâsı verilmektedir.

Benî Kurayza hakkındaki hükmü Hz. Ali ve Hz. Zübeyr icrâ ettiler. Kazılan büyük bir hendeğin kenarında 600 kadar Yahûdînin birer birer boyunlarını vurup hendeğe attılar. İçlerinden 4 tanesi Müslüman olup hayatlarını kurtardılar. Benî Nadîr Reisi Huyey b. Ahtab ile Benî Kurayza Reisi Ka'b b. Esed de öldürülenler arasındaydı.

Benî Kurayza'nın malları, mücâhidlere paylaştırıldı. Arâzisi ise, ensarın rızâsiyle muhâcirlere verildi.

"Allah, Ehl-i Kitab'dan müşrikleri destekleyen (Benî Kurayza Yahûdî)lerini kalelerinden indirmiş, kalblerine korku salmıştı. Onların kimini öldürüyor, kimini de esir alıyordunuz. Yerlerini yurtlarını, mallarını ve henüz ayağınızı bile basmadığınız toprakları Allah size mirâs olarak verdi. Allah her şeye kadirdir ".

(el-Ahzâb Sûresi, 26-27)

7- RASÛLÜLLAH (A.S.)'IN CAHŞ KIZI ZEYNEB'LE EVLENMESİ:

Zeyneb, Rasûlullah (a.s.)'ın öz halası Ümeyme'nin kızıdır. Abdülmuttalib'in torunudur. Hz Peygamber (a.s.), Zeyneb'i azadlısı Zeyd b. Hârise'yle evlendirmişti. Dindar olmasına rağmen, azadlı bir kölenin eşi olmak Zeyneb'e ağır geldi. Asâlet ve güzelliğini ileri sürerek, dâima Zeyd'in kalbini kırdı. Bu yüzden, Rasûlullah (a.s.)'ın:

-"Eşini tut, Allah'tan kork" (241) emrine rağmen, sonunda Zeyd O'nu boşadı.

Esâsen gerek Zeyneb, gerek kardeşi Abdullah bu evliliği başlangıçta istememişler, "halanızın kızını azadlınıza mı lâyık görüyorsunuz?" demişlerdi. Fakat:

-"**Allah ve Rasûlü, bir şeye hükmettiği zaman, mü'min erkek ve mü'min kadın için muhayyerlik yoktur.**"

(el-Ahzâb Sûresi, 36)

anlamındaki âyet inince, istemeyerek rızâ göstermişlerdi. Çünkü Zeyneb, Kureyş'in Hâşimî kolundandı. Soylu bir kadındı. İslâm'dan önceki Arap örfüne göre soylu bir kadın, azadlı da olsa, bir köleyle evlenemezdi. Onlar, Zeyneb'in Rasûlullah (a.s.)'la evlenmesini istiyorlardı. Oysa İslâm Dini bütün insanları, yaratılış bakımından eşit saymıştı.(242)

Hz. Peygamber (a.s.), öz halasının kızı Zeyneb'i azadlısı ve evlâdlığı Zeyd ile evlendirerek, Arapların yanlış anlayışını yıkmış oldu.

Diğer taraftan, Rasûlullah (a.s.), peygamberliğinden önce Zeyd'i evlâd edinmişti. Arabların örfüne göre, evlâdlık öz çocuk gibi sayılır, evlâd edinen kişinin mirâsçısı ve mahremi olurdu. Bu sebeple, evlâdlığın boşadığı kadın, evlâd edinen kişiyle evlenemezdi. Kur'ân-ı Kerîm Arapların bu örfünü hükümsüz saymış, evlâdlık âdetini kaldırmıştır.(243) Bu sebeple, evlâdlığın dul kalan eşiyle, babalığın evlenmesi helâldir.

Rasûlullah (a.s.)'ın, Arapların bu örfünü de yıkması gerekiyordu. Bu sabeple Zeyd'den boşanan Zeyneb'i Allah'ın emriyle nikâhladı.(244) Böylece hem Zeyneb'i hem de yakınlarını memnûn etmiş oldu.

Görüldüğü üzere, Hz. Peygamber (a.s.)'ın bu evliliği, dinî hükümlerin uygulanması ile ilgilidir.

[VI- HİCRETİN ALTINCI YILI]

I- HUDEYBİYE BARIŞI (Zilkade 6 H./Mart 628 M.)

"Ey Muhammed, Biz sana apaçık bir zafer sağladık."

(Fetih Sûresi, 1)

a) Müslümanların Kâbe'yi Ziyâret Arzusu

Peygamberimiz Hz. Muhammed (a.s.), Medine'ye hicret edeli 6 yıl olmuştu. Bu süre içinde Mekke müşrikleriyle, Medine'de bulunan Müslümanlar arasında, sırasıyla Bedir, Uhud ve Hendek Savaşları oldu. Mekke müşrikleri Medine'yi basmak, Hz. Rasûlullah (a.s.)'ı öldürmek, Müslümanlığı yok etmek için her çâreye başvurdular; bütün imkân ve güçlerini ortaya koydular; fakat amaçlarına ulaşamadılar. Müslümanların günden güne güçlenmelerine, sayılarının artmasına engel olamadılar.

Ancak Medine dışındaki kabîleler, Müslümanlığın ne olduğunu yeterince bilmiyorlardı. Kâbe'nin komşusu ve koruycusu olduğu için saygı duydukları Kureyş kabîlesi, kendi içlerinden çıktığı halde Hz. Muhammed (a.s.)'ın peygamberliğini kabûl etmemiş, hatta O'nu yurdundan çıkarmışlardı. Bu yüzden, Müslümanlığın Medine dışındaki kabîlelere tanıtılabilmesi ve geniş ölçüde yayılmasının sağlanabilmesi için, Mekke'lilerle barış yapılmasına ihtiyaç vardı. Rasûlullah (a.s.), geçici de olsa Mekkelilerle barış yaparak, diğer kabîlelerle serbestçe ilişkiler kurmayı arzu ediyordu.

Diğer taraftan, Mekkeli Müslümanlar, doğup büyüdükleri ve her şeylerini bırakıp ayrıldıkları yurtlarını çok özlemişlerdi. Her namazda yöneldikleri kutsal Kâbe'yi 6 yıldan beri ziyâret edemiyorlardı. Kâbe'yi ziyâret, bütün Müslümanların en büyük ortak özlemleri olumştu.

b) Rasûlullah (a.s.)'ın Rüyâsı

Hicretin 6'ıncı yılı, Rasûlullah (a.s.), gördüğü bir rüyâ üzerine(245) hep birlikte Kâbe'yi ziyâret edeceklerini ashâbına müjdeledi.(246) Hazırlıklar tamamlandı. Savaş yapılması yasak olan aylardan Zilkade'nin ilk pazartesi günü (2 Zilkade 6 H./14 Mart 628 M.), yerine Mektûm oğlu Abdullah'ı vekil (kaymakam) bırakarak, ashâbından 1400 kişi ile(247) Medine'den ayrıldı. Hanımlarından Ümmü Seleme de berâberinde bulunuyordu. Maksadı savaş olmayıp, yalnızca Kâbe'yi ziyâret etmekti. Mekkelileri telâşlandırmamak için, ashâbının silah taşımalarına izin vermemiş, sadece yolcu silâhı olarak birer kılıç almışlardı. (248) Hac için Mekke'ye gelecek düşman kabîlelerle yolda karşılaşmamak için, Kâbe ziyâretini hac günlerinden önce yapmayı uygun görmüştü. Yanlarındaki 70 kurbanlık deveyi kıladelediler ve Zülhuleyfe'de "umre" niyyetiyle ihrama girdiler.(249) Yol güvenliğini sağlamak için 20 kadar süvâriyi öncü olarak gönderdiler.

c) Mekkelilerin Tepkisi

Mekkeliler, Hz. Peygamber (a.s.)'ın Kâbe'yi ziyâret için yola çıktığını duyunca telâşlandılar. Müslümanları Mekke'ye sokmamağa karar verdiler. Velîd oğlu Hâlid ve Ebû Cehil'in oğlu İkrime'yi 200 süvâri ile öncü olarak gönderdiler.

Resûlullah (a.s.), Mekkelilerin bu kararını önden gönderdiği gözcüleri vasıtasiyle öğrendi. Sağ tarafa sapıp, yol güzergâhını değiştirerek, Hudeybiye'ye kadar ilerledi.(250) Rasûlullah (a.s.)'ın bindiği "Kasvâ" adlı deve burada çöktü, bütün gayretlere rağmen kalkmadı. Müslümanlar:

-Kasvâ harin oldu, çöktü kalkmıyor, diye söylenmeğe başladılar. Rasûlullah (a.s.):

-"Kasvâ harinleşmez, onun çökme huyu da yoktur. Fakat vaktiyle Fil'in Mekke'ye girmesine engel olan ilahi kudret, şimdi de Kasvâ'yı ilerletmiyor. Allah'a yemin olsun ki, Kureyş Cenâb-ı Hakk'ın kutsal kıldığı şeylere hürmet ve tâzim kasdıyle benden her ne isterse, ne kadar ağır olursa olsun, istediklerini kabûl edeceğim.." buyurdu. (251)

d) Barış Müzakereleri

Bu sırada Huzâa kabîlesi reisi Büdeyl çıkageldi. Kureyşin, Müslümanları Mekke'ye sokmamak için müşrik kabilelerle anlaştığını ve savaş hazırlığı içinde olduklarını haber verdi.(252)

Rasûlullah (a.s.) savaş maksadiyle değil, sâdece Kâbe'yi ziyâret için geldiklerini, daha önce yapılan savaşlarda Kureyş'in uğradığı kayıpları anlattı.

-İsterlerse belirli bir süre onlarla barış yapalım. Benimle diğer kabîlelerin arasını serbest bıraksınlar, (karışmasınlar). Eğer ben üstün gelirde, Araplar İslâmiyeti kabûl ederlerse, Mekkeliler de isterlerse bu dine girebilirler. Şayet Araplar bana üstün gelirlerse, Kureyş savaş külfeti çekmeden istediğini elde etmiş olur. Aksi halde, Allah'a yemin ederim ki, O'nun yolunda ölünceye kadar onlarla savaşırım, Allah da yardımını gerçekleştirir, dinini üstün kılar, buyurdu.(253)

Büdeyl, Rasûlullah (a.s.)'dan duyduklarını Kureyş'e iletti. Kureyş ileri gelenleri de savaşa taraftar değildi. Sakif kabilesi reisi Tâifli Mes'ûd oğlu Urve'yi Hz. Peygamber (a.s.)'a gönderdiler. Rasûlullah (a.s.) Büdeyl'e söylediklerini Urve'ye de anlattı. Urve hem Rasul-i Ekrem (a.s.)'la konuşuyor, hem de Müslümanların durumunu ve bütün davranışlarını dikkatle tâkip ediyordu. Dönüşünde gördüklerini özetle şöyle anlattı:

-Bilirsiniz ki ben birçok devlet başkanını ziyâret ettim, Rum Kayseri, Fars Kisrâsı, Habeş Necâşi'sinin huzurunda elçi olarak bulundum. Yemin ederim ki, Müslümanların Muhammed (a.s.)'a gösterdikleri hürmet, sevgi ve bağlılığı bunların hiçbirinin sarayında görmedim... Sözlerini dikkatle dinliyorlar. Bir şey sorunca, alçak (hafif) sesle cevâp veriyorlar. İsteklerini derhal yerine getiriyorlar. Saygılarından yüzüne dikkatle bakamıyorlar. Abdestinden artan suyu bile,-teberrük için-aralarında paylaşıyorlar... Madem ki, bize barış teklif ediyor, kabûl edelim, dedi.

Mekkeliler, Urve'nin sözlerinden hoşlanmadılar. Bir iki elçi daha gidip geldi, fakat hiç bir sonuca varılamadı.

Rasûlullah (a.s.), Kureyş'ten gelen eçilerle sonuca ulaşılamadığını gördü. Kureyş'le görüşmek üzere Hz. Ömer'i Mekke'ye göndermeyi düşündü. Ömer:

-Yâ Rasûlallah, Mekkeliler benim kendilerine olan düşmanlığımı bilirler, himâyesine sığınabileceğim bir yakınım da yok. Osman'ın Mekke'de akrabası çok, Ebû Süfyân ile amcazâde. Osman bu işi benden daha iyi başarır, dedi.

Hz. Osman Mekke'ye gitti. Ebû Süfyân ve diğer Kureyş ileri gelenleriyle görüştü. Maksatlarının sâdece Kâbe'yi ziyâret olduğunu anlattı. Mekkeliler:

-Hepinizi Mekke'ye bırakırsak, Araplar, "Kureyş Müslümanlardan korktu," derler. Fakat istersen Kâbe'yi sen tavâf et, hepiniz birden olmaz, dediler. Hz. Osman, Kâbe'yi Müslümanlardan ayrı olarak ziyâret etmeği kabûl etmedi.

-Rasûlullah (a.s.) tavâf etmedikce, ben de etmem, diyerek tekliflerini reddetti. O'nun bu davranışı Mekkelileri kızdırdı, göz hapsine aldılar ve dönmesine izin vermediler.

2- RIDVÂN BÎATI:

"**Allah, mü'minlerden ağacın altında sana bîat ederlerken hoşnud olmuştur. Gönüllerindekini bilerek** onlara güvenlik vermiş, onlara yakın bir zafer ve ele geçirecekleri bol ganimetler bahşetmiştir."

(Fetih Sûresi, 18-19)

Hz. Osman'ın gecikmesi, Müslümanları telâşlandırdı. Öldürüleceğine dâir söylentiler çıktı. Böyle bir ihtimâle karşı Resûlullah (a.s.) gereken tedbirleri aldı. Müslümanları Allah yolunda yapacakları savaşta, canlarını fedâ etmekten çekinmeyeceklerine dâir, kendisine bîat etmeğe çağırdı. "Artık bunlarla vuruşmadan buradan ayrılamayız," buyurdu.

İlk biat eden Ebû Sinan el-Esedî oldu. "Rasûlullah (a.s.)'ın gönlündeki muradı ne ise, onun gerçekleşmesi üzerine biat ediyorum." dedi.

Hudeybiye'de bodur bir ağacın aldında,(254) bütün Müslümanlar sırayla Rasûlullah (a.s.)'ın ellerini tutarak bîat ettiler. Allah yolunda ölünceye kadar savaşmağa, düşmandan kaçmamaya söz verdiler. Hz. Peygamber (a.s.), Hz. Osman adına da bir elini diğeriyle tuttu, onu da böylece bîata kattı. Yalnızca Cedd b. Kays adlı münâfık, devesinin arkasında gizlendi, bîata katılmadı.

Cenâb-ı Hak, Kur'an-ı Kerîm'de, Hudeybiye'de Rasûlullah (a.s.)'a bîat eden mü'minlerden hoşnud olduğunu bildirmiştir. (255) Bu sebeple, İslâm Târihinde bu bîata "Rıdvân Bîatı" adı verilmiştir.

Müslümanların kararlılığını ve Rasûlullah (a.s.)'a bağlılıklarını gösteren bu bîatın Mekkeliler üzerindeki etkisi büyük oldu. Derhal Hz. Osman'ı serbest bıraktılar ve Hz. Peygamber (a.s.)'la barış yapmak üzere Amr oğlu Süheyl başkanlığında bir hey'et gönderdiler.

a) Barış Şartları

Uzun müzâkere ve tartışmalardan sonra kabûl edilen barış şartları şunlardır:

1- Müslümanlar bu sene Kâbe'yi ziyâret etmeden dönecekler, bir yıl sonra ziyâret edecekler.

2- Müslümanlar Kâbe'yi ziyâret için geldiklerinde, Mekke'de üç günden çok kalmayacaklar ve yanlarında birer kılıçtan başka silah bulundurmayacaklar.

3- Müslümanların Mekke'de bulunduğu günlerde, Kureyşliler Mekke dışına çıkacaklar, Müslümanlarla temâs etmeyecekler.

4- Mekkelilerden biri Müslümanlara sığınırsa, Müslüman bile olsa, geri verilecek; fakat Müslümanlardan Mekkelilere sığınan olursa, geri istenmeyecek.

5- Kureyş dışında kalan diğer kabileler, iki taraftan istediklerinin himâyesine girmekte ve anlaşma yapmakta serbest olacaklar.

6- Bu anlaşma on yıl geçerli olacak, bu müddet içinde iki taraf arasında tecâvüz ve savaş olmayacak.

b) Barış Anlaşmasının Yazılması

Barış şartlarını Rasûlullah (a.s) Hz. Ali'ye yazdırdı. **"Bismi'llâhi'r-rahmâni'r-rahîm. Bu anlaşma, Muhammed Rasûlullah ile Kureyş elçisi Süheyl arasında yapılmıştır."** diye yazılmasına Süheyl itiraz etti.

- "Rahmân" sözünü anlamıyoruz, ayrıca senin Rasûlullah olduğunu kabûl etseydik, bu anlaşmaya gerek yoktu **"Bismike'llâhümme (Allah'ım, senin adınla). Bu anlaşma**

Abdullah'ın oğlu Muhammed ile Kureyş elçisi Süheyl arasında yapılmıştır." diye yazılmasını istedi.(256/1)

- Rasûlullah (a.s) mutlaka barışı sağlamak istiyordu. Daha işin başında, "Allah'a yemin olsun ki Kureyş benden Cenab-ı Hakk'ın kutsal kıldığı şeylere hürmet kasdiyle her ne isterse, ne kadar ağır olursa olsun, isteklerini kabûl edeceğim," buyurmuştu. Bu sebeple, bütün bu ağır şartları kabûl etti.

Fakat müslümalar son derece üzgündüler. Büyük bir ümit ve heyecanla gelmişlerdi. Oysa şimdi Kâbe'yi ziyâret edemeden döneceklerdi.

Anlaşmanın yazılması henüz bitmişti ki, Süheyl'in oğlu Ebû Cendel, ayağındaki zinciri sürükleyerek çıkageldi. Babası onu Müslüman olduğu için, zincire vurarak hapsetmişti. Her nasılsa kurtulmuş, bin bir güçlükle Mekke'den kaçmış, Müslümanlara sığınmağa gelmişti.

Süheyl oğlunun geri verilmesinde ısrâr etti. Aksi halde anlaşmayı imzalamadan döneceğini söyledi. Bütün çabalara rağmen, inadından dönmedi. Barışın sağlanabilmesi için, Ebû Cendel'in müşriklere teslimi gerekiyordu. Çektiği işkenceleri ve acıklı hâlini anlatarak müşriklerin elinde bırakılmamasını isteyen Ebû Cendel'i Rasûlullah (a.s):

- Ey Ebû Cendel, biraz daha sabret, pek yakında Yüce Rabbım sana ve senin gibilere kurtuluş yolunu açacaktır, diye teselli etti.

c) Ashâbın Üzüntüsü

Fakat bu son durum, artık Müslümanların üzüntülerini dayanılmaz hâle getirmişti. Hepsinin sinirleri gergindi. Hz. Ömer dayanamadı. Rasûlullah (a.s)'ın huzuruna gelerek:

- Sen Allah'ın Peygamberi değil misin? Bizim dinimiz hak değil mi? Neden bu zilleti kabûl ediyoruz, neden? diye söylendi. Hz. Peygamber (a.s):

- Evet ben Allah'ın Peygamberiyim. Bu yaptığım işlerde Allah'a isyan etmiş de değilim. O, benim yardımcımdır, diye cevap verdi. Fakat Ömer'in üzüntü ve öfkesi devâm ediyordu.

- Sen bize Kâbe'yi tavaf edeceğiz., demedin mi? diye sordu. Rasûlullah (a.s):

- Evet, dedim. Fakat bu sene ziyâret edeceğimizi söylemedim, Tekrâr ediyorum, Kâbe'yi hep beraber tavâf ve ziyaaret edeceğiz, buyurdu.(256/2) Anlaşmanın imzalanmasından sonra Rasûlullah (a.s) ashâbına:

- Haydi, artık kurbanlarınızı kesiniz, sonra tıraş olup ihramdan çıkınız, emrini üç defa tekrarladığı halde, hiç kimse yerinden kıpırdamamıştı.(257) Hz Peygamber (a.s), ashâbının bu ilgisizliğine üzülerek, eşi Ümmü Seleme'nin yanına gitti. Ümmü Seleme:

- Yâ Rasûlallah, onlar üzüntülerinden ilgisiz görünüyorlar. Siz kimseyle konuşmadan kendiniz kurbanınızı kesin, tıraş olun. Onlar size uyacaklardır, dedi.

Ashâb, Hz. Peygamber (a.s)'ın kurbanını kesip tıraş olduğunu görünce, hemen onlar da kurbanlarını kesip, birbirlerini tıraş etmeğe başladılar.(258)

d) Hudeybiye Barışı Aslında Zaferdir

Hudeybiye Barışı'nın hemen bütün şartları, Müslümanların aleyhine görünüyordu. Fakat barışın Müslümanların yararına ve sonucun lehlerine olacağını Rasûlullah (a.s) biliyordu. Bu sebeple, barışı sağlamak için, aleyhlerinde görünen en ağır şartları kabûl etmişti.

Rasûlullah (a.s) barış anlaşmasının imzalanmasından üç gün sonra Medine'ye döndü. Böylece Müslümanlar Hudeybiye'de 19-20 gün kalmış oldular.

Dönüşte yolda "Fetih Sûresi" indi, Cenâb- Hakk Hudeybiye anlaşmasının Müslümanlar için zillet ve yenilgi değil, aksine zafer olduğunu bildiriyordu.(259)

Gerçekten Hudeybiye anlaşması, Müslümanlığın Medine dışında yayılmasına bir başlangıç oldu. Mekkeliler o zamana kadar müslümanlara, dağılıp yok olmağa mahkûm, derme-çatma bir topluluk gözü ile bakıyorlardı. Bu anlaşma ile Müslümanları bir devlet olarak tanımış oldular.

Anlaşmadan sonra Müslümanlarla müşrikler arasında görüşme ve temâslar arttı. Hz. Peygamber (a.s) İslâm'ı serbestçe yaymağa başladı. Hudeybiye musâlahasından Mekke'nin fethine kadar geçen 21 aylık devrede Müslüman olanların sayısı, İslâm'ın doğuşundan, Hudeybiye Barışına kadar geçen 19 yılda Müslüman olanların sayısından kat kat fazla oldu. Hayber'in ve Mekke'nin fethi gibi zaferler, Hudeybiye musâlahasını takibetti. Dört yıl sonra, Rasûlullah (s.a.s)'ın vefâtında Müslümanlık bütün Arab yarımadasına yayılmış bulunuyordu.

e) Barış Şartlarının Müslümanlar Lehine Dönmesi

Hz. Peygamber (a.s.) anlaşmaya bağlı kaldı. Mekkeliler istemedikçe, hiç bir hükmünü tek taraflı kaldırmadı. Kısa bir süre sonra, Kureyş'le aralarında anlaşma bulunan Sakîf kabîlesinden Ebû Basîr adında biri, Medine'ye gelip Müslümanlara sığındı. Ebû Basîr de Ebû Cendel gibi işkence gören Müslümanlardandı. Mekkeliler, arkasından hemen iki kişi gönderip Ebû Basîr'in iâdesini istediler. Rasûlullah (a.s):

- Ey Ebû Basîr, biliyorsun ki, biz Kureyşle bir sözleşme yaptık, ahdimizi bozamayız. Biraz daha sabret, Rabb'ım yakında bir kurtuluş yolu açacaktır, diyerek Ebû Basîr'i Kureyşlilere teslim etti.

Ebû Basîr, Mekke'ye ölüme götürüldüğünü biliyordu. Bu sebeple, bu adamların elinden kurtulması gerekiyordu. Yolda, Zülhuleyfe'de(260) yemek için oturdular. Ebû Basîr, bunlara saf ve samîmî göründü. Bir ara:

- Kılıcın ne kadar da güzelmiş, bakmama müsaade eder misin? diyerek, birinin elinden kılıcı aldı, hemen üzerine atılıp onu öldürdü; diğeri ise kaçıp kurtuldu.

Ebû Basîr öldürdüğü Kureyşlinin atına bindi, silahını kuşandı, tekrar Medine'ye döndü. Rasûlullah (a.s)'ın huzuruna çıkıp:

- "Ey Allah'ın Rasûlü, siz sözünüzü yerine getirdiniz. Beni onlara teslim ettiniz. Fakat Allah beni kurtardı, dedi. Hz. Peygamber (a.s) ona anlaşma şartlarına göre Medine'de kalmasının mümkün olmadığını anlattı. Ebû Basîr Medine'den çıktı. Mekke'ye dönemezdi. Medine'de kalamıyordu. Deniz kıyısında, Mekke- Şam yolu üzerinde "İys" denilen bir yere yerleşti. Mekke'de Müslümanlıklarını gizleyenler ve işkence görenler, birer, ikişer kaçıp, Ebû Basîr'in yanında toplandılar. Ebû Cendel de kaçıp buraya geldi. Kısa zamanda sayıları 70'e yükseldi, daha sonra 300 oldular. Mekkelilerin Şam ticâretini önleyecek bir kuvvet hâline geldiler.

Ebû Basîr'in yanında toplananlar, Hudeybiye anlaşması hükümlerine bağlı değildiler. Kureyşin Şam ticâret yolu tehlikeye girmişti. Mekkeliler telâşlandılar. Anlaşmanın, Medine'ye sığınan Mekkelilerin geri verilmesiyle ilgili maddesini hükümsüz saymaktan başka çâre yoktu. Baskı ile Müslümanlığın önlenemeyeceğini anladılar. Hemen, Hz Peygamber (a.s)'a Ebû Süfyan'ı elçi olarak gönderip, bu maddenin kaldırılmasını ve Mekke'den kaçan bütün Müslümanların Medine'ye kabûlünü istediler. Anlaşma yapılırken en çok ısrar gösterdikleri bu madde, gene onların isteğiyle kaldırılmış oldu.

Peygamber (a.s.), Ebû Basîr ve arkadaşlarını Medine'ye çağırdı. Bu sırada Ebû Basîr ölüm yatağında idi. Vefât edince orada defnettiler. Arkadaşlarını Ebû Cendel toplayıp Medine'ye götürdü. Böylece Kureyşin Şam ticâret yolu açıldı. Müslümanlar da anlaşmanın en ağır hükmünden kurtulmuş oldular.

Hudeybiye Barışı 2 yıl devâm etti. Anlaşmayı Kureyş bozdu. İki yıl sonra Mekke, Müslümanlar tarafından fethedildi. (20 Ramazan 8 H./11 Ocak 630 M.)

3- RASÛLÜLLAH (A.S.)'IN ÜMMÜ HABÎBE'YLE EVLENMESİ

Ümmü Habîbe Ebû Süfyân'ın kızıdır. Mekke Devrinde Müslüman olmuş ve kocası Ubeydullah b. Cahş'la birlikte Habeşistan'a hicret eden ikinci kafileye katılmıştı. Alkolik bir adam olan kocası, Habeşistan'da Hristiyan oldu. Ümmü Habîbe Müslümanlıkta sebât edip kocasından ayrıldı. Bu yüzden, yabancı bir ülkede kimsesiz ve himâyesiz kaldı. Henüz müşrik olan babasının yanına da dönemezdi.

Rasûlullah (a.s), Hicretin 6'ıncı yılı Habeşistan'a bir elçi gönderdi. Habeş Necâşi'sini vekil yaparak Ümmü Habîbe'yi nikâhladı.(261) Nikâh merâsiminde Câfer Tayyar ve diğer Müslümanlar da bulundu. Nikâhtan sonra Necâşi Ümmü Habîbe'yi Medine'ye gönderdi. Bu evlilikten önce şu âyet inmişti:

"Allah'ın, sizinle düşmanlık gösterdiğiniz kimseler arasında dostluk ve sevgi yaratması mümkündür."

(Mümtehine Sûresi,7)

Gerçekten bu evlilikten sonra Ebû Süfyân'ın, Hz. Peygamber (s.a.s)'e olan düşmanlığında bir yumuşama başlamıştır.

[VII-HİCRETİN YEDİNCİ YILI]

1- İSLÂMA DAVET İÇİN ELÇİLER GÖNDERİLMESİ

"EY Muhamed! De ki; doğrusu ben, göklerin ve yerin yegâne mâliki, kendisinden başka ilâh olmayan; dirilten ve öldüren Allah'ın hepiniz için gönderdiği peygamberiyim..."

(A'raf Sûresi, 158)

Hz. Muhammed (a.s), daha önceki peygamberler gibi, sâdece Arapların veya belli bir toplumun peygamberi değildir. O'nun peygamberliği umûmîdir. Kıyâmete kadar gelecek bütün insanlara peygamber ve âlemlere rahmet olmak üzere gönderilmiştir.(262) Bu sebeple İslâm'ı her tarafa yayması, peygamberliğini bütün dünyaya duyurması gerekiyordu. Fakat şimdiye kadar Mekke müşrikleri buna imkân vermemişlerdi.

Hudeybiye Anlaşmasıyle iki taraf arasında barış ve güvenlik sağlandı. Artık, Müslümanlığın yayılması için herkese ve her tarafa duyurma zamanı gelmişti. Rasûlullah (a.s) Hudeybiye'den dönünce bu konuyu ashâbıyle istişâre etti. Büyük ve komşu devletlerin hükümdarlarıyla bazı Arap beyliklerine mektup ve elçi gönderilmesi kararlaştırıldı. Kaşında "Muhammed Rasûlullah" yazılı gümüş bir yüzük yaptırıldı, mektuplar bununla mühürlendi.(263)

Elçiler ve Gönderildikleri Hükümdarlar

Bizans Kayser'i Hirakliyus'a, Halîfe oğlu Dihyetü'l-Kelbî; İran Kisrâ'sı Hüsrev Perviz'e, Huzâfe oğlu Abdullah; Habeşistan Necâşisi Ashame'ye, Ümeyye oğlu Amr; Mısır (İskenderiyye) Mukavkısı Çüreyc'e, Ebû Beltea oğlu Hâtıb; Gassan Emîri Hâris b. Ebî Şemmer'e, Vehb oğlu Şuca'; Yemâme Emîri Hevze b.Ali'ye de Amr oğlu Salît elçi olarak mektup götürdüler.(264)

2- HZ. PEYGAMBER (A.S)'IN HÜKÜMDARLARA YAZDIRDIĞI MEKTUPLAR

a) Bizans Kayseri'ne Gönderilen Mektûp

"Bismi'llâhi'r-rahmâni'r-rahim... Allah'ın kulu ve Rasûlü Muhammed (s.a.s.)'den, Rum'un büyüğü Hirakl'e. Hidâyet yoluna uyanlara selâm olsun. Bundan sonra: Ben seni İslâm'a ve onu yayma hizmetine dâvet ediyorum. Müslüman ol ki, selâmete eresin, Allah da sana ecrini iki kat versin. Eğer kabûl etmezsen, halkının vebâli senin boynundadır."

"Ey Ehl-i Kitab! Bizimle sizin aranızda müşterek bir kelimeye gelin: Ancak Allah'a kulluk edelim. O'na kullukta hiç bir şeyi ortak yapmayalım. Allah'ı bırakıp bir kısmınız diğer kısmınızı Rab edinmesin. Eğer yüz cevirirlerse, 'şâhid olun, biz Müslümanız' deyin"

(Âl-i İmrân Sûresi, 64).(265)

Dihye, Rasûlullah (a.s.)'ın mektubunu Hirakl'e (O zamanki Roma imparatorluğundaki Latince ismi, "Herakleitos") götürdüğü zaman Hirakl Kudüs'te bulunuyordu. Elçiyi iyi karşıladı. Rasûlullah (a.s) hakkında bilgi edinmek için, bölgede bulunan Arap tâcirlerinin huzûruna getirilmesini emretti.

Mekke'den bir ticâret kafilesi o sırada bu bölgede bulunuyordu. Kafilede Kureyş'in reisi Ebû Süfyân da vardı. Ebû Süfyan ve arkadaşları getirildiğinde, Bizans'ın ileri gelen din ve devlet adamları, piskoposlar, papazlar İmparator Hirakl'in etrâfında sıralanmışlardı. Kayser tercüman vâsıtasiyle:

- Peygamberlik davasında bulunan bu zâta, içinizde soyca en yakın olan kim? diye sordu. Ebû Süfyân:

- Burada nesebce O'na en yakın benim, diye ilerledi. Kayser Ebû Süfyân'ı arkadaşlarının önüne oturttu. Sorularıma doğru cevâp vermezse, siz düzeltin, dedi. Sonra İmparator ile Ebû Süfyân arasında şu konuşma geçti:

- İçinizde Muhammed (a.s.)'ın soyu nasıldır?

- Asil bir soydandır.

- Memleketinizde ondan önce Peygamberlik davasında bulunan oldu mu?

- Hayır.

- Sülâlesinde hükümdar var mı?

- Hayır.

- O'nun dinine girenler halkın eşrâfı mı, zayıfları mı?

- Çoğunlukla fakir ve zayıf kimseler.

- O'na uyanlar gün geçtikçe çoğalıyor mu, azalıyor mu?

- Çoğalıyor.

- Dinine girdikten sonra, beğenmeyip ayrılanlar oldu mu?

- Olmadı.

- Daha önce yalan söylediği olur muydu?

- Aslâ olmazdı.

- Hiç sözünde durmadığı oldu mu?

- Olmadı, ancak şimdi biz onunla barış yaptık. Bu müddet içinde nasıl davranacağını bilmiyoruz.

- O'nunla hiç savaştınız mı?

- Evet savaştık.

- Netice ne oldu ?

- Bazan biz, bazan O kazandı.

- Size ne emrediyor?

- Yalnız Allah'a kuluk edin, O'na hiç bir şeyi ortak yapmayın, dedelerinizin taptığı putları bırakın, diyor. Namaz kılmayı, doğru ve iffetli olmayı, akrabalık bağını kesmemeyi emrediyor.

Bundan sonra imparator sözlerine şöyle devam etti:

Nesebce asîl olduğunu söylediniz. Peygamberler dâima asil soydan gelmiştir. İçinizden daha önce böyle bir davada bulunan olmadığını anlattınız. O'halde eski bir davanın peşinde bir kişi sayılamaz. Soyunda hükümdar yoktur, dediniz. Bu durumda servet ve saltanat peşinde olduğu da söylenemez. Daha önce kesinlikle yalan söylemediğine şehâdet ediyorsunuz. İnsanlara yalan söylemeyen Allah'a karşı da yalan söylemez. O'na imân edenlerin çoğunlukla fakir ve zayıflar olduğunu ifade ettiniz. Peygamberlere ilk uyanlar dâima böyle olmuştur. O'na uyanların gün geçtikçe arttığını söylediniz. Hakk'a uyanlar azalmaz, dâima çağalır. Dinine girdikten sonra dönen hiç yok dediniz. İmân kalbde kökleşince çıkmaz. Sözünde durduğunu, kimseyi aldatmadığını itirâf ettiniz. Peygamberler kimseyi aldatmaz. Sizi ancak Allah'a kulluk etmeğe, O'na hiç bir şeyi ortak koşmamağa dâvet ettiğini açıkladınız. Eğer bu söyledikleriniz doğru ise, ayaklarımın bastığı şu topraklar, yakında O'nun olacaktır. Ben bir peygamber geleceğini biliyordum ama, sizden çıkacağını sanmazdım. Eğer O'na ulaşabileceğimi bilsem, her zahmete katlanırdım. Yanında olsam, ayaklarını yıkar, hizmet ederdim. dedi. Sonra mektûbu okuttu.

İmparatorun Ebû Süfyânla yaptığı konuşma, papazları kızdırmıştı. Mektup okununca salonda gürültü çoğaldı. İmparator işin kötüye varmasından korktu. Elçinin ve Arap tâcirlerin çıkmalarını istedi. Ben sizin dininize bağlılığınızın derecesini anlamak istemiştim, diyerek tutumunu değiştirdi.(266)

Kayser Hirakl'in kalbinde iman kıvılcımı belirmişti. Dünya hırsı ve saltanatını kaybetme korkusu, bu kıvılcımı söndürdü. Fakat elçiye saygısız davranmadı, hediyeler vererek nezâketle geri çevirdi.

b) İran Kisrâ'sına Gönderilen Mektup

Bismi'llâhi'r-rahmâni'r-rahim. Allah'ın kulu ve Peygamberi Muhammed (a.s.)'dan Fars'ın ulusu Kisrâ'ya. Hidâyete uyanlara, Allah ve Rasûlüne imân edenlere, Allah'tan başka hiç bir ilah olmayıp O'nun bir tek olduğuna, ortağı ve benzeri bulunmadığına, Muhammed (a.s.)'ın O'nun kulu ve rasûlü olduğuna şehâdet edenlere selâm olsun. Ey Kisrâ! Seni Allah'ın dinine dâvet ediyorum. Çünkü ben, dirileri (Allah'ın azabıyla) uyarmak, kâfirler üzerine o söz (azab) hak olmak için, bütün insalara Peygamber gönderildim. Ey Kisrâ! müslüman ol ki selâmet bulasın. Eğer olmazsan, mecûsîlerin günâhı boynuna olsun..(267)

Rasûlullah (a.s.), mektubun Kisrâ'ya verilmek üzere, Bahreyn emiri Münzir'e teslimini emretmişti. Bahreyn, o zaman İran'a bağlıydı. Münzir mektubu Kisrâ'ya götürdü. Kisrâ mektubu okuyunca yırtıp parçaladı. Rasûlullah (a.s.) bundan haberdar olunca:

-Parça parça olsunlar, buyurdu.(268)

Çok geçmeden Kisrâ Hüsrev Perviz, oğlu Şirvehy tarafından karnı deşilerek öldürüldü. Hz. Ömer'in halifeliği sırasında da Kisrâ'nın imparatorluğu parçalandı, Sâsâni Sülâlesi son buldu. Bütün İran toprakları Müslümanların eline geçti.

c) Habeşistan Necâşisi'ne Gönderilen Mektup

"Bismi'llâhi'r-rahmâni'r-rahîm. Allah'ın Rasûlü Muhammed (a.s.)'dan Habeş Meliki Necâşî'ye. Ey Melik, Müslüman ol. Ben, kendisinden başka ilâh olmayan, Melik, Kuddûs, Selâm, Mü'min, Müheymin (gibi yüce sıfatlarla muttasıf) Allah'ın sana olan nimetlerinden dolayı mesrûrum, senin adına hamdediyorum.

Şehâdet ederim ki, Meryem'in oğlu İsâ, Allah'ın ruhu ve kelimesidir. O'nu hiç evlenmemiş, tertemiz ve çok iffetli bir hanım olan Meryem'e ilka etti. Böylece Meryem İsâ'ya hâmile oldu. Âdem'i (anasız-babasız) kudretiyle yarattığı gibi, İsâ'yı da (babasız) olarak ruhundan ve nefhinden yarattı.

Ey Melik! Seni eşi ve benzeri olmayan tek bir Allah'a itâata, bana uymaya ve bana Allah'tan gelene imâna dâvet ediyorum. Çünkü ben Allah'ın Peygamberiyim. Seni ve askerlerini Allah'ın dinine çağırıyorum. Ben size tebliğ ve nasihat ettim. Nasihatımı kabûl edin. Selâm hidâyete uyanlara..(269)

Habeşistan'a hicret etmiş olan müslümanlardan bir grup ile, Hz. Ali'nin ağabeyi Câfer Tayyar hâlâ dönmemişlerdi. Rasûlullah (a.s.) elçisi vâsıtasiyle bunların gönderilmesini ve Ümmü Habîbe'nin de zât-ı risâletlerine nikâh edilerek, gönlünün hoş edilmesini istemişti.

Necâşi, Ümmü Habîbeyi Rasûlullah (a.s.)'a nikâhladı. Habeşistan'da bulunan Müslüman muhâcirleri gemiye bindirip gönderdi. Rasûl-i Ekrem'e bir mektup yazarak Müslüman olduğunu da bildiridi.

Rasûlullah (a.s.)'a Habeş Necâşi'sinin Mektubu

"Bismi'llâhi'r-rahmâni'r-rahîm, Allah'ın Rasûlü Mahammed (a.s.)'a Necâşi Ashame tarafından. Ey Allah'ın Peygamberi, kendisinden başka ilâh olmayan Allah'ın selâmı, rahmet ve bereketi üzerine olsun.

Ey Allah'ın Rasûlü, Hz. İsâ hakkındaki açıklamayı hâvi mektubunuz bana ulaştı. Göklerin ve yerin Rabbı olan Allah'a yemin ederim ki, Hz. İsa da, kendisiyle ilgili olarak, zikrettiğinizden ziyâde birşey söylememiştir. O'nun söyledikleri de, sizin buyurduğunuz gibidir. Bize tebliğ ettiğiniz şeyleri öğrendik. Amcanız oğlu (Câfer) ve arkadaşlarıyle tanıştık. Ben şehâdet ederim ki sen, Allah'ın geçmiş Peygamberleri tasdik eden, sözünde sâdık Rasûlüsün. Sana bîat ettim, (daha önce) amcanız oğluna bîat ederek, âlemlerin Rabb-ı Allah Teâla'ya imân edip Müslüman olmuştum.(270)

d) Mısır Meliki Mukavkıs'a Gönderilen Mektup

"**Bismi'llâhi'r-rahmâni'r-rahîm. Allah'ın kulu ve Rasûlü Muhammed (a.s.)'dan Kıbt milletinin büyüğü Mukavkıs'a. Selâm hidâyet yoluna uyanlara. Ben, seni İslâm Dini'ne dâvet ediyorum. Müslüman ol ki selâmete eresin, Allah da ecrini iki kat versin. Kabûl etmez, yüz çevirirsen, Kıbt milletinin günâhı boynuna olsun.**" (Mektup, Âl-i İmrân Sûresi'nin 64'üncü âyetiyle son bulmaktadır.(271)

Mısır Mukavkısı Cüreyc, Rasûlullah (a.s.)'ın elçisine hürmet gösterdi, fakat Müslüman olmadı. Elçiye bir mektup verdi, hediyelerle geri çevirdi.

Rasûlullah (a.s.)'a Mısır Mukavkısı'nın Mektubu

Bismi'llâhir'r-rahmâni'r-rahîm. Abdullah oğlu Muhammed (a.s.)'a, Kıbtın büyüğü Mukavkıs'tan, Selâm sana. Mektubunu okudum. Münderecâtını ve dâvetinizi anladım. Zuhûru beklenen bir peygamber kaldığını biliyordum. Fakat ben O'nun Şam'dan çıkacağını sanırdım. Elçinize ikram ettim. Size Kıbt milleti arasında mevkii yüksek iki câriye ile bir elbise ve binmeniz için de bir ester hediye gönderiyorum. Selâm sana muhterem Peygamber.(272)

Bu câriyelerden Mâriye'yi Rasûlullah (a.s.) kendisi aldı. İbrahim adındaki oğlu bundan oldu. Kardeşi Şirin'i ise şâiri, Hassan b. Sâbit'e verdi. Düldül adı verilen beyaz estere de bazek kısa gezintilerinde binerdi.

e) Yemâme Emiri Hevze'ye Gönderilen Mektup

"Bismi'llâhi'r-rahmâni'r-rahîm. Allah'ın Rasûlu Muhammed (a.s.)'dan Ali oğlu Hevze'ye. Selâm hidâyet yolunda olanlara. Bil ki, Rabb'ım benim dinimi yakın bir zamanda, dünyanın en uzak ufuklarında parlatacak. Ey Hevze, Müslüman ol da selâmete er. Ben de idâren altındaki yerleri, senin idârende bırakayım.."(273)

Hristiyan olan Hevze, Müslüman olmadı. Rasûlullah (a.s.)'a yazdığı cevapta:

-Beni dâvet ettiğin din çok güzel. Ancak Araplar benim yerime göz koymuşlardır. Beni veliahd yaparsan, sana tâbi olurum, dedi. Rasûllüllah (a.s.)'a Hevze'nin cevâbı okununca:

-Bu adam ne söylüyor? Bu şartla O'na bir karış yerin idaresini bile bırakmam, buyurdu.(274) Hevze, Mekkenin fethinden sonra öldü. Çok geçmeden bu bölge Müslüman oldu.

f) Gassân Emiri Hâris'e Gönderilen Mektup

"Bismi'llâhi'r-rahmâni'r-rahîm. Allah'ın Rasûlü Muhammed (a.s.)'dan Ebû Şemmer oğlu Hâris'e. Selâm hidâyete uyan, bana imân edip nübüvvetimi tasdik edenler üzerine olsun. Seni, eşi ve benzeri olmayan tek bir Allah'a imân etmeğe dâvet ediyorum. Kabûl ettiğin takdirde, yerinde hümükdar olarak kalacaksın.."(275)

Hâris, Rasûlullah (a.s.)'ın mektubunu küstahca yere attı. Elçiye saygısız davrandı. Hatta, Bizans İmparatorundan Medine üzerine asker sevki istemiş, fakat Kayser reddetmişti. Elçi Şuca', Hâris'in davranışını arzedince Rasûl-i Ekrem (a.s.):

-Allah mülkünü elinden alsın, buyurdu.

Hâris, Mekke'nin fethi sırasında öldü. Ülkesi Hz. Ömer'in halifeliği sırasında İslâm sınırları içine girdi.

3- HAYBER'İN FETHİ (Muharrem 7 H./Mayıs 628 M.)

a) Savaşın Sebebi

Hayber Medine'nin kuzey-doğusunda, Suriye yolu üzerinde, Medine'ye 170 km. mesâfede büyük bir Yahûdî şehriydi. Yedi kalesi vardı. Hurmalıklarıyla meşhûr, münbit bir vâha'da kurulmuştu.

Hayber, Müslümanlara karşı bir fesâd ocağı hâline gelmişti. Daha önce Medine'den çıkarılmış olan Yahûdîler de oraya yerleşmişlerdi. Müslümanlara karşı, müşrik bedevî Arabları harekete geçiren, Hendek Savaşını hazırlayan bunlardı. Hendek Savaşında, Benî Kurayza Yahûdîlerine, düşmanla işbirliği yaptıranlar da bunlar olmuştu.

Rasûlullah (a.s.) Hayber ahalisiyle barış yapmak istiyordu. Hudeybiye'den döndükten sonra, Ravâha oğlu Abdullah'ı

Hayber'e gönderdi. Fakat Yahûdîler barış teklifini kabûl etmediler. Onlar, komşuları Gatafan kabilesiyle birlikte Medine'yi basmak için hazırlanıyorlardı. Hudeybiye Barış Anlaşması'nın, Müslümanların aleyhine görünen maddeleri, onlara Müslümanları kuvvetsiz göstermişti. Münâfıklar da onları savaşa teşvik ediyorlardı.

Gatafan kabîlesi, Müslümanlara karşı Yahûdîlerle birlikte hareket etmeyi kübûl etmişti. Düşman hazırlığını tamamlamadan harekete geçmek gerekiyordu. Rasûlullah (a.s.), ashâbına:

- "Cihâdı isteyenler bizimle gelsin" diyerek Hayber üzerine yürüneceğini ilan etti. Hicretin 7'inci yılı Muharrem ayında 2000 atlı ve 1600 piyâde ile Medine'den çıktı. Harekâtını düşmana sezdirmeden, üç günde Raci' Vâdisi'ne ulaştı.(276) Burada ordugâhını kurdu. Böylece Gatafan kabîlesinden, Yahûdîlere gelecek yardımın yolunu kesmiş oldu.

b) Hayber'in Kuşatılması

Rasûlullah (a.s.) düşman üzerine gece vakti varırsa, hemen baskın yapmaz, sabahı beklerdi.(277) Bu sebeple geceyi Raci'de geçirdi. Sabah namazını kıldıktan sonra, Hayber üzerine yürüdü.

Sabahleyin, kazma ve kürekleriyle işlerine gitmek üzere evlerinden çıkan Yahûdîler, karşılarında Müslüman ordusunu görünce şaşkınlıkla:

- Muhammed, vallâhi Muhammed ve askeri... diye bağrıştılar (278), geri dönüp kalelerine kapandılar.

Hayber'de hepsi de gayet sağlam 7 kale vardı. En kuvvetlisi ise Kamûs kalesiydi. Hepsinde de bol miktarda silah ve yiyecek vardı. Yahûdîler savaş için hazırlıklıydılar. Bu yüzden Rasûlullah (s.a.s.)'in sulh teklifini kabûl etmediler.

c) Son Kale ve Fethin tamamlanması

Yirmi gün kadar devâm eden kuşatma ve savaş sonunda, bütün kaleler birer birer zaptedildi. Sadece Kamûs kalesi kaldı. Bu kalenin kumandanlığında, Arablarca bin cengâvere bedel sayılan meşhûr Yahûdî pehlivanı Merhab bulunuyordu. Her gün sıra ile ashabın ileri gelenlerinin komutasında yapılan hücumlardan bir sonuç alınamamıştı. Nihâyet Rasûlullah (a.s.) bir gün:

- Yarın sancağı bir kişiye vereceğim ki, Allah Hayber'in fethini O'nun eliyle müyesser kılacak. O kişi Allah ve Rasûlünü sever, Allah ve Rasûlü de onu sever, buyurdu. Bu yüce şerefin kime nasib olacağı bilinmediğinden, herkes o gece ümitle sabahlamıştı. Hz. Ali'nin gözlerinde şiddetli bir ağrı vardı. Bu yüzden hiç kimsenin hatırından O geçmiyordu. Sabah olunca Hz. Peygamber (a.s.):

- Ali nerede? Bana O'nu çağırın, buyurdu.

- Yâ Rasûlallah, gözleri ağrıyor, dediler ve yederek huzuruna getirdiler.

Rasûl-i Ekrem (a.s.) duâ edip üfledi. Hz. Ali'nin gözleri derhal iyileşti, sanki hiç ağrımamış gibi oldu. Sonra sancağı O'na verdi.(279)

Hz. Ali, Yahûdîleri önce İslâm'a çağırdı; kabûl etmediler. Sulh teklifine de yanaşmayıp, savaşa devâm ettiler.

İlk önce Merhab kaleden çıktı. Kahramanlık şiirleri söyleyerek meydan okudu. Karşısına çıkacak er diledi. O'na karşı bizzât Hz. Ali çıktı, kahramanca dövüşerek bu güçlü Yahûdîyi yere serdi. Merhab öldürülünce, Yahûdîler fazla dayanamadılar. Ümitsizliğe düşüp kaleyi teslim ettiler. Böylece Hayber feth edildi; Hz. Ali de Hayber Fâtihi oldu. Savaş sırasında Yahûdîlerden 93 kişi ölmüştü, Müslümanlar ise 15 şehit vermişlerdi.

d) Hayber Arâzisi

Savaş sonunda Hayber arâzisi, Müslümanların eline geçti. Ancak Yahûdîler, bu topraklarda yarıcı olarak çalışmak istediler; istekleri kabûl edildi. Bu sebeple Rasûlullah (a.s.) her yıl mahsûl zamanı Ravâhaoğlu Abdullah'ı Hayber'e gönderirdi. Abdullah da mahsûlü iki eşit kısma böler, yarısını Yahûdîlere bırakır, diğer yarısını da Medine'ye götürürdü.

Yahûdîler, Hz. Ömer'in hilâfeti zamanına kadar yerlerinde kaldılar. Hz. Ömer'in hilâfetinde, Arabistan dışına çıkarıldılar.

e) Hz. Peygamber (a.s.)'ı Zehirleme Teşebbüsü

Hz. Peygamber (a.s.) fetihden sonra Hayber'de bir kaç gün daha kaldı. Yahûdîler gördükleri insânî muâmeleye rağmen, hâince davranışlarından vazgeçmediler. Rasûlullah (a.s)'a suikast yapmayı plânladılar.

Yahûdî reislerinden Hâris kızı Zeynep, bir ziyâfet hazırladı. Rasûlullah (a.s.)'ı de bazı arkadaşlarıyla birlikte yemeğe dâvet etti. Fakat sofraya konulan koyun eti zehirliydi.

Hz. Peygamber (s.a.s.) durumu ilk lokmada anladı, çiğnediği parçayı ağzından çıkardı; ashâbına da yememelerini emretti. Fakat, Berâ oğlu Bişr bir kaç lokma yemişti. Rasulüllah (a.s.) bunu niçin yaptıklarını Yahûdîlere sorduğunda:

- Eğer yalancı isen, senden kurtuluruz, şayet hak peygamber isen, sana zarar vermez.. diye düşündük, diye, güya akıllıca bir cevap verdiler.(280)

Zeynep de suçunu inkâr etmedi.

- Babam, amcam, kocam ve kardeşlerim, hepsi savaşta öldüler. İntikam için yaptım, dedi. Rasûlullah (a.s.) şahsına karşı işlenen suçları affederdi. Bu sebeple Zeynep'i cezâlandırmadı.

Ancak çok geçmeden zehirli etten yiyen Bişr ölünce, Zeynep de kısâs edilerek öldürülmüştür.(281)

4- RASÛLÜLLAH (A.S.)'IN HZ. SAFİYYE İLE EVLENMESİ

Hayber esirleri arasında, Benî Nadîr reisi Ahtab oğlu Huyey'in kızı Safiyye de vardı. Safiyye Hz. Harun'un neslinden olup, annesi de Benî Kurayza reisinin kızıydı. Hayber Yahûdîlerinin reisi Rabi' oğlu Kinâne ile evlenmişti. Kocası savaşta ölmüş, kendisi esir düşmüştü. Rasûl-i Ekrem (a.s.) O'nu Dihyetü'l-Kelbî'ye vermişti. Ashâb bunu uygun bulmadılar:

- Hayber reisinin eşi Benî Kurayza ve Benî Nadîr'in en şerefli hanımının câriye olarak Dihye'ye verilmesi, Yahûdîler için son derece haysiyet kırıcı olur. Bu sebeple Safiyye'yi ancak sizin nikâhlamanız uygun olur, dediler.

Rasulüllah (a.s.) Dihye'ye başka bir câriye verdi. Safiyye'yi azâd etti ve onunla evlendi.(282) Böylece O'nun haysiyet ve şerefini korudu.

5- FEDEK VE VÂDİ'L-KURÂ'NIN ALINMASI

Fedek, Medine'ye iki günlük mesâfede, akar suları ve hurmalıkları bol, zengin bir Yahûdî köyü idi. Rasûlullah (a.s.), Hayber'in muhâsarası devam ederken, Fedeklileri, İslâm'a dâvet için bir elçi gönderdi. Fedekliler, Müslümanlığı kabûl etmediler. Topraklarımız sizin olsun, biz burada Hayberliler gibi, yarıcı olarak çalışalım, dediler. İstekleri kabûl edildi.

Vâdi'l-Kurâ ise, Hayber'le Medine arasında birçok Yahûdî köyünün bulunduğu bir vâdi idi. Buradaki Yahûdîler de çevredeki Arap kabîleleriyle anlaşarak, Müslümanlarla savaş için hazırlanıyorlardı. Rasûlullah (a.s.)

Hayberden dönerken buraya uğrayıp onları da İslâm'a dâvet etti, kabûl etmediler, Müslümanlara ok yağdırarak savaşı başlattılar. Dört gün süren çarpışma sonrasında yenik düştüler. Hayber gibi, elde edecekleri mahsûlün yarısı kendilerinin olmak üzere, yerlerinde bırakıldılar.

Devâmlı Müslümanlara düşmanlık besleyen Yahûdîlerin işi böylece tamamlanmış oldu. Müslümanlar Safer ayında Medine'ye döndüler.

Ele Geçen Arâzi

Müslümanların, düşmandan (kâfirlerden) savaşarak aldıkları mallara "ganimet" denir. Ganimet malların, beşte dördü savaşa katılan mücâhidlere paylaştırılır. Beşte biri ise beytü'l-mâl'e (Devlet Hazinesine) bırakılır.(283) Düşmandan (Kâfirlerden) savaşmadan barış ve anlaşma yolu ile elde edilen mallara ise "fey" adı verilir. Fey'in tamamı beyt'ül mâl'e aittir. (284) Rasûlullah (a.s.) hayatta iken, Beytü'l-mâle âit malların tasarrufu O'na âitti.

Bu sebeple savaşsız ele geçen Fedek arazisinin tamamı ile Hayber ve Vâdi'l-Kurâ topraklarının beşte biri Rasûlullah (a.s.)'ın emrine ayrıldı. Beni Nadîr arâzisi de, daha önce böyle olmuştu.(285) Hayber ve Vâdi'l-Kurâ'nın kalan arâzîsi, mücâhidlere verildi.

6- HABEŞİSTAN GÖÇMENLERİNİN DÖNÜŞÜ

Habeşistan'a hicret etmiş bulunan Müslümanların 16 kişilik son kafilesi de, Hayber'in fethi sırasında döndü.(286) Başlarında Hz. Ali'nin kardeşi Câfer Tayyar vardı. Rasûlullah (a.s.) son derece memnun oldu.

-Hangisine sevineceğimi bilemiyorum, Hayber'in fethine mi, yoksa Câfer'in gelişine mi? buyurdu.(287) Ganimetlerden onlara da hisse ayırdı.(288)

7- KÂBE'Yİ ZİYARET (Umretü'l Kazâ)

(Zilkade 7 H./Mart 629 M.)

"Başladığınız hac ve umreyi Allah için tamamlayın"

(Bakara Sûresi, 196)

Hudeybiye anlaşmasına göre, Müslümanlar Kâbe'yi bir yıl sonra ziyâret edebileceklerdi. Anlaşma gereğince üç günden fazla Mekke'de kalamayacaklardı. Mekkeliler de bu esnâda, şehrin dışına çekileceklerdi.

a) Bir Yıl Önce Edâ Edilemeyen Umre

Anlaşma'dan bir yıl sonra, Rasûlullah (a.s.), Hudeybiye'de bulunan Müslümanların, bir yıl önce edâ edemedikleri Umre'yi kazâ etmek üzere hazırlanmalarını emretti. Hicretin 7'inci yılı zilkade ayında (Mart 629) Medine'den hareket edildi. Hudeybiye'de bulunmayanlardan da katılanlar olduğu için, Kâbe'yi ziyârete gidenlerin sayısı 2000'i geçti.

Müşrikler, Müslümanların geldiğini duyunca Mekke'yi boşalttılar. Şehri çevreleyen yüksek tepelere kurdukları çadırlardan, Müslümanları merakla izlediler.

Müslümanların Mekke'ye girişleri çok heyecanlı oldu. Hz. Peygamber (a.s.) devesi Kasva üzerinde ilerliyor, hep birden yüksek sesle, "Lebbeyk, Allahümme lebbeyk...."(289) diye telbiye söylüyorlardı. Uzaktan Kâbe görülünce "Allâhü Ekber, Allâhü Ekber, Lâilâhe illallâhü vallâhü ekber..."(290) diye tekbir getirmeğe başladılar. Yıllardan beri hasretini çektikleri Kâbe, işte şimdi karşılarındaydı. Özellikle muhâcirler, yedi yıllık bir ayrılıştan sonra doğup büyüdükleri kutsal beldeye girerken ayrı bir heyecân duyuyorlardı.

Kâbe, usûlüne göre tavâf edildi, etrafı yedi defa dolaşıldı. (291) Safâ ve Merve tepeleri arasında sa'y yapıldı.(292)

Müşriklerin ileri gelenleri, Dâru'n-nedve önünde toplanmışlar, Müslümanları seyrediyorlardı. Aralarında:

-Medine'nin humması bunları zayıf düşürmüş.. diye konuşuyorlardı.

Rasûlullah (a.s.) Müslümanların zayıf ve güçsüz olmadıklarını göstermek istedi. Sağ kolunu ihramın dışında tutup bâzûsunu şişirdi. Tavafın ilk üç şavtını kısa adımlarla koşarak yaptı. Ashâbına da böyle yapmalarını emretti.(293) "Bu gün kendini onlara kuvvetli gösterene Allah rahmet etsin" buyurdu.

Ertesi gün peygamber (a.s.) Efendimiz Kâbe'ye girdi. Öğle vaktine kadar orada kaldı. Kâbe hâlâ putlarla doluydu. Habeşli Bilal, Kâbe'nin damına çıkarak öğle ezanını okudu. Mekke ufukları "Allahü Ekber" sedâlarıyla çınladı. Rasûlullah (a.s.)'ın arkasında, cemâatle namazlarını kıldılar.

Daha sonra Müslümanlar tıraş olarak ihramdan çıktılar. Bir sene önce eda edemedikleri umreyi kazâ etmiş oldular Rasûlullah (a.s.)'ın rüyâsı ve ashabına müjdesi de böylece gerçekleşmiş oldu. Bu sebeple, Hicretten sonra, müslümanların bu ilk Kâbe ziyâretine "Umretü'l-Kazâ (Kazâ Umresi) adı verilmiştir

b) Kazâ Umresi'nin Mekkeliler Üzerindeki Tesirleri

Müslümanlar, Hudeybiye Anlaşması uyarınca üç gün Mekke'de kaldıktan sonra, Medine'ye döndüler. Bu esnâda, müşrikler, uzaktan uzağa Müslümanların bütün hallerini, davranışlarını merakla ve dikkatle izlediler. Son derece kibâr ve nâzik, huzûr ve sükûn içinde kardeşçe geçinen insanlar olduklarını gördüler. Ne içki içip sarhoş olan, ne başkasına saygısız davranan var. Hepsi edepli, tertemiz, üstün ahlâklı insanlar. Topluca ibâdet ediyorlar, oturup sohbet ediyorlar, birbirlerini sevip sayıyorlar, kimseye kötülük etmiyorlar, dâima Allah'a itâat içinde bulunuyorlar.. Evet, bunlar ne iyi insanlar.

Müslümanların üstün meziyetleri, örnek davranış ve yaşayışları, Mekkeliler üzerinde büyük tesirler meydana getirdi. Müslümanlık hakkındaki düşünceleri değişmeye başladı. İçlerinde Müslüman olma arzusu belirenler bile oldu. Kureyş'in ileri gelenlerinden Velîd oğlu Hâlid, Âs oğlu Amr, Talha oğlu Osman bunlardandı.

8- RASÛLÜLLAH (A.S.)'IN MEYMÛNE İLE EVLENMESİ

Hz. Meymûne, Peygamber (a.s.) Efendimizin amcası Abbâs'ın eşi Ümmü'l-Fadl'ın kız kardeşidir. Hâris el-Hilâliye'nin kızıdır. Önce Amr oğlu Mes'ûd ile evlenmiş, sonra Adüluzza oğlu Ebû Rahm'in eşi iken dul kalmıştı. Rasûllüllah (a.s.)'ın eşleri arasında bulunmak en büyük emeliydi. Bu yüzden, külfetsiz ve mehirsiz olarak Rasûl-i Ekrem (a.s.)'ın kendisini nikâhlamasını istiyordu.(294) Hz. Abbâs, dul baldızının isteğini Rasûlullah (a.s.)'a iletti. Peygamber (a.s.) Efendimiz, şeref ve asâletine hürmet ederek, Hz. Meymûne'nin teklifini kabûl buyurdu. Kaza Umresi esnâsında ihramlı iken nikah edip, ihrâmdan çıktıktan sonra zifâf oldu.(295)

Hz. Meymûne, Rasûlullah (a.s.)'ın nikâhlandığı son eşidir. Hicretin 51.'inci yılı, hac dönüşünde, Mekke'ye 6 mil mesâfede "Serif" denilen yerde vefât etmiştir.(296)

Teyze Anne Yerindedir

Hz. Hamza'nın küçük kızı Umâme, (veya Umâre) Mekke'de kalmıştı. Kazâ Umresi'nden Medine'ye dönerken, "amca, amca" diye Rasûlullah (a.s.)'ın peşinden koştu. Hz. Ali onu kucaklayıp:

- Al, amcamızın kızı, diyerek eşi Hz. Fâtıma'ya verdi. Medine'ye varınca Hz. Ali, Hz. Câfer Tayyar ve Zeyd b. Harise hepsi de çocuğun bakımının kendilerine verilmesini istemişlerdi.

Câfer Tayyar'ın eşi Esmâ, Ümâme'nin teyzesiydi. Rasûlullah (a.s.):

- Teyze, anne yerindedir, buyurdu ve çocuğun bakımını ona verdi.(297)

(262) Bkz. el-Enbiyâ Sûresi, 107; Sebe' Sûresi, 28; el-A'raf Sûresi, 158; "Benden önceki peygamberler sadece kendi milletlerine gönderilmişti. Ben ise bütün insanlara, peygamber olarak gönderildim." (el-Buhârî, 1/86 ve 1/113; Tecrid Tercemesi, 2/204 Hadis No:223)

(263) el-Buhârî, 1/24; Tecrid Tercemesi, 1/62 (Hadis No: 59)

Bu yüzük, Rasûlüllah (a.s.)'ın vefâtından sonra, halifelikleri esnâsında Hz. Ebû Bekir, Hz. Ömer ve Hz. Osman tarafından kullanıldı. Hz. Osman'ın parmağından Medine'de Eris kuyusuna düştü. Kuyunun suyu tamamen boşaltıldığı halde bulunamadı. (Abdurrahman Şeref, Zübdetü'l-Kısas, 1/153, İst. 1315)

(264) Zâdü'l-Meâd, 1/60-63; (O devirde Bizans İmparatorlarına "Kayser", İran Şahinşah-larına "Kisrâ", Habeş krallarına "Necâşi", Mısır Meliklerine "Mukavkıs", Türk hükümdarlarına da "Hâkan" denirdi.)

[VIII- HİCRETİN SEKİZİNCİ YILI (629-630 M.)]

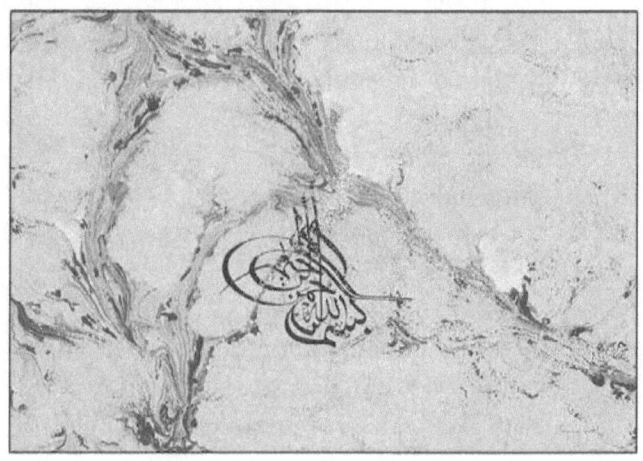

1- MÛTE SAVAŞI (Cumâde'l-ûlâ 8 H./Eylül 629 M.)

a) Savaşın Sebebi

Mûte Savaşı, Müslümanlarla Hristiyanlar (Rumlar ve Hristiyan Araplar) arasında yapılan ilk savaştır. Sebebi, Rasûlüllah (a.s.)'ın elçisinin öldürülmesidir.

Rasûlüllah (a.s.), İslâm'a dâvet için hükümdarlara elçilerle mektuplar gönderdiği sırada, Sûriye'de Busrâ (şimdiki Havran) Emîri Şürahbil'e de Hâris b. Umeyr ile bir mektup göndermişti. Gassânî Araplarından Şürahbil, Hristiyandı. Bizans'ın himayesinde bulunuyordu.

Hâris, Şürahbil'e, Kudüs'ün iki konak güneyinde, bulunan Mûte kasabasında rastladı. Elçi olduğunu söyleyerek Hz. Peygamber (a.s.)'ın mektubunu verdi. Fakat, Şürahbil, devletler arası hukuk kurallarını çiğnedi, Rasûlüllah (a.s.) elçisini öldürttü.

Şimdiye kadar Hz. Peygamber (a.s.)'ın elçilerinden hiçbiri öldürülmemişti. Bir elçinin öldürülmesi, tarih boyunca bütün toplumlarda insanlığa ve hukuk kurallarına aykırı bir davranış sayıldığı gibi, gönderene de en büyük hakaret ve meydan okuma demekti. Bu sebeple Rasûlullah (a.s.) üç bin kişilik bir kuvvet hazırlayarak, azadlı kölesi Hârise oğlu Zeyd'in komutasında yola çıkardı(298) Elçi Umeyr oğlu Hâris'in şehid edildiği Mûte'ye kadar gidilmesini, Şürahbil ve maiyetinin İslâm'a dâvet edilmesini, kabûl etmezlerse savaşılmasını emretti.(299) "Kadınları, çocukları, yaşlıları öldürmeyin. Evleri yıkıp hârap etmeyin, ağaçları kesip, tahribâtta bulunmayın!" dedi. Orduyu "Seniyyetü'l-vedâ" denilen ayrılık tepesi'ne kadar uğurlayan Hz. Peygamber (a.s.):

- "Zeyd şehid olursa, komutanlığı Câfer alsın; Câfer de şehit düşerse, Ravâha oğlu Abdullah komutan olsun." buyurdu.(300)

b) İki Tarafın Durumu ve Aradaki Eşitsizlik

Müslüman ordusunun hareketini Şürahbil duydu. Derhal Lahm, Cüzâm, Kayn, Belkın, Behrâ gibi Hristiyan Arap kabîlelerinden büyük bir kuvvet hazırladı. Ayrıca durumu Bizans İmparatoruna bildirerek, ondan da yardım istedi. Böylece Şürahbil, 200 bin kişilik büyük bir ordu topladı. Bunun 100 bini Rumlardan, 100 bini de Hristiyan Araplardan meydana gelmişti. (301) İmparator Hirakl de işi önemseyerek, Belkadaki Meab şehrine kadar geldi.

Müslümanlar, ancak Sûriye topraklarına girdikten sonra düşmanın gücü ve hazırlıkları hakkında bilgi edinebildiler.

İki taraf arasında gerek sayı, gerek silah ve teçhizât bakımından korkunç bir fark vardı. Tarihte, iki taraf arasında böylesine ölçüsüz bir fark görülmemiştir. 200 bin (bazı rivâyetlerde 100 bin) kişilik bir kuvvet karşısında üç bin mücâhid ne yapabilirdi? Fakat, savaşmadan geri dönülemezdi. Komutan Zeyd, Maan'da, Mücâhidlerin ileri gelenleriyle toplanıp durumu istişâre etti. Acaba, durumu Rasûlüllah (a.s.)'a bildirip alınacak cevâba göre mi hareket edilmeliydi? Fakat, Ravâhaoğlu Abdullah bütün tereddütleri giderdi.

Temel İslâmî bilgiler

- Arkadaşlar, çekindiğimiz şey, ele geçirmek için yola çıktığımız şeydir, yani şehid olmaktır. Dinimizi yüceltmek için savaşalım. Yâ şehid, ya gazi olacağız. Bunun ikisi de güzel değil mi ?(302) dedi.

Abdullah'ın konuşması mücâhitlerin maneviyâtını yükseltti. Hepsi de:

- Ravâhaoğlu doğru söylüyor. Savaşmalıyız, dediler.

c) Komutanlar Sırayla Şehâdet Şerbetini İçtiler

İki ordu Mûte'de karşılaştı. Zeyd, sancak elinde, ileri atıldı. Kahramanca çarpıştı, ölümden yılmadığını gösterdi. Fakat düşman mızraklarının arasında şehid düşdü.(303)

Zeyd şehid olunca, sancağı hemen Câfer aldı. Emsâlsiz kahramanlıklar gösterdi. Önce sağ eli kesildi, sancağı sol eliyle tuttu. Sol eli de kesilince, kollarıyla sancağa sarıldı. Pek çok yara aldığı halde son nefesine kadar sancağı bırakmadı. Nihâyet o da şehid oldu.(304)

Câferden sonra sancağı Ravâhaoğlu Abdullah aldı. O da şiirler söyleyerek, kahramanca savaştı. Vücudu delik deşik oldu. Sonunda o da şehid oldu.

d) Hâlid b. Velîd'in Üstün Mahâreti

Râvâhaoğlu da şehid olunca, asker komutansız kaldı, umûmî bir panik başladı. Dağılan askerin kaçışını Velîdoğlu Hâlid önledi. Mücâhidler, Hâlid'in etrâfında yeniden toplandılar. Hâlid komutayı aldı, sancak elinde akşama kadar çarpıştı. O gün elinde tam dokuz kılıç parçalandı.(305) Bu Müslüman olduktan sonra Hâlid'in katıldığı ilk savaştı.

Gece olunca, Hâlid askeri yeniden tertipledi. Öndekileri arkaya, arkadakileri öne, sağdakileri sola, soldakileri sağa aldı.

Böylece düşmana, yardım için yeni kuvvetler gelmiş intibâını verdi. Sabah olunca da ansızın şiddetli bir hücuma geçerek, düşmanı bozguna uğrattı. Bu fırsattan yararlanarak, askerini ustalıkla geri çekti. Büyük bir kayba uğramadan Medine'ye döndü. İslâm ordusunu korkunç bir felâketten kurtardı.

200 bin kişiye karşı yapılan bu çetin savaşta, Müslümanlar sadece 12 şehid vermişlerdi. Bu durum, komutanların savaşı çok başarılı idâre etmeleri ve canlarını fedâ etmekten çekinmemelerinin bir sonucuydu.

e) Rasûlüllah (a.s.)'ın Medine'den Savaşı Seyretmesi

Rasûlüllah (a.s.) savaşın bütün safhalarını, Medine'ye henüz hiç bir haber ulaşmadan, ashâbına bildirmişti.

Cenab-ı Hakk, zaman, mekân ve mesâfe kavramlarını kaldırarak, sevgili Peygamberine savaş meydanını olduğu gibi göstermişti. Mescid-i Nebî'de minber üzerine oturmuş bulunan Allah Rasûlü (a.s.) gözlerinden yaşlar akarak:

- İşte sancağı Zeyd aldı, Zeyd vuruldu, şehid düştü. Sonra Câfer aldı, O' da şehid oldu. Sonra Ravâhaoğlu aldı, O 'da şehid oldu. En sonunda sancağı, Allah'ın kılıçlarından bir kılıç, Velîdoğlu Hâlid aldı. Allah O'na fethi müyesser kıldı, buyurdu. (306)

Rasûlüllah (a.s.), Zeyd, Câfer ve Abdullah'ın şehid düştüklerini haber verdikçe, her biri için istiğfâr etmiş ve Cennete girdiklerini de müjdelemişti.(307) Sancağı Hâlid alınca ise:

- Allah'ım, Hâlid senin kılıçlarından bir kılçtır. Sen O'na nusret ihsan buyur, diye duâ etmişti.(308) Bundan sonra Hâlid'e "Seyfullah" (Allah'ın kılıcı) denildi.(309)

Câferin şehâdet haberini duyunca, âilesi feryâda başladılar. Rasûlüllah (a.s.) da son derece üzgündü. Çok sevdiği, en değerli arkadaşlarını kaybetmişti. Câfer'in âilesini teselli etti. Acılıdırlar, yemek yapamazlar, diye evine yemek gönderdi.

- Allah Câfer'e, Mûte'de kesilen iki koluna bedel, iki kanat verdi. O'nu Cennet'te meleklerle birlikte uçuyor gördüm, diye müjdeledi.(310) Bu sebeple Câfer, bundan sonra Câfer Tayyâr diye anıldı.

2- ZÂTÜ'S-SELASÎL SAVAŞI (Cumâde'l-âhir 8 H./629 M.)

Kudâa kabîlesi'nin Uzre ve Belî kolları, Medine hayvanlarını yağmalamak üzere, Vâdi'l-Kurâ yakınlarında toplanmışlardı. Rasûlüllah (a.s.) durumdan haberdâr olunca, bunların üzerine Amr b. As (Âs oğlu Amr) komutasında 30'u atlı 300 kişilik bir seriyye gönderdi. Bunlar arasında Sa'd b. Ebî Vakkas, Üseyd b. Hudayr, Sa'd b. Ubâde, Sâid b. Zeyd, Âmir b. Rabîa.. gibi ensâr ve muhâcirlerden ileri gelen kimseler de vardı.

Amr b. Âs. ashâbın büyüklerinden değildi. Henüz bir yıl kadar önce Müslüman olmuştu. Fakat dedesi Vâil'in annesi Belî kabîlesinden olduğu için Amr'ın bu kabîle ile ilgisi vardı. Amr, aynı zamanda savaş usûlünü iyi bilen, son derece zekî bir kimse idi. Bu sebeple Rasûlüllah (a.s.), komutanlığa O'nu seçmişti.

Amr, Vâdi'l-Kurâ civarında Selâsil suyu'na varınca, düşmanın sayıca üstün olduğunu öğrendi. Burada konaklayarak, bir haberci ile Rasûlüllah (a.s.)'dan yardım istedi. Rasûlüllah (a.s.) da Ebû Ubeyde b. Cerrâh komutasında 200 kişilik ek kuvvet gönderdi. Hz. Ebû Bekir ve Hz. Ömer de bunlar arasındaydı. Rasûl-i Ekrem (a.s.) Ebû Ubeyde'yi gönderirken:

- Ayrılığa düşmeyin, işbirliği yapın, buyurmuştu. Amr b. Âs, Ebû Ubeyde'nin, askerlere imâm olarak namaz kıldırmasına itirâz etti.

- Sen bana yardıma geldin, kumandan benim, namazda ben imam olacağım, dedi.

Ebû Ubeyde yumuşak tabiatlı bir zâttı, hiç itirâz etmedi.

- Yâ Amr, Rasûlullah (a.s.) Efendimiz, ihtilâfa düşmememizi emretti. Sen bana uymazsan, ben sana uyarım, telâşa gerek yok, diye cevâp verdi. Amr bütün Müslümanlara sefer süresince imam olup namaz kıldırdı. Böylece Hz. Ömer ve Hz. Ebûbekir de Amr'ın idâresine girmiş oldular. Oysa Rasûlüllah (a.s.) Amr'ı ilk 300 kişiye; Ebû Ubeyde'yi de 200 kişiye kumandan tâyin etmişti. Ebû Ubeyde'yi Amr'ın emrine değil, yardımına göndermişt.(311)

Amr, düşmana yaklaşınca gerekli tedbirleri aldı. Hava çok soğuk ve sert olduğu halde, gece ateş yakmayı yasakladı. "Kim ateş yakarsa, onu yaktığı ateşin içine atarım," diye tehdit etti. Asker, soğuktan Ebû Bekir ve Ömer'e başvurdular. Hz. Ömer:

- Bu nasıl şey, herkesi soğuktan kıracak mı? diye Amr'a haber gönderdi. Amr b. Âs:

- Yâ Ömer, sen bana itâatle memûrsun, İşime karışma, diye cevâp verdi. Hz. Ebû Bekir de:

Rasûlüllah (a.s.) O'nu savaş usûlünü iyi bildiği için kumandan yaptı. Madem ki kumandan O'dur, işine karışmamak gerekir, dedi. Böylece gece soğukta geçirildi. Çünkü ateş yakılsaydı, düşman Müslümanların azlığını öğrenecekti.

Amr, plânını kimseye söylemedi. Sabaha karşı, alaca karanlıkta ansızın düşman üzerine hücûma geçti ve savaşı kazandı. Düşman pek çok ganimet bırakarak kaçtı. Ashâb, düşmanın peşini tâkibetmek istedilerse de Amr buna da izin vermedi. Bir kaç gün orada kalıp etraftaki ganimet hayvan sürülerini topladıktan sonra, Medine'ye döndü.

Sefer esnâsında Amr b. Âs ihtilâm olmuş, hava soğuk olduğu için gusletmeyerek teyemmümle namaz kıldırmıştı.(312) Dönüşte ashâb, Rasûlüllah (a.s.)'a, Amr b. Âs'tan:

1- Hava çok soğuk olduğu halde, gece ateş yaktırmadı,

2- Galip geldiğimiz halde düşmanı tâkip ettirmedi,

3- Su bulunduğu halde gusletmeyip, teyemmümle namaz kıldırdı, diye şikâyette bulundular.

Amr bu şikâyetlere karşı:

1- Sayımızın az olduğunu düşman anlamasın diye ateş yaktırmadım.

2- Yardım için kuvet gönderebileceği düşüncesiyle düşmanı tâkip ettirmedim.

3- Soğukta yıkanmak tehlikeli olduğu ve Cenâb-ı Hakk "Elinizle kendinizi tehlikeye atmayın." (El-Bakara Sûresi, 195) "Kendinizi öldürmeyin. Şüphesiz Allah size acımaktadır." (en-Nisâ Sûresi, 29) buyurduğu için gusletmeyip teyemmüm yaptım, diye cevâp verdi.

Rasûlüllah (a.s.) Amr'ın cevâplarını tebessümle karşıladı. (313)

Amr b. Âs, henüz yeni müslüman olduğu halde, ashâbın büyüklerinin de bulunduğu bir orduya kumandan tâyin edilmesinden dolayı gururlanmıştı. Savaşı da kazanarak dönünce, Rasûlüllah (a.s.)'ın yanındaki derece ve itibârını öğrenmek istedi. Rasûl-i Ekrem (a.s.)'a:

- En çok kimi seversiniz? diye sordu. Rasûlüllah (a.s.)

Âişe'yi diye cevâp verdi.

- Sonra kimi?

- Âişe'nin babasını, Ebû Bekir'i.

- Sonra kimi?

- Ömer'i.

Amr, en sonraya kendisinin kalacağından korkarak daha fazla sormaktan vazgeçti.(314)

(298) Orduda ensâr ve muhâcirlerin ileri gelenleri de vardı. Azadlı bir köle hepsine komutan olmuştu. Bu olay İslâm'daki ehliyet ve eşitlik uygulamasının canlı örneklerinden biridir.

[MEKKE'NİN FETHİ]

"Biz sana apaçık bir fetih ve zafer sağladık."

(Feth Sûresi, 1)

a) Hudeybiye Muâhedesinin Bozulması

Hudeybiye Barış Anlaşması, Müslümanlarla Kureyş arasında yapılmıştı. Anlaşma şartlarına göre, diğer Arap kabîleleri, iki taraftan birinin himâyesine girmekte, anlaşıp birleşmekte serbesttiler. Buna göre, Huzâa kabîlesi, Müslümanların Benî Bekir (Bekir oğulları) kabîlesi de Kureyş'in himâyesine girmişti.

Hicretin 8'inci yılı Şaban ayında, Benî Bekir kabîlesi, Peygamberimizin himâyesinde bulunan Huzâa kabîlesine ansızın bir gece baskını yaptı. Esâsen iki kabîle arasında öteden beri düşmanlık vardı. Bu baskında Benî Bekir, Kureyşten yardım ve teşvik görmüş, hatta İkrime, Safvân ve Süheyl.. gibi ileri gelen bir kısım Kureyş gençleri baskında bizzat bulunmuşlardı. Baskın sonunda Huzâalılardan 23 kişi ölmüş, sağ kalanlar Harem-i Şerîf'e sığınarak kurtulabilmişlerdi.

Bu olay üzerine Huzâalılar, 40 kişilik bir heyetle Medine'ye geldiler. Rasûlüllah (a.s.)'a durumu anlatıp yardımını istediler.

Huzâalılarla Müslümanlar arasında ötedenberi dostluk vardı. Bu dostluğun temeli, İslâm'dan öncesine kadar uzanıyordu. Bu sebeple Huzâalılar, Müslümanlarla ilgili, Mekke'de olup biten her şeyi Rasûlüllah (a.s.)'a gizlice bildirirlerdi. Hendek Savaşı hazırlığını da onlar haber vermişlerdi.

Huzâa kabilesine yapılanlardan, Rasûlüllah (a.s.) son derece üzüldü. Kendilerine yardım edeceğini va'detti. Kureyş'e derhal bir elçi göndererek:

Öldürülen Huzâalılardan diyetlerinin ödenmesini, veya Benî Bekir Kabîlesinin himâyesinden vazgeçilmesini istedi. İki şarttan biri kabûl edilmediği takdirde, Hudeybiye Anlaşmasının bozulmuş sayılacağını, bildirdi.

Kureyşliler, ilk iki şartı kabûl etmeyip Hudeybiye anlaşmasını bozduklarını bildirdiler. Daha önce fiilen bozdukları antlaşmayı, böylece resmen de bozmuş oldular.

b) Kureyş'in Barışı Yenileme Teşebbüsü

Kureyşliler, bir müddet sonra hatalarını anladılar. Alaşmayı bozduklarına pişmân oldular. Derhal anlaşmayı yenilemek ve barış süresini uzatmak üzere Ebû Süfyân'ı Medine'ye yolladılar.

Ebû Süfyân, Medine'de önce, Rasûlüllah (a.s.)'ın zevcelerinden kızı Ümmü Habîbe'ye gitti. Oturacağı sırada, Ümmü Habîbe minderi topladı. Halbuki, evde üzerine oturulacak başka bir şey yoktu. Ebû Süfyân sordu:

— Kızım, minderi mi benden esirgiyorsun, yoksa beni mi minderden? Kızı cevap verdi.:

— Bu, Rasûlüllah (a.s.)'a âittir. Sen ise müşriksin, pissin. Bu yüzden üzerine oturmanı istemedim.(315)

Ebû Süfyân, daha sonra Rasûlüllah (a.s.)'a başvurdu. Olumlu bir sonuç alamadı. Başta Hz. Ebû Bekir, Hz. Ömer olmak üzere ashâbın ileri gelenleriyle bir bir görüştü, barışın yenilenmesi için desteklerini istedi. Hz. Fâtıma'yı ziyâret ederek O'ndan yardım bekledi. Fakat bütün gayretleri boşa çıktı; hiç bir netice elde edemedi. Eli boş dönmek istemiyordu. Hz. Ali'nin tavsiyesine uymaktan başka çâre yoktu. Mescide geldi:

- Ey nâs, ben her iki tarafı da himâyeme alarak, Hudeybiye barışını yeniliyorum. Sanırım, kimse benim ahdimi bozmaz.. dedi. Fakat, kimseden cevâp alamadı. Devesine bindi, ümitsiz olarak Mekke'nin yolunu tuttu. Bir işâretle bütün Mekke'yi harekete geçiren Ebû Süfyan, Medine'de kimseye sözünü dinletememiş, öz kızına bile merâmını anlatamamıştı.

Dönüşünde olup bitenleri olduğu gibi Mekkelilere anlattı. Onun sözlerini dinleyenler:

- Yazık, sen hiç bir şey yapmamışsın. Bize barış haberi getirmedin ki, güven içinde olalım, Savaş haberi getirmedin ki, hazırlanalım. Ali seninle alay etmiş. Senin tek başına ilân ettiğin barış neye yarar..., dediler.(316)

c) Fetih Hazırlığı

Ebû Süfyan Mekke'ye döndükten sonra Rasûlüllah (a.s.) gizlice fetih hazırlığına başladı. Ashâbına sefer için hazırlanmalarını emretti. Ayrıca, Gıfâr, Eslem, Eşca' Müzeyne, Cüheyne, Süleym gibi, kendisine bağlı kabîlelere haber salarak Ramazan'ın ilk günlerinde Medine'de toplanmalarını istedi.

Rasûlüllah (a.s.),Mekke'nin kan dökülmeden fethedilmesini istiyordu. Kureyş savunma için hazırlık yapar da karşı koyarsa, kan dökülürdü. Bu yüzden hazırlıklar son derece gizli tutuldu. Mekke ile Medine arasındaki bütün yollar kesildi. Bu vazife Huzâa kabilesine verildi. İki taraf arasında sanki kuş uçmuyordu. Bu arada dikkatlerin başka yöne çekilmesi için Necid tarafına bir de seriyye göndermişti.

d) Ebû Beltea oğlu Hâtıb'ın Kureyş'e Yazdığı Mektup

Ancak ashabtan Ebû Beltea oğlu Hâtıb, durumdan Kureyş'i haberdar etmek istemiş, bir mektup yazarak gizlice Mekke'ye göndermişti. Hz. Peygamber (a.s.), İlâhî vahiy ile bunu öğrendi. Hemen Hz. Ali ile iki arkadaşını görevlendirdi.

- Hah bostanına kadar gidin, orada, mahfe içinde yolcu bir kadın bulacaksınız. Yanında bir mektup var, onu alıp getirin, buyurdu.

Kadın önce inkâr etti, fakat, "seni şimdi çırılçıplak soyar, her tarafını ararız", deyince, çâresiz mektubu saçının hotozu arasından çıkardı.(317)

Mektupta, Rasûlüllah (a.s.)'ın önüne durulamaycak bir ordu ile Mekke üzerine yürüyeceği bildiriliyordu. Herkes şaşırıp kaldı, çünkü Hâtıb'dan böyle bir şeyi kimse beklemiyordu. Rasûlüllah (a.s.) bir hey'et önünde Hatıb'ı sorguya çekti.

- Ey Hâtıb, bu ne iş, niçin bunu yaptın, diye sordu. Hâtıb:

- Ya Rasûlüllah hakkımda karar vermekte acele etmeyin. Ben Kureyş'e anlaşarak bağlı bir kimseyim, fakat hiç bir zaman onların mahremi olmadım. Yanınızdaki muhacir kardeşlerimin, Mekke'de âilesini ve mallarını koruyacak yakınları var, benimse kimsem yok. Mekkelilerden nimetdârlar kazanarak âilemi korumak istemiştim. Bu işi dinimden dönmek için yapmadım, ben Müslüman olduktan sonra, kat'iyyen küfre razı olmam, diye kendini savundu. Hz. Ömer, dayanamayıp:

- Yâ Rasûlallah, izin ver de şu münâfığın boynunu vurayım, demişti. Fakat, Rasûlüllah (a.s.) Hâtıb'ın suçunu bağışladı.

- Yâ Ömer, Hâtıb Bedir Gazası'nda bulundu, ne bilirsin belki de Cenâb-ı Hak Bedir ehline: "Bundan böyle istediğinizi yapın, sizi bağışladım" demiş olabilir, buyurdu.

Fakat bu olayla ilgili olarak:

"**Ey inananlar, benim de düşmanım, sizin de düşmanınız olan kimseleri dost edinmeyin. Onlar, size gelen hakkı tanımadıkları ve Rabbımız olan Allah'a inandığınız için peygamberi de sizi de (yurdunuzdan) çıkardıkları halde onlara sevgi (mi) gösteriyorsunuz? Siz benim yolumda savaşmak ve benim rızamı kazanmak için (yurdunuzdan) çıkmışsanız, ben sizin gizlediğinizi de, açığa vurduğunuzu da bildiğim halde, nasıl olur da onlara sevgi gösterirsiniz. İçinizden her kim bunu yaparsa, doğru yoldan sapmış olur."**

(Mümtehine Sûresi, 1)

anlamındaki âyet-i kerime indirilmiştir.(318)

e) Mekke'ye Yürüyüş

Müslümanlığın temeli, "Tevhid İnancı"dır. Tevhid İnancı'nın, yeryüzünde en büyük âbidesi, Mekke'deki Kâbe'dir. Ancak bu kutsal yer, putlarla doldurulmuş, putperestliğin merkezi hâline getirilmişti. İslâm güneşi doğalı 20 yıl olmuştu. Artık, Mekke'nin şirkten kurtulması, Kâbe'nin putlardan temizlenmesi gerekiyordu.

Rasûlüllah (a.s.), Hicretin 8'inci yılı, Ramazan'ın 10'uncu Pazartesi günü 10 bin kişilik muazzam bir ordu ile Medine'den çıktı.(319) (1 Ocak 630) Yolda katılan birliklerle, ordunun sayısı daha sonra 12 bine yükselmişti.(320) O gün Rasûlüllah (a.s.) ve ashâbı oruçluydu. Yola çıktıktan sonra oruçlarını bozdular. (321)

Rasûlüllah (a.s.)'ın amcası Abbâs Müslüman olmuş, fakat Müslümanlığını gizliyerek Mekkede müşrikler arasında kalmıştı.

Böylece Mekke'deki haberleri gizlice Rasûlüllah (a.s.)'a ulaştırıyordu. Artık Mekke'de yapılacak iş kalmamıştı. Hîcret için Mekke'den çıktı, fakat yarı yolda Fetih Ordusuyla karşılaştı. Eşyâsını çocuklarıyla Medine'ye gönderip O da orduya katıldı. Rasûlüllah (a.s.) Abbâs'ın gelişinden memnun oldu.

- Peygamberlerin sonuncusu ben oldum, muhâcirlerin sonuncusu da sen; diye iltifatta bulundu.

Mekke'ye bir konak (yaklaşık 16 km.) mesâfede "Merru'z-zahrân" denilen yerde karargâh kuruldu. Rasûlüllah (a.s.), ortalık kararınca burada ordu mevcûdunun sayısınca ateş yakılmasını emretti. Böylece, ordunun haşmetini Kureyş'e göstermek istiyordu.

Yollar iyice tutulduğu için, İslâm ordusu Merru'zahrân'a gelinceye kadar Mekkeliler hiç bir haber alamamışlardı. Müslümanların yaklaştığını duyunca ne yapacaklarını şaşırdılar. Ebû Süfyân durumu anlamak, Müslümanlar hakkında bilgi edinmek istiyordu. Yanına bir kaç kişi alarak, Mekke'den çıktı. Uzakta yanmakta olan ateşler, hacıların, Arafatta arefe gecesi yaktıkları ateşlere benziyordu. Merakla ateşlere doğru ilerledikleri sırada Rasûlüllah (a.s.)'ın muhâfızları tarafından yakalanarak Peygamber Efendimizin huzûruna getirildiler, Rasûlüllah (a.s.)'a karşı en çok kin besleyen Mekke'nin resi Ebû Süfyân burada müslüman oldu. Artık Mekke fethedilmiş demekti. Belki hiç mukavemet görülmeyecekti. Hz. Abbâs:

- Yâ Rasûlallah, Ebû Süfyân övünmeyi sever, iftihâr edebileceği bir lütufta bulunsanız, demişti. Rasûl-i Ekrem:

- Her kim Ebû Süfyân'ın evine girerse, emniyettedir. Her kim kendi evine kapanır, ordumuza karşı koymazsa, emniyettedir. Her kim Harem-i Şerîf'e girerse, emniyettedir. Ebû Süfyân bunu ilân etsin, buyurdu.(322) Daha dün, İslâm düşmanlarının lideri olan kişi, bugün Rasûlüllah'ın emirlerini tebliğ etmekle iftihâr edecek, şeref kazanacaktı.

Merru'z-zahrân'dan hareket edileceği sıra Rasûlüllah (a.s.) Hz. Abbas'a:

- Ebû Süfyân'ı yolun dar bir yerine götür, İslâm ordusunun ihtişâmını görsün, diye emretti.

Hz. Abbâs, Ebû Süfyân'ı, ordunun geçeceği dar bir geçit yerine oturttu. Mücâhidler sırayla alay alay Ebû Süfyân'ın önünden geçtikçe Ebû Süfyân'ın yüreği burkuluyor, geçen her kafilenin hangi kabîle olduğunu soruyordu. Hz. Abbâs:

- Bunlar Gıfâr kabîlesi, şunlar Cüheyne.. diye geçen kabîleleri bir bir anlattıkça Ebû Süfyân:

- Şaşılacak şey, bunlarla benim aramda ne düşmanlık var ki, buraya kadar gelmişler, diye hayretini ifâde ediyordu. Bir ara:

- Yâ Abbâs, kardeşinin oğlunun saltanatı ne kadar da büyümüş, dedi. Hz. Abbâs:

- Hayır, bu saltanat değil, nübüvvettir, diye cevâp verdi.

Nihâyet, Ebû Süfyân'ın daha önce benzerini görmediği bir birlik geçti. Bunlar, ensârdı. Başlarında Sa'd b. Ubâde sancağı taşıyordu. Son gelen birlik, sayıca hepsinden azdı. Bu birlikte Rasûlüllah (a.s.) ile ensar ve muhâcirlerden en yakın arkadaşları vardı. Rasûlüllah (a.s.)'in sancağını Avvâm oğlu Zübeyr taşıyordu.

Ensâr alayı, Uhud ve Hendek Savaşları'nda müşrik ordusunun başkomutanı Ebû Süfyân'ın önünden geçerken Sa'd b. Ubâde:

- Ey Ebû Süfyân, bugün en büyük kıtal günüdür, bu gün Kâbe'de kan dökmenin helal kılındığı gündür, demişti. Ebû Süfyân Sa'd'ın sözlerini Rasûlüllah (a.s.)'a nakletti. Hz. Rasûlüllah (a.s.):

- Sa'd yanlış söylemiş, bugün Cenab-ı Hakk'ın Kâbe'yi yücelteceği gündür. Bugün Kâbe'nin tevhid elbisesine bürüneceği gündür, buyurdu.(323) Sa'd'ın kan dökmesinden endişelendiği için, hemen Hz. Ali'yi gönderdi, ensâr sancağının Sa'd'dan alınıp oğlu Kays'a verilmesini emretti.(324)

Müslüman mücâhidlerin geçit resmini baştan sona seyreden Ebû Süfyân, Mekke'nin tesliminden başka çâre olmadığını anladı. Hz. Abbas'tan ayrılarak, hemen Mekke'ye döndü. Harem-i Şerîf'e vardı. Heyecân içinde kendisini bekleyen Mekkelilere yüksek sesle hitâbetti:

- Muhammed (a.s.), karşı koymamıza imkân olmayan bir ordu ile geliyor:

1) Her kim Ebû Süfyan'ın evine gelirse emniyettedir.

2) Her kim silahını bırakır, evine kapanırsa emniyettedir.

3) Her kim, Harem-i Şerîf'e sığınırsa emniyettedir. Ey Kureyş, Müslüman olunki, selâmet bulasınız...

Ebu Süfyân'ı dinleyenler, şaşırıp kaldılar. Her gün Müslümanlığın aleyhinde bulunan bu adam, şimdi herkese "müslüman olun", diyordu. Herkeste bir telâş başladı. Kimisi küfrediyor, kimisi bağırıp çağırıyor, kimi de mukavemet için hazırlanıyordu. Çoğunluk ise Ebû Süfyân'ın sözlerine uyup evlerine çekildiler. Bir kısmı da Harem-i Şerîf'te ve Ebû Süfyân'ın evinde toplandılar.

f) Mekke'ye Giriş (20 Ramazan 8 H./11 Ocak 630 M.)

Rasûlüllah (a.s.), Mekke'ye girmeden önce, "Zî Tuvâ" denilen yerde durdu. Ordusunu dört kısma ayırıp her birinin gireceği yerleri tâyin etti. "Sakın savaşa girmeyin, saldırıya uğrayıp mecbûr kalmadıkça kan dökmeyin..." diye tenbihte bulundu.

Sekiz yıl önce, yurdundan üç kişilik bir kafile ile nasıl ayrılmıştı, şimdi nasıl bir ihtişâmla dönüyordu. Rasûlüllah (a.s.)

devesinin üstünde bütün bunları düşünüyor, mağrûr bir fâtih gibi değil, son derece mütevâzi bir halde, başı secde eder gibi, devenin boynuna yapışmış, tesbih, tehlil ve duâ ile, Cenâb-ı Hakk'ın sonsuz lütuflarına şükrederek ilerliyordu.

Bütün birlikler, kan dökmeden Mekke'ye girdiler. Yalnızca Velîd oğlu Hâlid'in komuta ettiği birlik tecâvüze uğradı. Kureyş'in azılılarından Ümeyye oğlu Safvân, Amr oğlu Süheyl ve Ebû Cehil'in oğlu İkrime bir çete kurdular. Hâlid'in birliklerini Mekke'ye girerken ok yağmuruna tutarak iki müslümanı şehid ettiler. Bu durumda Hâlid, saldırganlar üzerine hücûm ederek, bir hamlede onüç tanesini öldürdü, diğerleri dağılıp kaçtılar.

Rasûlüllah (a.s.) kan döküldüğünü duyunca üzüldü. Fakat, tecâvüzün müşriklerden başladığını öğrenince:

- İlahî takdir böyleymiş, buyurdu.

Rasûlüllah (a.s.) çadırını Kinâneoğulları yurdunda "Hacûn" denilen yerde kurdurdu. Mekke Devri'nin 7'inci yılında, Kureyş müşrikleriyle Kinâneoğulları burada küfr üzerine anlaşmışlardı(325). Bu anlaşma gereğince müslümanlar üç yıl muhasara altında çok acı günler yaşamışlardı.

Rasûlüllah (a.s.) çadırında gusledip 8 rek'at "duhâ namazı" kıldı, sonra, devesine binerek, Kâbe'ye geldi. Yol boyunca Fetih Sûresi'ni okuduğu işitiliyordu.(326) Deve üzerinde, ihrâmsız olarak Kâbe'yi tavâf etti. Elindeki ucu eğri değnekle hacer-i Esved'i istilâm etti.

g) Kâbe'nin Putlardan Temizlenmesi.

Kâbe etrâfında 360 put vardı. Bunların en büyüğü olan "Hubel", Kâbe'nin üstüne konulmuştu. Diğerleri Kâbe'nin etrafına ve içine yerleştirilmişlerdi. Rasûlüllah (a.s.) değnekle bunları itiyor, her birini bizzât deviriyordu. Putlar yıkılırken:

"Hak geldi, bâtıl yok oldu, esasen bâtıl yok olmağa mahkûmdur."(327) "Hâk geldi, artık bâtıl ne yeniden başlar, ne de geri gelir"(328) diyordu.(329)

Kâbe'ye girmek için Rasûlüllah (a.s.) anahtarını istedi. Talha oğlu Osmân anahtarı getirdi. "Emânettir Ya Rasûlallah", diyerek Hz. Peygamber (a.s.)'a teslim etti. Kâbe'nin içi de putlarla doluydu. Duvarlarına resimler asılmıştı. Rasûlüllah (a.s.)'ın emriyle Hz. Ömer bunları dışarı attı. Müşrikler, ilah diye taptıkları putların parçalanışını şaşkın şaşkın seyrettiler. Dünkü mabûdlar bir anda moloz yığını haline gelmiş, çöplüklere atılmıştı. Sonra, Rasûlüllah (a.s.), yanına Üsâme, Bilal ve Talha oğlu Osmân'ı da alarak Kâbe'ye girdi, kapının karşısındaki duvara doğru namaz kıldı.(330) Beyt-i Şerifi dolaşıp her tarafında tekbir getirdi. Uzunca bir müddet içeride kaldı. Bu sırada bütün Kureyş Hârem-i Şerif'te toplanmış, sabırsızlıkla, haklarında verilecek hükmü bekliyorlardı.

h) Fetih Hutbesi ve Genel Af

Rasûlüllah (a.s.) Kâbe kapısının eşiğinde durdu. Karşısında sıralanmış olan Mekkelilere baktı. 20 yıl boyunca şahsına ve müslümanlara ellerinden gelen her kötülüğü yapmaktan çekinmeyen bu adamların hayâtı, şimdi O'nun iki dudağı arasından çıkacak hükme bağlıydı. Rasûlüllah (a.s.) 20 yıl boyunca çektiklerini bir anda zihninden geçirdi, sonra şöyle hitâbetti.

"**Allah'tan başka ilâh yoktur, yalnız O vardır. O'nun eşi ve ortağı yoktur. O va'dine bağlı kaldı, sözünü yerine getirdi. kuluna yardım etti, tek başına bütün düşmanları hezîmete uğrattı.**

İyi bilinki bütün câhiliyet âdetleri, mal ve kan davaları bugün şu iki ayağımın altındadır. Yalnız, Kâbe hizmetleriyle hacılara su dağıtma işi (hicâbe ve sikaye hizmetleri) bu hükmün dışında bırakılmıştır.

Ey Kureyş Cemâati! Allah sizden câhiliyet gururunu, babalarla, soylarla büyüklenmeği giderdi. Bütün insanlar, Âdem'dendir, (O'nun çocuklarıdır.) Âdem de topraktan yaratılmıştır."

Sonra şu anlamdaki âyet-i kerîmeyi okudu.

"Ey insanlar! Biz sizi bir erkekle bir dişiden yarattık. Övünesiniz diye değil, kolaylıkla tanışasınız diye, sizi milletlere ve kabîlelere ayırdık. Allah katında en değerliniz, Ona karşı gelmekten en çok sakınanınızdır. Allah her hâlinizi bilir, O her şeyden haberdârdır."

(Hucurât Sûresi, 13)

Rasûlüllah (a.s.) Mescid-i Harâm'ın geniş sâhasını dolduran kalabalığı mânâlı bir bakışla süzdükten sonra:

- Ey Kureyş cemaâtı! Size şimdi nasıl bir muâmele yapacağımı sanıyorsunuz? diye sordu. Mekkeliler hep bir ağızdan:

- Hayır umuyoruz. Sen kerîm bir kardeş, âlicenâb bir kardeş oğlusun, diye cevap verdiler. Rasûl-i Ekrem (a.s.):

- Ben de size Yûsuf'un kardeşlerine söylediği gibi, "Bu gün size geçmişten dolayı azarlama yok." (Yûsuf Sûresi, 92) diyorum. Haydi gidiniz, hepiniz serbestsiniz (331), buyurdu.

Böylece Rasûlüllah (a.s.) hepsini affetmişti. Halbuki bunlar Hz. Peygamber (a.s.)'a neler yapmamışlardı. Müslümanları en korkunç işkencelere tâbi tutmuşlar, akla hayâle gelmedik eziyetler yapmışlardı. Şimdi başkaları olsa ne yapardı; Hz. Peygamber (a.s.) ne yapmıştır? Bu mukayese Rasûlüllah (a.s.)'ın büyüklüğünü ortaya koymağa kâfidir.

Bu hitâbesinden sonra Rasûlüllah (a.s.) Mescid-i Harâm'da oturdu. Sikaye (hacılara su ve zemzem dağıtma) hizmeti Abdülmuttaliboğullarındaydı. Bu hizmeti Hz. Abbâs yapıyordu. Hicâbe (Kâbeyi açıp-kapama ve anahtarını taşıma) hizmetini ise Ebû Talha oğulları yapıyordu. Bu esnâda Hz. Ali bu iki hizmetin Abdülmuttaliboğulları'nda birleştirilmesini istemişti. Fakat Rasûlüllah (a.s.) Osman b. Talha'yı çağırdı.

- Yâ Osmân, bugün iyilik ve ahde vefâ günüdür, al işte anahtarın, buyurdu (332).

Öğle vakti, Hz. Bilâl Kâbe'nin üstüne çıktı. Güzel ve gür sesiyle ezana başladı. "Allâhü Ekber" nidâları müşriklerin yüreklerini burkuyordu. Bu esnâda, Ebû Süfyân, Esîd oğlu Attâb, Hişâm oğlu Hâris gibi Kureyşin ileri gelenlerinden birkaç kişi Kâbe'nin avlusunda bir köşeye toplanmış konuşuyorlardı. İçlerinden Attâb:

- Babam şanslı adammış, daha önce öldü de şu sesi işitmedi, dedi. Hâris de:

- Şunun hak olduğunu bilsem, vallâhi ben de icâbet ederdim, diye konuştu. Ebû Süfyân ise:

- Ben bir şey söylemeyeceğim. Bir şey konuşsam şu çakılların bile dile gelip O'na haber vereceğinden korkuyorum, dedi.

Az sonra yanlarına Rasûlüllah (a.s.), aralarında konuştuklarını bir bir söyledi. Bunun üzerine:

- Konuştuklarımızı kimse duymamıştı. Biz şehâdet ederiz ki, sen Allah'ın Rasûlüsün, diye şehâdet getirdiler.(333)

I) Mekke Halkının Bîatı

Öğle namazından sonra, Rasûlüllah (a.s.) Safâ tepesinin yüksekçe bir yerinde oturdu. Önce erkeklerden, sonra da kadınlardan bîat aldı. Erkekler, İslâm ve cihâd üzerine bîat ettiler(334). Kadınlar ise aşağıda meâli yazılı âyet-i celîledeki esaslara uyacaklarına dâir bîat ettiler.

"Ey Peygamber, mü'min kadınlar Allah'a hiçbir eş ortak koşmamak, hırsızlık yapmamak, zina etmemek,

çocuklarını öldürmemek, elleriyle ayakları arasında bir bühtan uydurup getirmemek ve hiçbir güzel işte sana karşı gelmemek üzere sana biata geldiklerinde biâtlarını kabûl et, Onlara Allah'tan mağfiret dile, Çünkü Allah çok yargılayıcı, çok esirgeyicidir."

(Mümtehine Sûresi, 12)

Erkekler, Rasûlüllah (a.s.)'ın elini tutup musâfaha ederek biât ettiler. Kadınlar ise sözle ve Rasûlüllah (a.s.)'ın bulunduğu su kabına ellerini batırarak bîat ettiler.(335) Rasûlüllah (a.s.)'n eli, hiç bir zaman yabancı bir kadının eline değmemiştir. (336)

j) Rasûlüllah (a.s.)'ın Ensâr'ın Endişesini Gidermesi

Fetihten sonra ensâr kendi aralarında:

- Cenâb-ı Hakk, Rasûlüne doğup büyüdüğü vatanının fethini müyesser kıldı. Artık bizimle döner mi, yoksa buraya mı yerleşir, diye endişelerini belirtmişlerdi. Rasûlüllah (a.s.) bunu duyunca:

- Böyle bir şeyden Allah'a sığınırım. Ben memleketinize hicret ettim. Hayatınız, hayatım; ölümünüz ölümümdür, buyurdu. (337) Ensârın endişelerini giderdi.

[HUNEYN GAZVESİ (6 Şevval 8 H./ 27 Ocak 630 M.)]

"And olsunki, Allah size birçok yerlerde ve çokluğunuzun sizi böbürlendirdiği, fakat bir faydası da olmadığı, yeryüzünün bütün genişliğine rağmen size dar gelip de bozularak gerisin geriye döndüğünüz Huneyn gününde yardım etmişti."

(et- Tevbe Sûresi, 25-26)

Huneyn, Mekke ile Tâif arasında, Mekke'ye yaklaşık 16 km. mesafede bir vâdidir. Câhiliyet devri Arap şâirlerinin şiir müsabâkası yaptıkları "Zü'l-mecâz" panayırı da bu vâdi kanarında kurulurdu. Huneyn Savaşı, Mekke'nin fethinden on altı gün sonra (6 Şevval Cumartesi) bu vâdide Hevâzin Kabîlesi ve müttefikleriyle yapıldı.

a) Savaşın Sebebi

Hevâzin, Arabistan'ın en büyük kabîlelerinden biriydi. Mekke'nin güney-doğusundaki dağlarda yaşıyorlardı. Mekke müslümanlar tarafından fethedilmiş, Kâbe'deki bütün putlar kırılmıştı. Hevâzin kabîlesi bu durumdan endişeye düştü. Tedbir alınmazsa, aynı hâl bir gün kendi başlarına gelebilirdi. Kabîle başkanı genç şâir Avf oğlu Mâlik'in teşvikiyle hemen savaş hazırlığına başladılar. Tâif'te bulunan Sakîf Kabîlesi de bunlarla birleşti. Bu iki büyük kabîle (Peygamber Efendimizin süt annesi Halîme'nin mensup olduğu) Sa'd Oğulları gibi bazı küçük kabîleleri de ittifakları içine aldılar. Böylece 20 bin kişilik bir kuvvetle Huneyn Vâdisi'nde toplandılar. Bu harekâtı, ölüm-kalım savaşı sayıyorlardı. Bu sebeple kadınlarını, çocuklarını, bütün hayvanlarını ve kıymetli eşyalarnı da berâberlerinde getirdiler. Ya savaşı kazanıp, Müslümanlığı ortadan kaldıracaklar, yahut da bu uğurda hepsi öleceklerdi.

b) Düşman Üzerine Yürüyüş

Rasûlüllah (a.s.) Mekke'de şehrin idâresini düzenlemekle meşguldü. Düşmanın Huneyn'de toplandığını öğrenince, Mekke'de Esîd oğlu Attâb'ı kaymakam bırakarak, 12 bin kişilik bir kuvvetle derhal düşmana karşı harekete geçti. Bu kuvvetin 10 bini, Mekke'nin fethi için Medine'den gelen mücâhidler, 2 bini ise, Mekke'nin fethinden sonra müslüman olan Kureyşlilerdendi. Ayrıca bunlar arasında 80 kadar da henüz müslüman olmamış Mekkeli müşrik vardı. Ümeyye oğlu Safvân bunlardan biriydi.

Müslüman ordusu gerek sayı, gerek silâh ve teçhizat bakımından mükemmeldi. Şimdiye kadar hiç bu kadar mükemmel bir orduları olmamıştı. Bu durum müslümanların birçoğunu gururlandırıyor, "artık bu ordu yenilmez," diyorlardı.(338)

İki ordu Huneyn vâdisinde karşılaştı. Müslüman ordusu Huneyn'e sabah karanlığında ulaşmış, vâdinin alçak kısımlarında yer alabilmişti. Düşman kuvvetleri ise buraya önceden gelmişler, yüksek kısımlara ve en elverişli yerlere yerleşerek pusu kurmuşlardı.

c) Pusuya düşünce

İslam ordusunun öncü kuvveti, yeni müslüman olan Mekke'lilerle Süleym Oğullarından meydana gelmişti. Velîd oğlu Hâlid'in komutasında sabah karanlığında pervasız ve tedbirsizce ilerlerken, pusuya düşdüler. Ansızın karşılaştıkları ok yağmuruyla dağılıp geri çekildiler. Alaca karanlıkta her taraftan düşman hücûma başladı. Öncü kuvvetlerdeki çekilme, gerideki birliklere de sirâyet etti. Müslümanlar daracık vâdide, yamaçları tutmuş olan düşmanın ok yağmuru altında neye uğradıklarını anlayamadılar. Şaşırıp birbirlerine girdiler. Umûmî bir panik başladı. Böylece o yenilmez sanılan mükemmel ordu, daha savaş başlamadan dağıldı, herkes kaçmağa başladı.

Ancak Rasûlüllah (a.s.) bindiği katırı düşmana doğru sürüyordu. Sağında amcası Abbâs, solunda amcazâdesi Hâris oğlu Ebû Süfyân, katırın dizginlerini tutarak, ilerlemesine engel olmağa çalışıyorlardı(339). Rasûlullah (a.s.) etrafında, Hz. Ebû Bekir, Hz. Ömer, Hz. Ali, Üsame... gibi, ashâbın ileri gelenlerinden ancak 80-100 kişi kalmıştı.

Bu âni bozgun, yeni müslüman olanlardan, henüz imânı zayıf kimselerin gerçek düşüncelerini ortaya çıkarıvermişti. Ebû Süfyan mânâlı bir tebessümle:

- Artık bu bozgunun denize kadar önü alınamaz, demişti. Kelede:

- Bugün sihir bozuldu, diye haykırmış, henüz müşrik olan kardeşi Safvân:

- Sus, ağzın kurusun, bana Hevâzinden biri hâkim olacağına Kureyş'den biri olsun, diyerek kardeşini azarlamıştı? Uhud Savaşında öldürülen Ebû Talha'nın oğlu Şeybe ise:

- Bugün Muhammed'den intikamım alınıyor, diyecek kadar ileri gitmişti. Mekke'de bile:

- Muhammed ölmüş, ordusu dağılmış, Arablar eski dinlerine dönecekler, diye söylentiler çıkmış, Rasûlüllah (a.s.) kaymakam bıraktığı Attâb b. Esîd:

- Muhammed ölmüşse, Allah bâkidir, şerîatı duruyor, diye halkı teskine çalışmıştı.

d) Rasûlüllah (a.s.)'ın Metâneti ve Düşmanın Hezîmeti

İşte böylesine tehlikeli bir anda Hz. Peygamber (a.s.), metânetle yerinde durup, kaçıp dağılan müslümanlara:

- Ey Allah'ın kulları! Buraya geliniz. Ben Allah'ın Peygamberiyim, bunda yalan yok! Ben Abdülmuttalib'in torunuyum, diyordu.(340)

Sonra Rasûlüllah (a.s.)'ın emriyle Hz. Abbâs gür sesiyle haykırdı:

- "Ey Akabe'de bîat eden ensâr! Ey, Şecere-i Rıdvân altında, geri dönmemek üzere bîat edip söz veren ashâb! Muhammed (a.s.) burada. O'na doğru gelin.

Abbâs'ın sesini duyanlar,, derhal "Lebbeyk, lebbeyk" diyerek geri dönüp geldiler. Yâ Evs, Yâ Hazrec diye nidâ ederek bütün ensâr Rasûlüllah (a.s.)'ın etrâfında yeniden toplandılar. Savaş bütün şiddetiyle yeniden başladı.(341)

Hz. Peygamber (a.s.), Cenâb-ı Hakk'a zafer ihsân etmesi için duâ ettikten sonra yerden bir avuç toprak alıp düşman üzerine savurdu. Düşmanlardan bu topraktan gözüne isâbet etmeyen hiç kimse kalmadı.(342) Cenâb-ı Hakk'ın yardımıyla düşman hezimete uğradı. Darmadağın olup, kadınlarını, çocuklarını, hayvanlarını bırakıp kaçmağa başladılar. Müslümanlar arkalarından kovalayıp, yetişebildiklerini öldürdüler veya esir ettiler. Savaşı kazanmak üzere olan düşman, mağlup oldu; yenilmek üzere olan Müslümanlar ise galip geldi. Savaşta müşriklerden ölenlerin sayısı 70'i buldu, müslümanlardan ise 4 şehid vardı.

Kur'ân-ı Kerîm'de bu savaş şöyle anlatılmaktadır:

"(Ey mü'minler), şüphesiz Allah size (Bedir, Hendek, Hudeybiye, Hayber ve Mekke gibi) bir çok yerlerde ve Huneyn gününde yardım etti. O gün Çokluğunuz size gurûr vermiş, böbürlendirmişti. Fakat bu çokluğun hiç bir faydası olmamış, yeryüzü bütün genişliği ile başınıza dar gelmişti. Sonra gerisin geriye dönüp kaçmıştınız. Bu hezîmetten sonra Allah, Peygamberine ve mü'minlere sükûnet veren rahmetini indirdi, görmediğiniz askerler (melekler) gönderdi, inkâr edenleri azâba uğrattı. Kâfirlerin cezâsı işte budur."

(Tevbe Sûresi, 25-26)

[EVTÂS SAVAŞI]

Huneyn'de bozguna uğrayan düşmanın bir kısmı, bu bölgedeki Evtâs Vâdisi'nde toplandı. Bunların başında ihtiyar bir savaşçı olan Düreyd b. Simme vardı. Bir kısmı da Sakif kabîlesiyle birlikte Tâif'e çekildi. Bunların başında ise Hevâzin reisi Avfoğlu Mâlik bulunuyordu. Bunlar, hazırlıklarını tamamlayıp yeniden savaşmak istiyorlardı. Bu sebeple Rasûlüllah (a.s.) Evtâs üzerine Ebû Mûsa'l-Eş'arî'nin amcası "Ebû Âmir" komutasında bir birlik gönderdi.

Yapılan savaşta Düreyd öldürüldü. Ebû Âmir de şehid oldu. Ebû Âmir, yaralandığı zaman, kumandayı yeğeni Ebû Mûsa'l-Eş'arî'ye bırakmıştı. Ebû Mûsâ savaşı kazandı. Birçok esir ve ganimetle geri döndü.(343)

Esirler arasında Sa'd Oğulları Kabîlesi'nden Rasûlüllah (a.s.)'ın süt kardeşi "Şeymâ" da vardı. "Ben Peygamberin süt kardeşiyim" deyince, Hz. Peygamber (a.s.)'e götürdüler. Rasûl-i Ekrem Şeymâ'yı görünce tanıdı. Üzüntüsünden gözleri yaşardı. Hemen hırkasını serip üzerine oturttu, hâl-hatır sorup ikrâmda bulundu. Bir köle, bir câriye, iki deve ve bir mikdâr koyun vererek, isteği üzerine kabilesine gönderdi.(344)

6- TÂİF MUHÂSARASI (Şevvâl 8 H./Şubat 630 M.)

Huneyn hezîmetinden sonra Sakif Kabîlesi, memleketleri olan Tâif'e çekilmişlerdi. Hevâzin Kabîlesinin reisi Avf oğlu Mâlik de bunlarla berâberdi. Huneyn Savaşı'nın kesin sonucunu almak için Tâif'te toplananların da takibi gerekiyordu.

Hz. Peygamber (a.s.), Hâlid b. Velîd'i bin kişilik öncü kuvvetle Tâif'i muhâsara için gönderdi. Huneyn ve Evtâs'ta ele geçen ganimet ve esirleri Mekke'ye yaklaşık 16 km. mesâfede "Ci'râne" denilen yerde muhâfaza altına aldıktan sonra, kendisi de ordusuyla Tâif üzerine yürüdü.

Tâif, Mekke'nin güney doğusunda, etrâfı yüksek kale duvarlarıyla çevrili eski bir şehirdi. Kale içinde bol miktarda erzâk ve silah depo edilmişti. Muhâsara yirmi günden fazla sürdü. Müslümanlar ilk defa bu muhâsarada, kale duvarlarını yıkmak için mancınık ve debbâbe denilen savaş âletlerini kullandılar.(345) Bu âletleri müslümanlara Sel-mân-ı Fârisî öğretmişti. Fakat kale duvarları çok sağlamdı. Tâifliler, duvarlar üzerindeki siperlerden ok atarak kaleyi savunuyorlar, gedik açılmasına imkân vermiyorlardı. Hatta, atılan oklarla 12 kişi şehid olmuştu. Bir ara Hâlid b. Velîd mubâreze için er diledi. Tâifliler:

- Sana karşı çıkabilecek kimsemiz yok, erzâkımız bitinceye kadar kaleyi savunacağız. Sonra hep birlikte çıkıp ölünceye kadar çarpışacığız, diye cevâp verdiler.

Tâiflilerin erzâkları tükenip teslim olmaları veya kaleden çıkmaları uzun sürecekti. Rasûlüllah (a.s) durumu, ashabı ile istişâre etti. Nevfel b. Muâviye:

- Tilki inine kapandı. Uzun müddet sıkıştırılırsa, mecbûr olup çıkar, böyle bırakılsa da zarar gelmez, dedi.(346) Muhâsaranın uzamasında yarar görülmedi. Rasûlüllah (a.s):

- Allah'ım, Sakif'e hidâyet nasip et, onları bize gönder, diye duâ etti.(347) Muhâsarayı kaldırıp, ganimetleri mücâhidlere dağıtmak üzere Ci'râne'ye döndü. Tâifliler bir sene sonra (Hicretin 9'uncu yılında) Medine'ye bir hey'et gönderip İslâm Dini'ni kabûl ettiklerini bildirdiler.

(343) el-Buhârî, 5/101; Tecrid Tercemesi, 10/358 (Hadis No: 1629); İbn Hişâm, 4/97

(344) Tecrid Tercemesi, 7/134; İbn Hişâm, 100-101; Târih-i Din-i İslâm, 3/454

(345) İbn Hişâm, 4/126; Zâdü'l-Meâd, 2/462

Mancınık: Topun icâdından önce, kale duvarlarını dövmek için iri taş ve gülle atmakta kullanılan âlet.

Debbâbe: Tahtadan bir iskelet üzerine kalın deri gerilerek yapılan bir savaş âleti. İçine kale duvarlarını delecek askerler girip yavaş yavaş kale duvarı dibine kadar yaklaşırlar ve bu siperin içinde duvarı delerlerdi. Bu âlet, ilkel bir tank demekti.

[ESİRLER VE GANİMETLER]

Huneyn ve Evtâs Savaşlarında, kadın erkek 6 bin esir, 24 bin deve, 40 bin okiyye (yaklaşık 5 ton) altın ve gümüş ve pek çok kıymetli eşyâ ele geçmiş, bunlar Ci'râne'de toplanmıştı. (348) O zamana kadar hiçbir savaşta bu kadar çok esir ve ganimet ele geçmemişti. Özellikle yeni Müslüman olmuş bedevî Araplar, Huneyn zaferinin ilk gününden itibâren, ganimet mallarını paylaştırılmasını istemişlerdi. Rasûlüllah (a.s.) ise bu mürâcaatlara:

- Tâif'ten döndüğümüzde, diye cevâp vermişti.

a) Esirlerin Serbest Bırakılması

Rasûl-i Ekrem (a.s.) Tâif'ten Ci'râne'ye döndükten sonra esirleri ve ganimet mallarnı hemen paylaştırmadı. Esirleri kurtarmak üzere Hevâzinlilerin müracaatlarını bekledi.(349) Yeni müslüman olan bedevîler ise, kendilerine bir an önce ganimetlerin verilmesi için sabırsızlanıyorlardı.(350)

Nihâyet, Hevâzin Kabîlesinden 14 kişilik bir hey'et geldi. Bunların çoğu bu esnâda müslüman olmuşlardı. Aralarında Rasûlüllah (a.s.)'ın süt annesi Halîme'nin mensûb olduğu Sa'doğulları'nın temsilcileri de vardı.

- Yâ Rasûlallah, biz asâlet ve aşîret sâhibi kimseliriz, başımıza geleni biliyorsunuz, dediler; esirlerin ve ganimet mallarının geri verilmesini istediler. İçlerinden Hz. Peygamber (a.s.)'ın süt amcası Zübeyr:

- Ey Allâh'ın Rasûlü, esir kadınlar arasında süt halalarınız, süt teyzeleriniz de var. Onlar sana çocukluğunda hizmet ettiler. Sen ise yardım için başvurulacak insanların en hayırlısısın... dedi.(351) Rasûlüllah (a.s.) onları dinledikten sonra:

- Ben sizi bugüne kadar bekledim. Siz çok geç kaldınız. Halk etrâfımda, ganimetlerin paylaştırılmasını bekliyor. Şimdi siz ikisinden birini tercih edin. Kadınlarınızı ve çocuklarınızı mı istersiniz, yoksa mallarınızı mı? diye sordu. Hey'et:

- Elbette kadınlarımızı ve çocuklarımızı isteriz. Âile şerefini hiç bir şeyle değişmeyiz, dediler. Rasûl-i Ekrem (a.s.):

- Bana ve Abdülmuttalib oğullarının payına düşen esirler serbesttir, onları size bağışladım, buyurdu. Diğerlerinin de serbest bırakılması için, namazdan sonra, kendisini şefâatçi kılarak, müslamanlardan istemelerini söyledi. Hevâzin hey'eti, Rasûlüllah (a.s.)'ın öğrettiği gibi yaptılar: Öğle namazından sonra ayağa kalkıp:

- Biz, Rasûlüllah (a.s.)'ı şefâtçi kılarak, Müslüman kardeşlerimizden, kadınlarımızı ve çocuklarımızı bağışlamalarını istiyoruz, dediler. Gönülleri coşturacak sözler söylediler. Rasûlüllah (a.s.) Cenâb-ı Hakk'a hamd ve sena ettikten sonra:

- Ashâbım, bana ve Abdülmuttalib oğullarının payına düşen bütün esirleri ben serbest bıraktım. İçinizden, kardeşlerinizin gönlünü hoş etmek, karşılığını Allah'dan almak isteyenler de böyle yapsın. Bedelsiz vermek istemeyenlere ise, Cenâb-ı Hakk'ın ihsân edeceği ilk ganimetten (her bir esir için 6 deve) vereceğim, buyurdu.

Bütün müslümanlar:

- Biz de hissemize düşeni, Rasûlüllah (a.s.)'a bağışladık, diye bağrıştılar. Böylece 6 bin esir bir anda kurtulmuş oldu.(352) İnsanlık târihinde bu olayın benzerini göstermek mümkün değildir. Bu büyüklük karşısında Hevâzin Kabîlesi toptan Müslüman oldu.

Bu esnâda, kabîle reisi Mâlik Tâif'teydi. Hz. Peygamber (a.s.) Hevâzin heyetine:

- Eğer Mâlik, gelir de Müslüman olursa, bütün âilesi ve mallarından başka ayrıca 100 de deve veririm, buyurdu. Mâlik bu heberi duyunca, gelip Müslüman oldu. Çocuklarıyla birlikte, bütün mallarını ve 100 deveyi alarak kabîlesine döndü. Rasûlüllah (a.s.) onu kabîlesine âmil (zekât toplama memuru) tâyin etti.(353)

b) Ganimetlerin Taksimi

Esirlerin hürriyete kavuşmasından sonra sıra ganimetlerin taksimine geldi. Esâsen Bedevîler:

- Artık bizim de deveden, davardan hakkımızı ver, diye taşkınlık yapıyorlar, Rasûlüllah (a.s.)'ın peşini bırakmıyorlardı. Rasûl-i Ekrem bunlara hitâben:

- Ey nâs! Ne diye sabırsızlanıyorsunuz? Ganimet davarları, şu vâdinin ağaçları sayısınca bile olsa, dağıtacağım. Sonra yanındaki deveden aldığı bir tüyü parmaklarının arasında göstererek:

- Benim sizin ganimetlerinizle, değil bir deve, şu tüy kadar bile ilgim yok. Aldığım beşte bir hisse de gene size (fakirlerinize) sarfolunmaktadır. İğne-iplik bile olsa, aldığınız her şeyi teslim ediniz. Çünkü kıyâmet gününde en büyük ar ve azâb vesîlesidir, buyurdu.(354) Sonra ganimet mallarını dağıtmağa başladı.

Ganimetler beşe bölündü. Bir hisse Beytü'l-mâl için ayrıldı, dördü mücâhitlere paylaştırıldı. Beytü'l-mâl hissesinin tasarrufu (harcama yetkisi) Rasûlüllah (a.s.)'a âitti.(355)

c) Müellefe-i Kulûb

Rasûlüllah (a.s.), Mekke'nin fethinden sonra müslüman olmuş olan Kureyş ileri gelenlerine ganimetten paylarına düşenden ayrı olarak, Beytü'l-mâl hissesinden de bol mikdârda bağışda bulundu. Bunlar uzun yıllar, Rasûlüllah (a.s.)'a düşmanlık hareketinin öncülüğünü yapmışlar, Mekke'nin fethinden sonra çâresiz müslüman olmuşlardı. Ancak gönülleri İslâm'a ısınmamıştı. Bunca yıl İslâm düşmanlığı yaptıktan sonra, bir anda bütün kalbiyle Müslümanlığı benimseyivermek kolay bir iş değildi. Kur'ân-ı Kerîm, bu gibilere "el-müellefetü kulûbühüm" adını vermekte, gönüllerinin kazanılması, İslâm'a ısındırılması için bunlara zekât verilebileceğini bildirmektedir.(356) Rasûlüllah (a.s.) bunları İslâm'a ısındırmak istedi. Çünkü bunlar nüfûzlu ve itibârlı kimselerdi, halk üzerindeki tesirleri büyüktü. Samîmî müslüman oldukları takdirde, kendilerinden faydalı hizmetler beklenebilirdi.

"Müellefe-i kulûb" denilen bu kimselerin sayısı, 30 kadardı. Rasûlüllah (s.a.s.) bunların bir kısmına 100'er deve ile münâsip miktâr gümüş verdi. Ebû Süfyân ile oğlu Muâviye, Ebû Cehil'in oğlu İkrime, Amr oğlu Süheyl, Ümeyye oğlu Safvân, Ebû Talha oğlu Şeybe bunlardandır. Diğer kısmına ise, durumlarına göre 50'şer veya 40'ar deve, uygun mikdarda gümüş verildi.(357)

d) Ensâr'dan bir Kısım Gençlerin Yakışıksız Sözleri

Müellefe-i kulûb'a yapılan bu bağışlar, imânı zayıf olanları İslam'a ısındırmak, henüz imân etmemiş olanların, gerçek müslüman olmalarını sağlamak içindi.(358)

Ancak, Rasûlüllah (a.s.)'ın bu yüksek düşüncesini ensârdan bazı gençler kavrayamamıştı. Kendi aralarında:

- Cenâb-ı Hak, Rasûlüne hayır ihsan buyursun, artık kendi kavmine kavuştu. Henüz kılıçlarımızdan Kureyş kanı damlarken, bizi bırakıp bütün ganimeti onlara verdi.(359) Savaş gibi zor işler olunca biz çağrılıyoruz, ganimete ise başkaları...(360) gibi sözlerle yakışıksız dedi-kodular yaptılar. Hatta münafıklardan biri:

- Bu taksimde Allah rızası gözetilmedi, demişti. (361/1)

Rasûlüllah (a.s.) bu tür dedi-koduları duyunca son derece üzüldü. Hemen Ensâr'ın toplanmalarını emretti. Allah'a hamd ve senâdan sonra:

- Ey Ensâr Cemâti! Siz yolunu şaşırmış müşriklerdiniz. Allah size benimle doğru yolu göstermedi mi? Siz tefrikaya düşmüş, birbirinize düşman olmuştunuz. Allah, benim hicretimle sizi kaynaştırmadı mı? Siz fakir idiniz. Cena-ı Hakk, benim aranıza gelmemle sizi refâha kavuşturmadı mı? Rasûlüllah (a.s.) sordukça ensâr:

- Bütün minnet, Allah ve Rasûlüne, bütün minnet Allah ve Rasûlüne, diye cevap verdiler.(361/2). Rasûlüllah (a.s.) devâmla:

- Ey Ensâr! Siz isteseydiniz, şöyle de cevâp verebilirdiniz: "Seni kavmin yalanlamıştı. Bize hicret ettin, biz seni tasdik ettik. Seni kavmin terk etmişti, biz sana yardım ettik. Seni kavmin kovmuştu, biz seni bağrımıza bastık. Sen yoksuldun, biz seni malımıza ortak ettik... Böyle söyleseydiniz, doğru söylemiş olurdunuz, ben de sizi tasdik ederdim.(362)

Ey Ensâr! Bu ne sözdür ki tarafınızdan söylenmiş, bana kadar ulaşmıştır? buyurdu. Ensârın ileri gelenleri:

- Ey Allah'ın Rasûlü, bizim büyüklerimizden hiç biri, sizi üzecek hiçbir söz söylememiştir. Yalnız bazı gençlerimiz, bu sözleri söylemişlerdir, dediler. Bunun üzerine Rasûlüllah (a.s.) :

- Kureyşten bazı kimselere dünyalık verdim, bunlar küfür ve şirk zamanına yakın olduklarından, böylece kalblerini İslâm'a ısındırmak istedim. Ey Ensâr! Herkes aldığı mallarla, koyun ve develerle evlerine dönerken, siz de Peygamberinizle dönmeğe razı olmaz mısınız? Allah'a yemin ederim ki, Sizin Peygamberle Medine'ye dönmeniz, onların ganimet mallarıyla evlerine gitmesinden çok daha hayırlıdır, buyurdu. Ensâr yaşlı gözlerle:

- Râzıyız yâ Rasûlallah, biz yalnız Seninle dönmek isteriz, diye heyecânla bağrıştılar.(363) Rasûlüllah (a.s.) devamla:

- Eğer hicret fazileti olmasaydı, ben ensârdan bir fert olmak isterdim. Bütün insanlar açık bir vâdiye, ensâr ise dar bir dağ yoluna girse, ben ensâr'ın yolunu seçer, onlarla beraber giderdim. Ey Ensâr! Siz benden sonra, hakkınızın çiğneneceği günler de göreceksiniz. Sabrediniz ki, Kevser havzı başında bana kavuşasınız, buyurdu.(364)

e) Ci'râne Umresi ve Medine'ye Dönüş

Ganimetlerin dağıtılmasından sonra, Rasûlüllah (a.s.) Ci'râne'de ihrâma girdi. Mekke'ye inip umre yaptı. Esîd oğlu Attâb'ı Mekke'ye Vâlî tayin etti. Muâz b. Cebel'i de Mekkelilere İslâmî hükümleri öğretmek üzere bıraktı, ordusuyla birlikte Zilkade ayında Medine'ye döndü.

Çıkışı ile Medine'ye dönüşü arasında 2 ay 16 gün geçmişti.

[IX-HİCRETİN DOKUZUNCU YILI]

- ELÇİLER YILI (Senetü'l-vüfûd)

"Allah'ın yardımı ve zafer günü gelip, insanların akın akın Allah'ın dînine girdiklerini görünce; Rabbını överek tesbih et; O'ndan bağışlanma dile. Çünkü O, tevbeleri dâima kabûl edendir".

(Nasr Sûresi, 1-3)

Arapların, Hz. İbrâhim'in soyundan gelmeleri ve Kâbe'nin muhâfızı olmaları sebebiyle Kureyş'e büyük saygı ve bağlılıkları vardı. Hudeybiye Barış Anlaşmasıyla, Kureyş tarafından Müslümanların siyâsi varlığı tanınınca, Arap kabîleleri Medine'ye sefâret hey'etleri göndermeğe başlamışlardı. Hicretin 8'inci yılında, puta tapıcı müşrik Arapların din merkezi olan Mekke fethedilmiş, Kureyş Kabîlesi Müslüman olmuştu. Bunun Araplar üzerindeki tesiri çok büyük oldu. Müslümanlığın önünde hiç bir kuvvetin duramayacağını anladılar. Artık, Arabistanın her tarafında Müslümanlık sür'atle yayılıyordu. Arabistanın çeşitli bölgelerinde yaşayan kabîleler, Müslüman olmak veya Müslüman olduklarını bildirmek ve kabûl ettikleri İslâm Dini'nin esâslarını öğrenmek üzere, Hz. Peygambere heyetler gönderdiler. Bunların sayısı 70'i aşmaktadır. İlk hey'et, Hevâzin Kabilesi'nden Hicreti 8'inci yılında gelmişti. Son heyet ise, Yemen'deki Neha` Kabilesi'nden, Hicretin 11'inci yılı Şevval ayında gelen hey'ettir. Söz konusu sefâret hey'etlerinin çoğu, hicretin 9'uncu yılında gelmiştir. Bu yüzden hicretin 9'uncu yılına "Senetü'l-vüfûd" (Elçiler yılı) denilmiştir.

Rasûl-i Ekrem, kendisine gelen bu sefâret hey'etleriyle bizzât ilgilenir, onlara ikrâmda bulunur, her kabîlenin hâline ve âdetlerine göre onlarla konuşurdu. Ayrılırken de münâsib hediyeler verir, Müslümanlığı öğretmek üzere onlara yetişkin öğretmenler, mürşidler gönderirdi. Rasûlüllah (a.s.) bu mürşidlere:

- Kolaylaştırın, güçleştirmeyin. Müjdeleyin, korkutup nefret ettirmeyin (365), diye tenbihde bulunuyordu.

Necrân Hey'eti

Necrân, Yemen tarafında, Mekke'ye 7 konak mesâfede, ahâlisi Hıristiyan olan büyük bir şehirdi. Rasûlüllah (a.s.) Necrân Hıristiyanlarına bir mektup gönderip, ya Müslüman olmalarını, yahut da cizye vermelerini istemişti.(366) Bunun üzerine emirleri Abdülmesih Âkıb'ın riyâsetinde Medîne'ye 14 kişilik bir hey'et gönderdiler. Hey'ette, en büyük âlimleri Ebu'l-Hâris ile kardeşi Kürz b. Alkame de vardı. Hz. İsâ hakkında Rasûlüllah (a.s.)'la tartışmaya girdiler. Rasûlüllah (a.s.) onlara:

- Gelin, çocuklarımız, kadınlarımız, hepimiz bir yerde toplanalım, Sonra, "Allah'ın lâneti yalancıların üzerine olsun," diye duâ ve niyâzda bulunalım, var mısınız, dedi.(367) Necrânlılar korktular, bu teklife yanaşmadılar. Cizye vermeği kabûl edip ayrıldılar.

Râhib Ebu'l-Hâris, kardeşi Kürz ile konuşurken:

- Yemin ederim ki, beklediğimiz ümmî peygamber budur.

- O halde neden bunu açıkça söyleyip ona uymuyorsun?

- Sebebi, bizimkilerin yaptıkları. Bize mevki, şeref ve servet verdiler. Eğer Müslüman olursam., bunların hepsini alırlar.(368) Kürz, bu konuşmayı gizli tuttu, daha sonra müslüman olunca açıkladı

2- ŞÂİR KÂ'B'IN İSLÂM'I KABÛLÜ

Kâ'b, İslâm'dan önce (câhiliye döneminde) şiirleri Kâbe duvarlarına asılan "Mualleka" şâirlerinden Züheyr'in oğludur. Kâ'b da babası gibi güçlü bir şâirdi. Fakat devâmlı olarak Hz. Peygamber (a.s.) ve İslamiyeti hicvederdi. Bu yüzden Raûlüllah (a.s.)'ın "yakaladığınz yerde öldürün" dediği kimseler arasında bulunuyordu.

Mekke fethedilince, Tâif'e kaçmıştı. Tâif halkı da Müslüman olunca, sığınacak yer bulamadı. Kardeşi Büceyr daha önce Müslüman olmuştu. Kâ'b'a bir mektup yazdı. Rasûlüllah (a.s.)'ın, Müslüman olup af dileyenleri bağışladığını anlattı. Medine'ye gelip Müslüman olmasını öğütledi. Başka kurtuluş yolu yoktu.

Kâ'b Rasûlüllah (a.s.)'ı öven bir şiir hazırlayıp gizlice Medineye geldi. Sabah namazında Mescide gidip Rasûlüllah (a.s.)'la birlikte sabah namazını kıldı. Namazdan sonra Rasûlüllah (a.s.)'ın önünde diz çökerek oturdu:

- Yâ Rasûlallah, Kâ'b, geçmişine tevbe ederek Müslüman oldu. Huzûrunuza getirsem, onu affeder misiniz? diye sordu.

- Evet, diye cevâb alınca kendini tanıttı.

- Kâ'b bin Züheyr benim, dedi. Ensârdan biri üzerine atılıp hemen Kâb'ı öldürmek istedi. Fakat Hz. Rasûlüllah (a.s.) izin vermedi.

- O, tevbe etti, Müslüman olarak geldi, buyurdu. Bunun üzerine Ka'b önceden hazırladığı kasidesini okumağa başladı.(369)

"Rasûlüllah, her şeyin kendisiyle aydınlandığı bir nurdur, Şerri kesip atmak için çekilmiş Allah'ın kılıçlarından biridir." anlamındaki beyitler Rasul-i Ekrem (a.s.)'in pek hoşuna, gitmişti. Hemen bürdesini (hırkasını) çıkarıp, şâire giydirdi. Bu yüzden bu şiir "Kaside-i Bürde" adıyle şöhret buldu. (370)

3- HATEM-İ TÂÎ'NİN KIZI

Tay kabîlesi, Müslümanlara karşı düşmanca bir tavır içinde bulunuyordu. Rasûlüllah (a.s.) 150 kişilik bir kuvvetle Hz. Ali'yi bu kabîle üzerine gönderdi. Hz. Ali ansızın Tay kabîlesine vardı. Burada bulunan puthaneyi yıkıp putu kırdı. Birçok esir ve ganimetle Medine'ye döndü. Kabîle reisi meşhûr Hâtem Tâî'nin oğlu Adiyy ise Sûriye'ye kaçtı.

Esirler arasında Hatem Tâî'nin kızı da vardı. Hz. Peygamber (a.s.)'a:

- Yâ Rasûlallah, babam öldü, kardeşim kaçtı, fidye ödeyebilecek bir şeyim yok. Babam cömert bir insandı, kabîlesinin ulusuydu. Esirleri kurtarır, fakirleri doyurur felâkete uğrayanlara yardım ederdi. Kimseyi boş çevirmez, isteğini reddetmezdi. Kurtulmam için ben de sana sığınıyorum, dedi.

Rasûlüllah (a.s.) onu serbest bıraktı. Elbise ve yol harçlığı vererek, Sûriye'ye kardeşinin yanına gönderdi.(371) Kız kardeşi, Adiyy'e Hz. Peygamber (a.s.)'ın fazilet ve âlicenablığını anlatınca o da Medine'ye gelip Müslüman oldu.

4- TEBÛK GAZVESİ (Recep 9 H./Eylül 630 M.)

"Yakın bir kazanç ve normal bir yolculuk olsaydı, sana uyarlardı. Fakat çıkılacak yol, onlara uzak geldi.

Kendilerini helâk ederek, "gücümüz yetseydi sizinle beraber çıkardık," diye Allah'a yemin edeceklerdir. Allah, onların yalancı olduklarını elbette biliyor."

(Tevbe Sûresi, 42)

Tebük, Medine'nin 14 konak kuzeyinde, Medine ile Şam'ın ortasında bir kasabadır. Buraya kadar gelindiği için bu sefere "Tebük Gazvesi" denilmiştir. Rasûlüllah (a.s.)'ın bizzât katıldığı en son gazvedir. Tebük Seferinde savaş olmamış, fakat pek çok güçlük yenilerek kuvvetli bir ordu hazırlanmış, koca Bizans imparatorluğuna meydân okurcasına, askerî ve siyâsî büyük başarılar elde edilmiştir.

a) Gazvenin Sebebi

Hıristiyanlığın temsilcisi olan Bizans İmparatorluğu, Arabistan'ı işgal etmek hevesindeydi. Bunun için, Sûriye'de ve Arabistan'ın kuzeyinde bulunan Hıristiyan Arapları, Müslümanlara karşı savaşa hazırlıyordu. Müslümanlığın Araplar arasında sür'atle yayılmağa başlaması, Hıristiyanların taassubunu körüklüyordu.

Bu sırada Medine'ye yağ tâcirleri gelmişti. Bizans İmparatorluğunun Gassan, Lahm, Cüzâm... gibi kabîlelerle işbirliği yaparak, Müslümanlara karşı büyük bir hazırlık içinde olduğunu haber verdiler. Rasûlüllah (a.s.) esâsen bu bölgeden emîn değildi. Sûriye ve Şam tarafından yapılacak bir baskından endişe etmekteydi. Bu haber üzerine hemen Bizans'a karşı seferberlik ilân etti.

b) Sefer Hazırlığı

Yol uzun, düşman kuvvetliydi. Üstelik, yaz mevsiminin en sıcak günleriydi. Kuraklık yüzünden kıtlık vardı. Hurmalar olgunlaşmış, hasat mevsimi gelmişti. Bu mevsimde hurma gölgelerini bırakıp, aç susuz uzun bir yolculuğu göze almak, gerçekten zordu. Nitekim, bu seferin yapıldığı günlere Kur'an-ı

Kerim'de "sâatü'l-usre" (güçlük zamanı) denilmiştir.(372) Kur'ân-ı Kerîm'deki bu deyimden alınarak, bu sefere "Gazvetü'l-usre", orduya da "Ceyşü'l-usre" adı verilmiştir.

Rasûlüllah (a.s.) sefer hazırlığı yaparken, düşmanın haber almaması için, maksadını gizli tutar, seferin nereye yapılacağını açıklamazdı. Bu seferde, gidilecek yer uzak, yolculuk zordu. Askerin buna göre hazırlanması için Rasûlüllah (a.s.) Bizans üzerine gidileceğini açıkça bildirdi. Bütün kabîlelere ve Mekke'ye haber gönderip gönüllü mücâhidlerin Medine'de toplanmalarını istedi.

Münâfıklar ilk anda yan çizdiler. Akla, hayâle gelmedik bahâneler uydurup sefere katılmamak için izin istediler.(373) Bunlarla da kalmayıp sefere katılacak müslümanları caydırmaya çalıştılar.(374) Ubey oğlu Abdulllah:

- Muhammed Bizans'ı ne sanıyor. O'nun ashâbıyla birlikte esir düşeceğini gözümle görmüşcesine biliyorum, diyordu.(375) Bedevîlerden bir kısmı da mâzeret uydurup izin istemişlerdi. (376) Hâlis Müslümanlar arasında bile,(377) bu meşakkatli yolculuğu göze almayıp ağır davrananlar ve sefere katılmayanlar (378) olmuştu.

Fakat başta Rasûlüllah (a.s.) olmak üzere ashâbın azim ve gayreti bütün engelleri yendi. Etraftaki kabîlelerden gelen akın akın mücâhidler, Medine'de toplanmağa başladı. Kısa zamanda 30 bin kişilik büyük bir ordu toplandı. Bunun 10 bini atlı, 12 bini develiydi. Kıtlık sebebiyle askerin birçoğunun techizâtı tam değildi. Rasûlüllah (a.s.) zenginlerin ordu için bağışta bulunmasını istedi. Herkes elinden geldiğince bağış yaptı. Kadınlar bilezik ve küpe gibi ziynet eşyalarını verdiler. Hz. Ebû Bekir, malının tamâmını; Hz. Ömer yarısını bağışladı.(379) En büyük bağışı ise Hz. Osman yaptı: Bütün silah ve teçhizâtıyla birlikte 300 deve ile bin dinâr altın.(380) Bu büyük bağışı sebebiyle Hz. Peygamber ellerini açıp:

"Allah'ım, ben Osman'dan râzıyım, Sen de razı ol," diye duâ etmişti".(381)

Yapılan bağışlarla silah ve bineği olmayan fakir mücâhidler teçhiz edildi. Sefere katılmak istedikleri halde, binek ve azık bulamayanlar da vardı. Bunlardan 7 kişi Rasûlüllah (a.s.)'a gelerek:

- Ey Allah'ın Rasûlü, gazaya gitmek istiyoruz, fakat yiyecek azığımız, binecek devemiz yok, demişlerdi. Rasûl-i Ekrem:

- Sizi bindirecek deve kalmadı, deyince ağlayarak ayrılmışlardı(382) Bu sabeple bunlara "Bekkâûn" (yani ağlayanlar) ünvanı verilmişti.(383) Daha sonra bunlara da binek temin edildi.(384)

Rasûlüllah (a.s.) Recep ayında bir perşembe günü Medine'den çıktı.(385) Ordugâhını, Medine dışında "Seniyyetü'l-vedâ" denilen ayrılık tepe'sinde kurdu. Hz. Ali'yi Medine'de kaymakam (vekil) bıraktı. Herkes sefere çıkarken Medine'de oturmak, Hz. Ali'ye ağır geliyordu. Hemen silahlanıp yola çıktı. Ordu Seniyyetü'l-vedâ'dan ayrılmadan yetişti.

- Beni kadınlar ve çocuklar içinde mi bırakıyorsun? dedi. Rasûlüllah (a.s.):

- Yâ Ali, bana nisbetle sen, (Tur'a giderken) Musâya nisbetle Harûn'un yerinde olmağa razı değil misin? Şu kadar ki, benden sonra Peygamber yoktur(386), buyurdu. Hz. Ali de Medine'ye döndü.

c) Münâfıkların Tutumu

Ordu, seniyyetü'l-vedâ'dan hareket edince, münâfıkların bir kısmı, reisleri Abdullah b. Übeyy ile geri döndü. Sefere katılanlar, yolculuk sırasında da bozguncu tutumlarını sürdürdüler. Bir konaklama sırasında Rasûlüllah'ın (a.s.) devesi Kasvâ kaybolmuştu. Münâfıklardan Zeyd b. Ebî Salt:

- Tuhaf şey, Muhammed peygamberim der, göklerden haber verir, oysa devesinin nerede olduğunu bilmiyor, demişti. Bu küstahça sözleri Rasûlüllah (a.s.) duyunca:

- Vallahi, ben yalnızca Allah'ın bana bildirdiklerini bilirim. Allah bana şimdi bildirdi. Kasvâ, şu iki dağın arkasındaki vâdîde yuları bir ağaca dolanıp kalmıştır. Haydi, oradan getirin, buyurdu.(387)

Münâfıkların yaptıkları bütün bu mel'anetler, çevirdikleri dolaplar, sefer esnâsında günü gününe inen Kur'ân ayetleriyle teşhir edilmiştir.(388) Münâfıkların iç yüzleri ve kirli çamaşırları apaçık ortaya çıktığı için Tebük Seferi'ne "Gazve-i fâdıha" (Rüsvaylık gazvesi) de denilmiştir.

d) Tebük'ten Dönüş

Uzun ve meşakkatli bir yolculuktan sonra Tebük'e varıldı. Fakat gerek Bizans, gerekse Arap kabîlelerinde hiç bir harekete rastlanmadı. 30 bin kişilik muazzam Müslüman ordusu Hıristiyan Arap kabîlelerini yıldırmıştı. Medine'ye gelen haberlerin asılsız olduğu anlaşıldı. İslâm ordusunun kuvvet ve azameti gösterilmiş, maksat hâsıl olmuştu. Bu yüzden daha fazla ileriye gitmeğe lüzûm görülmedi. Rasûlüllah (a.s.) Tebük'de bulunduğu esnâda o bölgede bulunan Eyle, Cerbâ, Ezruh, Dûmetü'l-cendel gibi bazı küçük Hıristiyan beylikleriyle anlaşmalar yaptı. Bu beylikler yıllık cizye ödeyerek İslâm hâkimiyetine girmeği kabûl ettiler. Müslümanlar, Tebükte 20 gün kaldıktan sonra Ramazanın ilk günlerinde Medine'ye döndüler.

e) Mescid-i Dırârın Yaktırılması

Münâfıklar, Kubâ Mescidi'nin yakınında bir mescid yaptılar. Maksatları, Kubâ Mescidi'nin cemâatini bölmek, Müslümanlar arasına ayrılık sokmaktı. Münâfıklardan bir hey'et Tebük seferinden dönerken Rasûlüllah (a.s.)'ı karşıladılar. Yaptıkarı mescidde namaz kılmasını ricâ ettiler. Ancak bu esnâda, Tevbe Sûresi'nin 107-108'inci âyetleri indi. İbâdet için değil, fitne ve fesât ocağı olarak yapılan bu binada Rasûlüllah (a.s.)'ın namaz kılmasına izin verilmedi. "Sakın bunların mescidinde namaz kılma".(389) buyruldu. Rasûlüllah (a.s.) Medine'ye dönünce, Mâlik b. Dühşem ile Ma'n b. Adiyy'e hemen bu mescidi yıkıp yakmalarını emretti. Onlar da derhal Rasûlüllah (a.s.)'ın emrini yerine getirdiler.(390)

İki ay kadar sonra, münâfıkların başı olan Übeyy oğlu Abdullah öldü. Müslümanlar da onun kötülüklerinden kurtulmuş oldular.

f) Medine'ye Giriş

Rasûlüllah (a.s.)'ın ordusu ile birlikte dönmekte olduğu Medine'de duyulunca, bütün halk, kadınlar ve çocuklar sokaklara döküldü. Şiirler ve neşîdeler söyleyerek, orduyu Seniyetü'l-vedâ'da parlak bir merâsimle karşıladılar.

g) Sefere Katılmayanların Durumu

Rasûlüllah (a.s.) Medine'ye gelince doğru Mescid'e gitti, iki rek'at namaz kıldı. Sefer dönüşlerinde önce mescide gidip iki rek'at namaz kılmak âdetiydi.(391) Sonra Mescid'de oturup ziyâret ve tebrikleri kabûl etti. Sefere katılmamış olanların herbirinin mâzeretini dinledi, haklarında Allah'tan mağfiret diledi. Özürleri olmadığı halde, Tebük Seferi'ne iştirak etmeyen üç kişi için:

- Allah hakkınızda hüküm verinceye kadar bekleyin, buyurdu. Müslümanların bunlarla konuşmalarını yasakladı. Tam 50 gün bunlarla kimse konuşmadı, kimse selâmlarını almadı. Vakitlerini üzüntü ile ve gözyaşları içinde geçirdiler. Sonunda, tevbelerinin kabûl edildiği bildirildi.

"(Haklarındaki hüküm) geri bırakılan üç kişi ise, yeryüzü bütün genişliğiyle başlarına dar geldi. Vicdanları da kendilerini sıkıştırdı. Allah'a karşı, Allah'tan başka sığınacak bir yer olmadığını anladılar. Allah da eski hallerine dönmeleri için tevbelerini tabûl etti. Şüphesiz ki Allah tevbeleri kabûl edici ve esirgeyicidir.(392)"

(Tevbe Sûresi, 118)

5- HZ. EBÛ BEKİR'İN HAC EMİRLİĞİ (Zilhicce 9H./Şubat 631 M.)

Haccın sebebi olan Kâbe, Hz. İbrahim ve oğlu Hz. İsmâil tarafından Mekke'de yapılmıştır. İnşâat tamamlandıktan sonra Cebraîl (a.s.), tavâfın ve hac ibadetinin nasıl yapılacağını amelî olarak onlara göstermiş, Hz. İsmâil de Hicaz halkına öğretmişler. Ancak, Hz. İbrâhim'in tebliğ ettiği dini hükümler zamanla unutulmuş, Mekke putperestliğin merkezi olmuştur. Hz. İsmâil'in öğrettiği hac usûlü yavaş yavaş değişmiş yerini putperestlerin haccı almıştır.

İslâm'dan önce müşrik Araplar, içinde günah işlenilen elbiselerle Kâbe ziyâret edilemez, derlerdi. Bu sebeple Kâbe'yi çırıl çıplak tavâf ve ziyaret ederlerdi.(393)

Hicretin 9'uncu yılında hac farz kılındı.(394) Fakat o sene Rasûlüllah (a.s.) haccetmedi. Hz. Ebû Bekir'i Hac Emiri olarak Mekke'ye gönderdi.

Hicretin 8'inci yılında Mekke fethedilmiş, Kâbe putlardan temizlenmiş, Mekke halkı Müslüman olmuştu. Ancak henüz Müslüman olmayan müşrik kabîleler hâla Kâbe'yi çırıl çıplak tavâf ediyorlardı. Diğer taraftan, Hicretin 9'uncu yılında hac, "nesî" uygulaması yüzünden belirli zamanından önce yapılacaktı.

Bilindiği üzere, oruç, hac, kurban gibi ibâdetlerin vakitleri kamerî aylara göre tesbit edilir. Kamerî yıl (ay senesi), yaklaşık

354 gün, Güneş yılı ise yaklaşık 365 gündür. Aradaki 11 günlük fark sebebiyle, hac günleri her yıl yer değiştirir; bazen yaz, bazanda kış mevsimine gelir. Hac mevsimini çok sıcak veya çok soğuk aylara rastlatmamak, sâbit bir mevsimde (ilkbaharda) tutmak için Araplar üç yılda bir, seneye bir ay ekleyerek o yılın aylarını 13'e çıkarırlardı. Buna "nesî" deniyordu. Böylece hac mevsimi değişmez, fakat, aylar yer değiştirirdi. 33 senede bir, aylar yerine gelirdi.(395) Nitekim, Hicretin 10'uncu yılında kamerî aylar aslî yerine geldiler. Kur'an-ı Kerîm, müşrik Arapların bu çirkin âdetini yasaklamıştır.(396)

Hz. Peygamber (a.s.) hac farizasını aslî günlerinde edâ etmek istediğinden o yıl hacca gitmedi. Hz. Ebû Bekir'i Hac Emiri tâyin etti. Medine'den hacca gitmek isteyen 300 kişi de Hz. Ebû Bekir'le gittiler.

Hz. Ebû Bekir yola çıktıktan sonra, müşriklerle münâsebetleri düzenleyen hükümler indi.(397) Bunların müşriklere duyurulması gerekiyordu. Rasûlüllah (a.s.) Hz. Ali'yi de bu iş için gönderdi. Hz. Ali yolda Hz. Ebû Bekir'e yetişti.

- Hac Emiri yine sensin, ben Tevbe Sûresi'nin yeni inen ilk âyetlerindeki hükümleri müşriklere tebliğ ile görevliyim, dedi.

Hz. Ebû Bekir, Zilhicce'nin 8'inci günü Mekke'de bir hutbe okuyarak, haccın nasıl yapılacağını anlattı. Müslümanlar, Hz. Ebû Bekir'in anlattığı şekilde haccettiler. Müşrikler kendi bildiklerini yaptılar.

Hz. Ali ise, Zilhicce'nin 10'uncu günü Mina'da bir hutbe okudu. Hz.Peygamber (a.s.) tarafından gönderildiğini bildirdi. Tevbe Sûresi'nin ilk âyetlerini yüksek sesle okuduktan sonra:

1- Müslümanlardan başka hiç kimse Cennete giremez.

2- Bu yıldan sonra hiç bir müşrik Kâbe'ye yaklaştırılmayacak.

3- Hiç kimse Kâbe'yi çıplak tavâf etmeyecek.

4- Kimin Hz. Peygamber (a.s.)'la anlaşması varsa, müddeti bitinceye kadar ona uyulacak, dedi.(398)

Bu ilândan sonra çok geçmedi. Bütün Arabistan Müslüman oldu. O yıldan sonra da hiç bir müşrik Mekke'ye bırakılmadı.

[X- HİCRETİN ONUNCU YILI]

1- PEYGAMBERİMİZİN OĞLU İBRÂHİM'İN ÖLÜMÜ

(8 Şevval 10 H./7 Ocak 632 M.)

İbrâhim, Peygamber (a.s.) Efendimizin 7'inci çocuğudur. Diğer 6 çocuğunun hepsi de, ilk eşi Hz. Hatice'den olmuştu. İbrâhim ise Mısırlı Mâriye'den doğmuştur.

İbrâhim, Hicretin 8'inci yılı Zilhicce ayında doğmuştu. İki yaşını doldurmadan öldü. Rasûlüllah (a.s.) İbrâhim'i öper koklardı. Ölürken gözleri yaşardı. Avf oğlu Abdurrahman:

- Ey Allah'ın Rasûlü, sen de mi ağlıyorsun? "Oysa ölüye ağlamayı men etmiştin," dedi. Rasûlüllah (a.s.):

Ben, bağırıp çağırmayı, üst-baş yırtmayı men ettim. Bu ise, Allah'ın kullarının kalbine koyduğu şefkattir. Göz ağlar, kalb mahzûn olur. Biz, Rabbımızın rızâsına uygun olmayan söz söylemeyiz. Ey İbrâhim, seni kaybetmekten dolayı hüzün içindeyiz, buyurdu.(399)

- İbrâhim benim oğlumdur. O henüz annesini emerken öldü. Cennette iki süt anne, onun süt müddetini tamamlayacaklardır, dedi.(400)

İbrâhim, Bakî Kabristanı'na defnedildi. Kabrinin üstüne Rasûlüllah (a.s.) bir kırba su döktürdü. (401) Faydası da yok, zararı da, fakat diriyi tatmin eder, buyurdu.

İbrâhimin öldüğü gün (7 Ocak 632 saat: 8.30'da)(402) güneş tutulmuştu. Halk.

- İbrâhim'in ölümünden dolayı Güneş tutuldu, dediler. Bunun üzerine Rasûl-i Ekrem:

- Güneş ve ay, Allah'ın kudretini gösteren alâmetlerdendir. Hiç kimsenin ölümünden veya doğumundan dolayı tutulmazlar. Siz bu olayla karşılaştığınız zaman, namaz kılıp duâ edin, buyurdu.(403)

2- VEDÂ HACCI (Zilhicce 10 H/Mart 632 M.)

"Bugün, inkâr edenler, sizi dininizden etmekten ümitlerini kesmişlerdir. Artık onlardan korkmayın, Ben'den korkun. Bu gün dininizi kemâle erdirdim, üzerinize olan nimetimi tamamladım. Din olarak, sizin için İslâm'ı seçip ondan hoşnut oldum."

(el -Mâide Sûresi, 3)

Vedâ, bir yerden ayrılan kimse ile geride kalanların birbirlerine karşılıklı esenlik dilemeleri demektir. Peygamber Efendimiz, Arafat'ta irâd ettiği hutbesinde, dünya hayâtından ayrılmasının yaklaştığına işâret ederek, ashabıyla vedâlaştığı için, bu haccına "Vedâ Haccı" denilmiştir. Henüz farz kılınmadan, Hicretten önce Rasûlüllah (a.s.) bir çokdefa haccetmişti. Medine'ye hicretinden sonra Vedâ Haccı ilk ve son haccı odu. Bu haccından 81 veya 82 gün sonra vefât etti.

Hicretin 10'uncu yılı Müslümanlık bütün Arabistan'a yayılmıştı. Rasûlüllah (a.s.) Zilkade ayında Hac farîzasını edâ etmek için

Mekke'ye gideceğini ilân etti. O'nunla birlikte haccetmek isteyen müslümanlar Medine'de toplanmağa başladılar. (404)

Rasûl-i Ekrem (a.s) 25 Zilkade (22 Şubat 632) Cumartesi günü öğle namazını kıldıktan sonra, ashâbıyla birlikte Medine'den çıktı. Kızı Fâtıma ve bütün zevceleri de beraberinde bulunuyordu. İkindi namazını, seferî olarak Zülhuleyfe'de kıldı, geceyi de burada geçirdi. Ertesi gün (26 Zilkade) gusletti hac ve umre için niyyet ve telbiye yaparak ihrâma girdi. Öğle namazını da burada kıldıktan sonra yola çıkıldı.(405)

Hz. Peygamber (a.s.)'la birlikte Haccedebilmek için Medine'de toplananların sayısı 100 bine yaklaşmıştı. Yol boyunca katılanlar ve doğrudan Mekke'ye gidenlerle haccedeceklerin sayısı 124 bine ulaşmıştı (Sahih bir rivayete göre, dünyaya gönderilen peygamberlerin sayısı kadar). Bu muazzam kalabalık, Rasûlüllah (a.s.)'ın etrâfında yekvücut olmuş tek bir insan seli gibi dalgalana dalgalana ilerliyor, "Allâhü ekber ve Lebbeyk Allâhümme lebbeyk" nidâlarıyla dağ taş inliyordu.

Yolculuk 10 gün sürdü. Rasûl-i Ekrem (a.s.) 4 Zilhicce pazar günü Mekke'ye vardı. Kâbeyi usûlüne göre tavâf etti. Safâ ve Merve arasında sa'y yaptı. Pazartesi, salı ve çarşamba günlerini de Mekke'de geçirdi, "Yevm-i terviye" denilen 8 Zilhicce perşembe günü sabah namazını Mescid-i Harâm'da kıldıktan sonra, devesine binip bütün hacılarla birlikte "Mina" ya hareket etti. O gün burada kaldı. Öğle, ikindi, akşam, yatsı ve ertesi günün sabah namazlarını burada kıldı. Arefe günü (9 Zilhicce cuma) sabahı, güneş doğduktan sonra devesine binip Arafat'a çıktı. "Nemire" denilen yerde kurulan çadırında bir müddet dinlendi. Öğle vakti olunca, devesine binip Arafat Vâdisi'nin ortasına geldi. kendisini dinlemek üzere 124 bin müslüman, etrâfında toplanmıştı. Rasûlüllah (a.s.) burada, onların şahsında bütün insanlığı "Vedâ Hutbesi" diye meşhûr olan insanlık târihinin en etkili ve önemli hutbesini irâdetti.

Câhiliyet devrinde, Arabistan'da kuvvetli zayıfı ezerdi. Can, mal ve ırz güvenliği yoktu. Fâizcilik yüzünden fakirler, zenginlerin kölesi hâline gelmişti. Kadınlara insan değeri verilmez, erkeklerin malı sayılırdı. Kan gütme yüzünden, karşılıklı öldürmelerin sonu gelmez, bulunamayan suçlunun cezâsını, âilesinden ele geçen çekerdi. Rasûlüllah (a.s.), Vedâ Hutbesi'yle Câhiliyet Devrinin bütün bu kötülüklerini yasakladı. Bütün insanların eşit olduğunu, Allah katında üstünlüğün ancak takvâ ile olduğunu anlattı. "Müslümanlar kardeştir." buyurdu. Hutbe, her taraftan duyalabilmesi için, gür sesli sahabîler tarafından cümle cümle tekrâr edildi. Hutbe'den sonra Rasûlüllah (a.s.) takdim edilen bir bardak sütü içti, oruçlu olmadığını ashâbına gösterdi.(406) Öğle ve ikindi namazlarını birlikte (cem-i takdîm ile) kıldırıldı.(407) İki vaktin farzları arasındaki sünnetleri kılmadı. Sonra devesine binip "Cebel-i Rahme" denilen tepeye ilerledi. Bu tepenin eteğinde, devesi üstünde kıbleye yöneldi. Güneş batıncaya kadar duâ edip vakfe yaptı. Dinî hükümlerin tamamlandığını bildiren âyet de bu esnada indi.(408)

"Bugün kâfirler dininizi yok etmekten ümitlerini kestiler. Artık onlardan korkmayın, Benden korkun. Bugün, sizin dininizi kemâle erdirdim, üzerindeki nimetimi tamamladım ve size din olarak İslâmı' seçip ondan hoşnûd oldum".(409)

Güneş battıktan sonra Hz. peygamber (a.s.) Arafattan ayrıldı. Akşam ve yatsı namazlarını Müzdelife'de birlikte (cem-i tehîr) ile kıldı.(410) Geceyi burada geçirdi. Sabah namazından sonra Meş'ar-ı harâm'da hava aydınlanıncaya kadar vakfe yaptı. Güneş doğmadan Mina'ya hareket etti. Burada Akabe Cemresi'ne taş atarken:

"Ey nâs, din işlerinde aşırılıktan sakının. Sizden önceki ümmetlerin helâkine sebep, din işlerinde taşkınlık göstermeleridir." (411) buyurdu.

Rasûl-i Ekrem (a.s.), kurban bayramının 1 ve 2'inci günlerinde (10 ve 11 Zilhicce) birer hutbe de Mina'da okudu. "Hac ibâdetini, Benden gördüğünüz gibi ifa edin," buyurdu.(412) Kurban edilmek üzere hazırlanan 100 deveden 63'ünü bizzât kesti. Kalan 37'yi de Hz. Ali'ye kestirdi. Her birinden birer parça et alınıp pişirildi. Kalanı da fakirlere dağıtıldı. Sonra Rasûlüllah (a.s.) tıraş olup ihramdan çıktı. Mekke'ye inip ziyâret tavâfını yaptıktan sonra tekrar Minaya döndü. Bayram günlerini Mina'da geçirdi. Haccın diğer menâsikini yerine getirdi. Bayramın dördüncü günü Mekke'ye geldi. Vedâ Tavâfı'nı yaptıktan sonra 14 Zilhicce Çarşamba günü Mekke'den ayrılıp Medine'ye dödü.

3- VEDÂ HUTBESİ

(9 Zilhicce l0 H./8 Mart 632 M. Cuma)

Peygamberimiz Hz. Muhammet (a.s.) Vedâ haccında, 9 Zilhicce Cuma günü zevâlden sonra Kasvâ adlı devesi üzerinde, Arafat Vâdisi'nin ortasında 124 bin Müslümanın şahsında bütün insanlığa şöyle hitabetti:

"**Hamd Allah'a mahsustur. O'na hamdeder, O'ndan yardım isteriz. Allah kime hidâyet ederse, artık onu kimse saptıramaz. Sapıklığa düşürdüğünü de kimse hidâyete erdiremez. Şehâdet ederim ki; Allah'dan başka ilâh yoktur. Tektir, eşi ortağı, dengi ve benzeri yoktur. Yine şehâdet ederim ki, Muhammed O'nun kulu ve Rasûlüdür (413/1)**

Ey Nâs! Sözümü iyi dinleyiniz. Bilmiyorum, belki bu seneden sonra sizinle burada ebedî olarak bir daha berâber olamayacağım.

İnsanlar! Bu günleriniz nasıl mukaddes bir gün, bu aylarınız nasıl mukaddes bir ay, bu şehriniz Mekke nasıl kutsal bir şehir ise, canlarınız, mallarınız, nâmus ve

şerefiniz de öylece mukaddestir; her türlü tecâvüzden masûndur.(413/2)

Ashâbım! Yarın rabbinize kavuşacaksınız. Bugünkü her hâl ve hareketinizden muhakkak sorulacaksınız. Sakın benden sonra eski sapıklıklara dönüp de birbirinizin boynunu vurmayınız.(413/3) Bu vasiyyetimi burada bulunanlar, bulunmayanlara bildirsinler. Olabilir ki, bildirilen kimse, burada bulunup da işitenden daha iyi anlayarak hıfzetmiş olur. (414)

Ashâbım! Kimin yanında bir emânet varsa, onu sâhibine versin. Fâizin her çeşidi kaldırılmıştır, ayağımın altındadır. Fakat aldığınız borcun aslını ödemek gerekir. Ne zulmediniz, ne de zulme uğrayınız. Allah'ın emriyle bundan böyle fâizcilik yasaktır. Câhiliyetten kalma bu çirkin âdetin her türlüsü ayağımın altındadır. İlk kaldırdığım fâiz de Abdülmuttalib'in oğlu amcam Abbas'ın fâiz alacağıdır. (415/1)

Ashâbım! Câhiliyet devrinde güdülen kan davaları da tamamen kaldırılmıştır. Kaldırdığım ilk kan davası, Abdülmüttalib'in torunu (amcalarımdan Hâris'in oğlu) Rabîanın kan davasıdır(415/2)

Ey Nâs! Kadınların haklarını gözetmenizi ve bu konuda Allah'tan korkmanızı tavsiye ederim. Siz kadınları Allah'ın emâneti olarak aldınız. Onların nâmus ve ismetlerini Allah adına söz vererek helâl edindiniz. Sizin kadınlar üzerinde hakkınız, onların da sizin üzerinizde hakları vardır. Sizin kadınlar üzerindeki haklarınız, âile nâmusu ve şerefinizi kimseye çiğnetmemeleridir. Eğer onlar sizden izinsiz râzı olmadığınız kimseleri âile yuvanıza alırlarsa, onları hafifçe dövüp korkutabilirsiniz. Kadınların sizin üzerinizdeki hakları ise, örfe göre her türlü (meşru ihtiyaçlarını), yiyecek ve giyeceklerini temin etmenizdir. (416)

Mü'minler! Size iki emânet bırakıyorum. Onlara sımsıkı sarıldıkça yolunuzu hiç şaşırmazsınız. Bu emânetler, Allah'ın kitabı Kur'ân ve O'nun Peygamberinin sünnetidir. (417)

Ey Nâs! Devâmlı dönmekte olan zaman, Allah'ın gökleri ve yeri yarattığı günkü duruma dönmüştür. Bir yıl, 12 aydır. Bunlardan 4'ü Zilkade, Zilhicce, Muharrem ve Recep hürmetli aylardır.(418)

Ashâbım! Bugün şeytan sizin şu topraklarınızda yeniden nüfûz ve saltanatını kurma gücünü ebedî olarak kaybetmiştir. Fakat size yasakladığım bu şeyler dışında, küçük gördüğünüz şeylerde ona uyarsanız, bu da onu sevindirir. ona cesâret verir. Dininizi korumak için bunlardan da uzak kalınız. (419)

Mü'minler! Sözümü iyi dinleyin, iyi belleyin. Rabbınız birdir, babanız birdir. Hepiniz Âdem'densiniz, Âdem de topraktan yaratılmıştır. Hiç kimsenin başkaları üzerinde soy sop üstünlüğü yoktur. Allah katında üstünlük, ancak takvâ iledir.(420) Müslüman müslümanın kardeşidir. Böylece bütün müslümanlar kardeştir. Gönül hoşluğu ile kendisi vermedikçe, başkasının hakkına el uzatmak helâl değildir. Ashabım! Nefsinize de zulmetmeyin. Nefsinizin de üzerinizde hakkı vardır. Bu nasihatlarımı burada bulunanlar, bulunmayanlara tebliğ etsinler.(421)

Ey Nâs! Cenâb-ı Hak Kur'an da her hak sahibine hakkını vermiştir. Mirâsçı için ayrıca vasiyyet etmeye gerek yoktur. (422)Çocuk kimin döşeğinde doğmuşsa, ona âittir. Zina eden için ise mahrûmiyet vardır. Babasından başkasına soy (neseb) iddiâsına kalkışan soysuz, yahut efendisinden başkasına intisâba yeltenen nankör, Allah'ın gazabına, meleklerin lânetine ve bütün müslümanların ilencine uğrasın. Cenâb-ı Hak böylesi insanların ne tevbelerini ne de adâlet ve şâhitliklerini kabûl eder.(423)

Ashabım! Alllah'tan korkun, beş vakit namazınızı kılın, Ramazan orucunuzu tutun, malınızın zekatını verin, âmirlerinize itaat edin. Böylece Rabbınızın Cennetine girersiniz.(424)

Ey Nâs! Yarın beni sizden soracaklar, ne dersiniz? Ashâbı kiram:

- Allah'ın dinini teblîğ ettin, vazîfeni hakkıyla yaptın, bize nasihat ve vasiyette bulundun, diye şehadet ederiz, dediler. Rasûlüllah (a.s.) mübarek şehâdet parmağını göğe doğru kaldırdı, cemâat üzerine çevirip indirdikten sonra üç defa:

- Şâhid ol Yâ Rab! Şâhid ol Yâ Rab! Şâhid ol Yâ Rab! buyurdu".(425)

[HİCRETİN ONBİRİNCİ YILI OLAYLARI]

1- MÜSLÜMANLIĞIN ARABİSTANDA YAYILMASI VE DİNİN TAMAMLANMASI

"Bütün dinlerden üstün kılmak üzere, Peygamberini, doğruluk rehberi (Kur'ân) ve Hak Din İslâm ile gönderen O'dur. Şâhit olarak Allah yeter."

(Fetih Sûresi, 28)

Müslümanlık Mekke'de doğdu, Medine'de gelişti. Hudeybiye Barış Anlaşmasından sonra, Medine dışında yayılmağa başladı. Mekke'nin fethinden sonra, her taraftan Arap kabîleleri fevc fevc Medine'ye gelip Müslümanlığı kabûl ettiler. Kısa zamanda, Allah'ın yardımıyla Arabistan baştan başa Müslüman oldu. Sayıları çok az

Mûsevî ve Hıristiyandan başka yarımadada Müslüman olmayan kabîle kalmadı. Her tarafta ezan sesi, "Allâh'u ekber" sadâsı yükseldi. Bu başarı şüphesiz Allah'ın yardımının bir sonucuydu. Kur'ân-ı Kerîm bunu şöyle anlatıyor:

"Ey Muhammed, Allah'ın yardımı ve fetih günü gelip, insanların akın akın Allah'ın dinine girdiklerini görünce, hemen Rabbını hamd ile tesbîh et. Şüphesiz O, tevbeleri kabûl edendir."

(Nasr Sûresi, 1-3)

İslâm'ın zaferinin ve tamamlanmasının yaklaştığını bildiren bu sûre, Kur'ân-ı Kerîm'in bütün olarak inen son sûresidir.(426) Mekke'nin fethinden önce inmiştir.

Dinin tamamlanması, Hz. Peygamber (a.s.)'ın görevinin bitmesi demekti. Bu sebeple Rasûlüllah (a.s.) bu sûre inince, "bana vefâtım haber verildi." buyurmuştur.(427)

Vedâ Haccında, arafe günü Arafat'da, dinin kemâle erdiğini bildiren "son ahkâm âyeti"(428) vahyedilmiş; ertesi gün Mina'da son âyet(429) inmiş, Kur'ân-ı Kerîm tamamlanmıştı. Bütün bunlar, aziz Peygamberimiz Hz. Muhammed (a.s.)'ın vefâtının yaklaştığını gösteriyordu. Nitekim, Vedâ Hutbesinde, "belki burada sizinle ebedî olarak bir daha berâber olamayacağım," (430) buyurarak ashâbıyla vadâlaşmıştı.

2- RASÛLULLLAH (S.A.S.)'IN HASTALANMASI VE İRTİHÂLİ

"Ya Muhammed, şüphesiz sen de öleceksin, onlar da ölecekler".

(Zümer Sûresi, 30)

Vedâ Haccından döndükten sonra, Hz. Peygamber (a.s.) Uhud şehidlerini ziyâret edip cenâze namazlarını kıldı. Bunlar, cenâze namazları kılınmadan defnedilmişlerdi. (431) Hastalanmasından bir gün önce de, Medine'nin "Cennetü'l-Bâkî" denilen kabristanını ziyâret etmiş, burada defnedilmiş olan müslümanlar için duâ etmişti. Sevgili Peygamberimiz (a.s), böylece ümmetinden hayatta olanlarla vedâlaştığı gibi, sanki ölenleriyle de vedâlaşmıştı.

Hastalığı esnâsında, kızı Hz. Fâtıma'ya gizli bir şey söylemiş, Hz. Fâtıma ağlamıştı. Daha sonra kulağına tekrar birşey daha söyleyince gülmüştü. Hz. Fâtıma bunun sebebini, Rasûlüllah (a.s.)'ın vefâtından sonra şöyle açıkladı. Rasûl-i Ekrem (a.s.):

- Kızım, her yıl Ramazan ayında Cibrîl, Kur'an-ı Kerîm'i (o zamana kadar inmiş olan kısmını) benimle bir kere mukabele ederdi. Bu yıl iki defa mukabele etti. Sanıyorum, ecelim yaklaştı, buyurdu. Bunu duyunca ağladım. Sonra, ev halkı içinden kendisine ilk olarak benim ulaşacağımı söyledi. O zaman da güldüm.(432)

Gerçekten Hz. Fâtıma, Rasûlüllah (a.s.)'dan 6 ay sonra vefât etti. (433) Ehl-i Beyti'nden Rasûlüllah (a.s.)'e ilk kavuşan O oldu.

Rasûlüllah (a.s.) Bâkî kabristanından döndüğü gece (19 Safer Çarşamba günü) hastalandı. Hastalığı 13 gün sürdü. 1 Rabiülevvel Pazartesi günü öğleden sonra vefât etti.

Hastalığının ilk beş gününü hanımlarının nöbetinde geçirdi. Gün geçtikce ağırlaşıyor, gücü azalıyordu. Bu yüzden, her gün ayrı bir yere gitmeyip Hz. Aişe'nin odasında kalmayı arzu ediyor, fakat eşlerinden hiç birinin gönlünü kırmamak için bu isteğini açıkça söylemiyor, bugün kimin nöbetindeyim, yarın nerede olacağım? diye soruyordu. Eşleri istediği yerde kalmasına izin verdiler.

Amcası Abbâs ile Hz. Ali'nin kolları arasında Hz. Âişe'nin odasına geldi. Güçsüzlükten ayakları yerde sürükleniyordu. Hastalığının son sekiz günü burada geçti. Rasûlüllah (a.s.) burada vefât etti..(434) Hastalığı süresince amcası Abbâs ile Hz. Ali ve bütün hanımları yanından ayrılmadılar. Gerektikçe hizmetinde bulundular.

Rasûl-i Ekrem (a.s.)'ın hastalığı humma idi. Zaman zaman bayıldığı oluyordu. Ateşin ve ızdırâbın şiddetinden yüzündeki örtüyü atıyor, vücûdunun hararetini soğuk su ile hafifletiyordu.

Vefâtından beş gün önce, Perşembe sabahı Rasûlüllah (a.s.)'ın hastalığı ağırlaştı.

- Bana yazı yazacak birşey getirin; sapıklığa düşmemeniz için size vasiyyetimi yazdırayım, buyurdu. Yanında bulunanlardan bir kısmı, "şu anda Rasûlüllah (a.s.) ağır hasta; yanımızda Allah'ın kitabı var, O bize yeter. Sonra yazılsın"; bazıları ise "hayır, şimdi yazılsın." diye tartışmaya başladılar. Bunun üzerine Rasûl-i Ekrem (a.s.):

- Hiçbir peygamberin yanında tartışılması yakışık almaz. Benim bulunduğum şu (murakabe) hâli, sizin beni meşgul etmek istediğiniz şeyden hayırlıdır. Beni kendi halime bırakın, buyurdu. Daha sonra, vefâtı esnâsında üç şey vasiyyet etti.

1) Müşrikleri Arabistan'dan çıkarınız.

2) Gelecek elçilere, benim yaptığım gibi, ikramda bulununuz.

Olayı anlatan İbn Abbas, "üçüncüsünü unuttum." demiştir. (435)

a) Son Hutbesi

Aynı gün Rasûlüllah (a.s.), yedi kırba soğuk su getirilip vücûduna dökülmesini emretti. Belki böylece hafifler, halka vasiyyet edebilirim, buyurdu. Bir leğenin içinde, eliyle "artık yetişir" diye işâret edinceye kadar vücûduna soğuk su döktüler.(436) Rasûlüllah (a.s.), Hz. Ali ve Abbâs'ın oğlu Fazl'ın kolları arasında Mescid'e çıktı. Minbere oturdu. Başında boz renkli bir sargı vardı. Allah'a hamd ve senâ ettikten sonra:

- Ey Nâs! Her kimin arkasına bir kamçı vurmuşsam, işte sırtım, gelsin vursun. Kimin bende alacağı varsa, işte malım, gelsin alsın. Benim yanımda en sevgiliniz, üzerimde hakkı varsa, onu burada (dünyada) isteyen veya helâl edendir. Böylece Rabbime yüz akıyla kavuşurum, buyurdu. Sonra öğle namazını kıldırdı. Namazdan sonra tekrar minberde göründü. Aynı sözleri tekrarladı. Cemaatten biri, üç dirhem alacaklı olduğunu söyledi. Bu zât, Rasûl-i Ekrem (a.s.) adına bir fakire sadaka vermişti. Rasûlüllah (a.s.) borcunu hemen ödedi. Sonra şöyle buyurdu:

- Ey Nâs! Kimin üzerinde başkasına âit bir hak varsa, ayıplanmaktan çekinmesin, sâhibine ödesin. Burada ayıplanmak, âhirette mahcûb olmaktan hayırlıdır.(437)

Allah bir kulunu, dünya hayâtı ile kendi nezdindeki âhiret saâdetini seçmekte serbest bıraktı. O kul, âhiret saâdetini seçti, buyurunca Hz. Ebû Bekir ağlamaya başladı. Rasûlüllah (a.s.):

- Ey Ebû Bekir, ağlama! Samimî arkadaşlığı ve mâlî fedakârlığı ile bana en çok yardım eden Ebû Bekir'dir. Eğer ümmetimden birini dost edinseydim, şüphesiz bu Ebû Bekir olurdu. Fakat İslâm kardeşliği, şahsî dostluktan üstündür. Ebû Bekir'inkinden başka, diğer evlerin Mescid'e açılan kapılarını kapatınız, buyurdu.(438) Sözlerine devâmla:

- Ashâbım! Peygamberinizin irtihâlini düşünüp telaş ettiğinizi işittim. Hangi peygamber, ümmeti arasında ebedi kalmıştır? Biliniz ki ben de, Rabbime kavuşacağım ve buna hepinizden daha çok lâyığım. Yine biliniz ki, siz de bana kavuşacaksınız. Buluşacağımız yer, Kevser havuzunun kenarıdır. Benimle orada buluşmak isteyenler, ellerini, dillerini günahtan çeksinler. (439)

- Ey Nâs! Zeyd'in oğlu Usâme'nin komutanlığı konusunda bazı şeyler söylendiğini duydum. Daha önce, babası Zeyd için de böyle şeyler söylenmişti. Allah'a yemin ederim ki, Zeyd komutanlığa lâyıktı, kendisini çok severdim. Babası gibi Üsâme de komutanlığa lâyıktır, O'nu da çok severim, itaat ediniz, buyurdu. (440) Sonra odasına döndü.

b) Hz. Ebû Bekir'i İmâmlığa Vekil Etmesi

Hastalığın ilk günlerinde, ateşine ve ızdırabına rağmen, namaz vakitlerinde Mescid'e çıkıp namazı kıldırıyordu. Daha sonra hastalığı ağırlaşınca Mescide çıkamaz oldu. İmamlık yapmak için, yerine Ebû Bekir'i vekîl yaptı.

Vefâtından önceki Perşembe günü, yatsı vakti olmuş, ezan okunmuştu. Rasûlüllah (a.s.), namazın kılınıp kılınmadığını sordu. "Sizi bekliyorlar" dediler. Hafiflemek için hemen yıkandı. Fakat ayağa kalkamadı, bayıldı. Ayılınca yine sordu. Tekrâr yıkandı, fakat yine bayıldı. Böylece üç kere yıkanıp hazırlandı. Fakat her seferinde bayıldı. Cemaat ise Mescidde bekliyordu, kendine gelince:

- Ebû Bekir'e söyleyin, namazı kıldırsın, buyurdu.

Hz. Âişe, Rasûlüllah (a.s.)'ın yerine kim geçerse geçsin, halk tarafından sevilmez, uğursuz sayılır, diye düşünüyordu. Bu sebeple:

- Ey Allah'ın Rasûlü, Ebû Bekir yufka yüreklidir, makamınızda namaz kıldıramaz. Ağlamasından dolayı sesini kimse işitemez, başkasını vekil etseniz... dedi. Fakat Peygamber (a.s.) ilk emrini tekrârladı.

- Ebû Bekir'e söyleyin, namazı o kıldırsın,(441) buyurdu. Böylece Perşembe günü yatsı namazından Rasûlüllah (a.s.) vefât edinceye kadar ki 17 vakit namazı Hz. Ebû Bekir kıldırdı. Perşembe günü akşam namazı, ashâbın Rasûlüllah (a.s.)'ın arkasından kıldığı son namaz oldu. (442)

c) Son Tavsiyeleri

Rasûlüllah (a.s.) bazen ateşi düşüyor, hastalığı hafifliyordu. Hz. Ebû Bekir'i vekil yaptıktan sonra, bir namaz vakti kendinde iyilik hissetti. Hz. Ali ile Abbâs'ın oğlu Fazl'ın kollarında, ayaklarını sürüyerek Mescid'e çıktı. Rasûlüllah (a.s.)'ın çıkabileceği bilinmediğinden namaza durulmuştu. Hz. Ebû Bekir, imâmlıktan çekilmek istedi. Rasûlüllah (a.s.) yerinde durmasını işâret etti. Ebû Bekir'in yanına oturup namazını kıldı. (443) Namazdan sonra, minberin alt basamağına oturdu. Allah'a hamd ve sena ettikten sonra:

Ey Muhâcirler! Size ensâr hakkında, hayırlı olmanızı vasiyyet ediyorum. Onlar benim has cemâatim ve en samîmî dostlarımdır. Vaktiyle onlar sizi evlerinde misâfir ettiler. Her konuda sizi kendilerine tercih ettiler... Halk Medine'de günden güne çoğalıyor, ensar ise gittikçe azalıyor, yemekteki tuz kadar kalıyor. Sizden biri işbaşına geçer de, başkalarına fayda ve zarar verebilecek yetkilere sâhip olursa, ensâr'ın iyiliklerini alsın, kusurlarını bağışlasın.(1)

Ashâbım! İlk muhâcirlere de saygılı olmanızı vasiyyet ediyorum. Bütün muhâcirler de birbirlerine hayırlı ve saygılı olsunlar. Her iş, Allah'ın irâdesi ve ancak O'nun izniyle meydana gelir. Onun irâdesi olmadan hiç bir şey olmaz. Allah'ın irâdesine karşı koymak isteyenler, sonunda mağlûb olurlar. Allah'ı aldatacaklarını sananlar, kendileri aldanırlar, buyurdu.(445) Sonra odasına döndü. Rasûlüllah (a.s.)'ın minberden son hutbesi bu oldu.

d) İrtihâli

Ölüm gecesi ateşi düşmüş, sabaha karşı rahatlamıştı.(446) Pazartesi sabahı, odanın Mescid'e açılan kapı perdesini açtı. Ashab-ı Kirâm, saf saf, Hz. Ebû Bekir'in arkasında sabah namazını kılıyorlardı. Onların bu hâline sevindi, tebessüm ederek seyretti. Hz. Ebû Bekir, Rasûlüllah (a.s.)'ın namaza çıktığını sanarak, ilk safa çekilmek istedi. Ashâb, Hz. Peygamber (a.s.)'ı ayağa kalkmış görünce sevinçlerinden namazlarını bozayazdılar. Rasûl-i Ekrem (a.s) Efendimiz mübârek eliyle, namazı tamamlamalarını işâret buyurdu. Sonra perdeyi kapatıp odasına çekildi.(447) Ashâb-ı Kirâmın, Rasûlüllah (a.s.)'ın mübârek yüzünü son görüşleri bu oldu.

Benzi kansız, yüzü bembeyazdı. Öğleye doğru tekrar ağırlaştı. Sık sık bayılmalar başladı. Sevgili kızı Hz. Fâtıma, başucunda:

-Vay babamın ızdırâbına, diyerek çâresizlik içinde ağlıyordu. Rasûl-i Ekrem (a.s.) Efendimiz:

-Üzülme kızım, bu günden sonra baban, hiç ızdırâp çekmeyecek, diye O'nu teselli etti. (448) Izdırâbı çoktu, fakat hâlinden şikâyet etmiyordu. Ara sıra ellerini yanındaki su kabına batırıp yüzünü ıslatıyordu.

-Lâilâhe illâllâh. Ölümün de şiddetleri var. Allâh'ım, ölüm sıkıntılarına dayanmak için bana yardım et. Beni bağışla. Bana merhamet et, diye duâ ediyordu. Sonra elini kaldırdı, üç defa:

-"Allah'ım, beni Rafîk-i A'lâ'ya (en yüce dosta) ulaştır." dedi. Başı, eşi Hz. Aişe'nin kucağındaydı. Bu duâ ile, Rasûl-i Ekrem (a.s.) Efendimizin mübârek eli düştü. (449/1) Hz. Âişe Yüce Peygamber (a.s.)'ın başını şefkatle kaldırıp yastığına koydu. Pazartesi günü öğleden sonra âlemlere rahmet olan Sevgili Peygamberimiz (a.s.)'ın aziz rûhu uçmuş, Rabbine kavuşmuştu. (1 Rebiül-evvel 11 H./27 Mayıs 632 M.)(449/2)

[RASÛLÜLLAH (A.S.)'IN VEFÂTININ ASHÂB-I KİRÂM ÜZERİNDEKİ TESİRİ]

Rasûlüllah (a.s.)'ın vefât ettiği hemen duyuldu. Bu haber, ashâb-ı kirâm üzerinde derin üzüntü meydana getirdi. Daha sabahleyin ayağa kalkmış halde görmüşler, iyileşiyor diye sevinmişlerdi. Beklenmedik acı haber, herkesi şaşkına çevirdi. Yola çıkmak için hazırlanan Üsâme ordusu da ordugâhtan döndü, kumandanlık sancağı Rasûlüllah (a.s.)'ın kapısı önüne dikildi. Hicrette Rasûlüllah (a.s.)'ın Medine'ye girdiği gün, en büyük bayram sevinci yaşanmıştı. Bugün en büyük acı ve mâtem yaşanıyordu. Münâfıklar ise, "Muhammed hak peygamber olsaydı, ölmezdi..." gibi küstahça sözler söylemişler, ortalığı bulandırmışlardı. Bu duruma sinirlenen Hz. Ömer, kılıcını çekerek:

- Rasûlüllah (a.s.) ölmemiş, bayılmıştır. Kim Muhammed öldü derse, boynunu vururum, diyordu. Böyle bir hengâmede metânetini muhâfaza edebilen sâdece Hz. Ebû Bekir oldu.(450) Acı haberi öğrenen Hz. Ebû Bekir, kimseye bir şey söylemeden, doğru kızı Hz. Âişe'nin odasına girdi. Rasûlüllah (a.s.)'ın yüzündeki örtüyü kaldırdı, iki gözünün arasını hürmetle öpüp ağladı.(451)

-Anam, babam sana fedâ olsun. Allah'ın sana takdir ettiği ölüm geçidini geçtin. Fakat Allah sana ikinci bir ölüm tattırmayacaktır, dedi. Sonra, âilesini teselli edip ayrıldı.

Ömer halka hâlâ "Rasûlüllah ölmedi, öldü diyenin boynunu uçururum" diye hitâbediyordu. Hz Ebû Bekir minbere çıktı. Halk, Hz. Ömer'i bırakıp, Hz. Ebû Bekir'in etrâfında toplandı. Ebû Bekir Cenâb-ı Hakk'a hamd ve senâ ettikten sonra:

- Sizden her kim Muhammed (a.s.)'a tapıyorsa, iyi bilsin ki, Muhammed (a.s.) öldü. Her kim Allah'a kulluk ediyorsa, iyi bilsin ki, Allah bâkîdir, asla ölmez," dedi. Sonra şu anlamdaki âyetleri okudu.

"Muhammed ancak bir peygamberdir. O'ndan önce de nice peygamberler geçti. Eğer o ölür, veya öldürülürse geri mi döneceksiniz. Her kim geri dönerse, Allah'a hiç bir zarar vermez. Allah şükredenlerin mükâfatını verecektir."

(Âl-i İmrân Sûresi, 144)

"Ey Muhammed, şüphesiz sen de öleceksin, onlar (müşrikler) de ölecek."

(ez-Zümer Sûresi, 30)

Ashâb, o derece şaşkınlık içindeydi ki, bu âyetleri sanki önceden hiç duymamışlar, ilk defa Hz. Ebû Bekir'den işitiyorlardı. Hz. Ebû Bekir'in sözlerini ve âyetleri dinleyince herkes kendine geldi.(452) Evet, peygamber de olsa herkes ölecekti. İşte, iki cihânın serveri, peygamberlerin sonuncusu Hz. Muhammed (a.s.) da ölmüştü.

4- HZ. EBÛ BEKİR'İN HALÎFE (DEVLET BAŞKANI) SEÇİLMESİ

Hz. Ebû Bekir'i dinledikten sonra, ashâbın heyecânı yatıştı. Aynı gün Benî Saide sofasında toplandılar. Hz. Ebû Bekir'i halife seçtiler. (1 Rabiulevvel 11 H./ 27 Mayıs 632 M.)

5- RASÛLÜLLAH (A.S.)'IN TEÇHÎZ VE DEFNİ

Rasûlüllah (a.s.)'ın cenâzesi, halîfe seçimi yapıldıktan sonra, salı günü yıkanıp hazırlandı. Bu vazîfeyi en yakın akrabası yaptı. Son hizmetinde bulunabilmek isteyen herkes, Hz. Âişe'nin odası önünde toplanmıştı. Bu yüzden Hz. Ali odanın kapısını kapattı, içeriye kimseyi almadı. Yalnızca ensar adına Bedir mücâhidlerinden Havlî oğlu Evs içeri alındı.

Rasûl-i Ekrem (a.s.)'ın mübârek vücûdu, bir sedir üzerine konuldu. Dış elbisesi soyuldu. Yıkama işini bizat Hz. Ali yaptı. Amcası Abbâs ile oğulları Abdullah, Fazl ve Kusem, cesedin çevrilmesine yardımcı oldular. Üsâme ile azadlı kölesi Şukran da su döktüler. İç gömleği çıkarılmayıp vücûdu üzerinden oğulduğu için Hz. Ali'nin eli Rasûlüllah (a.s.)'ın mübârek vücûduna dokunmamıştır.(453)

Cenâzelerde genellikle görülen koku ve nahoş şeylerden hiçbiri O'nda yoktu. Bu yüzden Hz. Ali:

- Hayâtında da pâksın, ölümünde de pâksın, diyerek yıkadı. Sonra üç parça beyaz pamuk bezi ile kefenleyip (454) odanın kapısı açıldı.

Rasûlüllah (a.s.)'ın mübârek cesedi, sedirin üzerine konulmuştu. Önce erkekler, sonra kadınlar, en sonra da çocuklar ayrı ayrı namazını kıldılar Rasûlüllah (a.s.) hayâtında olduğu gibi ölümünden sonra da herkesin imâmı olduğu için, O'nun cenâze namazında kimse imâm olmadı. Hz Âişe'nin odası küçüktü. Bu yüzden namaz, gece yarısına kadar devâm etti.

Rasûlüllah (a.s.) Efendimiz: "Cenâb-ı Hak, peygamberlerin ruhunu, onların defnedilmesini istediği yerde kabzeder," buyurmuştu.(455) Bu sebeple Rasûlüllah (a.s.)'ın kabri, Hz Âişe'nin odasında, üzerinde son nefesini verdiği döşeğin serildiği yerde, Ensâr'dan Ebû Talha tarafından kazıldı. Salıyı Çarşambaya bağlayan gece yarısı defnedildi. (2/3 Rabiu'l-evvel 11 H-28/29 Mayıs 632 M.) Mübârek cesedini, kabri saâdete Hz. Ali, Fazl, Üsâme ve Avf oğlu Abdurrahman indirdiler. Hz.Âişe:

- Biz Rasûlüllah (a.s.)'ın defnedildiğini, çarşamba gecesi gece yarısı duyduğumuz kürek seslerinden anladık, demiştir. (456)

[RASÛLÜLLAH (A.S.)'IN TERİKESİ (EŞYALARI)]

Peygamber (a.s.) Efendimiz, hayâtı boyunca son derece sâde yaşamıştır. Eline geçen her şeyi derhal yoksullara dağıtmış, günlük ihtiyacı dışında hiç bir mal edinmemiştir.(457) Bu sebeple, vefâtında mirascıları tarafından paylaşılacak hiç bir şey bırakmamıştır(458), Rasûl-i Ekrem (a.s.)'ın hanımlarından Hz. Cüveyriye'nin kardeşi Hâris oğlu Amr:

-Rasûlüllah (a.s.) vefâtında ne bir dirhem gümüş, ne bir dinar altın, ne bir köle, ne de başka bir şey bıraktı, Yalnızca (Mısır Mukavkısı'nın hediye gönderdiği) beyaz bir ester ile silahını ve bir de (sağlığında) vakfettiği (fedek ve Hayber'deki) arâzîyi bıraktı (459), demiştir.

Rasûl-i Ekrem (a.s.) da:

-Vefâtımda vârislerim ne dinar, ne de dirhem paylaşacak. Bıraktığım (arâzînin) zevcelerimin nafakası ve işçinin ücretinden geri kalan irâdı vakıftır" buyurmuştur.(460)

Kur'ân-ı Kerîm'de, kâfirlerden savaş sonunda elde edilen ganimet malların beşte biri ile, savaş yapılmadan anlaşma yolu ile alınan "fey" malların tasarrufunun Rasûlüllah (a.s.)'a âit olduğu beyân edilmiştir.(461) Bu sebeple, savaş yapılmadan alınan Benî Nadîr ve Fedek arâzîsinin tamamı ile savaş sonucu elde edilen Benî Kurayza ve Haybeyr arâzisinin beşte biri, Rasûl-i Ekrem (a.s.)'ın tasarrufunda bulunuyordu.(462)

Rasûl-i Ekrem (a.s.) Efendimiz:

"Biz peygamberler cemaatine mirâscı olunmaz, bıraktığımız her mal sadakadır, vakıftır," buyurmuştu.(463) Bu sebeple bu topraklar, Rasûlüllah (a.s.)'ın vefâtından sonra mirâscıları arasında paylaştırılmadı. Her birine, Rasûlüllah (a.s.) hayatta iken yaptığı gibi, gelirlerinden hisse verildi. Rasûlüllah (a.s.)'ın mirâscıları, kızı Hz. Fâtıma ile amcası Hz. Abbâs ve hayatta olan zevceleriydi.

(457) Bir sefer dönüşünde, Uhud Dağı karşıdan görülünce:

Uhud Dağı benim için altına çevrilip tamâmen altın olsa, tek bir dinârdan fazlasının üç günden çok bende kalmasını istemezdim, hemen dağıtırdım. Bir dinarı da ancak borcum için hazırlardım, buyurmuştur. (bkz. el-Buhârî, 3/82, 7/178, 8/128; Müslim, 2/687 (Hadis No:991); Tecrid Tercemesi, 7/376 (Hadis No: 1075)

Yoksullara dağıttıktan sonra, bir kaç altın elinde kalmış, bunları Hz. Âişe'ye emânet etmişti. Hastalığında Hz. Ali'ye dağıttırdıktan sonra: "İşte şimdi içim ferahladı, eğer Rabbine bu altınlar yanında iken kavuşsaydı, Muhammed'in hâli nice olurdu?" buyurmuştu. (Târih-i Din-i İslâm, 3/560)

(458) Satın aldığı 30 ölçek arpa borcu için vefât ettiğinde Rasûlüllah (a.s.)'ın zırhı rehin bulunuyordu. (el-Buhârî, 5/145)

(459) el-Buhârî, 3/186 ve 144; Tecrid Tercemesi, 8/235 (Hadis No: 1167)

(460) el-Buhârî, 3/169; Tecrid Tercemesi, 8/273 (Hadis No:1173)

(461) Bkz. el-Enfâl Sûresi, 40 ve el-Haşr Sûresi, 6

(462) Tecrid Tercemesi, 8/274

(463) Bkz. el-Buhârî, 4/42-43, 5/23-25; Tecrid Tercemesi, 8/498 ve 10/177 (Hadis No: 1288 ve 1577)

7- RASÛL-İ EKREM (A.S.)'IN ÜSTÜN AHLÂKI

"Allah'ım beni ahlâkın en güzeline yönelt. Kötü ahlâktan uzaklaştır"(464).

Rasûlüllah (a.s.) Efendimiz, hem simâca insanların en güzeli, hem de ahlâk yönünden de insanların en üstünüydü(465). "Sizin en hayırlınız, ahlâken en üstün olanınızdır." (466) "Ben ancak güzel ahlâkı tamamlamak için gönderildim".(467) buyurmuştu.

Nitekim Kur'ân-ı Kerîm'de "Aziz Peygamberim, şüphesiz sen en üstün bir ahlak üzeresin", buyurulmuştur.(468)

Rasûlüllah (a.s.)'ın yaşayışı, Kur'ân-ı Kerîm'in sanki canlı bir tablosuydu. Dolayısıyla, o sanki yaşayan bir Kur'an olmuştu. Eşi Hz. Âişe'den Rasûlüllah (a.s.)'ın ahlâkı sorulunca:

-"Siz Kur'ân-ı Kerîm okumuyor musunuz? O'nun ahlâk'ı Kur'ân'dan ibâretti"" diye cevâp vermişti.(469) Çünkü O'nun yaşayışı ve bütün davranışları Kur'ân-ı Kerîm'in insanlara gösterdiği hidâyet yolunun birer uygulanmasıydı. Nitekim, sâdece sözleriyle değil, yaşayışı, fiil ve davranışlarıyla da uyulması gereken en güzel örnek olduğunu Yüce Kitâbımız Kur'ân-ı Kerîm beyân etmektedir: "Sizin için Allah Rasûlünde en güzel örnek vardır".(470)

Rasûl-i Ekrem (a.s.) güler yüzlü, nâzik tabîatlı, ince ve hassas rûhlu idi. Katı yürekli, sert ve kırıcı değildi. Ağzından sert ve kaba hiç bir söz çıkmazdı. Kur'ân-ı Kerîm'de bu konuda: "Allah'ın rahmeti eseri olarak, sen onlara yumuşak davrandın. Eğer kaba ve katı kalbli olsaydın, şüphesiz etrafından dağılıp giderlerdi."(471/1) buyrulmaktadır.

Rasûlüllah (a.s.) başkalarını tenkit etmez, kimsenin ayıbını yüzüne vurmazdı.(471/2) Yanlış ve hoşlanmadığı bir davranış görürse, "içinizden bazı kimseler, şöyle şöyle yapıyorlar..." şeklinde, bu davranışları yapanların kim olduklarını belli etmeden ve hiç kimseyi kırmadan yanlış ve hataları düzeltirdi.(472) Kimsenin sözünü kesmez, konuşması bitinceye kadar dinlerdi. Tartışmayı sevmez, sözü gereğinden çok uzatmazdı. Kendini ilgilendirmeyen şeylerle meşgul olmaz; kimsenin gizli hallerini araştırmazdı. Allah'a hürmetsizlik olmadıkça, şahsına yapılan kötülükleri, ne kadar büyük olursa olsun, bağışlar, eline imkân geçince öc almayı düşünmezdi. Ancak Allah'ın yasaklarını çiğneyenlere hak ettikleri cezâyı verirdi.(473) Nitekim, Mekke'nin fethedildiği gün, daha önce kendisine her türlü kötülüğü ve hakareti reva gören Mekke müşriklerine:

- "Bugün size geçmişten dolayı azarlama yok", (Yûsuf Sûresi, 92) serbestsiniz diyerek hepsini affetmişti.(474)

İffet ve hayâ yönünden, köşesinde oturan bâkire kızdan daha utangaçtı.(475) "Hayâ imandandır".(476) "Hayâ ancak hayır getirir"(477) buyurmuştur. Bir şeyden hoşlanmadığı zaman açıkça söylemez, bu durum yüzünden anlaşılırdı.(478) Hiç bir yemeği beğenmezlik etmez, arzu etmezse yemezdi(479). Elini yıkamadan ve "Besmele" çekmeden yemeye başlamaz. Allah'a hamdetmeden de sofradan kalkmazdı.

Bütün insanları eşit tutar, zengin-fakir, efendi-köle, büyük-küçük ayrımı yapmazdı. Mekke'nin fethi esnâsında Fâtıma adlı bir kadın hırsızlık yapmış, soylu bir âileden olduğu için bu kadına cezâ verilmemesi istenmişti. Bu olayla ilgili hutbesinde Rasûl-i Ekrem:

"Sizden önceki ümmetlerin helâk edilmeleri ancak şu sebepledir: Onlar, içlerinden zengin ve soylu bir kimse hırsızlık yaptığı zaman onu bırakırlar fakir ve zayıf bir kimse çaldığında ise ona cezâ verirlerdi. Allah'a yemin ederim ki, Muhammed (a.s.)'ın kızı Fâtıma da çalmış olsaydı, muhakkak elini keser, cezâsız bırakmazdım" (480) buyurdu.

Her bakımdan kendisine güvenilirdi. Verdiği sözü mutlaka zamanında yerine getirirdi. Dürüslükten ayrıldığı, şaka bile olsa yalan söylediği hiç görülmemiştir. Bu yüzden O'na henüz Peygamber olmadan "Muhammedü'l-emîn" denilmişti. Nitekim Peygamberliğini ilan ettiği zaman, iman etmeyenler bile O'na "yalancı, yalan söylüyor", diyememiştir.(481) En yakın hısımlarını Safâ tepesine toplayıp onları İslâm'a dâvet için, "Size şu dağın arkasında düşman atlılarının bulunduğunu söylersem, bana inanır mısınız?" dediği zaman: "Hepimiz inanırız çünkü Sen yalan söylemezsin" diye cevâp vermişlerdi.(482) Kendisi böyle olduğu gibi, herkesin dürüst olmasını isterdi. "Doğruluktan ayrılmayınız, çünkü doğruluk, iyilik ve hayra götürür, İyilik ve hayır da, kişiyi Cennet'e ulaştırır. Kişi doğru söyleyip doğruluğu aradıkça, Allah katında sıddîkler zümresi'ne yazılır. Yalan sözden ve yalancılıktan sakınınız. Çünkü yalan insanı kötülüğe sevkeder. Kötülük de kişiyi Cehennem'e götürür, İnsan yalan söylemeğe ve yalanı aramağa devâm ede ede, Allah katında nihayet yalancı yazılır" (483), buyurmuştur.

Rasûlüllah (a.s.) insanların en cömerdi ve en kerîmiydi. (484) Eline geçen her şeyi muhtaçlara dağıtır, kimseyi eli boş çevirmezdi.(485) "Ben ancak dağıtıcıyım, veren Allah'tır", der(486) ihtiyâcından fazla bir şeyin kendinde veya evinde bulunmasını istemezdi. "Uhut Dağı altına çevrilip de benim olsa, borcum için ayıracaklarım müstesna, ondan tek bir dînârın bile üç geceden çok yanımda kalmasını istemezdim" (487) buyurmuştur.

Son derece mütevâzi ve alçak gönüllü idi. Bir topluluğa geldiğinde, kendisi için ayağa kalkılmasını istemez, nereyi boş bulursa, oraya otururdu. Arkadaşları arasında otururken ayaklarını uzatmazdı. Arkadaşları her işini yapmayı kendileri için şeref ve cana minnet saydıkları halde, bütün işlerini kendi görür, ev işlerinde hanımlarına yardım ederdi.(488) Methedilmesini ve aşırı hürmet gösterilmesini istemez,"Hristiyanların Meryem oğlu İsâ'ya yaptıkları gibi yapmayınız. Ben sâdece Allah'ın elçisi ve kuluyum"(489) derdi. Fakîr kimselerle düşüp-kalkmaktan, yoksulların, dulların, kimsesizlerin işlerini görmekten zevk alırdı. Bulduğunu yer, bulduğunu giyer, hiç bir şeyi beğenmezlik etmezdi.(490). Yiyecek bir şey bulamayıp aç yattığı bile olurdu.

Bütün işlerini tam bir düzen ve nizâm içinde yapardı. Namaz ve ibâdet vakitleri, uyku ve istirahat için ayırdığı saatler, misâfir ve ziyâretçilerini kabûl edeceği vakitler hep belirliydi. Vaktini boş geçirmez, her ânını faydalı bir işle değerlendirirdi. "İnsanların çoğu iki nimetin kıymetini takdirde aldanmışlardır: Sıhhat ve boş vakit", buyurmuştur(491).

Ahlâklı ve faziletli sanılan nice kimseler, yakından tanındığı zaman, pek çok kusurlarının bulunduğu görülür. İnsanı en yakından tanıyan, onun iç yüzünü ve bütün gizli hallerini en iyi bilen, şüphe yok ki eşidir. Rasûl-i Ekrem (a.s.) ilk vahiy'den sonra gördüklerini anlattığı zaman eşi Hz. Hatice:

-"Allah'a yemin ederim ki, Cenâb-ı Hak hiç bir vakit seni utandırmaz. Çünkü sen akrabanı gözetirsin, işini görmekten âciz kimselerin ağırlıklarını yüklenirsin, fakîre verir, kimsenin kazandıramayacağını kazandırırsın. Misâfiri ağırlarsın, Hak yolunda herkese yardım edersin..." diyerek(492) O'nun Peygamberliğini hemen kabûl etmiş, en küçük tereddüt göstermemiştir. Çocukluğundan itibâren 10 yıl hitzmetinde bulunan Hz. Enes:

-Rasûlüllah (a.s.)'a 10 yıl hizmet ettim. Bir kere bile canı sıkılıp, öf, niçin bunu böyle yaptın, neden şunu şöyle yapmadın, diye beni azarlamadı", demiştir.(493)

Kâinâtın Efendisi, Rabbimizin Yüce Elçisi Sevgili Peygamberimizin büyüklüğünü, üstün ahlâkını ve örnek yaşayışını gerektiği şekilde bir kez daha böylece bu eserimizle kısaca da olsa, bu satırlar içinde O'nu hatırlamak ve anlatmak şüphesiz mümkün değil. O'nun büyüklüğünü ve ahlâkının yüceliğini bir parça sezdirebilmişsem, kendimi bahtiyâr sayarım.

"Dünya neye sâhipse, O'nun vergisidir hep;

Medyûn O'na cem'iyyeti, medyûn O'na ferdi.

Medyûndur o Masûm'a bütün bir beşeriyyet;

Yâ Rab, bizi mahşerde bu ikrâr ile haşret"(494).

Salât ve selâm O'na, âline, ashâbına ve yolunda olanlara..

Vesselam..

Temel İslâmî bilgiler

İTHAF & TAKRİZ

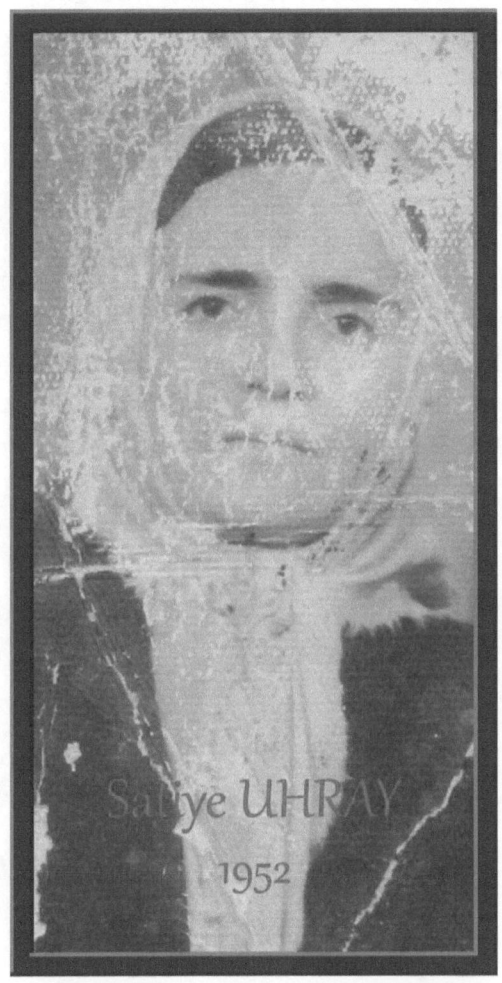

Satiye UHRAY (1922-2006)
Orjinal fotoğraf (1952)
Düzenleme: K. Uğur Varlı (Photoshop, 2012)

Bu kıymetli eserimizi kaleme almadan önce, kendisine şu an sahip olduğum herşeyi borçlu bildiğim, ve halen daha özlemle ve hasretle andığım kıymetli Babaanneme ve onun burada kaleme aldığım kısaca bir tarihçe-i hayatına ilişkin otobiyografik bir anı niteliğindeki giriş yazısını kitabımın sonuna eklemek istedim. Elbette ki, kainattaki her varlık, ilk evvela aldığı eğitimi ve Rab isminin bir tecellisi olan terbiyeyi en birinci üstadı olan annesine borçlu olduğu gibi, ben de beni küçüklüğümde annemden ayrılmamdan beri hiçbir zaman yalnız bırakmayan ve her zaman sonsuz minnettar olduğum, kıymetli babaanneme bu eserimi ithaf ve takriz ederken kısaca burada ondan ve hayatından bahsetmeyi şimdi kendime bir borç biliyorum.

Satiye UHRAY (Kısa Tarihçe-i Hayatı)

KASTAMONU HAYATI (1922-1952)

Savaş Yılları Sonu ve Cumhuriyetin Kuruluş Yılları:

"Siper et gövdeni ki, dursun bu hayasızca akın"

M. Akif

Temel İslâmî bilgiler

Kastamonu, kurtuluş savaşı yılları, 1920'ler

Şerife Bacı Anıtı

Şerife Bacı, İnebolu'da, eşi cephede olduğu için küçük çocuğuyla yaşayan bir Anadolu kadınıdır.

Kurtuluş Savaşı devam etmektedir. 1921 yılı Kasım ayında İnebolu'ya önemli miktarda savaş malzemesi gelmiştir. Malzemenin bir an önce Kastamonu'ya iletilmesi gerekir. Cepheye gidemeyip de köylerinde kalan yaşlılar sakatlar, kadınlar, Menzil komutanlığının malzeme taşınması haberi üzerine kağnılarla yola çıkarlar. İnebolu'dan kağnılara yüklenen cephaneler Kastamonu'ya doğru yol alır. Bu cephane kollarında hep kadınlar vardır. Bunlardan biri de Şerife Bacı'dır. Şerife Bacı, top mermileri ıslanmasın diye kazağını mermilerin üzerine örtmüş, yavrusu ölmesin diye üzerine abanmış ve soğuktan ölmüştür; ama ölene kadar vücut sıcaklığını yavrusuna vermiştir. Bugün Kastamonu'da şanına layık güzel bir anıtı var. Kastamonulular, şehit Şerife Bacı'nın adını her yerde yaşatıyorlar..

𝕿arihler takvim yapraklarını Hicri 1338 veya Miladi 1922 tarihini gösterdiğinde, Satiye Uhrayoğlu Kastamonu'ya bağlı Küre ilçesinde mütevazi bir köy evinde dört kardeşten en büyüğü olarak dünyaya geldi. Kurtuluş savaşının en çetin geçtiği ve yeni bir ülkenin kuruluş aşamasındaki bu yıllarda, aralarında Şerife bacıların, Fatma Ninelerin çıktığı Kastamonu bu kutlu insana merhaba diyerek gözlerini aynı zamanda yeni doğmakta olan bir cumhuriyete de açarken; babası medresede muallim olan ve Üstad Bediüzzaman'a da Kastamonu'da kaldığı yıllarda (*İlginçtir Üstad Kastamonu'da 8 yıl kalıyor ve bu yıllarda, bir gün Molla Mehmet'in yanına geliyor ve ona diyor ki: Molla Mehmet hoca senin evlatlarından birisi, ileride azim bir hizmet-i diniyenin mümessili olacak olan mühim bir şahsa annelik yapacak..*) talebelik yapmış olan Molla Mehmet ile Elif hanımın bu küçük kızları, mutlu bir çocukluk yıllarından sonra, ne yazık ki çileli ve bir o kadar da fedakar bir hizmetle ileride köyünü terkedecek ve İstanbul'un yolunu tutmak zorunda kalacaktı. İşte, bizim uzun hikayemiz de bu İstanbul'a göç yolculuğuyla başlamış olacaktır.

Molla Mehmet, bu manevi işaret üzerine kızının bir an önce evlenip din ilimleri aldıktan sonra evine ve ailesine bağlanmasını isterken; Elif hanım ise, kızının modern eğitim verilen ilköğretime gitmesini ve ileride öğretmen olması konusunda ısrarlıydı. İkisinin arasında ikilemde kalan küçük Satiye ise, daha sonra önce babasını ikna etmek için Muallim Mektebine gidecek ve sonrasında ise modern eğitim verilen Maarif Mektebine geçecekti.

Fakat, gel gör ki kader onun çok başarılı bir öğrenci olmasına rağmen, okuldaki bir talebenin Elif hanıma:

kızların bu şekilde okumasının ileride ahlaki yönden bozulmalarına sebep olacağı fikrini kafasına sokmasıyla, molla mehmet küçük satiyeyi maarif mektebinin son sınıfındayken okuldan alır. Gerçi, o zamanlar gizlice eski harflerle osmanlıca ders vermek yasaklanmasına rağmen molla mehmet kızına hem Osmanlıcayı ve hem de Arapça ile Kur'an ilimlerini gizlice öğretir. Daha sonrasında ise, satiye uygun birisiyle evlendirilmek üzere komşu kasaba olan Devrekani'ye bir ziyaret gerçekleştirir ve Buradaki Belovacık köyünde Ahmet dedemle tanışıyor ve 1940'lı yılların başlarında, henüz II. Dünya savaşı yeni başladığı bir dönemde evleniyorlar.

Kastamonu Yılları ve Köy Hayatı (1922-1952):

Kastamonu, Devrekani ileçesinin bir köyü

Tabi, o zamanlar genç kızlar erken evlendirildiği için, kadınlar genellikle ya tarlalarda evinin geçimine katkıda bulunmak tarım ve hayvancılıla uğraşıyor veyahutta az bir kısmı okuyabilirse memur veya öğretmen olabiliyordu. Dolayısıyla, Satiye çok istemesine rağmen öğretmenliğe neredeyse hak kazanmasına rağmen, okuyamamasına çok üzülüyor. Fakat, bu eksikliğini ileride çocukları olduğunda onları en iyi yerlerde ve en iyi şekilde okutma ve yetiştirme gayreti içerisine girerek, bu idealini bu yolda sarfedecek ve gerçekleştirmek üzere ta İstanbul'a kadar gelecektir.

Evlendiği ilk yıllarda köy hayatı ve Ahmet dedemle mutlu bir yuvaları vardır ve bu arada ahmet dedem köyün topraktan zengini olduğu için maddi sıkıntıları yoktur ve kendisine ait arazileri ve 2 katlı ahşap-kagir bir ev ile hayvancılık-ziraat işleriyle uğraşmaktadır. Aynı zamanda köyün tek camisinde de müezzinlik yaparak dinine bağlı olarak yaşamak için ve çocuklarının tek bir lokma bile haram yememesi için (*öyle ki, hayvanları diğer komşu arazideki otları yemesin diye koca araziyi çitle çevirir*) tek başına canla başla köydeki bütün işleri de aynı zamanda kendisi yürütmektedir. Fakat gel gör ki, şeytan boş durmuyor. Ahmet dedemin amcalarından birisi ile amca çocukları onun saadetini hiç istemiyorlar ve kıskanmaya başlıyorlar. Aynı zamanda köydeki yerleri ele geçirmek için sinsice bir plan yapıyorlar. Şöyle ki: Eğer satiyeye ve onun ailesine bir korku ve gözdağı verirsek veyahutta çeşmeden su alırken onu sık sık rahatsız edersek, yeterince baskı yaparsak onları köyden kaçırabileceklerini ve evlerini terk etmek zorunda kalacaklarını düşünüyorlar. Artık tek amaçları budur: Yani onların köyü terk etmesi ve böylece kendi arazilerini daha da genişletmek.

Çekişmeler bir süreliğine böyle devam ederken, Ahmet dedem bir gün evin yanına genişçe bir ambar inşa ettiği sırada, ağır bir kütük kaldırdığı sırada aniden rahatsızlanıyor. Yaşı gençtir, henüz 35-40 ve babam da dahil 3 çocuğu vardır. Doktora götürüyorlar. Fakat, nafile doktor apandisit patlaması teşhisi koyuyor ve nihayet babaannem hayatındaki ilk ve en büyük acıyı yaşıyor: Ahmet dedem kelime-i şehadet getirerek ve *"Çocukları sana emanet ediyorum satiye!"* diyerek hayata gözlerini yumuyor. Ahmet dedem köyün mezarlığına defnediliyor ve tam böylesi bir acı yaşanırken, yalnız başına 3 çocukla yaşamak zorunda olan satiyeye amca çocuklarının baskı ve zulümleri başlıyor. Köyden gitmesi için sürekli baskı yapılıyor, dövülüyor, işkence yapılıyor. Uzun bir süre direnen satiye, sonunda dayanamıyor ve annesi Elif'e son bir mektup yazarak, çocukları da yanına alıp Kastamonu'yu terk edeceğini ve İstanbul'a gitmek istediğini açıklıyor. Bunun üzerine Elif hanım şöyle diyor: *"Kızım, gitme! Gidersen, ayakların göl; başın, pınar olsun.!"* Yani, aslında kısaca beddua ediyor istemese de, yani sıkıntılar peşini bırakmaz eğer gidersen demek istiyor. Bunun üzerine kararlı olan satiyenin tek kelimeyle cevabı şu oluyor: *"Gideceğim.!"* ve böylece sene 1952 yılına geliyor.

İSTANBUL HAYATI (1952-2002)

Köyden Çıkış (I. Exodus), İstanbul'a Göç (İlk Gurbet) ve Çileli İstanbul Yılları (1952-1972):

Hanımlar için Din rehberi

İstanbul, 1950'ler

Yıl, 1952 olduğunda babaannem hem eşini kaybetmenin üzüntüsü yaşarken, bir yandan da evini ve yurdunu 3 yetim çocukla terketmek zorunda kalmasının acısını ve burukluğunu yaşıyor. Fakat, tüm bunlara rağmen inanılmaz bir azim ve cesaretle bir gece yarısı köyde kimsenin haberi olmadan ve kendilerine daha kötü şeyler yapılmasını engellemek uğruna 3 çocuğu alıyor ve doğruca İstanbul trenine kendini atıyor. Yanında lüzumlu eşyalarını koyduğu bir valizi ve az bir paradan başka hiçbir şeyleri de yok üstelik, ne de gidebilecekleri bir yerleri. Uzun ve çileli bir tren yolculuğundan sonra, daha o tarihlerde İstanbul anadoludan göç alan bir kent de değil, ama istanbula varıyor ve uzunca bir araştırmadan sonra çocukları bir köylüsünün yanında bakılmak üzere onlardan da ayrılmak zorunda kalıyor, bir acı daha. Neredeyse, perişan ve yıkılmak üzere olduğu bu genç yaşında, koca şehirde ne yapacak? Kime sığınacak? Hiçbir yardımcı dost eli bulamıyor. Üstelik, köyünü terk etmesi sebebiyle akrabaları da şimdi ona sırt

Temel İslâmî bilgiler

çevirmiş durumda. Bunun üzerine son çareyi, zamanında yargıtay hakimliği görevi yürütmüş olan bir hemşerisi Neş'et amcanın kendisini yanında bir süreliğine kalması için kabul etmesiyle sığınacak bir yer buluyor. Tabi kısa bir süreliğine. Bu arada, bu zaman zarfı boyunca çocuklarına bakan köylüsünün yanından alıp onları iyi bir eğitim alabilecekleri ve hem de bakımlarını üstlenebilecek bir yere vermenin çaresini bulmaya çalışıyor.

Yenicami istanbul, 1950'ler

Bu yöndeki ilk işi ve girişimi çocukları iyi bir şekilde okutma amacında olduğunu Neş'et amcaya açıyor, o da bunun üzerine çapa anadolu öğretmen okulundaki (şimdiki çapa anadolu lisesi) bir tanıdığı vasıtasıyla çocukları bu okula yatılı olarak okumak üzere yerleştiriyor. Yani artık, çocuklarını da çok az görebilecektir. İşte, böylece kendisi de artık gündelikçi olarak, kapıcılık veya temizlik işlerinde bir süreliğine çalışıyor. Tabi, buradaki tek amacı yine kendisinden çok, çocukları için bir şeyler yapabilmek ve onlara iyi bir gelecek sağlamak oluyor.

Bu arada, o yıllarda kendisi ünlü bir ses sanatçısı olan ve aynı zamanda hemşerisi olan şimdiki haber spikeri Savaş Ay'ın annesi Şükran Ay'ın yanında durumunu anlatarak bir süreliğine ev işlerinde hizmetçi olarak çalışıyor. Uzunca bir süreliğine burada çalışıyor ve hem de bu süre zarfında dini terbiye ve ahlakından, bu zorlu istanbul yıllarında zerre kadar sapmadan yaşıyor, yani adeta bir erkek gibi bu hayatla mücadele yılları onu gurbette olgunlaştırıyor. Tabi, yıllar böylece kısa sürede geçiyor, babam ve iki kardeşi büyüyorlar liseyi bitiriyorlar, derken babaannem de İstanbul'a iyice alışıyor. Ama, ondaki ahlak ve feraset herkesin dikkatini çekiyor ve kensini tanıyanlarca da sık sık söylendiği gibi, örnek bir insan olarak yaşamaya başlıyor.

Sonraki yıllarda ise, çeşitli büyük camilerde, örneğin Yenicami ve Sultanahmet gibi temizlik işleri ve camların silinmesi gibi vazifeleri yürütüyor. Onun bu şecaati ve islam ahlakı oradaki hocaların ve görevlilerin de dikkatini çekiyor, kendisine hep saygı gösteriyorlar. Daha sonra, yenicamide bu hizmeti sırasında küçük bir oda tahsis ediliyor ve bir süreliğine hem ibadet etmek için ve hem de caminin temizlik işlerini yürütmek için burada inzivada kalıyor. İşte, bu yıllarda 1960'ların sonuna doğru bir yandan cami hizmetlerini devam ettirirken, diğer yandan da köyden çıktığından beri hayali olan istanbulda daimi kalacak bir yer olmak üzere bir ev edinme arayışı içerisine giriyor ki, bir 10 sene sürecek olan bu çalışması da ileride netice veriyor.

Temel İslâmî bilgiler

Eyüp sultan, 1960'lar

Bu yönde, girişimi ilk olarak Eyüp sultanda eski tek odalı ahşap bir gecekonduda kalmak oluyor. Tabi, bu arada çileli yıllar yine durmuyor, hayat yolculuğu hızlanarak devam ediyor. Bu yıllar, malum türkiyenin durumu belli, ve bir yandan tüp ve şeker kuyruklarındaki çoğunluğu fakir halk kesimi olmak üzere ve çoğu göçmen olan gurbetçilerin ikinci bir gurbet hayatı da bölylece burada başladığı yıllara denk geliyor, yokluk ve sıkıntılar yine bir derece hat safhada oluyor yani ve bazen yaşamanın da önüne geçiyor bunlar diyebiliriz.

Fatih semti, küçükayasofya camii yakınları, 1970'ler.

Tabi, ancak yaşayan bilir tüm bunları. 1970'li yıllara gelindiğinde ise, babam evleniyor ve babaannem ile onu da yanına alarak Fatih semtinde görece daha iyi bir durumda olan yine ahşap yapılı ayrı bir ev tutuyorlar. Uzun yıllar fatih camiine yakın olan bu evde kalıyorlar. Fakat bu semt biraz daha görece basık ve rutubet fazla olduğu için babaannem ilk kez burada hastalanıyor. Yine binbir çileyle zar zor bir şekilde hayata tutunmaya çalışırken, tekrar bir acı ile daha yıkılıyorlar. Şöyle ki: Bu halde bile istikamet-i diniyesini ve namazını bırakmayan babaannemi ve henüz yeni evli olan babam ve ailesini ev sahibi kirayı ödeyemez hale geldikleri için o halde evden atıyor. Tekrar, ne gidecek bir yerleri var, ne de bir yardımcı. Allah işte, kaderde ne varsa başa geliyor, çekilecek çile varsa çekiliyor. Bunun üzerine, bu kadar acıya dayanamayan annem babamdan ayrılmaya karar veriyor ve kısa sürede mağduriyetten mahkemeyle boşanıyorlar.

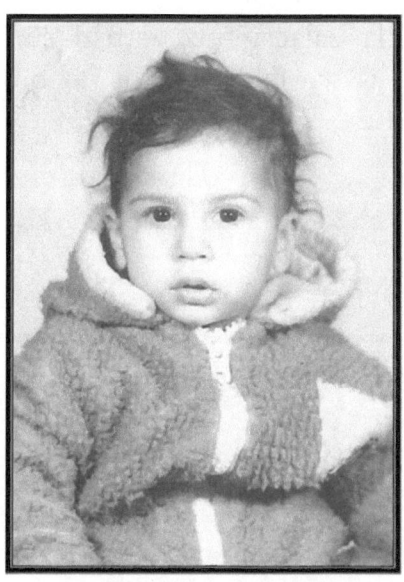

Küçük murat, 1979

Bu sırada, ben henüz 2-3 yaşımdayım. Annem, beni kendi yanına almak için mahkemeye başvuruyor, tabi anne tarafımın maddi durumu da oldukça iyi ama her ne hikmettense babama bu konuda yardımcı olmuyorlar, belki kaderin bir cilvesi bizi zor alanda koşturuyor. 3-4 ay annemin yanında kaldıktan sonra, tekrar mahkemeye başvurarak ve itiraz ederek beni geri alıyor. Bu arada çocukluk resmimden birisi, ikisi mahkemede çekiştirdiği sırada resim ortadan iyiye ayrılıyor. Büyük parça babamda kalıyor (*Bu arada incil'deki Hz. İsa'ya ait şu ifade konuyla ilgili aklıma geldi: Elbisem üzerinde kura çekecekler, aralarında yırtıp paylaşacaklar*). Ne garip değil mi? Sanki ayrılık anına bu anda resim de şahitlik ediyor (*hala bu yırtık resmi saklarım*). Babaannemin anlattığına gore, o tarihten sonra, her kapı çalışında her gelenin annem olduğunu düşünerek koşarmışım. Bu özelliğim halen de devam ediyor, fakat manevi ve başka bir surette. Sanki hep önemli bir misafirin gelmesini bekledim. Her neyse.. Böylece, artık uzun yıllar devam edecek olan babaannem, babam ve benim birlikte geçirmek zorunda kalacağımız zaman süreci ve ikinci bir gurbet ile yalnızlık ve çile dönemi de bu ayrılıkla birlikte başlamış oluyordu.

Felçli Yıllar ve Köy Hayatına Geri Dönüş (1972-2002): İkinci Gurbet (II. Exodus) ve Çileli İstanbul Yılları

Kainat bir Kış yolcusu misali yavaş yavaş Kıyamete doğru ilerliyor..

Yaşı 50'ye yaklaşan satiye, hayattan artık oldukça yorgun düşmüştür ve artık omuzları artık bu ağır yükleri daha fazla kaldıramıyor. *17 Ağustos 1976*'daki benim doğumumdan ve beni de yaklaşık 1 hafta kundakladıktan sonra, bir gece tüm vücudunun tamamının yarısına olmak üzere sağ eline ve ayağına ağır bir felç geliyor. Sabah kalkıyor, elini oynatıyor ama nafile, ayağını kaldırmak istiyor ama yerinden

Temel İslâmî bilgiler

oynamıyor, sanki üzerine beton dökülmüş gibi hissediyor kendisini. Tüm bu yaşananlardan sonra, ve tüm bunlar yetmiyormuş gibi şimdi de öksüz bir çocuk ile yapayalnız kalan babaannem için inanılmaz bir acı daha. Artık sakat eliyle hem beni büyütmek zorundadır ve hem de uzunca sürecek olan barınacak bir ev yaptırma telaşı içerisine girecektir bu tarihten sonra. Garip bir hastalık ve garip bir hikaye daha başlıyordu böylece istanbulun ücra bir köşesinde. İlk zamanlar bu felç hastalığının sebebi belli değil, doktorlar tam bir teşhis koyamıyor ama ağır üzüntü veya sıkıntılar diyor doktor raporuna eklerken. Tabi, bu yıllarda bu ağır felç gelmesinin bir diğer sebebi de, kaldıkları ev sahibinin sık sık yaşanan tartışmalar sonucunda, ondan kurtulmak ve evden çıkartmak için kurdukları bir komployla ona delilik iftirası isnad ederek birkaç aylığına zorla Bakırköy akıl hastanesine yatırtmaları da sebep oluyor. Orada, daha sonra doktorlar durumu inceliyor ve namazında olduğunu sürekli gördükleri bir halde sağlam raporu vermek istiyorlar, fakat bu şahıs tekrar şikayette bulunuyor ve bunun üzerine bir süre daha orada gözetim altında tutulmak zorunda bırakılıyor. Fakat, sonunda bir heyet toplanıyor, ve sağlam raporu verilerek çıkartılıyor. Üst üste gelen acı ve yıkımlar, zor bir durum.

Fakat, benim doğumumdan bir süre sonra, bir inayet-i ilahiye ve belki rahmet-i ilahiyenin bir tezahürü ve bana bir yardımcısı olması için, 1976'dan sonra çekilen sıkıntılar yavaş yavaş azalmaya başlıyor hastalığı görece yavaş yavaş biraz iyileşiyor, ayağa kalkıyor, yürüyebiliyor ve tek elini kullanarak işlerini yapabilecek bir hale geliyor, fakat yine de ilerleyen 30 yıl boyunca bu şekilde yarı felçli bir şekilde yaşamak zorundadır. Bu arada, istanbulda daimi kalacak bir adres ve bir ev edinmek üzere o zamanlar merkezî istanbula epeyce uzak olan boş bir ücra köy kasabası olan İkitelli'de bir arsa alıyorlar ve bir ev yapımına başlanıyor. *Sene 1978.*

İkitelli köy hayatı, 1980'ler

Bunun üzerine, zar zor da olsa kış-yaz, yağmur-çamur demeden ikitelli köyünün dağ ve derelerinden ta eminönüne kadar gidip-gelmelerle yaptırılmaya başlanan, önceden yenicamide kaldığı yıllarda güvercinlere kuş yemi satarak biriktirdiği küçük bir miktar para ile buradan bir arsa satın alıyor ve eşyalarını buraya atıyorlar, hava oldukça sert geçmektedir. İlk zamanlarda arsa üzerine geçici bir çadır kuruluyor ve evin yapımı sırasında burada kalıyorlar. Gel zaman git zaman o zamanlarda yine Yıldız üniverisitesinde *(o zamanki ismiyle, İDMMA -İstanbul Devlet Mimar Mühendislik Akademisi- ki, bu yıllarda bu kurum türkiyede büyük bir hızla devam eden sağ-sol çatışmasının devam ettiği yoğun merkezlerden birisiydi ki, amcam o zorlu dönemde burada güçlükle okuyabildiğini ki, bu sırada pek çok kez ölümden döndüğünü bize anlatırdı)* Elektrik Mühendisliği okuyan olan diğer amcam Suat'ın da yardımlarıyla ve yine geceli gündüzlü çalışarak babamla birlikte küçük iki katlı bir ev yapılıyor ve istanbuldaki kalıcı yerleşim yerinin ilk temelleri böylece atılıyordu.

Mühim bir tevafuktur ki, evin yapılış esnasındaki ölçüleri de kabenin ölçüleri esas alınarak 12×10×4 m (120m²) şeklinde karesel bir şekilde olacak şekilde temelleri atılıyordu. Ben de bu arada bahçedeki kumlarla ve çakıl taşlarıyla oynayarak evin yapımını meraklı gözlerle seyrediyordum. Babam bu sıralarda köyün tek marangozu olduğu için, çocukluğumda burada bana *"Marangoz'un Oğlu"* lakabını taktılar. Bu özelliğim halen devam ediyor. Tekrar oraya dönsem, yine beni aynı lakapla çağırırlar. Ara sıra yanında beni marangozluk öğrenmek için çevredeki diğer köylere götürürdü, çocukluğumda hatırladığım en önemli gezilerim bu kısa yolculuklardan ibaretti, yani çok fazla istanbul içine seyahat etmezdim, bana hep kalabalık ve aşırı gürültülü gelirdi. Şu anda da istanbulda yaşamama rağmen bu özelliğim de halen devam ediyor. Herkes beni ismimden çok bu şekilde çağırır oldu.

Artık, görece sıkıntılar azalıyor, kardeşinin çocuklarının da yanına gelmesi ve babamlarla beraber iki arsa alınıyor buradan ve daha sonra evlerin inşaatı başlamış oluyor bu yıllarda. Tabi, buraya birkaç diğer akraba ve köylüler de yerleşiyor daha sonradan yardımlaşarak birleşiyorlar ve adeta burada ikinci bir kastamonu hayatı onlar için yeniden başlamış oluyor, ama yine de gurbet gurbettir tabi. Buraya gelindiğinde ben henüz 2-3 yaşımdayım ve daha öncesinde Trabzon'da süt annemin yanındayım. Burada ev inşaat halindeyken ilk geldiğimde heryer bomboştu ve bizi tarlalarda otlayan inekler ve koyunlarını otlatmakta olan çobanlar karşıladı. Küçük ama son derece güzel bir trakya köyüydü burası o zamanlarda, sessiz ve sakin akan hamam deresi ve uzun kavak ve ceviz ağaçlarıyla etrafını kuşatan trakyanın ender güzellikteki küçük köylerinden birisiydi ve bu küçük köyde yaklaşık bir 30 yıllık mazimiz böylece geçecekti.

SON YILLARI VE VEFATI (2002-2006)

Küçük Kıyamet: Her nefis öldüğünde Kendi Kıyameti de Kopmuş demektir..

Daha sonraki yıllarda ise, istanbulun en yoğun göç alan merkezi ve gelişmiş bir bölgesi olacak olan bu küçük köydeki etrafına toplanmaya başlayan yine bir o kadar çileli gurbet yolcularıyla birlikte benim ve babaannemle başlayan yeni ve uzunca bir süre devam edecek olan, bu uzun çileli dönemlerden sonra, o zamanlarda pek çok yokluk içerisinde olmamıza rağmen, görece şimdi daha müreffeh ve huzur dolu bir yaşamın içerisine çıktık. Fakat, malumdur ki, acıların da bir sonu oluyor, ta ki en şu hayat yolunda şiddetlilerini atlatsanız dahi. İşte, onun bu uzun ve tam 84 seneye ve ay olarak hesaplandığında tam 1000 ay süren uzun çileli hayat yolculuğu da ne gariptir ki, bir yaz günü yine bir o kadar ilginç bir tevafuktur ki, tam olarak benim 30. yaşımdaki doğum günüme tekabül eden bir günde son buldu, üzücü elim ve bir o kadar da ibretlerle dolu hayatı, nihayet bulan acılarıyla birlikte huzura ve rahmet-i mahmana kavuştu. İnanıyorum ki, orada tüm bunların mükafatını Cennet-ül Me'va'da görecek ve inşaallah biz de bu hayattan sonra onun ile buluşuruz diyelim eserimizi burada noktalarken. Tükenmiş bir halde, onu son yolculuğuna uğurladığım, 2006 yılı o yaz gününden sonra, onun o samimi sıcaklığını ve bakışlarını, bana olan derin sevgisini ölene dek içimde hissedeceğim. İşte, o tarihten sonra benim de birbiri içerisindeki halkalar misali, biri bitip diğeri başlayan kendi içerimdeki gurbet yalnızlığım ve bunu şimdilik bertaraf etmek için bu satırlar boyunca yaklaşık 6 senedir kaleme almaya başladığım Kur'an-ı Hakim'e sarıldığım ve Kıyamet Gerçekliği'nin ilk eserlerini yazmaya başladığım yeni bir dönem olan II. Murat dönemi de böylece onun vefatıyla başlamış oldu.

Tüm hanımlara birer örnek olarak gördüğüm ondaki bu gayreti, hayatını, ahlakını ve karşılaştığı güçlükleri kısaca bu satırlar içerisinde anlatmaya çalışırken, onun bakımı zorlaşıp da Darulaceze'ye yatırmak zorunda kaldığım son 2-3 senesindeki sıkıntılarını anlatsam, belki bu kitap da yetmeyecek, o yüzden özet olarak aldım. Üzüntülerime sizleri de ortak etmek istemedim. Ama, onu en son gördüğüm vefatından bir ay önceki salonun ortasındaki tekerlekli sandalyede oturtulmuş bir halde, bembeyaz saçlarıyla tamamen bitmiş ve yıkılmış bir halde son bir kez gözlerini bana çevirmiş bir halde dikkatle ve derinlikli bir sevgiyle son kez bakarak şu sözleri söylemesini hala unutamadım:

"Oğlum, Muratım! Bana, çok emeğin geçti. Benim de, sana çok emeğim geçti. Ama, herşey bir gün bitiyor gördüğün gibi işte. Ben, artık ölmek üzereyim, vadem yakın. Belki, bir daha görüşemeyeceğiz. Artık, kendine iyi bak ve yalnız olduğunu unutma!"

Sonra ağladım, o da ağladı.
Bu, o yüce insanı gördüğüm "SON" görüntü karesiydi..

NOTLAR:

www.ingramcontent.com/pod-product-compliance
Lightning Source LLC
LaVergne TN
LVHW040132080526
838202LV00042B/2883